山西省高等学校哲学社会科学研究项目（2021W109）支持

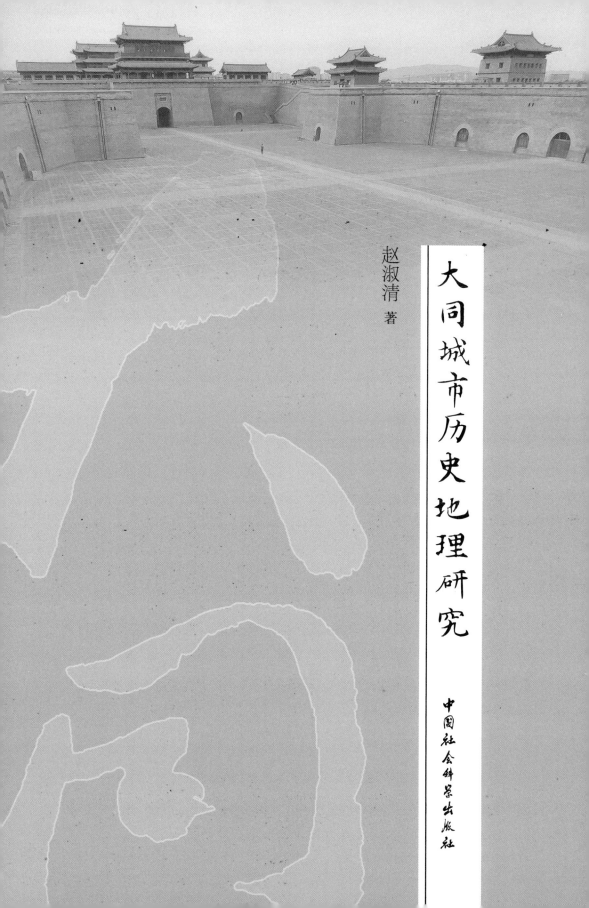

赵淑清 著

大同城市历史地理研究

中国社会科学出版社

图书在版编目（CIP）数据

大同城市历史地理研究／赵淑清著．—北京：中国社会科学出版社，
2023.12

ISBN 978 - 7 - 5227 - 2312 - 9

Ⅰ.①大… Ⅱ.①赵… Ⅲ.①城市地理—历史地理—研究—大同
Ⅳ.①K922.53

中国国家版本馆 CIP 数据核字（2023）第 139847 号

出 版 人	赵剑英	
责任编辑	金　燕	石志杭
责任校对	李　硕	
责任印制	李寡寡	

出　　版	中国社会科学出版社	
社　　址	北京鼓楼西大街甲 158 号	
邮　　编	100720	
网　　址	http://www.csspw.cn	
发 行 部	010 - 84083685	
门 市 部	010 - 84029450	
经　　销	新华书店及其他书店	

印　　刷	北京明恒达印务有限公司
装　　订	廊坊市广阳区广增装订厂
版　　次	2023 年 12 月第 1 版
印　　次	2023 年 12 月第 1 次印刷

开　　本	710×1000　1/16
印　　张	22
插　　页	2
字　　数	328 千字
定　　价	118.00 元

序

  赵淑清专著《大同城市历史地理研究》是在其博士学位论文基础上修改完成的。在出版之际索序于我，作为她的博士研究生导师，义不容辞。

  赵淑清是我 2006 级的硕士研究生，攻读历史地理专业。在三年的专业学习与科研训练中掌握了历史地理学的基本理论与方法，奠定了科学研究的基础。她们那一级包括科学技术史专业的学生共 6 人，加上其他年级的同学就超过了十个，同学们一起学习钻研的氛围很浓。当时我也逐步形成了自己对于研究生科研训练的基本方法，后来总结为"团队例会六个一"。"团队"是指导师带领的城市历史地理与文化名城保护的研究小组，"例会"为定期举行的学术研讨会，"六个一"是每天一日记、每周一札记、每月一篇读书报告、每学期一篇小论文、每学年修改完成一篇学术论文、三年完成一篇学位论文。记得我去日本访学，同学们还坚持举行例会并把讨论情况记下来通报给我。所以，在研究生科研能力培养方面，老师们的系统的学业授课、导师严格的学术指导与自己的努力等这几个方面必不可少，同时同门各级学生的专业交流也很重要。

  赵淑清硕士毕业后去忻州师范学院从事教学与科研工作，2016年又考上了博士研究生，在克服各种困难后顺利获得中国史博士学位，也是值得肯定的。当时她的孩子尚幼，学校还有教学任务，能够坚持博士生课程的学习、完成相关科研成果及撰写学位论文还是不容易的。好在她持之以恒，经多年奋斗，不仅完成了博士论文答辩，而且还评上了副教授。

　　赵淑清的博士学位论文选择大同市做通史性的历史地理研究是经过深思熟虑的。大同城市历史悠久，文化底蕴深厚，其城市演变、古都地位、民族风格、军事与经贸特点等有足够多的历史地理研究空间，而且单体城市全时空的综合历史地理研究也很有学术价值。当然，大同市是其家乡，距离就职学校近也便于考察，相关研究基础较好，这也是确定选题并能够保证高质量完成论文的原因。

　　赵淑清完成的博士学位论文在答辩会上顺利通过，而且获得颇高的学术评价，答辩委员们认为该文在城市历史地理学研究的体例、方法与结论上做出了有益探索，并对古都大同的文化名城保护也有现实的参考价值。

　　城市历史地理学的研究体系与方法已经基本成熟，赵淑清能够吸收并利用其理论方法，对大同市进行通史性、综合系统的历史地理学研究，在论文结构与研究方法上，中规中矩，学术范式可谓成功。对于一个单体城市来讲，城址选择与迁移的历史地理背景、城市兴起发展的时代特征及其形态结构演变的基本过程、城市时空发展的原因及其机制等，就成为城市历史地理学研究的基本内容。作者充分利用了文献考证与实地考察相结合的历史地理学基本方法，同时关注考古发掘与研究的相关成果。在具体研究中熟练地运用横剖面复原方法，对大同城市历史发展及其区域差异进行长时段的综合研究及区域结构特征的对比分析。

　　本书篇章结构清晰而有系统。共分六章，第一章为导言；第二章论述大同城市兴起的历史地理基础及汉代平城县城的建设；第三、四、五章按时代分为北魏、唐至元、明清三个时间段来研究大同城市的营建、布局及结构特征，为本书主体内容。第六章深入研究大同城市内部建筑的空间结构特征，对保留至今的善化寺与华严寺的形态布局特征及形成机制进行了典型分析。最后是结论，总结大同城市发展演变的长时段特征，并分析影响大同城市发展演变的关键要素及作用机制。

　　本书在前人研究的基础上从历史地理角度开展大同城市的综合研究，取得了一系列学术成果。一是通史性研究大同城市的时代发展及空间演变，在城市性质及结构布局上揭示出大同从秦汉边镇到北魏首都、辽金陪都、明代军镇、清代商业重镇的时空演变。二是在北魏都城、明清重镇等重要时期的研究特别深入细致。第三章在论述北魏历史进程的基础上，分析了北魏平城的外部形态和内部布局，其中第三节对宫城的布局做了四个时期（道武帝至明元帝、太武帝、文成帝至献文帝、孝文帝）的复原，而且都画出了平面图。第五章论述明清时期大同的城郊关系、空间组合、功能分区等，具体到街巷结构、信仰空间的演变。在街巷结构研究中又分成四个区域进行具体细致的论述，而且把结论呈现在地图上。三是在利用地图资料方面比较成功，值得肯定。全文编绘插图共 32 幅，在重点研究的北魏平城与明清大同两章，分别编绘插图 11、13 幅。能够熟练地运用地图资料这种直观的语言来表达自己的学术观点或者呈现论据，是历史地理学研究的基本方法，也可达到图文并茂的效果。

本书研究系统深入，结论清晰可信，加上其研究对象大同城市在城址、古都及现代保护模式上的典型性，我认为本书的出版将在城市历史地理学、中国古都学与历史文化名城保护等领域产生一定的学术影响。大同是一个两千多年城址基本未变的城市，又是在传统时代农牧过渡地带发展起来的边关重镇，各民族都对其城市建设做出了贡献，尤其是北魏平城时代佛教及其民族建筑特征明显，影响深远。大同作为北魏首都、辽金陪都，在中国古代都城发展史上地位重要。2010 年 9 月在大同市召开的中国古都学会年会上，"常务理事会讨论中提出，古都大同以其在中国历史发展中的重要地位，堪跻中国大古都之列。这一观点获得了与会学者的热烈响应"。考虑到大同都城建设的民族与区域特征以及对后世的影响力，大同在中国古都史上占据特殊地位，颇具"华夏名都"风采。21 世纪初，作为国家第一批历史文化名城的大同城市保护与开发走出了不同凡响的"大同模式"。本书关于城市布局、结构功能尤其是城市内部建筑的系统深入研究成果，可以为今后文化遗产与历史文化名城保护提供学术参考。

以上略述本书的写作过程及学术价值，供读者参考。

是为序。

李令福

2023 年 7 月 28 日

目 录

第一章　导言

一　选题缘由

　　大同是国务院批准的首批历史文化名城之一，从公元前200年"白登之围"时有确切的城市纪年算起，至今已有2200多年的历史。大同地处山西高原北部、大同盆地中心、晋冀蒙交界处，因扼守晋冀蒙咽喉要道而有"北方锁钥"之称，自古以来就是北方游牧民族与中原农耕民族争夺的要地。历史上，汉族与少数民族不断争夺大同所在区域，大同城先后历经秦汉边镇、北魏京都、辽金陪都、明代军事重镇、清代商业重镇等几次大的变迁，民族融合成为大同城发展过程中不可磨灭的印记。中华人民共和国成立以来，煤炭资源储量巨大的大同，被建设成以煤炭开采和转运枢纽为底色的新兴工业城市，并以"中国煤都"之名享誉世界。但"一煤独大"的发展模式严重制约了大同城市的建设与发展，进入21世纪，大同城市发展的主要命题已转变为如何摆脱资源依赖实现经济社会转型升级，而大同厚重的历史文化资源正是其转型发展的重要突破口。目前，有关大同城市的研究主要聚焦于某几个重要时段，缺乏延续性的研究，不足以揭示其在整个历史长河中的发展轨迹及规律，因此，从长时段视角系统梳理大同城市发展演变脉络具有重要意义。

　　第一，大同历史文化名城开发与保护需要史料整理和理论的支撑。大同是典型的古今重叠而繁荣至今的城市之一，其城市发展过程中体现出与其他城市明显不同的规律，即在两千多年的城建史中，城址、城市中轴线、城内街道布局等基本未发生大的变化，这种现象在中国城建史上较为少见。因此，系统厘清历史时期大同城市发展的地理演变过程及其历史文化内涵与价值是大同城市合理规划科学发展的基本前提，这也将为今后大同建设历史文化名城和进一步提升城市文化内涵提供有益支撑。

第二，大同城蕴含深厚的民族融合文化内涵。习近平总书记在2020年5月视察大同时强调"要深入挖掘云冈石窟蕴含的各民族交往交流交融的历史内涵，增强中华民族共同体意识"①。自古以来，大同就是少数民族与汉族活动的主要空间地域，民族交融已经铸刻在大同城市发展的历史轨迹中。云冈石窟、善化寺、华严寺、清真寺等独具特色的建筑保存至今，为深入探寻大同城市文化历史脉络提供了强有力的物质支撑。通过研究可以有效构建大同民族融合的文化体系，促进多民族文化交融与传承，增强地方文化特色和中华民族文化自信，提升大同城市发展软实力。

第三，大同城发展具有独特的内在规律和区位优势。从自然地理环境看，大同是位于传统农牧交错带的典型城市；从区域城市布局看，大同地处北京、呼和浩特、太原构成的三角区域中心，是古代连接北方、西域与中原的重要中转枢纽；从城市辐射影响面看，大同所在地区基本处于周边大城市影响圈之外，同时又是所在区域的重要辐射源，其对周边的带动作用弥补了呼、太、京三城留下的空白。总的来说，大同传统区位优势较为明显，研究历史时期城市地理及区位优势对大同实现转型跨越发展具有重要借鉴意义。

综上所述，本书从历史地理视角探讨大同城市兴起和发展的地理基础，分析不同历史时期城市发展的宏观地理形势和内部布局要素，探求历史时期大同城市发展变迁的规律，为今后大同制定城市发展战略、进行城市规划和建设提供理论支撑和历史依据。

---

① 《全面建成小康社会，乘势而上书写新时代中国特色社会主义新篇章》，《人民日报》2020年5月13日。

二　研究意义

（一）学术价值

第一，从历史地理学视角构建大同城市史的完整理论体系。目前的研究主要关注北魏都城平城和明代军镇大同两个时期，对其他时段的研究较少，同样，研究成果也重点分布于这两个阶段。以断代史研究为主的研究取向深化了城市发展重点时期史料的深度挖掘，却缺乏对大同城市整体发展脉络的关注和系统把握。因此，跳出古都序列、边疆防御体系的研究局限，将北魏平城、明代大同军镇置于大同城市发展的整体序列中进行研究，可以有效地弥补当前大同城建史研究的不足。

第二，从单体城市长时段研究拓展大同城市历史地理研究内容。当前城市历史地理研究主要侧重于对某个时段、某个区域的横向研究，对城市历史地理要素纵向动态变迁的研究相对较少，对某个非典型城市的长时段动态研究则更少。通过对大同城市的长时段研究，不仅有利于厘清影响城市建设和发展变化的因素，更有利于发挥历史地理学在城市研究中的交叉学科优势，充分挖掘和摸清城市发展的内在规律。

第三，从城市发展序列为大同古都研究提供新的视角和思路。2016年"中国古都学研究高峰论坛"明确了大同在古都序列中的重要性，但相较其他古都而言，大同在史料支撑和研究成果方面基础较为薄弱。从历史地理视角入手，以城市发展变迁过程为线索对大同古都前后发展轨迹及资料进行全方位梳理和分析，可以有效构建大同古都研究的基本框架，开辟探寻边塞都城古都学研究的新视角和新思路。

（二）现实意义

第一，通过研究明确大同城市建设和发展的基本规律与区位条件，为大同城市转型发展和科学规划提供智力支撑。大同古城从有确切城市纪年开始至今，一直是大同城市的中心，其地下遗存层垒现象严重，大同城市的长远发展与古城保护和传承是城市规划和建设的重要命题。因此，明确古城区物质文化遗产的深刻价值，对城市建设具有重要意义。

第二，通过对大同所在区域历史地理条件的分析，明确在自然地理条件基础上大同与周边城市的人文关系，为构建以大同为区域中心和交通枢纽的区域一体化发展格局提供思路和经验启示。历史时期大同作为农牧交错带和中原汉族政权与北方游牧民族政权的交接地，在作为北方屏障和抵御游牧民族南下等方面发挥了重要作用。在现今国内、国际"双循环"大格局下，打通区域梗阻促进国内大循环是优化国内、国际市场环境与促进地区统筹发展的重要路径。历史时期大同城市的发展经验对当前以大同为中心打通晋陕蒙京冀大动脉的区域发展战略具有重要借鉴意义。

第三，通过较为完整的大同历史地理体系研究，深度挖掘大同历史文化底蕴和民族文化融合科学内涵，为提升大同城市文化软实力和促进中华民族优秀传统文化传承注入动力。大同是典型的民族融合之城，梳理大同这座农牧交错带上千年古城的发展轨迹及其演化规律，有利于进一步挖掘和充实大同城市文化内涵，促进文化传承，增强文化自信，切实为大同市以文化旅游业推动资源型城市转型发展提供助力。

三　学术史回顾

历史城市地理是历史地理学中历史人文地理的一个重要分支学科。在社会经济发展需求的推动下，历史城市地理学理论逐渐发展完善，成为"历史地理学中最为成熟的一个分支"①，也是最活跃的研究领域②。历史城市地理学对相关学科的影响力也与日俱增，近年来城市史研究的地理取向更趋明显。③ 鉴于历史城市地理的研究成果较多，且学界对相关研究已有概括性回顾和梳理④，此处就本书选题内容涉及的核心研究成果予以重点关注。对于问题研究可能

---

① 华林甫：《中国历史地理学理论研究的现状》，《中国史研究动态》2005 年第 9 期。
② 侯甬坚：《历史地理学的学科特性及其若干研究动向述评》，《白沙历史地理学报》2007 年第 3 期。
③ 毛曦：《中国城市史研究的地理取向——兼论聚落地理学视阈中的城市史研究》，《中华文化论坛》2020 年第 3 期。
④ 史红帅：《近 70 年来中国历史城市地理研究进展》，《中国历史地理论丛》2020 年第 1 辑。

涉及的其他相关研究成果，将在章节论述中进行具体分析，此处不再赘述。

20世纪初，在国内传统沿革地理向现代历史地理学转变的过程中，历史城市地理就开始进入学者的研究视野，其中尤以侯仁之对北平历史城市地理的考察和研究最具代表性，为开创我国城市历史地理研究奠定了基础。① 新中国成立后，受国内学科调整的影响，历史城市地理研究停滞不前，直到20世纪70年代末才逐渐恢复②，1979年侯仁之明确提出探明、复原城市所在地以及区域地理环境特点与变迁为历史城市地理的主要研究内容③，标志着中国城市历史地理学的形成。

其后，学术界研究基本遵循侯仁之的观点，其中以个案形式进行研究的论著较多，尤其是特殊的单体城市（主要是古都名城）④、区

---

① 侯仁之：《北平历史地理》，邓辉等译，外语教学与研究出版社2014年版。
② 葛剑雄、华林甫：《二十世纪的中国历史地理研究》，《历史研究》2002年第3期。
③ 侯仁之：《城市历史地理的研究与城市规划》，《地理学报》1979年第4期。
④ 马正林：《丰镐—长安—西安》，陕西人民出版社1978年版；侯仁之：《元大都城与明清北京城》，载氏著《历史地理学的理论与实践》，上海人民出版社1979年版，第159—204页；魏嵩山：《杭州城市的兴起及其城区的发展》，《历史地理》1981年创刊号；吴涛：《北宋东京城的营建与布局》，《郑州大学学报》1982年第3期；单远慕：《明代的开封》，《史学月刊》1982年第6期；傅崇兰：《论明清时期杭州城市的发展》，《中国史研究》1983年第4期；曲英杰：《先秦都城复原研究》，黑龙江人民出版社1991年版；曾昭璇：《广州历史地理》，广东人民出版社1991年版；褚绍唐：《上海历史地理》，华东师范大学出版社1996年版；司徒尚纪：《香港历史地理的变迁》，《热带地理》1997年第2期；史念海：《龙首原和隋唐长安城》，《中国历史地理论丛》1999年第4辑；李孝聪、成一农：《清代北京城王府建筑的选址与分布》，《九州》1999年第2辑；赵世瑜、周尚意：《明清北京城市社会空间结构概说》，《史学月刊》2001年第2期；朱士光主编：《西安的历史变迁与发展》，西安出版社2003年版；韩茂莉：《简述明清时期北京城市地理研究》，中村圭尔、辛德勇编：《中日古代城市研究》，中国社会科学出版社2004年版，第215—229页；任云英：《近代西安城市空间结构演变研究（1840—1949）》，博士学位论文，陕西师范大学，2005年；吴宏岐：《西安历史地理研究》，西安地图出版社2006年版；李久昌：《国家、空间与社会——古代洛阳都城空间演变研究》，三秦出版社2007年版；肖爱玲等：《隋唐长安城》，西安出版社2008年版；史红帅：《明清时期西安城市地理研究》，中国社会科学出版社2008年版；王社教：《汉长安城》，西安出版社2009年版；李令福：《秦都咸阳》，西安出版社2010年版；妹尾达彦：《长安的都市规划》，高兵兵译，三秦出版社2012年版；侯甬坚等编：《统万城建城一千六百年国际学术研讨会文集》，陕西师范大学出版社2015年版；李令福：《唐长安城郊园林文化研究》，科学出版社2017年版；等等。

域城市或者城市群体的研究①。理论层面的著作较少，1998 年，马正林在侯仁之的基础上所著《中国城市历史地理》② 对城市历史地理的研究对象和任务作了进一步的论述，并提出城市历史地理学是地理科学的观点，进而将其研究对象和任务落脚在地理特点上③，指出城市历史地理的研究对象是"城市兴起、发展、演变的地理空间"④，具体内容包括城市的起源、城址的选择、城墙、平面布局等；任务是探寻地理环境对城市发展的规律性作用，为当前的城市规划和建设服务，这"标志着城市历史地理这门学科的成熟"⑤。2007 年，李孝聪的《历史城市地理》在前人的基础上进一步拓展了研究对象，认为已有研究侧重对以城市为中心的外部形态和内部结构的单个研究，而忽略了城市是地域空间体系的组成部分，强调应"从地貌环境、政治、制度、社会经济与文化等多方面、长时段、综合性地考虑"⑥。该书是融入当时最新研究成果的系统之作，是"我国第一部历史城市

① 杜瑜：《汉唐河西城市初探》，载《历史地理》（第 7 辑），上海人民出版社 1990 年版，第 43—53 页；焦书乾：《论我国中南、西南民族地区城市的历史演变》，《中南民族学院学报》1990 年第 3 期；樊树志：《明清江南市镇探微》，复旦大学出版社 1990 年版；陈代光：《秦汉时代岭南地区城镇历史地理研究》，《暨南学报》1991 年第 3 期；顾朝林：《中国城镇体系——历史·现状·展望》，商务印书馆 1992 年版；李孝聪：《唐宋运河城市城址选择和城市形态的研究》，侯仁之主编：《环境变迁研究》（第 4 辑），北京古籍出版社 1993 年版，第 153—179 页；蓝勇：《唐宋时期西南地区城镇分布演变研究》，《中国历史地理论丛》1993 年第 4 辑；吕卓民：《陕北地区城镇历史发展研究》，《中国历史地理论丛》1996 年第 2 辑；包伟民：《江南市镇及其近代命运（1840—1949）》，知识出版社 1998 年版；王德权：《从"汉县"到"唐县"——三至八世纪河北县治体系变动的考察》，荣新江主编：《唐研究》（第 5 卷），北京大学出版社 1999 年版，第 161—218 页；石培基、李鸣骥：《历史时期西北城市发展简论》，《人文地理》2000 年第 3 期；李令福：《北宋关中小城镇的发展及其类型与分布》，《中国历史地理论丛》2004 年第 4 辑；雍际春、吴宏岐：《宋金元时期陇西、青东黄土高原地区城镇的发展》，《中国历史地理论丛》2004 年第 4 辑；刘景纯：《清代黄土高原地区城镇地理研究》，中华书局 2005 年版；李嘎：《山东半岛城市地理研究——以西汉至元城市群体与中心城市的演变为中心》，博士学位论文，复旦大学，2008 年；肖爱玲：《西汉城市体系的空间演化》，商务印书馆 2012 年版；等等。
② 马正林：《中国城市历史地理》，山东教育出版社 1998 年版。
③ 马正林：《论城市历史地理学的对象和任务》，《陕西师范大学学报》1990 年第 4 期。
④ 马正林：《中国城市历史地理》，山东教育出版社 1998 年版，第 2 页。
⑤ 陈桥驿：《中国城市历史地理·序》，马正林：《中国城市历史地理》，山东教育出版社 1998 年版，第 1—12 页。
⑥ 李孝聪：《历史城市地理》，山东教育出版社 2007 年版，第 12 页。

独立的通论性之作"①。2009 年，朱士光在梳理前人研究成果的基础上，明确提出"环境—文化理论"，认为区域环境与文化是探寻城市兴废规律不可缺少的重要内容。②

　　随着历史城市地理理论的完善，研究内容进一步细化，但学科导向的研究范式逐渐束缚了学科理论的发展。近年来，有学者尝试突破现有的"瓶颈"难题③，认为新的研究方法和手段非常重要。2009 年，成一农在其著作《古代城市形态研究方法新探》④ 中提出了古代城市形态研究"要素法"这一新方法。他指出，传统城市形态研究的局限性在于以传统综合研究的例证法以及区域和个案研究法呈现城市形态的重要组成要素，却对衙署、庙学、祠祀、市场等关注较少，提出要素分析法即先将构成城市形态的各要素分解出来，并对其逐一进行研究，然后进行时空综合，进而呈现城市形态以及反映城市社会、政治、经济、文化等方面的变化。这不仅拓展了历史城市地理的研究内容，而且突破了传统研究的思维定式，为城市研究注入了新的活力。新手段主要在于地理信息系统（GIS）在历史城市地理研究中逐渐受到重视，突破了传统考证复原研究中对城市动态变迁关注不足的困境。实践层面研究，陈刚的《六朝建康历史地理及信息化研究》⑤ 较具代表性，他利用地理信息技术建立了六朝城市历史地理专题数据库，并在六朝城市历史地理研究中加以应用，拓展了地理信息系统在人文学科中的应用范围。2016 年，鲍宁、赵寰熹的《地理信息系统在城市历史地理研究中的应用——以近代北京城市分区研究为例》⑥ 系统梳理了当前 GIS 技术在历史地理研究中的应用现状，总结了其中常用的空间分析方法。吴朋飞《明代开封城复原研究》⑦ 在前

① 王守春：《一部历史城市地理的系统之作》，《地理研究》2008 年第 5 期。
② 朱士光：《中国历史城市地理学理论建设刍议》，《西北大学学报》2009 年第 2 期。
③ 成一农：《城市历史地理研究的前沿与突破》，《云南大学学报》2017 年第 6 期。
④ 成一农：《古代城市形态研究方法新探》，社会科学文献出版社 2009 年版。
⑤ 陈刚：《六朝建康历史地理及信息化研究》，南京大学出版社 2012 年版。
⑥ 鲍宁、赵寰熹：《地理信息系统在城市历史地理研究中的应用——以近代北京城市分区研究为例》，《理论月刊》2016 年第 8 期。
⑦ 吴朋飞：《明代开封城复原研究》，科学出版社 2019 年版。

人研究基础上吸收康泽恩形态分析法的理念和思路，构建了城市平面形态复原新方法。

此外，历史城市地理还借鉴了其他学科的理论、方法，最大程度发挥不同学科的优势来解决具体问题。早在 20 世纪 60 年代，美国学者施坚雅就曾借用德国地理学家 W·克里斯塔勒的"中心地理论"，对中国农村集市、乡镇和中心城市三级市场的变迁过程进行了研究，并且提出了"中国农村集体体系理论"和"区域体系理论"，后称之为"施坚雅模式"①。之后他在《中华帝国晚期的城市》②中进一步用区域的观点研究中国的城市。尽管施坚雅提出的市场区域理论备受争议，但在当时学界影响较大，尤其是其运用社会学、经济学，特别是地理学等理论研究中国城市，在一定程度上拓展了城市史的研究视角。2020 年，史红帅在总结近 70 年来中国历史城市地理研究成果的基础上，认为"学科导向"式的历史城市地理研究会导致研究出现"模式化""框架化"的问题，指出历史城市地理今后发展的方向易走"问题导向"之路。③ 笔者认为城市本身即是社会综合体，只有以具体问题为指引、从多学科视角剖析研究对象，才能达成全面系统解读城市历史的目的，这不仅能最大程度发挥历史城市地理研究的交叉、融合优势，而且在一定程度上拓展了历史城市地理研究内容的广度和深度。因此，本书尝试进行以"问题导向"为主的多学科研究，不拘泥于固有的学科导向范式。

20 世纪有关大同城市的研究伴随着建筑学领域的实践调查而开启，其中最先被关注的是北魏时期修建的云冈石窟，1906 年伊东忠太在《建筑学杂志》上发表了《云冈旅行记》一文，云冈石窟开始"引起了世界学术界的兴趣与注意"，尤其是平绥铁路通车后，慕名来云冈石窟访察的中外学者较多。1933 年梁思成和林徽因等人对大同古建筑进行了调查，其成果发表在 1933 年《中国营造学社汇刊》

---

① 施坚雅：《中国农村的市场与社会结构》，史建云等译，中国社会科学出版社 1998 年版。

② 施坚雅：《中华帝国晚期的城市》，叶光庭等译，中华书局 2000 年版。

③ 史红帅：《近 70 年来中国历史城市地理研究进展》，《中国历史地理论丛》2020 年第 1 辑。

第 4 卷 3、4 期合刊。1937 年日军侵占大同成立伪晋北自治政府，将大同作为伪政府"首都"，侵略者在这里进行了大规模的、国人鲜知的城市规划活动。1938 年，日本东京大学教授内田祥三受伪政府所托，经过实地考察制定了"大同城市规划方案"，该方案主要有以下三点建设性价值：一是考虑到大同的古城保护价值，所有新区规划都在古城外进行；二是根据大同煤炭资源禀赋规划了矿区；三是强调在城区建设时注重保护古建筑、传统民居等文物。[①] 与此同时，1938 年至 1944 年，以长广敏雄和水野清一为主的调查队对云冈石窟进行了为期 7 年的大规模调查，其成果见于长广敏雄所著《云冈日记：战争时期的佛教石窟调查》[②]，1992 年被翻译成中文。

新中国成立以后，鉴于大同古城文物在战时破坏严重，人民政府随即展开文物调查，主要针对云冈石窟、上下华严寺、善化寺等[③]，之后逐步展开保护工作[④]，1961 年云冈石窟被国务院公布为第一批全国重点文物保护单位。但直到 20 世纪 70 年代末，国内关于大同的研究成果主要是一些考古发掘报告[⑤]，关于城市的研究基本上没有展开，但这一时期所做的基础性工作，为之后的研究提供了不可或缺的资料并奠定了坚实的基础。在国内学者还未开展关于大同城市的研究时，日本学者前田正名已于 1967 年开始关注平城和桑干河上游地区，他出版于 1979 年的论著《平城历史地理学研究》收录了其从 1967 年 4 月至 1977 年 3

---

① 李百浩：《日本侵占时期的大同城市规划》，张复合主编：《中国近代建筑研究与保护》（1），清华大学出版社 1999 年版，第 271—281 页。

② 长广敏雄：《云冈日记：战争时期的佛教石窟调查》，王雁卿译，文物出版社 2009 年版。

③ 萧离：《大同文物调查云冈石佛寺近况》，《文物参考资料》1950 年第 6 期；罗哲文等：《雁北古建筑的勘查》，《文物参考资料》1953 年第 3 期。

④ 杨烈：《山西大同云冈石窟的修护规划》，《文物》1959 年第 11 期。

⑤ 边成修等：《山西大同市西南郊唐、辽、金墓清理简报》，《考古通讯》1958 年第 6 期；山西省文物管理委员会：《山西大同郊区五座辽墓画墓》，《考古》1960 年第 10 期；大同市文物陈列馆等：《山西省大同市元代冯道真、王青墓清理简报》，《文物》1962 第 10 期；大同市文物陈列馆：《山西大同卧虎湾四座辽代壁画墓》，《考古》1963 年第 8 期；山西省大同市博物馆：《山西大同石家寨北魏司马金龙墓》，《文物》1972 年第 3 期。

月的研究成果，李凭等翻译的《平城历史地理学研究》① 于 1994 出版。这是研究平城历史地理的集大成著作，其贡献在于从历史地理角度全方位研究了平城，既从微观层面分析了平城所在地的水资源概况，也从中观层面分析了平城居民结构、都市景观、商业贸易情况，更为重要的是还从宏观角度分析了平城所在区域的经济情况、平城对外界的交通情况，以及平城与河北平原的经济互动关系，全面再现了北魏平城历史地理特征。尽管目前看来书中部分观点有待进一步商榷，但该著作至今仍是平城研究的基础性资料，其研究价值可见一斑。

20 世纪 80 年代以来，随着古都学的发展，平城作为北魏都城的研究逐渐受到重视，早在 1981 年谭其骧《山西在国史上的地位》② 一文中论述山西的历史地位时即提及大同的重要性。李孝聪在《历史城市地理》中也论及历史时期大同的城市地理，在提及北魏平城时他认为，其兴起前虽并非政治行政中心，其规划营造却对都城营建制度造成了较大影响。③ 古都学的创始人史念海在《中国古都概说》④ 中也明确提出大同的古都地位——北魏都城平城、辽金陪都西京大同府。之后，古都学会年会分别于 1992 年和 2010 年先后两次在大同举办，直接推动了古都大同的研究。⑤ 与此同时，大同市政府也于 2000 年制定《大同古

① 前田正名：《平城历史地理学研究》，李凭等译，书目文献出版社 1994 年版。
② 谭其骧：《山西在国史上的地位》，《晋阳学刊》1981 年第 2 期。
③ 李孝聪：《历史城市地理》，山东教育出版社 2007 年版，第 119 页。
④ 史念海：《中国古都概说》，《中国古都研究》1991 年第 8 辑。
⑤ 高平：《北魏平城地理位置试探》，《教学与管理》1988 年第 1 期；张增光：《平城遗址浅析》，《晋阳学刊》1988 年第 1 期；张畅耕：《〈水经注〉平城如浑水疏证》，山西省考古学会等编：《山西省考古学会论文集》，山西人民出版社 1992 年版，第 148—153 页；张焯：《平城访古录》，《中国古都研究》1992 年第 10 辑；堀内明博：《北魏平城》，于德源译，《中国古都研究》1992 年第 10 辑；要子瑾：《魏都平城遗址试探》，《中国历史地理论丛》1992 年第 3 辑；李凭：《北魏平城时代》，社会科学文献出版社 2000 年版；曹臣明、韩生存：《汉代平城县遗址初步调查》，石金鸣主编：《山西省考古学会论文集》，山西人民出版社 2000 年版，第 72—78 页；任重：《平城的居民规模与平城时代的经济模式》，《史学月刊》2002 年第 3 期；宿白：《平城实力的集聚和"云冈模式"的形成与发展》，云冈石窟文物研究所编：《云冈百年论文选集》（1），文物出版社 2005 年版，第 280—309 页；段智钧等：《天下大同：北魏平城辽金西京城市建筑史纲》，中国建筑工业出版社 2011 年版；殷宪：《平城史稿》，科学出版社 2012 年版；等等。

城保护管理条例》以加大保护力度，2008年确立名城保护大战略，从实践层面启动大同古城保护工程，这极大地推动了大同古城的本土化研究。2003年至2015年，在大同市政府的组织下相继出版多部大同史料丛书，对城市的历史沿革、城市发展、文物古迹、风土民情等资料进行了全面的梳理，这些著作的主要贡献在于对大同史料的系统梳理和已有成果的进一步总结，一定程度上推动了大同城市的研究，但其简单罗列史实、缺乏学理化论证的缺陷也比较明显。

目前，从通史角度论述大同城市发展的研究成果主要以2008年张志忠《大同古城的历史变迁》① 和2015年孙靖国《桑干河流域历史城市地理研究》② 较具代表性。前者通过考古资料和史料佐证，对大同城市发展中几次大的历史变迁进行分析，发现大同城市的主要布局在历史时期并未发生大的变化，但对于城市布局的论述较少，也缺乏深入分析论证，仅仅提出了大同城市发展中的一种现象；后者以桑干河流域的城市群为研究对象，以城市地理要素在不同历史时期的选址、分布、组织体系的对比为切入点，尝试揭示从战国秦汉以来两千多年间雁北区域内人地关系演变的历程，是研究桑干河流域历史城市地理的一部专著。虽然论著中有涉及大同城市地理的内容，但其主线是从桑干河流域的视角去认识城市单体及城市间关系，缺乏对大同城市及其内部要素演变过程及原因的系统分析。关于历史时期大同城市的研究主要集中在北魏平城和明代大同军镇两个时期。

（一）关于北魏平城的研究

近年来关于平城的研究主要依赖大同城市考古工作的推进而展开。③

① 张志忠：《大同古城的历史变迁》，《晋阳学刊》2008年第2期。
② 孙靖国：《桑干河流域历史城市地理研究》，中国社会科学出版社2015年版。
③ 刘俊喜、张志忠：《北魏明堂辟雍遗址南门发掘简报》，山西省考古学会等编：《山西省考古学会论文集》（3），山西古籍出版社2000年版，第106—112页；王银田、曹臣明、韩生存：《山西大同市北魏平城明堂遗址1995年的发掘》，《考古》2001年第3期；刘俊喜：《平城考古再现辉煌——雁北师院发现一批北魏墓葬》，《文物世界》2001年第1期；山西省考古研究所等：《大同操场城北魏建筑遗址发掘报告》，《考古学报》2005年第4期；张庆捷、吕金才等：《山西大同操场城北魏二号遗址发掘简报》，《文物》2016年第4期；张庆捷：《大同操场城北魏太官粮储遗址初探》，《文物》2010年第4期；等等。

如关于北魏平城宫城的位置，一直以来学界分歧较大，传统观点认为秦汉时期的平城县城位于今御河东岸的古城村，北魏平城的宫城也在此地，谭其骧在绘制《中国历史地图集》时也将平城绘于今大同地区东北如浑水（今御河）的东岸。20 世纪 30 年代，日本学者水野清一、长广敏雄等人通过实地考察，认为汉平城、北魏皇城可能位于大同火车站到北关附近①，进而提出平城宫城位于御河西岸的观点，同时认为古城村是北魏以后的建筑，从而否定了国内的传统观点。目前大部分学者认同日本学者的观点，曹臣明等人更是在当今考古发掘的基础上佐证了这一说法，而且还进一步探讨了汉代平城县城址的范围。② 2003 年以来，随着大同操场城一号、二号遗址③的发掘，多数学者认为操场城的考古发掘成果已经可以佐证汉平城县城和北魏平城宫城所在地位于御河西岸。张志忠在曹臣明等人研究的基础上，结合考古发掘遗迹提出一个新的观点即汉平城可能是在战国时期所立城邑的基础上增筑完成的。④ 王银田通过研究，认为汉平城的位置在今操场城中北部一带（操场城东西街一线以北）⑤，但由于平城宫殿区所在的区域布满各种建筑，目前尚难以确定。此外，关于外城、郭城的争议也较大，如平城是否存在外城⑥，外城与郭城范围，郭城是否跨御河而建，等等。之所以有如此大的争议，主要是因为地面遗存实物和考古发掘遗迹较少，无法准确判定其性质，而现有的研究又是在这些有争议的资料的基础上，结合史书记载、实物地标（明堂、白登山等）推测出来的。

关于平城内部平面布局的研究受限于城市考古进展缓慢，研究

① 水野清一、长广敏雄：《云冈石窟·序言》，吴宝田译，《北朝研究》1995 年第 2 期。
② 曹臣明、韩生存：《汉代平城县遗址初步调查》，石金鸣主编：《山西省考古学会论文集》，山西人民出版社 2000 年版，第 72—78 页。
③ 遗址位于明清大同府城北部的操场城内，西临大同府城南北中轴线的北段操场城。
④ 张志忠：《大同古城的历史变迁》，《晋阳学刊》2008 年第 2 期。
⑤ 王银田：《试论大同操场城北魏建筑遗址的性质》，《考古》2008 年第 2 期。
⑥ 曹臣明：《北魏道武帝至明元帝前期平城布局初步探讨》，《山西大同大学学报》2016 年第 6 期；陈连洛、郝临山：《大同北魏明堂方位与平城遗址》，《山西大同大学学报》2010 年第 2 期。

成果多依赖文献记载，以时间为序进行都城景观要素梳理，往往与京都平城的营建活动交织在一起。① 一些学者在文献描述基础上，试图通过实地考察复原平城的平面布局②，还有学者从现在大同现存的地名来研究地名与平城的关系③。随着明堂遗址、操场城遗址、太官粮窖等的发掘，学者对平城内部建置及布局也有了更深入的研究，如段智钧等《天下大同：北魏平城辽金西京城市建筑史纲》④、殷宪《平城史稿》⑤ 等对平城内宫殿建筑的位置及布局做了进一步的探讨。曹臣明在前人研究的基础上依据平城考古的调查资料，参照曹魏十六国时期的邺北城、东魏北齐时期的邺南城、西晋曹魏时期的洛阳城、北魏后期的洛阳城、汉长安城、南朝建康城等城址的考古资料和相关文献研究成果进行对比，探寻北魏平城布局框架的状况。⑥

对于平城近郊的研究主要是围绕一些功能性建筑机构展开。明堂是都城礼制建筑中的重要组成部分，历来受学界关注，1995 年北魏平城明堂遗址的发掘⑦，为平城研究提供了地理坐标定位，学界相关研究随之展开，其中以王银田的研究最具代表性⑧。云冈石窟作为北魏修筑的皇家工程，在当时就受到很多人的关注，之后历朝都有不同

---

① 宿白：《盛乐、平城一带的拓跋鲜卑—北魏遗迹——鲜卑遗迹辑录之二》，《文物》1977 年第 11 期。

② 要子瑾：《魏都平城遗址试探》，《中国历史地理论丛》1992 年第 3 辑；殷宪：《北魏平城钩沉》，中国魏晋南北朝史学会：《魏晋南北朝史研究：回顾与探索》，湖北教育出版社 2009 年版，第 753—775 页。

③ 殷宪：《平城北魏古地名臆说》，《大同高等专科学校学报》1999 年第 3 期；刘溢海：《平城考古——北魏平城与大同地名》，《中国地名》2003 年第 4 期。

④ 段智钧等：《天下大同：北魏平城辽金西京城市建筑史纲》，中国建筑工业出版社 2011 年版。

⑤ 殷宪：《平城史稿》，科学出版社 2012 年版。

⑥ 曹臣明、乔丽萍：《北魏道武帝至明元帝前期平城布局初步探讨》，《山西大同大学学报》2016 年第 6 期。

⑦ 刘俊喜、张志中：《北魏明堂辟雍遗址南门发掘简报》，山西省考古学会编：《山西省考古学会论文集》（3），山西古籍出版社 2000 年版，第 106—112 页；王银田、曹臣民、韩生存：《山西大同市北魏平城明堂遗址 1995 年的发掘》，《考古》2001 年第 3 期。

⑧ 王银田：《北魏平城明堂遗址研究》，《中国史研究》2000 年第 1 期。

程度的修葺，20世纪初受到国内外学者的关注，尤其是日本学者。改革开放以来，关于云冈石窟的研究成果较多，《云冈石窟全集》①是其中的集大成者，它保存了完整的云冈石窟影像谱系资料，公布了云冈石窟的最新考古成果，梳理了目前国内外对云冈石窟的最新研究成果，为云冈学的建构奠定了基础。但相关研究多侧重佛教、艺术等方面，从历史城市地理角度关注云冈石窟的成果较少。② 北魏是皇家苑囿转型的一个重要时期，但学者在论述这一时期的皇家苑囿时多以洛阳为主，而且是作为宫殿的附属建筑来论述的，对前期平城的苑囿关注较少。日本学者佐川英治则认为鹿苑最初是承担了从游牧世界到农耕世界的生产力转化的重任，之后随着阴山环境的恶化，逐渐转化为宫殿的附属机构等。③

　　还有一些学者从文化视角研究平城，主要集中在四个方面：一是平城周围的墓葬文化，20世纪70年代考古学家宿白就谈到了平城附近地区的墓葬情况，目前对北魏墓葬文化研究较为具体的如倪润安《北魏平城时代平城地区墓葬文化的来源》④ 和曹臣明《平城附近鲜卑及北魏墓葬分布规律考》⑤。前者主要对北魏拓跋鲜卑墓葬文化进行分析，进而揭示平城时代墓葬文化的变迁，后者通过现有考古发掘资料对平城周围墓葬的分布规律做了探索。二是平城与洛阳之间的文化转向。对这方面研究比较突出的论著首推逯耀东的《从平城到洛阳——拓跋魏文化转变的历程》⑥，他系统论述了平城到洛阳之间的文化转变历程。林秀姿《游牧民族社会与营造——重

　　① 张焯等：《云冈石窟全集》（全20卷），青岛出版社2016年版。
　　② 云冈石窟研究院等：《云冈石窟窟顶西区北魏佛教寺院遗址》，《考古学报》2016年第4期；古敏：《北魏时期的云冈石窟——根据考古材料对〈水经注〉关于云冈石窟记载的探讨》，《文物》2017年第2期。
　　③ 佐川英治：《游牧与农耕之间——北魏平城鹿苑的机能及其变迁》，《中国中古史研究》编委会编：《中国中古史研究：中国中古史青年学者联谊会会刊》（第2卷），中华书局2011年版，第102—136页。
　　④ 倪润安：《北魏平城时代平城地区墓葬文化的来源》，《首都师范大学学报》2011年第6期。
　　⑤ 曹臣明：《平城附近鲜卑及北魏墓葬分布规律考》，《文物》2016年第5期。
　　⑥ 逯耀东：《从平城到洛阳——拓跋魏文化转变的历程》，中华书局2006年版。

读北魏拓跋鲜卑的平城与洛阳之空间地景转变》① 对北魏拓跋时代空间经验转换的两组对象死后的陵墓系统和生时的居住城市进行分析，试图探讨社会转型在空间经验与规划中的再现。三是丝绸之路上的平城外来文化。随着丝绸之路研究的兴起，北魏平城也受到学界的关注②，主要关注平城在丝路上的地位与作用，以及作为北朝重要的两大城市平城与晋阳之间的互动关系。此外，康乐《从西郊到南郊：国家祭典与北魏政治》③ 则从文化视角来看政治活动，具有一定创新性，认为"西郊"与"南郊"这两种不同的国家祭典，分别代表拓跋北亚草原游牧文化和汉族中原文化两个关联的文化体系，蕴含的政治理念共同对北魏王朝产生较大影响。四是佛都文化。关于平城的佛教文化，学者多着墨于云冈石窟的研究，对平城城市内的佛教寺庙、佛教文化相对研究较少，主要在一些研究佛教的著作中提及少许。④

（二）关于明代大同镇城的研究

明代大同镇是九边重镇之一，军事地位显著，边贸兴盛。早在20 世纪 30 年代，侯仁之先生在《明代宣大山西三镇马市考》⑤ 中即谈及大同地区明朝与蒙古进行朝贡贸易的场所，并对马市的起源、位置与市法等进行了研究。1981 年谭其骧在《山西在国史上的地位》中认为大同不仅军事地位显著，而且也是九边中最为繁荣的

---

① 林秀姿：《游牧民族社会与营造——重读北魏拓跋鲜卑的平城与洛阳之空间地景转变》，《建筑历史与理论》第 9 辑，中国科学技术出版社 2008 年版，第 123—149 页。

② 张庆捷、赵曙光、曾昭东：《从西域到平城——北魏平城的外来文明艺术》，云冈石窟研究院编：《2005 年云冈国际学术研讨会论文集（研究卷）》，文物出版社 2006 年版，第 143—152 页；王银田：《丝绸之路与北魏平城》，《暨南学报》2014 年第 1 期；张庆捷：《山西在北朝的历史地位——兼谈丝绸之路与北朝平城晋阳》，《史志学刊》2015 年第 1 期；等等。

③ 康乐：《从西郊到南郊：国家祭典与北魏政治》，稻禾出版社 1995 年版。

④ 严耕望：《魏晋南北朝佛教地理稿》，上海古籍出版社 2007 年版；汤用彤：《汉魏两晋南北朝佛教史》，北京大学出版社 1997 年版。

⑤ 侯仁之：《明代宣大山西三镇马市考》，《燕京学报》1938 年第 23 期。

一个城镇。目前关于大同镇的研究，多从军事边防角度论述①，涉及大同城本身的研究较少，偶有涉及者，其关注重点也多在城市的军事职能上。郑孝燮《长城沿线几个重镇城市论述——山海关、宣府、大同》② 是关注明代大同城市比较早的论文之一，其是从城防视角探讨明代大同镇的布局形制、城内建筑以及镇城与大同古城郊外的卫星城堡之间的联系。李海林《明代大同镇边防体系研究》③ 在前人研究的基础上进一步对明代以大同镇为中心的边防体系进行了系统梳理。鉴于大同镇的重要性，学者在综合性的城市研究中对其都有涉猎，但专门性的城市研究较少，刘景纯、王社教等从历史地理角度关注了明清大同城镇④，张呈富《大同古城与民居》⑤ 从建筑学视角剖析明代大同城池建置、街道格局、城内建筑布局等及其与当地的自然环境之间的关系；王杰瑜、王尚义《明代大同镇建设与生态环境变迁》⑥ 认为生态环境的变迁对明代大同镇的建设有重要影响。此外，大同镇城的职能转变问题也较早引起学界的重视，但专门论述职能转变下镇城发展的则较少，偶有研究⑦则较为宏观，未能体现在城市本身的变化上，对商贸经济与城市之间的互

---

① 高春平：《论大同在明代北部边防中的地位》，《大同高等专科学校学报》1994 年第 1 期；胡凡：《明代洪武永乐时期北边军镇建置考》，田澍等主编：《第十一届明史国际学术讨论会论文集》，天津古籍出版社 2005 年版，第 151—162 页；赵现海：《明代九边军镇体制研究》，博士学位论文，东北师范大学，2005 年；李严：《明长城"九边"重镇军事防御性聚落研究》，博士学位论文，天津大学，2007 年；王继光、孙建军：《明代"九边"宣大军事防务区的形成》，《中国边疆史地研究》2009 年第 2 期；刘景纯：《明代前中期九边区域防御形态的演变》，《中国边疆史地研究》2010 年第 4 期。

② 郑孝燮：《长城沿线几个重镇城市论述——山海关、宣府、大同》，中国长城学会编：《长城国际学术研讨会论文集》，吉林人民出版社 1995 年版，第 220—231 页。

③ 李海林：《明代大同镇边防体系研究》，三晋出版社 2013 年版。

④ 刘景纯：《清代黄土高原地区城镇地理研究》，中华书局 2005 年版；王社教：《明清时期山西地区城镇的发展》，《西北大学学报》2007 年第 2 期。

⑤ 张呈富：《大同古城与民居》，中国炎黄文化出版社 2009 年版。

⑥ 王杰瑜、王尚义：《明代大同镇建设与生态环境变迁》，《地理研究》2012 年第 11 期。

⑦ 菅佩芬：《明清时期大同城镇发展轨迹——从军事重镇向商业城镇的转型》，硕士学位论文，内蒙古大学，2013 年。

动研究则更少①。此外，也有学者关注了城内的重要建筑，如大同代王府、清真寺、真武庙、鼓楼、街道②等。

（三）其他时段关于大同城市的研究

辽金时期西京作为五京之一，历史地位非常重要，但由于史料所限，研究辽金西京大同城市地理的成果总体较少。1933年，建筑学家梁思成和林徽因等人对大同辽金时期的建筑华严寺和善化寺进行了调查，不仅对两寺进行了测绘，还从建筑学视角剖析了寺庙的外部、内部以及平面布局等，其成果《大同古建筑调查报告》③至今仍是建筑学界辽金建筑研究的基础书目，同时也开启了当代学者研究辽金西京大同城市地理的先河。但是由于史料缺乏和城市考古成果较少等原因，关于辽金大同城市的研究始终薄弱，《天下大同：北魏平城辽金西京城市建筑史纲》④是对辽金西京城市建设着墨较多的一部专著，同时在梳理史料和总结成果方面具有一定学术价值。目前关于辽金西京大同的研究主要集中在辽金建筑华严寺和善化寺上⑤，对辽金西京的研究较少，主要涉及当时的政治、军

① 山西省政协《晋商史料全览》编辑委员会等：《晋商史料全览》（大同卷），山西人民出版社2006年版；李大钧、李大宏：《大同晋商》，山西人民出版社2007年版。

② 姚斌：《代王府、九龙壁、皇城戏台考》，《大同今古》1995年第4期；侯长发：《明代代王与代王府》，山西人民出版社2007年版；丰驰：《明代大同代王府考析》，《文物世界》2010年第3期；马晓堃：《从"广智门"的发现考证明朝代王府格局》，《文物世界》2011年第1期；李兴华：《大同伊斯兰教研究》，《回族研究》2006年第3期；姚斌：《真武庙与曹夫楼》，《大同日报》2006年11月3日，第11版；阎慧：《山西大同东真武庙考》，《中北大学学报》2020年第5期；赵立人、李海：《明代大同鼓楼与〈大同鼓楼记〉——兼论明代前期大同城的建设》，《山西大同大学学报》2011年第1期；丁晓雷：《大同旧城的形制布局及其所反映的时代特征》，中国社会科学院考古研究所等编：《汉唐与边疆考古研究》（第1辑），科学出版社1994年版，第184—187页。

③ 梁思成等：《大同古建筑调查报告》，《中国营造学社汇刊》1933年第4卷第3、4期合刊。

④ 段智钧等：《天下大同：北魏平城辽金西京城市建筑史纲》，中国建筑工业出版社2011年版。

⑤ 李振明：《大同善化寺"朱弁碑"及其相关的几个问题》，《山西大同大学学报》2010年第4期；曹臣明：《大同华严寺的历史变迁》，《山西大同大学学报》2012年第2期；李若水：《辽代佛教寺院的营建与空间布局》，博士学位论文，清华大学，2015年。

事、经济、文化等方面①，而且比较笼统，涉及辽金西京制度层面的内容往往与五京同时出现②，对西京大同城市本身的研究则更少。大同的城市考古在一定程度上推进了对城市内部建置的研究，如仁和坊、玉虚观等遗址的发现对研究辽金西京城市中街道以及寺观庙宇的布局有重要意义。

综上所述，不难发现关于大同城建史上的古都序列，学界着墨较多，主要集中在北魏平城时期，对辽金陪都时期的西京大同则研究较少，其他时段主要是对明代大同镇的研究较多。总体而言，大同城市史研究目前处于非连续、碎片化状态，成果中对于城市变化的长时段规律讨论较少。因此，从历史地理学视角对大同城市进行长时段研究具有重要意义。

四　研究思路与总体框架

（一）基本思路

以往城市历史地理研究主要集中在对城市内部空间地理要素布局等静态要素的研究上，对影响城市变迁的动态要素研究不足，更缺乏这些要素组合对城市影响的系统考量。笔者认为在分析城市历史地理问题时应将静态的地理实体与动态的城市要素相结合，尤其要侧重考

---

① 唐统天、刘竟：《辽代的西京》，《中国古都研究》1992 年第 10 辑；韩生存、马志强：《论西京大同在辽宋贸易中的地位》，《中国古都研究》1994 年第 12 辑；杜成辉：《辽代西京文化教育的发展》，《大同职业技术学院学报》2000 年第 4 期；马晋宜、杜成辉：《金代我国北方的文化中心西京》，《雁北师范学院学报》2000 年第 3 期；马志强：《略论辽代西京的文化教育》，《社会科学战线》2006 年第 3 期；李大钧、李大宏：《元代的大同》，山西人民出版社 2007 年版；张冰：《金代西京留守述论》，《江西社会科学》2017 年第 1 期；陈福来：《辽金西京研究》，硕士学位论文，东北师范大学，2007 年；王旭东：《辽代五京留守的研究》，博士学位论文，吉林大学，2014 年；等等。

② 项春松：《辽代历史与考古》，内蒙古人民出版社 1996 年版；程妮娜：《金代京、都制度探析》，《社会科学辑刊》2000 年第 3 期；王德忠：《论辽朝五京的城市功能》，《北方文物》2002 年第 1 期；诸葛净：《论辽之京城体系》，《华中建筑》2009 年第 7 期；王旭东：《辽代五京留守的研究》，博士学位论文，吉林大学，2014 年；张志勇：《辽朝"五京"互动机制研究》，《渤海大学学报》2020 年第 2 期；等等。

察在长时段中城市内在动力因素对城市发展的影响，正是内部动力要素的不断变化及相互作用，才逐步影响了城市地理空间布局并导致其发生变化。因此，本书始终秉承短时段静态研究与长时段动态研究相结合的思路，从历史地理视角探讨大同城市建设与发展变迁的内在规律。

大同从有确切城市纪年开始，迄今已有2200多年的历史，在清以前，漫长的城市发展史一直在汉族政权和少数民族政权交替统治下演进，且主城址至今未发生较大变动，依然作为主城区承载着重要的城市功能。首先，大同在北魏建都平城之前是名不见经传的一座边城，"白登之围"使其名声大振，独特的区域历史地理条件是影响古今大同城市命运兴衰的关键条件，本书系统分析的平城兴起的历史地理基础是宏观层面贯穿大同城市历史地理研究的主线。其次，按照大同城市发展过程中的具体形态和历史地位进行分期考察，并在按城市发展时间序列进行全面梳理的基础上对重点时期给予重点关注，如北魏平城、辽金西京、元代大同、明代大同等，侧重考察历史地理环境对不同时期城市形态和空间布局产生的影响，从而使大同城市变迁史在地理维度变得更加清晰。再者，进一步研究大同城内部的建筑要素，如华严寺、善化寺等建筑是大同历史时期层垒叠加的物质遗存，通过研究这些典型城市建筑要素的地理变迁，进一步窥探历史时期大同城市的总体形态，深入挖掘大同城市发展的历史地理脉络。最后，从长时段视角对大同城市历史地理进行贯通，努力摸清城市发展过程中的阶段性形态和总体特征，准确把握影响城市发展的结构化要素，并进一步总结同类城市发展变迁的一般性规律，为今后同类城市规划和发展定位提供有益借鉴。

（二）总体框架

本书从历史地理视角分析大同城市发展的长时段特征，主要通过复原各个时段大同城的外部形态以及内部建置布局，以探讨人类活动与城市地理空间演变之间的互动关系，进而总结出历史时期大同城市发展演变的规律。具体包括六部分内容：

第一部分，导言。主要对大同城市历史地理已有的研究成果进行梳理，摸清研究现状、提出研究问题、设计研究思路，确定研究目标。一是选题缘由；二是研究意义；三是学术史回顾；四是研究思路与总体框架；五是研究方法。

第二部分，大同城市兴起的历史地理基础。在对影响大同建城的关键地理要素进行分析的基础上，论证大同盆地的特殊地理优势及其孕育下汉代平城县的建立与发展。一是大同的自然地理环境；二是大同的人文地理环境；三是汉代平城县的发展。

第三部分，北魏京都平城的营建与布局。在论述北魏历史进程的基础上，分析了北魏平城的外部形态和内部布局。一是北魏建都平城的原因；二是北魏平城的营建与城市形态；三是北魏平城内部的空间布局；四是北魏平城郊区的营建特色。

第四部分，唐至元时期大同城的再建与布局。在分析大同的政治地缘优势基础上，重点探讨了大同城在唐、辽、金、元四个时期的变迁及多元文化在城市塑造中的表现。一是唐代大同军城的设置与布局；二是辽代西京的城市形态与空间布局；三是金代西京的建设与内部布局；四是元代大同的城市空间格局。

第五部分，明清时期大同的城市空间格局。重点对明清时期大同城市内部的空间结构、功能分区和布局进行了考证。一是明清大同的发展；二是明清大同城的空间格局；三是明清大同城的内部布局；四是明清大同城区的街巷结构；五是明清大同城信仰空间的变迁；六是近代大同城市宗教空间形态变迁与秩序构建。

第六部分，大同城内部空间建筑要素研究。今大同城内的善化寺、华严寺等基本保存完好，这是历史时期文化积累的结果，通过剖析其形态、布局特征及形成原因，有助于从微观层面总结大同城地理空间演变的原因及规律。

结论主要总结两部分内容，一是大同城市发展演变的长时段特征；二是影响大同城市发展演变的关键要素。

五 研究方法

（一）文献分析法

中国城市文明史已形成完整的城市研究理论体系并拥有丰富的城市研究史料，依靠已有文献记载，通过逻辑分析、归纳、演绎的方法进行学理分析，是进行大同城市历史地理研究的基本方法。要注重收集与大同城市历史有关的文献考古资料，包括正史资料、档案文件、地方志、考古报告等；收集城市规划档案资料、实物景观照片、实地勘测数据等。通过深度挖掘史料为相关研究提供系统的基础性资料。

（二）长时段分析法

法国学者费尔南·布罗代尔认为，长时段的结构对社会历史发展具有较大的影响，长时段研究可以打通社会、经济、地理、文化诸要素之间的边界。大同城在历史时期处在不同民族政权之下，具有鲜明的时代特征，从秦汉时期的边关小镇到北魏国都、隋唐军镇、辽金陪都、明代军事重镇、清代区域中心商业城镇，大同的发展史是一部跌宕起伏的城市变迁史。因此，仅从某一个时段对其进行研究很难揭示其城市发展演变的整体脉络，而长时段的角度可以全面分析大同不同时期发展变化的动因，深入探讨归纳大同城市发展的基本特征和主要规律，明确影响城市发展走向的主导因素。

（三）横剖面复原法

横剖面复原法是研究区域历史地理学的基本方法，一般认为是英国学者克利福德·达比创立的，经由侯仁之研究北京城市历史地理的运用后在国内传播开来。本书从长时段视角分析大同城不同时期的基本形态、内部布局及其发展变化原因，选取多个重要的时间断面将具体的城市地理要素进行横剖面复原，并在此基础上将不同时期的时间断面连接起来，以达到呈现城市地理变迁全貌的目的。

（四）实地调查法

实地调查考证不仅可以对现有文献和成果进行考证，而且还可进一步获取第一手资料以弥补已有文献的缺失，使研究更加接近历史实际。主要包括对城址的实地调查，确定大同古城的具体范围以及文献记载中"白登山""桑干河"等主要山川河流位置；对城市内部街道进行调查，通过街道命名、方位、走向、布局等印证文献中的市坊结构；对考古发掘现场进行调查，标注文化遗存发现坐标并切实感受城市历史气息；对城市主要历史文化遗存进行调查，包括明堂、华严寺、善化寺、九龙壁等历史建筑坐标，以文化遗存分布和内部规制进行城市文化层剥离。

（五）比较分析法

比较分析法是贯穿于本书的重要研究方法之一，通过对城市总体形态、具体布局及要素进行不同维度的比较分析可以有效得出历史进程中城市的"变"与"不变"。包括在时间维度不同时期城市的发展变化比较；空间维度不同坐标地理要素的发展变化比较；都城维度不同城市的内部布局、规制比较等。通过比较研究可有效突破研究视野局限，认识城市发展共性、把握大同城市特质，从而更加深入地揭示城市发展规律。

第二章 大同城市兴起的历史地理基础

大同从汉高祖七年（前200）开始就有确切的城市纪年，至今已有2200多年的历史，在漫长的城市发展过程中经历了边城（汉）、北方中心（北魏）、边城（辽金）、中心（元）、边城（明）、区域中心（清代至现在）几个重要时期，至今仍雄踞山西高原北部，是连接晋冀蒙三角地带的中心城市，发挥着核心枢纽作用。大同城市的兴衰与区域城市历史地理环境有较大关联，区域历史地理条件既是造成大同城历史跌宕起伏的重要因素，也是保障该城能够在历史长河中经久不衰的发展动因，因此，分析大同城兴起的历史地理基础是本书的首要任务。

第一节 大同的自然地理环境

大同位于山西省最北端，该地区自古以来便是晋、冀、蒙交通咽喉要道，是北方游牧民族逐鹿中原的必经之地，也是南方中原政权北拒少数民族侵扰的锁钥，其之所以成为争夺要地，主要是因为所处自然地理条件具有战略地位。

一 地形地貌

大同盆地位于山西省东北部，是新生代以来发育的断陷盆地[1]，

---

[1] 王乃樑等：《山西地堑系新生代沉积与构造地貌》，科学出版社1996年版，第219—220页。

其受构造控制影响较大，其中尤以燕山运动和喜马拉雅山运动最为显著。距今 10 万年左右今大同盆地几乎都被湖水覆盖，生活在湖滨附近的许家窑人在此以狩猎为生[①]，后逐渐形成今天的地形地貌，盆地的南、西、北三面与周围山脉以断层相隔，东面敞开与河北省的阳原盆地相连（如图 2-1 所示）。大同盆地南部及东南部分别以恒山大断层、桑干河南岸大断层与恒山及六棱山相接；其西以口泉大断层与雷公山、七峰山、洪涛山相接；东北之采凉山为地垒式断块山地，往东

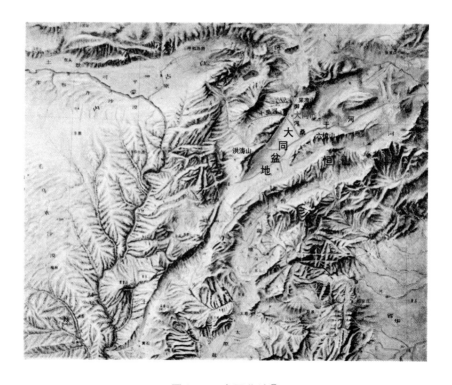

图 2-1　大同盆地[②]

---

① 中国社会科学院考古研究所：《新中国的考古发现和研究》，方志出版社 2007 年版，第 16、17 页。

② 底图来源：山西省地图集编纂委员会《山西省自然地图集》（内部资料），上海中华印刷厂 1984 年版，第 9 页。

以低缓的山地、丘陵与阳高—天镇盆地分隔①，大同盆地呈北东—南西向展布，东北部是盆地的缺口，桑干河由此流入河北省的宣化盆地。大同盆地海拔大都在1000—1100米，出口处谷底海拔降至900米左右，位于中国地形大势第二阶梯黄土高原的东北部，北与蒙古高原相接，是山西高原的北面门户。大同平均海拔在1000—1500米之间②，是山西省海拔最高的地区，对太行山以东的华北平原形成居高临下之势，优越的区位地理条件使其军事战略地位显著，成为兵家必争之地。

大同盆地东、西、北三面环山，海拔相对较高，南面凹陷最大高差为1144.6米。大同市位于盆地中部偏西位置，全市以中低山、丘陵地形为主，山区面积为278平方千米，丘陵面积为1177平方千米，盆地平原面积为625平方千米，其他类型的地貌不多。全市地貌的基本类型有：中低山、丘陵、洪积扇裙、倾斜平原、冲积平原、河谷阶地和隆起岗地。中低山主要分布于大同市西部、北部。西部主要有七峰山、雷公山，属吕梁山系，平均海拔分别为1714米和1538米。山势险峻，坡度较大，沟深，基岩裸露，形成大同市西部的屏障。北部由寺儿梁（1447.3米）、野狐岭（1216.8米）等组成，东部为采凉山支脉马铺山（1302.5米）。群山交错分布，地形复杂。

丘陵分布于新荣区及云冈区，大部分海拔为1200—1400米，为低丘起伏地区。这里有较厚的黄土覆盖，地面切割强烈，沟壑发育，水土流失严重。洪积扇裙分布于城西的十里河、甘河、口泉河、雷公峪等河流出山口处，各洪积扇相互连在一起，组成山前的洪积扇裙。海拔在1150—1250米之间，地面坡度变化大，洪积扇之前缘地带坡度为3°—5°，中上部可达8°—10°，由堆积作用形成。组成物质以砂砾石和黄土状物质为主，以十里河洪积扇的规模最大，面积达40平方千米。倾斜平原分布于洪积扇裙下部向

---

① 山西省地图集编纂委员会：《山西省自然地图集》（内部资料），上海中华印刷厂1984年版，第54页。

② 《大同市志》编纂委员会：《大同市志（1993—2013）》（第1册），中华书局2019年版，第169页。

着平原过渡的地带，高度在 1050—1200 米之间，地面较为平坦，向着盆地中心方向微微倾斜，坡度在 3°—5° 之间。此类地貌在断层与平原交接时，发育较好。河谷阶地主要分布于河道沿岸，规模较小且连续性差。隆起岗地分布于御河以东马铺山至沙岭一带，是一种条带状的凸起地形，岗地系第三纪末期，当水泉和泉寺头断裂发生时，马铺山相对上升，发育成岗地。火山地貌是新生代形成的山地，分布于大同市北部，计有 7 座，以孤山最大。孤山位于大同市北约 15 千米处的孤山村北，东隔御河与采凉山相望，西临云冈高原，北跨镇川河与饮马河汇合处的寺儿梁熔岩台地，南为波状起伏的大同盆地。

在地貌构成上，大同市的山地、丘陵与平川的面积依次为 1883.56 平方千米、7955.92 平方千米和 4612.92 平方千米，分别占土地总面积的 13.4%、56.6% 和 30%。其中，山地、丘陵主要集中在西、北及东北地区，新荣区和云冈区西部，水土流失严重，土质差，主产杂粮和油料。而平川区位于东南部，主要分布在大同市东南部的冲积平原，集中在城关、小南头、北村、赵家小村、马军营、西韩岭、水泊寺、平旺等，大部分为水浇地，为全市蔬菜和粮食的主要产区，构成了地形由西北向东南倾斜的特征。①

二 气候

据《云中郡志·方舆志》记载，大同"地土沙碛硗，寒独旱，七月陨霜。……丰岁亩不满斗""风高气寒，草木开发殊迟"②，旱、寒是当地气候最显著的特征。

（一）降水量稀少，气候干旱特征明显

大同盆地年降水量一般是 400—450 毫米，大同等地不足 400 毫米，降水量分布严重不均且极端天气多发，四季降雨分别占全年的

---

① 参见《大同市土地利用总体规划（2006—2020）》。

② 胡文烨纂修，大同市地方志办公室点校：《云中郡志》，山西省新闻出版局 1988 年版，第 66 页。

16%、62%、20%、2%左右，且洪涝灾害频发。① 大同的降水量不仅季节变化大，年际变化也大。据统计大同市平均年降水量为384毫米，1967年多雨年，达到579毫米。1965年少雨年，降水量为212.8毫米，年降水量的最大变差达到366.2毫米。② 光绪三年（1877）大旱，大同盆地降水量仅有100—150毫米。

大同不仅降水量少，而且蒸发量大。据统计，1993—2013年间，大同市年均降水量和蒸发量分别为388.8毫米、1748.7毫米，夏季蒸发量最大时超过250毫米，冬季降水量最小时不足55毫米。③ 蒸发量远远大于降水量，其干旱程度显而易见。据统计，近五百年间，旱年占到40%以上，故有十年九旱之说。魏晋南北朝时期，大同地区旱灾多达23次，居山西各地区之首。④ 尽管这与其作为政治核心区而受关注度较高有关，但也说明该地区旱灾的频繁程度之高。宋元时期，西京大同的旱灾次数在山西地区也是高居榜首。⑤

大同降水的主要形式是雷阵雨天气，在全年降水日数中，56%是雷阵雨天气，平均为42.3天，6—8月则占81%。大同发生雷暴天气的年平均时间为164.8天，一般是从每年的4月下旬到10月上旬。由暴雨引发的山洪，对大同市城区影响较大，尤其是城区西北面沙化严重，水土流失危害较大。早在北魏时，平城居民住所就经常会因六月暴雨"京城水溢"⑥ "武州水泛滥"⑦ 等而毁坏；1933年，暴雨引发御河、十里河大水，房屋禾苗损失无算；1966年8月30日下午一点半至四点，暴雨引发山洪，致古店至白马城的军民大渠决口15处，

---

① 《大同市志》编纂委员会编：《大同市志（1993—2013）》，中华书局2019年版，第184页。

② 大同市地方志编纂委员会编：《大同市志》（上册），中华书局2000年版，第61—62页。

③ 《大同市志》编纂委员会编：《大同市志（1993—2013）》，中华书局2019年版，第184页。

④ 王建华：《山西灾害史》（上），三晋出版社2014年版，第79页。

⑤ 王建华：《山西灾害史》（上），三晋出版社2014年版，第268页。

⑥ 《魏书》卷112《灵征志》，中华书局1974年版，第2902页。

⑦ 《魏书》卷7《高祖纪》，中华书局1974年版，第154页。

农田受灾面积达 10 公顷,其中 2 公顷田地被完全冲毁①;等等。此外,多数洪灾还伴有雹灾,雹灾又伴有风灾,多种灾害并发。

据大同市多年的统计资料可知,大同市降水量的地理分布呈现出显著的地域特征:御河以西到雷公山以南的地区降水最多,降水量在400 毫米以上;雷公山以北、御河以东的降水量不足 400 毫米。② 大同的降水条件适合天然牧草的生长。

(二)气候寒冷,风沙较大

大同市地处山西高原,地势较高,气温比同一纬度的河北平原偏低,按 1984 年山西省划分的气候分区来看,该地属于大同盆地气候区③,其地形以平川为主,海拔高度为 1000—1200 米,温度的总体趋势是由北向南升高,由盆地向高山降低。大同市年平均气温为 6℃—7℃,最热月平均气温为 21.5℃—22.5℃,最冷月平均气温为 -12.5℃至 -10.5℃。④ 大同冬季寒冷漫长,一般长约六个半月(10 月初至次年 4 月中旬),左云、右玉、平鲁等地区,冬季更是长达七个月。夏季仅一个月(7 月初—8 月初),春季两个半月,秋季两个月。大同盆地是山西省重霜冻区之一,霜冻期较长,一般来说,初霜冻期在 9 月 20 日前后,终霜冻期为 5 月中旬。早在汉高祖平城之围的史料中就曾记载当时雁门关以北气候十分的寒冷,冬十月"上从晋阳连战,乘胜逐北。至娄烦⑤,会大寒,士卒堕指者什二三"⑥。类似情况史书中多有记载,如北魏太武帝太平真君八年(447)五月"北镇寒雪,人畜冻死"⑦;元大德十年(1306)"二月,大同路暴风,大雪,

---

① 大同市地方志编纂委员会编:《大同市志》(上册),中华书局 2000 年版,第 82 页。

② 大同市地方志编纂委员会编:《大同市志》(上册),中华书局 2000 年版,第 64 页。

③ 山西省地图集编纂委员会:《山西省自然地图集》(内部资料),上海中华印刷厂1984 年版,第 75 页。

④ 山西省地图集编纂委员会:《山西省自然地图集》(内部资料),上海中华印刷厂1984 年版,第 75 页。

⑤ 娄烦在今山西宁武县、岢岚县附近。

⑥ 《汉书》卷 1《高帝纪》,中华书局 1962 年版,第 63 页。

⑦ 《魏书》卷 112《灵征志》,中华书局 1974 年版,第 2905 页。

坏民庐舍，人畜冻死"①；等等。

大同市各区由于地形态势西北高、东南低，气温的垂直变化较为突出。大同市年平均气温6.5℃的等温线从正东方向开始，经孤山再沿西山山根向西南延伸，原城区以南的小南头、西韩岭、北村等乡，地势低平，是本区气温最高的区域，也是大同城郊重要的农作物产地；向西、向北的云冈区和新荣区，地势高，温度较低，年均在5—6.5℃之间，得胜堡、拒墙堡、高山镇和上深涧等地势较高地区，气温迅速降低，为5℃左右，适合林业、牧业等。②

大同市全年风速每秒12米以上的大风日数为40—60天，是山西省著名的大风区之一。大同市的主导风向是西北风和北风，其次是东南风，东北风较少。年平均风速是2.9米/秒，3—5月风速最大，为3—4米/秒；7—9月风速最小，为2米/秒。③其他各月均在3米/秒左右，风速最大的4月份，月平均风速为3.2—4米/秒④，也曾出现过33.7米/秒的极大风速⑤。由于蒸发量大于降水量，地表沙化严重，受风力影响，大同市年平均扬沙日为22.4天，春季的四五月份最多，分别平均为4.7天和3.4天。据统计，大同市平均风速除御河以东和破鲁一带为3米/秒以外，其余地区均在3米/秒以上。其中，雷公山以北的山地和原城区以南、安家小村以东的平川区，平均风速较大，在3.5米/秒以上。⑥魏晋时期，大同的风灾多达19次，占到当时山西风灾的38%。⑦据《魏书·灵征志》记载，京师平城有11次大风、1次赤风、1次黑风、1次暴风，其中暴风直接将宫墙推倒，"世祖太延二年四月甲申，京师暴风，宫墙倒，杀数十人"⑧。

---

①　雍正《朔平府志》卷11《外志·祥异》，凤凰出版社2005年版，第344页。
②　大同市地方志编纂委员会编：《大同市志》（上册），中华书局2000年版，第61页。
③　大同市地方志编纂委员会编：《大同市志》（上册），中华书局2000年版，第62页。
④　山西省地图集编纂委员会：《山西省自然地图集》（内部资料），上海中华印刷厂1984年版，第75页。
⑤　大同市地方志编纂委员会编：《大同市志》（上册），中华书局2000年版，第62页。
⑥　大同市地方志编纂委员会编：《大同市志》（上册），中华书局2000年版，第62页。
⑦　王建华：《山西灾害史》，三晋出版社2014年版，第79页。
⑧　《魏书》卷112《灵征志》，中华书局1974年版，第2899页。

尽管历史时期大同的气候与现在大同的气候存在一定差异，如魏晋南北朝时期气温比现在低约 2℃，但其变化趋势基本上与竺可桢研究的气候变迁规律①一致，寒冷干燥的程度愈来愈强，这对于地处中纬度农牧交错带内的大同影响较大。

三　土壤

土壤是自然生态系统的基础要素，大同处于山西境内长城、恒山一线以北的半干旱草原栗钙土地带，此地带地势高亢，多风与干旱同时出现。② 由于地势、水分等条件的差异，不同区域的栗钙土的差异很大，桑干河、御河冲积平原所在的大同盆地北部土壤区有钙积层明显的栗钙土，适合发展农业；洪涛山，采凉山等地分布有土层较薄的山地栗钙土，其上植被稀疏，以草灌为主，适合畜牧业的发展；左云右玉平鲁等地的黄土丘陵山区则分布有砂壤为主的弱栗钙性土，该土壤容易受侵蚀，水土流失严重；大同盆地南部地区，气候温暖，栗钙土有向南部褐土过渡的趋势。③ 淡栗钙土是大同市的主要地带性土壤类型，主要分布在 1000—1700 米的山地、高原及河流阶地上，约 205 万亩，占全市土地面积 326 万亩的 80％ 左右。④ 淡栗钙土质地以粗糙的砂壤及轻砂壤为主，受大同降水少、气温低的气候影响，栗钙土在成土过程中物理风化作用强烈，化学风化作用微弱，季节性淋溶淀积作用较强，在土壤剖面易形成约 40—50 厘米的钙积层，碳酸钙含量可达 30％ 左右，所以土壤容易板结。⑤

由于淡栗钙土肥力较差，大同市的自然植物是以针茅属为主的草本植物，还有兴安胡枝子、百里香、蒿类等，主要为干草原景观⑥，草丛矮小，仅 30—50 厘米；局部山地有小片桦林和沙棘等次生灌丛，高可

① 竺可桢：《中国近五千年来气候变迁的初步研究》，《考古学报》1972 年第 1 期。
② 大同市地方志编纂委员会编：《大同市志》（上册），中华书局 2000 年版，第 68 页。
③ 山西省地图集编纂委员会：《山西省自然地图集》（内部资料），上海中华印刷厂 1984 年版，第 128 页。
④ 大同市地方志编纂委员会编：《大同市志》（上册），中华书局 2000 年版，第 67 页。
⑤ 大同市地方志编纂委员会编：《大同市志》（上册），中华书局 2000 年版，第 68 页。
⑥ 大同市地方志编纂委员会编：《大同市志》（上册），中华书局 2000 年版，第 70 页。

达 1—2 米；天然森林基本绝迹。天然植被平均覆盖率不超过 40%，而且旱生特征明显，其中，野生牧草占 95%。据记载，大同市有草地 480331 亩，约占当地耕地面积的 1/2。其中，面积在 300 亩以上的草场有 269875 亩，主要有三大类，分布最广的是山地灌丛类草场，其面积约为 153250 亩，占全部草场面积的 56.8%，分布在七峰山、雷公山、武周山（亦名武州山）等较高山地的中下部；其次是山地草原类草场，面积约 101125 亩，占全部草场面积的 37.5%，分布在采凉山、西寺儿梁山、弥陀山、孤山和新荣区的上深涧、后郭家坡、驻马等地的山丘梁峁地区；再次是低湿草甸类草场，面积约为 12500 亩，占全部草场面积的 4.6%，主要分布在御河、淤泥河、圈子河、十里河两岸，或近河床地带与沟渠低凹地。还有面积在 300 亩以下的零星小块草地 210456 亩，多分布于农耕区的林边、地边、水边、路边。①

四　水文

（一）地表河流

大同地区河流众多，集水面积在 50 平方千米以上的河流有 106 条②，大多汇入桑干河，其中，大同境内桑干河流域中面积大于 100 平方千米的河流有 26 条，包括桑干河干流、11 条一级支流、14 条二级和三级河流。③ 大同市境内的桑干河干流长度为 100.8 千米，流域面积约为 8484.79 平方千米。其中对大同城市发展影响较大的有两条河流：一条是大同古城东面的御河，由北向南纵贯东部地区；另一条是十里河，位于古城西南，自西向东横穿西部和中部地区。历史时期的大同古城即位于御河与十里河交汇的地带，并在河流孕育下的河谷平原上发展兴盛起来。此外，淤泥河、口泉河也是大同市内利用率较高的河流（如表 2 - 1 所示）。

---

① 大同市地方志编纂委员会编：《大同市志》（上册），中华书局 2000 年版，第 76 页。

② 《大同市志》编纂委员会编：《大同市志（1993—2013）》，中华书局 2019 年版，第 188 页。

③ 《大同市志》编纂委员会编：《大同市志（1993—2013）》，中华书局 2019 年版，第 189 页。

表 2 - 1 　　　　　　　　　　大同水资源利用分区①

水资源利用分区名称	御河区	淤泥河区	十里河区	口泉河区	全基地
面积（平方千米）	698.5	549.1	457.1	375.3	2080

《水经注》卷一三《㶟水》② 对桑干河及其支流的流经情况有
客观记录，尤其是对北魏都城平城的水环境的记载更为详细，当时
如浑水（御河）、羊水（淤泥河）、武州川水（十里河）等河流水
量较大，是营造都城水景观的主要河流。此外，当时大同周围还有
众多水量可观的天然湖泊，这与今天该区域大片的盐碱地可以相互
印证。

御河是桑干河支流，又称如浑水，是大同市境内最大的河流，发
源于内蒙古三岔河村，由北向南进入大同市境内，最后于云州区吉家
庄汇入桑干河。③ 该河在大同市境内长 79.3 千米，流域面积约为
2612 平方千米。④ 御河多年平均径流量为 0.864 亿立方米，中等旱年
时径流量为 0.58 亿立方米，近年枯水期经常断流。⑤ 御河流域位于东
经 112°35′—113°29′，北纬 39°51′—40°25′之间，流域北段为阴山山
脉南支，连外长城与内蒙古相望，西南以洪涛山脉为界，东与大同市
云州区毗邻，地势总体上西北高东南低，流域高程在 1000—2000 米
之间，河流平均纵坡为 3‰，河床糙率为 0.03。⑥ 御河含沙量较大，
7、8、9 三个月的汛期来沙量占泥沙总量的 80%，河床为砂质土壤，
极不稳定。⑦

御河径流多属暴雨型间歇性来水。据孤山水文站统计，汛期径流

① 薄永盛等：《大同市自来水志》，大同市自来水公司（内部发行）1990 年版，第 20 页。
② 郦道元著，陈桥驿校证：《水经注校证》，中华书局 2007 年版，第 310—326 页。
③ 李英明、潘军峰主编：《山西河流》，科学出版社 2004 年版，第 354 页。
④ 《大同市志》编纂委员会编：《大同市志（1993—2013）》，中华书局 2019 年版，第 190 页。
⑤ 薄永盛等：《大同市自来水志》，大同市自来水公司（内部发行）1990 年版，第 18 页。
⑥ 李英明、潘军峰主编：《山西河流》，科学出版社 2004 年版，第 354—355 页。
⑦ 李英明、潘军峰主编：《山西河流》，科学出版社 2004 年版，第 354—355 页。

量占全年的 70%，枯水期河道基本都是废污水。御河流域旱灾、洪涝灾害频发，1950—2000 年间发生旱灾 37 次，其中尤以春旱居多；1949—1985 年间，共发生洪涝灾害 17 次，造成经济损失 12.5 亿元。[①] 历史时期，御河上的兴云桥也曾多次被山洪冲毁，据元代虞集《兴云桥碑记》[②] 记载，如浑水在城东南行，由于"河水盛，遇积雨益横，益阻行者"，故元魏至唐"率造桥以达"，金元之际，兴云桥就曾因大雨多次毁坏而重修。明代兴云桥也曾多次被洪水冲毁，因此在万历三十四年（1606）重修兴云桥时，曾试图通过堪舆术"青龙背上碾车毂，铁牛耳边压水族"[③] 以确保桥的安全，至今大同仍存有明代铸的镇河铁牛一尊。此外，为了减少洪水对桥身的破坏，还曾在河中建有破水墩以杀上游水势，在河东岸设水卒二十名，专门负责在遇暴雨时挑挖河道，后逐渐被摒弃。兴云桥最终因嘉庆六年（1801）、十年（1805）两次大洪水而倾圮。[④]

十里河又称为武州川水，是御河支流，发源于左云县曹家堡村。十里河干流全长 89.3 千米，流域面积为 1228.37 平方千米，流经大同市区的长 39.3 千米，流域面积为 771.27 平方千米[⑤]，十里河多年平均径流量为 0.511 亿立方米，中等旱季径流量为 0.28 亿立方米，近年来枯水期经常断流[⑥]。十里河流域地势西高东低，海拔高程在 1000—2000 米之间，以石墙框、小站村为界点分为上中下三段，上游河道地处黄土丘陵沟壑区、缓坡风沙区，弯曲、游荡，不稳定；中游河道为阴山南支与洪涛山脉分界，河道顺直，河床为基岩，较为稳定；下游为冲积平原区，是游荡型河段，河床为砂质土壤，稳定性

①　李英明、潘军峰主编：《山西河流》，科学出版社 2004 年版，第 356 页

②　乾隆《大同府志》卷 27《艺文志》，《中国地方志集成·山西府县志辑》第 4 册，凤凰出版社 2005 年版，第 548—549 页。

③　霍鹏：《重修兴云桥记》，胡文烨纂修，大同市地方志办公室点校：《云中郡志》卷 13《艺文志》，山西省新闻出版局 1988 年版，第 512、513 页。

④　道光《大同县志》卷 5《营建·桥梁》，《中国地方志集成·山西府县志辑》第 5 册，凤凰出版社 2005 年版，第 62—64 页。

⑤　李英明、潘军峰主编：《山西河流》，科学出版社 2004 年版，第 61 页。

⑥　薄永盛等：《大同市自来水志》，大同市自来水公司（内部发行）1990 年版，第 19 页。

差，对大同市区直接影响较大。流域内植被主要集中在左云县境内，以灌木、野生杂草为主，林草面积占流域面积的 52.5%，中游林草覆盖率约为 20%，下游以农作物为主。① 十里河径流主要依赖大气降水补给，是典型的雨洪型间歇性河流，70% 的降雨量集中在 7、8、9 三个月，据水文站统计流域内水土流失面积为 823 平方千米，占总面积的 67%，河道平均输沙量为 246 万吨，河床泥沙淤积较严重。②

淤泥河是御河支流，亦名羊水，发源于内蒙古红石崖山。淤泥河全长 64 千米，流域总面积为 748 平方千米，其中大同市境内河长 44.7 千米，流域面积 608 为平方千米。③ 淤泥河多年平均径流量为 0.165 亿立方米，中等干旱季径流量为 0.10 亿立方米。④ 流域内西高东低，海拔高程在 1100—2034 米，流域内地貌以黄土丘陵沟壑区、缓坡风沙区为主，其植被以灌木和野生杂草为主，林草覆盖率为 30%。淤泥河的径流也属于暴雨型间歇来水，受年内降雨、年际降雨的不均而变化较大。⑤ 淤泥河流域内，植被较差，水土流失严重，年均输沙量为 31.8 万吨，素有"一碗水半碗泥"之称。⑥

口泉河是桑干河支流，发源于左云截口山，全长 57.57 千米，流域总面积为 501.89 平方千米，其中大同境内长 40.5 千米⑦，流域面积为 375.3 平方千米⑧。口泉河多年平均径流量为 0.099 亿立方米，中等干旱年径流量为 0.043 亿立方米⑨。流域内西高东低，海拔高程在 1020—2333 米之间，地貌主要是土石山区和冲积平原区。口泉河的径流多属暴雨型间歇来水，再加上流域内植被覆盖率较低，仅为

---

① 李英明、潘军峰主编：《山西河流》，科学出版社 2004 年版，第 360—361 页。
② 李英明、潘军峰主编：《山西河流》，科学出版社 2004 年版，第 361 页。
③ 《大同市志》编纂委员会编：《大同市志（1993—2013）》，中华书局 2019 年版，第 190 页。
④ 薄永盛等：《大同市自来水志》，大同市自来水公司（内部发行）1990 年版，第 19 页。
⑤ 李英明、潘军峰主编：《山西河流》，科学出版社 2004 年版，第 359 页。
⑥ 李英明、潘军峰主编：《山西河流》，科学出版社 2004 年版，第 360 页。
⑦ 李英明、潘军峰主编：《山西河流》，科学出版社 2004 年版，第 352 页。
⑧ 大同市地方志编纂委员会编：《大同市志》（上册），中华书局 2000 年版，第 66 页。
⑨ 薄永盛等：《大同市自来水志》，大同市自来水公司（内部发行）1990 年版，第 19 页。

31%左右，水土流失严重，据统计该河多年平均输沙量为 36.5 万吨，最大时能达到 1763 万吨。[1]

（二）地下水资源

大同地下水资源分布主要受降水渗入补给、水文地质条件、地貌和构造等多种因素的影响与控制，主要分布在盆地边缘的山前洪积裙和黄土丘陵区，盆地内部洪积冲积平原与河流一级、二级阶地。大同盆地西北高山区是大同市泉水水源的主要分布区，地下水径流与岩性、地表径流、降水量、地形及蒸发量等因素关系密切[2]，据推算，东部采凉山、马铺山、中部雷公山等地的泉水流量达到 0.1—0.3 升/每秒左右；云冈以西的一些地区，蓄存于岩层中的水源丰富，泉水流量为 0.1—1.5 升/每秒，在个别侏罗系断裂地段，泉水流量更大；西北部的新荣区岩层蓄水也较丰富，泉水流量为 0.1—1.5 升/每秒。[3]此外，在御河、十里河、淤泥河等河谷或阶地上，也有含水层出露的泉水，20 世纪 50 年代测得水泉湾、小南头、白马城等地的流量为 0.1—1.2 升/每秒。[4]近代日本侵占大同之后，曾利用这些泉水建立发电厂，如利用距大同城四十余里的七峰山下的西岩岭村泉眼进行发电，成立了蒙疆电业株式会社，装机容量为 11500 千瓦。[5]之后又利用大同城西十五里处的十里河畔丰富的地下水水源修建了平旺电厂。[6]

除了自然出露的泉水外，还有埋藏在地下上层的滞水或潜水，它们主要分布在西部山前洪积扇裙、平川区（云冈区、平城区）、河谷阶地（御河、十里河、淤泥河等）。[7]大同盆地不但有地下水水源还有地表水渗透供给，因此河谷沿岸平川区的含水层发育良好，

---

① 李英明、潘军峰主编：《山西河流》，科学出版社 2004 年版，第 353 页。

② 山西省地图集编纂委员会：《山西省自然地图集》（内部资料），上海中华印刷厂1984 年版，第 90 页。

③ 大同市地方志编纂委员会编：《大同市志》（上册），中华书局 2000 年版，第 66 页。

④ 大同市地方志编纂委员会编：《大同市志》（上册），中华书局 2000 年版，第 66 页。

⑤ 薄永盛等：《大同市自来水志》，大同市自来水公司（内部发行）1990 年版，第29、30 页。

⑥ 薄永盛等：《大同市自来水志》，大同市自来水公司（内部发行）1990 年版，第 31 页。

⑦ 大同市地方志编纂委员会编：《大同市志》（上册），中华书局 2000 年版，第 67 页。

位于十里河和御河之间的大同古城区即是富水区，其含水层埋藏深度为 160—200 米左右，含水层厚在 8—45 米之间。[①] 在中华人民共和国成立之前，大同城内的生活用水，主要依赖全城的数十眼水井来维持。

现在由于城建及工业用水等对地下水源的超采，绝大多数的泉水均因水位下降而不复存在。地下水的水位除了口泉河西南部、御河以东的南部保持稳定外，其他地区的地下水水位都在逐年下降。[②]

第二节　大同的人文地理环境

一　农牧交错

大同盆地据长城沿线，其北扼阴山，雄踞山西高原北部；南屏雁门关，控大同通往太原的交通要道；西临黄河；东连太行，与华北平原接壤；大同位于农牧交错带内部，自古以来是少数民族南下、东进中原的理想之地。我国北方的农牧交错带以鲜明的特征构成了中国北方最重要的人文与自然界线，其大致沿着 400 毫米等降水量线走向，地理位置在北纬 34°—48°、东经 103°—124°，呈东西带状分布。农牧交错带内的年降水量为 250—500 毫米，年均气温为 2℃—8℃，是农业区与牧业区的复合过渡区，生态环境较为脆弱，自然灾害频繁，生产环境不稳定，历史时期这一地带的种植业与畜牧业在空间上交错分布，是人类与气候相互作用最激烈的地区之一，对全球气候变化较为敏感。[③]

北方农牧交错带是中华民族千年实践中形成的对自然条件和人文习惯的科学认识。[④] 历史时期在气候变化和人类活动的综合作用

---

① 大同市地方志编纂委员会编：《大同市志》（上册），中华书局 2000 年版，第 67 页。
② 大同市地方志编纂委员会编：《大同市志》（上册），中华书局 2000 年版，第 67 页。
③ Kerstin Wasson, Andrea Woolfolk, Carla Fresquez, "Ecotones as Indicators of Changing Environmental Conditions: Rapid Migration of Salt Marsh – Upland Boundaries", *Estuaries and Coasts*, Vol. 36, No. 3, pp. 654 – 664.
④ 田广金、史培军：《中国北方长城地带环境考古学的初步研究》，《内蒙古文物考古》1997 年第 2 期。

下，中国北方农牧交错带的界线是不同的，春秋时期农牧分界线即司马迁在《史记·货殖列传》中提出的"龙门碣石一线"，史念海先生曾对该条界线进行了论证。① 据现代地理科学研究，秦、明两代农牧业区分界线基本与其时的长城沿线相当，而从降水量上看正好是雨养农业与灌溉农业的雨量分界线。② 清代之前，中国北方长城地带大致相当于北方农牧交错带，大同位于这条农牧交错带中的核心部位。从自然地理视角来看，大同—集宁—二连浩特一线是历史上农牧交错带东部区与西部区的重要分界线，因此，大同也是农牧交错带东西部文化交流地区。③ 从人文地理视角来看，明代大同位于长城沿线中部，位居"九边极冲之地"，号称边镇之首，是当时内外长城之间的主要城市，"外长城或称北长城沿山西省边界而行；内长城则在群山中向下延伸到南面的约 125 英里处，接着又在黄河以东约 30 英里的地方和主防线重新会合。在这一菱形圈中的主要城市有张家口和大同"④。由于影响农牧交错带的气候要素具备空间连贯性和时间完整性，可以打破行政区划限制⑤，再加上该地带对人类干扰也十分敏感，历史时期大同所在的桑干河上游地区一直作为漠北游牧民族向中原发展的必经之地，因此，大同一直以农牧文明并存的双重色彩出现在历史舞台上。

　　大同是一个由山地、丘陵、平川组成的地貌单元，其中平川面积较小，主要集中在中部和东部，西部及北部大部分地区是山地和丘陵，这一区域除了岱岳以北有火山喷发的玄武岩外，其余均为黄沙土覆盖，除少数河谷地带土壤比较肥沃外，大部分地区土壤肥力

　　① 史念海：《黄土高原历史地理研究》，黄河水利出版社 2001 年版，第 512—547 页。
　　② 田广金、史培军：《中国北方长城地带环境考古学的初步研究》，《内蒙古文物考古》1997 年第 2 期。
　　③ 田广金、史培军：《中国北方长城地带环境考古学的初步研究》，《内蒙古文物考古》1997 年第 2 期。
　　④ 李约瑟：《中国科学技术史》第 4 卷《物理学及相关技术》，汪受琪等译，科学出版社 2008 年版，第 50 页。
　　⑤ 田广金、史培军：《中国北方长城地带环境考古学的初步研究》，《内蒙古文物考古》1997 年第 2 期。

低下。从环境来看，该地区对于游牧民族与农耕民族来说都不是理想的发展区域，但由于其军事战略价值重要，因而是双方都竭力要控制的区域。"从中国历史的起源开始，直到 19 世纪末年……中国人曾经屡次越过长城，却是时行时止地犹豫不决。同样，草原民族也屡次侵入中国，然而他们也不可能在长城以南永久地建立草原经济和游牧社会。"① 对于掌控长城边疆的民族和国家来说，他们需要从农业经济和游牧经济中做出抉择。"对于游牧民族它不够封闭，在他们进入这里之后，会有一部分人从大团体中分裂出去，寻找最有利的地点从事耕种。而这些地点多半具有军事战略价值，因此游牧社会便丧失了其社会传统与军事安全。"② 而对于从事农业的汉族居民而言，"这一片土地多半比较高旱而且贫瘠。农业在这里不能支持像南方那样的坚实的国家机构，农耕的统一性有被畜牧——主要是放养绵羊和山羊——破坏的趋势，因为这类地区的畜牧多于一般的汉族经济"③。

尽管如此，大同对双方的吸引力从不曾减弱，游牧民族和汉民族不断在此冲突交融，形成了此地农牧混合的特征。换句话说，正因为大同紧邻农耕文化区——汾晋盆地和华北大平原，又逼近蒙古高原游牧带，才具有吸纳农耕文化和游牧文化两方面优势的良好条件。这对入主中原而以大同为国都或陪都的少数民族政权而言是颇有益处的。据史书记载，汉魏之际，呼和浩特平原至晋北一带牧业都较为发达，史书中多有记载，云中川④每年秋季"马常大集，略为满川"⑤，早在

---

① 拉铁摩尔：《中国的亚洲内陆边疆》，唐晓峰译，江苏人民出版社 2010 年版，第 28 页。
② 拉铁摩尔：《中国的亚洲内陆边疆》，唐晓峰译，江苏人民出版社 2010 年版，第 284 页。
③ 拉铁摩尔：《中国的亚洲内陆边疆》，唐晓峰译，江苏人民出版社 2010 年版，第 284 页。
④ 今内蒙古呼和浩特平原（亦称土默川）。秦始皇统一天下，分全国为 36 郡，在此设云中郡。汉继秦制，仍设云中郡。北魏初，亦设云中郡。故这一带当时被人们习称为云中川。引自高文德编著《中国少数民族史大辞典》，吉林教育出版社 1995 年版，第 198 页。
⑤ 《魏书》卷 24《燕凤传》，中华书局 1974 年版，第 609 页。

秦末即呈现"班壹避坠于楼烦,致马牛羊数千群"① 的景象。到北魏时,"朝廷每有征讨,辄献私马,兼备资粮"② 等。由此可知,在汉魏之际,大同盆地的经济更加倾向于依赖牲畜的"混合农业"③。

二 交通要地

大同位于大同盆地的中心,地处晋、冀、蒙咽喉要冲,是连接蒙古高原和华北平原的纽带。尽管受地质构造的影响,大同境内沟壑纵横的地理环境使其在交通中存在较大阻碍,但因其处于山西高原与内蒙古高原、华北平原的中间地带,其地理优势比较明显。大同南有句注陉④,东有飞狐道,西有武州塞,北为阴山支脉,外长城沿山而上,是与北方游牧民族的天然界山,由此形成了一个相对封闭的地理单元。自古以来,无论是游牧民族南下、东进或者是汉民族北进、西出,大同都是必经地之一。因此,早在先秦时期,先民已经披荆斩棘开辟出此地与周围联系的通衢大道雏形。

大同南面的句注山又名陉岭、西陉山,与雁门山相接,故亦有雁门之称。句注山即雁门关所在之山,东西横亘于大同盆地之南,自春秋战国以来,即被视为天险,赵襄子"欲并代,约与代王遇于句注之塞"⑤ 即此地。雁门因"两山对峙,其形如门,而飞雁出其间"而得名。⑥ 其山有东西二陉及十八隘口,在句注之南,是汉族传统农耕区,属中原农耕文化;句注之北,即大同地区,为传统的农牧混合区,是农耕文化和游牧文化的过渡带。汉族政权很早就在句注山设置隘口,防御北方游牧民族的入侵,后来更于句注山一线修筑长城。句注陉是一个既险峻又通达的要塞,为"三关之禁喉,云中之锁钥",

---

① 《汉书》卷100《叙传》,中华书局1962年版,第4197页。
② 《北史》卷48《尔朱荣传》,中华书局1974年版,第1751页。
③ 拉铁摩尔:《中国的亚洲内陆边疆》,唐晓峰译,江苏人民出版社2010年版,第28页。
④ 句注山即雁门关所在之山,东西横亘于大同盆地之南,自春秋战国以来,即视为天险,为《吕氏春秋》所谓"九塞"之一。
⑤ 《史记》卷70《张仪传》,中华书局1959年版,第2297页。
⑥ 《吴甡抚晋书》,选自顾炎武著,黄坤等点校《天下郡国利病书·山西备录》,上海古籍出版社2012年版,第1829页。

前有大同，后有太原，向东又与河北有孔道相通。早在穆天子巡狩北方时，即存在一条从雁门穿越大同盆地至内蒙古河套之地的道路。文献记载周穆王北征，到井陉山下时打通了道路险阻，于是"北循滹沱之阳""乃绝隃之关蹬（雁门山）""至于焉居、禺知（平鲁、井坪一带）之平""至于鄜人（内蒙古河套）"①。据《冀州图经》记载，自周秦汉魏以来，中原北伐的道路仅有三条，"其中道正北伐太原，经雁门、马邑、云中出五原塞直向龙城……"②

大同东面有飞狐道，又称飞狐陉、蜚狐陉、飞狐口等，在今河北蔚县东南六十里（东经114°30′，北纬39°50′），涞源县北二十里（东经114°40′，北纬39°20′），为两县间的通道，其南通紫荆、倒马二关，西入大同，形势十分险要，是中原北出草原交通之阻。太行山脉自黄河北岸之王屋山向东北蜿蜒迄燕山山脉，长八百余千米，为华北大平原与山西高原之分界岭。古人称"连山中断"为陉，太行山脉屡见中断，是沟通平原与高原之间的东西交通路线，山中要道有八，称为太行八陉。③ 其中，飞狐、蒲阴、军都三陉为中国古代北塞之东段，而飞狐、蒲阴实际上是一道的北南两口，故此道为八陉中最长的，其全程长约八九十里。飞狐道南接河北平原，在塞北地带南北交通上的地位非常重要。④ 据严耕望考证，早在先秦时期，飞狐道就存在，即中山北通代国道。⑤ "蜚狐"之名始见于《史记·郦生传》，刘邦的谋士郦食其在分析楚汉对峙局势时言及此道对于巩固北方边境的重要性，将"蜚狐之口"作为劝谏刘邦进军占据的重要据点之一。⑥ 十六国时期，大同地区沟通山西高原与河北平原的交通要道仍为飞狐道。

---

① 高永旺译注：《穆天子传》，中华书局2019年版，第1—46页。
② 王谟辑：《汉唐地理书钞·冀州图经》，中华书局1961年版，第301页。
③ 太行八陉从西南向东北分别为：轵关陉、太行陉、白陉、滏口陉、井陉、飞狐陉（望都陉）、蒲阴陉、军都陉。
④ 严耕望：《唐代交通图考·河东河北区》，"中央研究院"历史语言研究所1986年版，第1549页。
⑤ 严耕望：《唐代交通图考·河东河北区》，"中央研究院"历史语言研究所1986年版，第1461页。
⑥ 《史记》卷97《郦生传》，中华书局1959年版，第2694页。

　　大同之西有武州塞，今山西左云至大同西一带，战国赵武灵王置。《汉书》颜师古注曰："塞路者，主遮塞要路，以备敌寇也。"[①]赵武灵王逐走匈奴白羊部，于其地置武州县，又于武州县之西置善无县，皆归雁门郡管辖。武州县之东直至平城县西境，为一广大山区，峡高谷深，武州川水从中穿越而过，自古即为胡汉交通孔道。

　　大同之北有阴山山脉南支，地控沙漠，但相对蒙古高原而言，此地无险可守，因此，大同周围建有众多防御设施，其中沿北部山脉而建的长城成为有力的屏障，也是重要的胡汉分界线。据《史记·匈奴列传》记载，赵武灵王将阴山以南盘踞的少数民族政权赶走后，开始修筑长城，"自代并阴山下，至高阙为塞"[②]。秦统一天下后，始皇亦遣大将军蒙恬利用天险筑长城"起临洮，至辽东，延袤万余里"[③]。秦末中原大乱时，匈奴冒顿单于乘势夺取河南地方，威胁汉王朝边界。

　　总之，赵国北略胡地后，在山西北部设置了雁门郡、代郡，大同地区的交通遂渐次开发。秦代从山西通往北疆的道路就是在原有道路基础上兴修的，由蒲津渡河，经平阳、晋阳以通云中，此路北段路线即是入塞的中道。汉代，为防御匈奴，锐意经营北疆，山西北部的交通在这一时期发展较为显著。自太原经石岭关、忻口北逾句注山，大体循桑干河谷地可抵于大同。平城之围时，匈奴与汉军也是在大同越句注而至太原的道路上行军的。汉文帝后元六年（前158）冬匈奴共六万骑南下侵扰，汉文帝令大将屯驻飞狐、句注、北地[④]，"缘边亦坚守以备胡寇"[⑤]，可见此通道之重要性。汉武帝于元光五年（前130），"发卒万人治雁门阻险"[⑥]。据统计，春秋以来句注、雁门发生的出入塞交战有三十余次，"自云中入雁门，出马邑逾句注"成为

　　① 《汉书》卷16《高惠高后文功臣表第四》，中华书局1962年版，第567页。
　　② 《史记》卷110《匈奴列传》，中华书局1959年版，第2885页。
　　③ 《史记》卷88《蒙恬传》，中华书局1959年版，第2565、2566页。
　　④ 《汉书》卷4《文帝纪》，中华书局1962年版，第130页。
　　⑤ 《史记》卷110《匈奴列传》，中华书局1959年版，第2904页。
　　⑥ 《汉书》卷6《武帝纪》，中华书局1962年版，第164页。

北方少数民族南下进犯的必经之路。① 而汉武帝北伐匈奴，要求北部毗邻匈奴地区的交通更为便捷，这对大同地区的交通多有开辟之举。北伐匈奴，多循道太原、雁门至云中、定襄诸郡，其兵员辄至十万。此时期，汉与匈奴争夺的区域由马邑北退至武州塞以北，从而使大同地区回归到中原政权统治之下，成为民族交融的前沿，也为北魏鲜卑政权的确立奠定了初步基础。

东汉时期定都洛阳，其北部的雁门、定襄郡，时遭兵燹，东汉政权不得不锐意经营，控制要道关塞。据《后汉书》记载，北方少数民族"常骚扰于晋北"，导致晋北地区战事不停。建武十三年（37），东汉政权为解决匈奴、乌桓常年侵扰之苦，"诏霸将弛刑徒六千余人，与杜茂治飞狐道"②，从代州至平城共筑亭障 300 多里。此后汉出师多循其道，高柳塞口即经历数十战。为解决对匈奴战争中的粮草运输困难，东汉初曾令屯田于广武、晋阳，军饷补给通过驴车运送。从史料记载推测当时由广武至繁峙，通过桑干河谷道北上的交通线路较为便利，彼时晋冀交通主要路线仍为由太原东行经太行山的井陉。

魏晋争夺拉锯之时，中原政权无暇顾及雁门以北地区，北部防线近于崩溃，北方匈奴部落借机南下侵占大同盆地。再加上曹操将并州匈奴三万余部落人口南迁，大抵沿汾水而分布，这无形中使其控制了山西地区的交通大动脉，晋北门户被打开，山西地区从此多事。

三　先民遗迹

大同地区有人类活动的历史可追溯至上古时代。距今两三百万年前至数万年前，大同所在的泥河湾盆地③是一汪湖水，学界称其为"大同湖"，历史时期"大同湖"盈缩不定，后来因湖水消失沉积层逐渐显露而形成泥河湾层。泥河湾层是研究古人类文明的重要"标本"，其间发现了丰富的旧石器时代文化遗址，初步统计大同地区的

---

① 吕秀琴：《大同历代战争》，山西人民出版社 2004 年版，第 1、2 页。
② 《后汉书》卷 22《王霸传》，中华书局 1965 年版，第 737 页。
③ 泥河湾盆地位于山西省北部和河北省西北桑干河流域内的狭长地带，总面积约 9000 平方千米，其中大同、朔州占到近 70%。

旧石器时代遗址有 20 多处①，现在可能发掘出的更多②，主要有阳高许家窑③、南郊区青磁窑④、小站遗址⑤、高山镇遗址⑥（大同西六十里的高山城）等。新石器时代遗址 50 处左右，其中经发掘整理的较少，如云冈附近的遗存⑦、南郊区的马家小村⑧、广灵县的洗马庄遗址⑨等。从新旧石器时代的遗址中我们发现，这些古人类活动的地方都距河流不远，位于河流的阶地上，如十里河、御河、桑干河及支流沿岸等（如图 2 - 2 所示）。当时这些地方都有茂盛的草木，生活在其间的古人类主要以打猎为生。

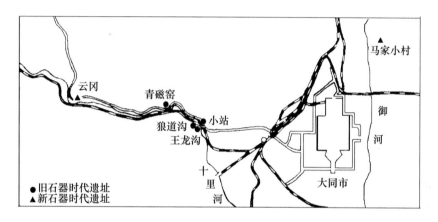

图 2 - 2　大同附近石器时代遗址分布

①　张志忠、古顺芳：《大同考古》，北岳文艺出版社 2015 年版，第 19 页。
②　高雅敏、陈杰：《泥河湾盆地大同境内考古有新发现——大同县阳高县等地发现 50 余处旧石器时代及动物化石地点》，《大同日报》2016 年 6 月 22 日，第 1 版。
③　贾兰坡、卫奇、李超荣：《许家窑旧石器时代文化遗址 1976 年发掘报告》，《古脊椎动物与古人类》1979 年第 4 期。
④　李超荣、谢廷琦、唐云俊：《大同青磁窑旧石器遗址的发掘》，《人类学学报》1983 年第 3 期。
⑤　李超荣、谢廷琦、胡平：《大同市小站的旧石器》，《人类学学报》1986 年第 4 期。
⑥　裴文中：《大同高山镇之细石器文化遗址》，《雁北文物勘察团报告》，中央人民政府文化部文物局 1951 年版，第 23—24 页。
⑦　安志敏：《大同云冈附近的新石器时代遗存》，《文物参考资料》1953 年第 Z1 期。
⑧　海金乐：《山西大同马家小村新石器时代遗址》，《文物季刊》1992 年第 3 期。
⑨　陈哲英：《山西广灵县洗马庄石器遗存》，《文物季刊》1992 年第 3 期。

　　大同城区周围发现了多处旧石器时代遗址，分别是旧石器时代早期的青磁窑和旧石器时代晚期的小站，王龙沟（小站村附近）①、狼道沟（位于小站村的西南方向）② 等，都是在十里河沿岸周围，沿着该河向西还有高山镇遗址。此外，在十里河南北两岸的云冈附近，在御河东边的马家小村，还发现了新石器时代遗址。由此可见，在大同城区周围很早就有古人类活动。

　　大同历史最早于《尚书·禹贡》中见诸文字，据记载早在夏朝就有先民定居，春秋时期系楼烦人聚居地。三家分晋后"赵有代、句注以北"。公元前411年，赵献侯在今大同县辖区内首建城池，取名"平邑"，开启了大同地区建城的历史。战国赵武灵王是历史上少有的向少数民族学习的汉族统治者，他通过"胡服骑射"改革壮大了军事力量，将占据大同地区的少数民族逐一驱赶到阴山以北，并修筑长城有力地强化了对北方少数民族的防御，同时"置云中、雁门、代郡"③。当时大同东北部在代郡、西南部在雁门郡，成为赵国北拒游牧民族的前沿阵地，同时也是多元文化与经济交流的冲突地带。公元前221年，秦始皇实现大一统后，设天下三十六郡，其中大同隶属于雁门郡。十里河流域沿线，历来是塞外草原进入大同地区的重要通道，早在秦汉时期中原王朝即在此修筑军事城堡进行防御。

第三节　汉代平城县的发展

一　秦汉边疆治理中的平城

　　秦统一六国后，在中原农耕文明崛起的同时北方游牧人群的势力也在逐步增强，双方力量的同步提升使农牧交接带的冲突碰撞增多，

---

　　① 李超荣：《大同市小站王龙沟的旧石器》，大同市考古研究所：《大同考古资料汇编》（1），文物出版社2018年版，第95—102页。

　　② 陈哲英：《大同狼道沟的石制品》，大同市考古研究所：《大同考古资料汇编》（1），文物出版社2018年版，第103—107页。

　　③ 《史记》卷110《匈奴列传》，中华书局1959年版，第2885页。

在此种背景下，边疆防御成为秦国面临的重要问题。

（一）秦汉时期的边疆地理

1. 秦汉边疆问题的地理分析

秦朝建立统一政权后，辽阔边疆的安全问题成为关系国家稳定和治理的重心，秦始皇采取修筑长城的策略北拒匈奴。长城工程浩大，西起临洮，沿黄河北至河套，东至辽东郡，延袤万余里，并由大将军蒙恬亲自守卫。始皇三十七年（前210）蒙恬蒙冤自杀后，紧绷的大秦帝国出现裂缝，次年便发生陈胜、吴广起义，顷刻间秦王朝土崩瓦解，北方边疆也陷入防守薄弱的境况，于是匈奴南下穿过河套平原，冲破与中原旧时障塞分界。西汉建立后，采取"以城固疆"的战略筑牢北方边塞，成功化解匈奴侵扰问题，并不断扩大疆域，具体措施如下：

一是筑朔方城固守河套以南。汉初因国力空虚而无力与匈奴对抗，于是采取"和亲"的保守安边政策，换取短暂的边疆安定。经过休养生息之后，及至武帝即位时，汉国力已经大为改观，对匈奴的策略由和亲向战争性防御转变。汉武帝分别于元朔二年（前127）、元狩二年（前121）、元狩四年（前119）对匈奴发动了3次大规模军事行动，并实现了"漠南无王庭"的军事战略目标。随着匈奴势力北退，汉北部边疆大为拓展，并在河套以南地区建筑了朔方城，从内地迁民十万充实边境，以防止匈奴再次反扑。西汉将匈奴再次压制到河套以北，同时进一步修缮秦长城等障塞，将北方少数民族政权推回到传统农牧分割线以北，使中原政权控制范围北扩至今黄河内蒙古段沿线以北。

二是设金城郡掌控河西走廊。为了巩固朔方城的军事战略地位，西汉继续加大对河西地区的军事占领，解决了匈奴从西北、西南对朔方城的威胁问题。元狩二年霍去病出兵河西对匈奴发动军事进攻，大败匈奴并实质控制河西走廊。为了巩固河西走廊局势，保证西出交通顺畅，汉逐步建立张掖、酒泉、敦煌和武威四郡镇守。同时，还调配吏卒五万余人专门为驻军屯粮，既是通过发展农业活动稳固河西经济根基，也是为驻军提供坚实的粮草后盾。此外，还在陇西建立了一个进出河西走廊的专门军镇,名曰金城郡(今兰州市西北),从而使汉政权在河西走廊的威胁得以消减。

三是增强东部五郡以防御漠北地区。汉文帝时期,匈奴威胁汉东北部地区,不但每年烧杀掳掠,侵扰云中、辽东等边郡,而且还奴役其他少数民族如乌桓,勒令其每年纳贡。汉武帝马邑之谋失败后,改变对匈奴的和亲战略,主动出击使匈奴一路北撤,转移到漠北地区。卫青率军横渡沙漠追匈奴至阗颜山赵信城,霍去病追匈奴左贤王至狼居胥山,登临瀚海。同时积极与乌桓建立合作,准许乌桓首领年入长安,以示亲信和优待,还将乌桓族人迁移至上谷等五郡塞外,专门负责监视匈奴的行动。同时,为了确保乌桓的可靠性专门设置了"护乌桓校尉"的官职,名义上为乌桓提供各种便利,实质是对乌桓的监管。元狩五年(前118)卫氏朝鲜附汉后置真番、临屯、乐浪、玄菟四郡,汉朝东北边疆始得稳固。

四是置玉门关纳西域入汉朝版图。汉代西域大致相当于今新疆维吾尔自治区一带,由于该地区地形地貌特殊,主要人口聚集于天山南北两个区域,天山以南为塔里木盆地区域,以北为准噶尔平原及其周围地区,南边为以农耕种植为业的各族居民,北边为游牧民族,大大小小总称"三十六国"。该地区只在东北方留有一个缺口,成为蒙古高原与河西走廊之间的重要通道。汉文帝前元六年(前174)匈奴占领西域,设置僮仆都尉镇压和治理西域各族,征收赋税。匈奴虽然西退,但仍然拥有对蒙古高原及广大西域地区的实质控制权,并通过相对强势的军事实力掠夺、控制和奴役其他民族。汉武帝为联络被匈奴压迫的西域各族共同抗击匈奴,先后两次派张骞出塞,虽然联盟的目标没有达成,但打通了前往西域的交通线路,与西域各族建立了往来联系,为之后抗击匈奴奠定了基础。

虽然西域各族与汉朝建立了朝贡关系,但汉朝出使西域的使者不时受到从天山缺口南下楼兰、姑师的匈奴骑兵的攻击,这严重影响了西域边疆的稳定。于是西汉出兵西域与匈奴争夺天山通道,匈奴大败并退出缺口,从而使塔里木盆地得以稳固。与此同时,汉武帝一方面续修长城从令居向酒泉至盐泽延伸,驻兵设障,使军事力量深入西域腹地，以加固西北边防；另一方面于敦煌西北筑玉门关，作为汉朝加强西域军事防御的重要障塞。此外，还专门设置"使者校尉"主管屯田事务，以资往来使者之用。汉昭帝元平元年（前74），汉军在西域击败匈奴与车师联军。宣帝神爵二年（前60），随着匈奴西边日逐王先贤掸内附，匈奴力量日渐衰微，汉进一步设都护于乌垒城，正式将西域纳入版图。

通过以上分析可见，秦汉以来国家大一统观念开始建构，边疆治理上升为国家治理的重要内容，而汉武帝通过对匈奴的一系列战略部署，以关键地理要塞修长城、屯田驻兵，加强军事防御体系的方式使西北、北方和东北边疆不受匈奴的侵扰。

2. 秦汉王朝对北部边疆的控制

秦汉时期对北部边疆的治理具有典型的"统而不治"特征，即通过各种政策、机制和措施处理北方少数民族问题，以达成连续稳定之目的。

（1）实行郡县制强化中央集权，同时保留"道"的特殊性

早在春秋时期就有郡县出现，但当时的郡县之间并未形成明确的隶属关系。秦统一天下后改分封为郡县，划天下为三十六郡，每郡设守、尉、监三官，郡下设县，郡县制的隶属关系已经明确。汉对秦制略有取舍，汉初恢复分封制以奖励战功，但在发生诸王叛乱之后，全面恢复郡县制，并通过"推恩令"等措施巧妙地化解了封王、封地对郡县制管理体制的消极影响，使政权得到进一步巩固。还有一种与郡县制并行的少数民族特殊体制"道"，颜师古曰："县有蛮夷曰道"[1]，道的行政建制相当于县，但其主要用于命名少数民族聚居的区域，如天水郡的獠道、南郡的夷道等。根据《汉书·地理志》所载，西汉共有三十二个道。这种道县并置的体系既保证了郡县体系的统一性，又突出了少数民族区域的特殊性，与当今我国设立的民族自治单位有异曲同工之妙。

（2）设立"属国"，保持少数民族自治

早在秦的律法中就有专门对属国进行管理的"属邦律"。汉袭

---

① 《汉书》卷57《司马相如传》，中华书局1962年版，第2580页。

秦制，据《史记·卫将军骠骑列传》记载："分徙降者边五郡故塞外，而皆在河南，因其故俗，为属国。"[①] 可知，属国专门指内附于秦汉的少数民族单位，秦的记载已不详，但西汉属国有明确史料记载。元狩二年（前121）秋，河西浑邪王内附，汉为其封侯并将其降众安置于边塞五郡以北，专门设置了5个"属国"。宣帝五凤三年（前55）匈奴呼邀累单于率众内附，汉同样设置"西河、北地"[②] 两处"属国"进行安置。汉廷对少数民族归附人员保留其内部组织和风俗习惯，指定区域从事游牧活动，但在行政上归中央统一管理。东汉时期，史书载北方有安定属国、西河属国、上郡属国、张掖属国、张掖居延属国等。同时，汉还给予属国特殊的优惠政策，比如属国的部分行政官员由少数民族上层人物出任；属国不需向国家缴纳赋税；属国可以保留原来的生活习俗和内部组织。如此设置下的属国只是从国家安全和统一层面确定了一种隶属关系，而汉廷并不对属国进行真正治理，从而在一定程度上有效化解了民族矛盾，保留了民族多样性和民族融合的积极性。

（3）设置西域都护，确保民族地区稳定

前文有述，西域都护是西汉将西域三十六国纳入版图之后设置的统领各国的行政机构，西域都护府设在乌垒城，其主要职能为：一是对西域各国实行保卫职责，保证其免受匈奴侵扰；二是负责协调内部各部落之间的关系；三是负责统筹汉与西域事务。西域各国虽然内附于汉，但仅与汉存在简单的朝贡关系，各部落每年或几年向汉朝进贡一次，而汉每每多有赏赐；各族族长、国王、首领也多得到汉的册封，据《汉书·西域传》记载，西域国王、君长佩汉朝印绶者多达376人。因而在名义上，各归属国首领已经是汉廷治理地方的官员代表，代汉行使行政之权。

西域都护是汉朝专门针对西域创立的"统而不治"制度，各

① 《史记》卷111《卫将军骠骑列传》，中华书局1959年版，第2934页。
② 《汉书》卷8《宣帝纪》，中华书局1962年版，第266、267页。

国附汉后从名义上消除了对汉朝边疆稳定的威胁，实现了多民族的统一，同时也使其能够得到汉朝的军事庇护和经济恩赐。但显而易见的是这种体制建立在汉朝强大而稳定的内部实力之上，只有汉朝保持繁荣稳定，这种朝贡关系才有存在的基本前提。王莽篡汉后，汉在内部政治动荡下对西域采取了错误的政策，使匈奴有了策动各国叛汉的可乘之机，导致西域于公元9年至公元72年完全脱离汉朝管辖。直至东汉明帝永平十六年（73）大败北匈奴后，才复置西域都护，而该职也在东汉与西域关系及边疆形势的变化中不断调整。

（4）设置"使匈奴中郎将"，专司汉匈事务

可以说汉代的北部边疆治理活动主要围绕民族问题展开，而其中与匈奴的关系问题又是核心，从汉初的保守"和亲"政策，到汉武帝时期的全面出击对抗，再到东汉的南匈奴附汉，边疆治理始终围绕匈奴问题展开。东汉光武帝建武二十六年（50）南匈奴内附后，设置"使匈奴中郎将"官职，专门负责南匈奴事务。中郎将在秦时专司皇帝侍卫，后军职中常用此称号，早在西汉时就有类似官职的设置，宣帝甘露三年（前51），时匈奴呼韩邪单于附汉，赴长安朝见完毕归国时，因漠北单于庭被郅支单于占领，于是留居汉光禄塞下。汉派董忠领兵护送单于出朔方鸡鹿塞，帮助其诛杀不服者。元帝永光元年（前43）呼韩邪返回漠北后，依然设立承担向匈奴传达诏令、进行联络的官职。由此可见，汉朝专门设立使匈奴中郎将一职，表明其对与匈奴关系的充分重视。

（二）边疆治理下平城的发展

1. 强化边防体系

秦建立统一王朝后，国土的扩大使边疆安全成为国家治理的重要内容，大同由于其特殊的地理位置，成为少数民族南下的重要突破口。秦为消除北方少数民族的侵扰，在当地派重兵驻防，设立边郡兵、将屯兵、屯田兵和民族兵等严密的防御体系。

表 2 - 2   秦汉边防体系

防御	举措	资料
屯兵设防	边郡兵	边郡兵以边郡太守和各部都尉为首领，属官有长史、司马、千人等。长史掌兵马，千人与司马应为屯兵的首长，级别有等级之分，其中千人辖有骑兵。① 形成"太守—都尉—候官—部尉—候长—燧长"边郡兵体系。② 卫宏《汉旧仪》称："边郡太守各将万骑，行障塞烽火追虏"③
	将屯兵	将屯兵，是指中央派出将领到边郡屯兵。《汉书·赵充国传》载："迁中郎将，将屯上谷"，宣帝时亦有"遣充国将四万骑屯缘边九郡"
	屯田兵	屯田兵是指"以兵营田"、且耕且守的武装力量，主要任务是在边塞屯田区从事农田耕作，由农都尉、护田校尉、西域都护、戊己校尉等管理
	民族兵	秦汉民族兵，就是少数民族军队。领导少数民族军队的有属国都尉和将校，分别称为属国兵和将校兵。属国兵就是由属国都尉领导的民族兵，属国"主蛮夷降者"，就是管理投降的少数民族，带领民族兵
修城筑堡	长城	"后秦灭六国，而始皇帝使蒙恬将数十万之众北击胡，悉收河南地，因河为塞，筑四十四县城临河，徙适戍以充之。而通直道，自九原至云阳，因边山险，堑溪谷，可缮者缮之，起临洮至辽东万余里。又度河据阳山北假中"④
	塞（新长城）	自汉武帝元鼎六年（前111）至天汉元年（前100）这12年间，西汉王朝又先后组织了七次大规模修筑边塞的行动，兴建起了长达2000千米左右的新的长城，据陈梦家先生考证："汉武帝由于防御匈奴与西羌，开发西域，在河套以西，用了短短12年时间，兴建了规模巨大的三四千里障塞亭燧"⑤
	修筑外城	"外城"指"塞外之城"，是汉武帝时期在秦长城以北即阴山以北所修筑的边防工程。"汉使光禄徐自为出五原塞数百里，远者千余里，筑城障列亭至卢朐，而使游击将军韩说、长平侯卫伉屯其旁，使强弩都尉路博德筑居延泽上"⑥

① 刘光华：《西汉西北边塞》，《西北民族大学学报》2005年第1期。
② 宋超：《汉匈战争与北边郡守尉》，《南都学坛》2005年第3期。
③ 应劭撰，孙星衍校：《汉官仪卷上》，孙星衍等辑，周天游点校：《汉官六种》，中华书局1990年版，第152、153页。
④ 《汉书》卷94《匈奴传》，中华书局1962年版，第3748页。
⑤ 史念海：《秦始皇直道遗迹的探索》，《文物》1975年第10期。
⑥ 《史记》卷110《匈奴列传》，中华书局1959年版，第2916页。

续表

防御	举措	资料
	筑障、建塞	汉武帝取得河南地后，相继在西河、上郡、北地三郡沿边建塞筑障，以防御匈奴从三郡塞外侵入。元封三年（前108），"又北益广田至眩雷为塞，而匈奴终不敢以为言"①，在西河郡增山县（今内蒙古东胜西北城梁村古城）西筑眩雷塞，在虎猛（今内蒙古伊金霍洛旗西南红庆河古城）界筑制房塞，塞外翁龙障和埤是障，在今伊金霍洛旗西南
	整修驰道	秦汉王朝都很重视在北边地区修建道路，完善交通运输设施，提高边防部队的后勤和装备保障能力以及应对突发事件和打赢局部战争的能力。《冀州图经》说："入塞三道，自周秦汉魏以来，前后出师北伐，唯有三道。其中道，正北发太原，经雁门、马邑、云中，出五原塞，直向龙城，即匈奴单于十月大会祭天之所也。一道东北发，向中山，经北平、渔阳，向日檀、辽西，历平冈，出卢龙塞，直向匈奴左地，即左贤王所理之地处。一道，西北发，自陇西、武威、张掖、酒泉、敦煌，历伊吾塞匈奴右地，即右贤王所理之处。"② 三道的中道包括了雁门道、云中道、固阳道，东北道包括平冈道、卢龙道，西北道包括陇西道、北地道

　　汉代大同的军事地位更加重要，处于中原政权与北方少数民族争夺的重要地带。在距今大同城约35里云冈镇西4里的吴官屯村发现了一座古城③，通过对其城东、城南的白灰房址及文化层的考证，判定其为西汉中期到东汉中期时的建筑，此城北靠山，南临河，据天险守关塞，处于武州塞内东西大道锁钥之地。该城为长约450米，周长约4里的方形城，城西北角筑有东西长60多米、南北宽40多米的高台，整体高出十里河河床29米，所处位置对及时察觉敌情和控制要塞十分有利，是区域内的军事制高点。

　　虽然关于吴官屯古城的史料记载并未发现，但结合汉代大同附近的局势以及边疆形势可以对该城的性质做出大致判定。首先，从

　　① 《史记》卷110《匈奴列传》，中华书局1959年版，第2913页。
　　② 刘纬毅：《汉唐方志辑佚》，北京图书馆出版社1997年版。
　　③ 早在20世纪40年代日本学者长广敏雄、水野清一等人在云冈附近调查时即发现了一段汉代城墙及一些陶片等。

该城所处的地理位置来看属于一座关城，其位于连接中原与北方的交通要道之上，是北方少数民族侵扰大同的必经之地。据史料可知，秦汉战乱匈奴趁机南下，不断侵扰边疆，公元前200年汉高祖刘邦被围困于白登山达七日之久，匈奴问题成为影响西汉边疆安定的重要因素。元光二年（前133）汉武帝采纳王恢"马邑之谋"①，企图通过提前设伏、引诱匈奴主力深入马邑而将其一举歼灭。史料中对这一事件的后续进展进行了记录，据《史记·韩长孺列传》记载，元光二年匈奴单于大军十万余人从武州塞南一路南下，没有受到任何防御力量的阻击，单于狐疑，于是"攻烽燧，得武州尉史……乃引兵还"②。而《史记·匈奴列传》的记述与其略有出入，关于之前的南下行军路线基本一致，都提到出"武州塞"，只是在未遭受抵抗而生疑时攻打的是"亭"而非"燧"，抓获的是"雁门尉史"而非"武州尉史"③。虽然两则史料中关于攻打对象和擒获官员的官职有所出入，但可以断定的是单于从该官员身上获取了重要信息，之后便"引兵还"而使"马邑之谋"落空，从而使汉失去了一次挫败匈奴的机会。

此处先不讨论官职问题，且说单于攻打的对象"烽燧""亭"是什么防御单位。关于亭，汉代刘熙《释名·释宫室》载："亭，停也，亦人所停集也"，其本义是道路上供人们休息的场所，但在现实中具有更多的功能，一是治安；二是馆舍；三是民事。但边疆设立的亭更具特殊性，司马迁在《史记》中也曾提及"行观蒙恬所为秦筑长城亭障"④，亭障也是与长城直道相配合的军事防御设施。同时，从汉武帝出巡郡国的相关记载也可以管窥亭障之功能，汉武帝巡察发现"新秦中或千里无亭徼，于是诛北地太守以下"⑤，因无亭徼而诛杀官员，更加显示出边疆之亭重要的军事防御性质。而

---

① 《汉书》卷52《韩安国传》，中华书局1962年版，第2398、2399页。
② 《史记》卷108《韩长孺传》，中华书局1959年版，第2861、2862页。
③ 《史记》卷110《匈奴列传》，中华书局1959年版，第2905页。
④ 《史记》卷88《蒙恬传》，中华书局1959年版，第2570页。
⑤ 《汉书》卷24《食货志》，中华书局1962年版，第1172页。

"烽燧"一般理解为侦察敌情、通信之所，通俗地称为烽火台，但在现实中其功能往往与"亭""障""塞"互通。史料中多有"欲起亭燧""障塞亭燧出长城外数千里""起候亭燧烟"等记载。从上述记载可知，烽燧也应当不仅是传达敌情的烽火台，在一定程度上也拥有军事防御功能。同时，"亭""燧"在史料中经常一同出现，二者也可能是组合建置。马邑之谋中，匈奴对"亭""燧"这么小的防御单位是否需要专门"攻"？位于交通要道上的关塞城池是否更应该成为其攻击目标？吴官屯古城，其属于雁门郡武州县，颜师古认为尉史是边疆郡塞的专门官吏，其职能是"巡行徼塞也"①。依此可以理解为武州尉史是武州塞的巡检官，在巡检过程中遭遇匈奴大军。

此外，根据大同古城东南居民文化层可知，古城区域也有居民活动，汉武帝时期出台大量屯田政策，设置开田官等官职以巩固边疆要塞，而吴官屯古城周围可能也是屯田地点。总而言之，秦汉时期中原农耕文化与北方游牧文化的冲突已经显现，而大同地区作为宜农宜牧的农牧交错带，成为北方少数民族南下争夺的重要区域，突破大同盆地就可一路南下至马邑、雁门一带，觊觎中原之地。同时，大同地区也是中原政权北拒匈奴、守卫边疆的重要战略军事要地。因此，秦汉以来，大同地区的军事战略地位逐渐上升。

2. 平城的建立及其边疆安全地位

大同北锁游牧民族南下要道，南冲中原门户，其"进有依托，守望有屏障"的特殊地形地貌和地理区位决定了其在历史发展进程中的特殊地位。远在十万年前的石器时代就有先民在大同之地繁衍生息。《战国策释地》记载"大同、朔州以北，故林胡地"，而春秋时被北方以游牧和狩猎为业的少数民族占据。战国初期是代国属地，后被赵国兼并。据《史记·赵世家》记载，赵武灵王于（武灵王）二十六年（前300）进攻了中山国，将地盘北扩至燕国、代

---

① 《汉书》卷94《匈奴传》，中华书局1962年版，第3766页。

国，西扩至云中、九原①，其中对于灭代的记载则更为详尽，事先设伏"阴令宰人各以枓击杀代王及从官"②，从而轻易将代国灭亡。赵武灵王北拒少数民族至阴山以北后，一方面修长城强化防御，另一方面"置云中、雁门、代郡"③。由此可知，赵国在武灵王时期占据了大同之地，并建有雁门郡与代郡，后赵国名将李牧便"常居代、雁门，备匈奴"，在与匈奴作战中挫败匈奴主力，从而使其远遁漠北。

此外，赵武灵王还是中国历史上首位对北方游牧民族作战取得胜利的君主，梁启超高度评价其为"黄帝以后第一伟人"，认为其延缓了匈奴南下侵扰的步伐。④ 公元前221年，秦统一全国后实行郡县制，在大同设雁门、代郡，并在北方沿线修筑长城的同时，在武州县（今左云）十里河谷修筑武周塞，以加强对匈奴的防备。可见，赵国、秦代的平城除具有普通城市的一般功能外，还是边塞战备之城、防虏之城。

西汉平城仍为雁门郡、代郡辖地，分属并州刺史部和幽州刺史部。雁门治所善无，辖14县，平城为东部都尉治；代郡治所桑干，辖18县。西汉末年雁门郡改称填狄郡，代郡改称厌狄郡，平城改为平顺县，其他各县都有易名。西汉初期，游牧民族与中原的边界南移至长城以南并一度到达马邑，平城已经成为汉与匈奴的主战场，而且其在边疆安全中的重要地位已经显现无遗。秦汉之际匈奴冒顿单于再次统一匈奴各部，收复了蒙恬夺取的匈奴诸地，并直接威胁西汉北部边疆安全。汉高祖七年（前200），刘邦亲征匈奴平叛，在平城白登山遭遇埋伏，险遇不测，锐气大挫。此后，西汉通过"和亲"政策缓和与匈奴的关系，并将包括云中、雁门、代郡在内的五十三个县作为代王国封地，通过派遣异姓王驻守起缓冲作用。

---

① 《史记》卷43《赵世家》，中华书局1959年版，第1811页。
② 《史记》卷43《赵世家》，中华书局1959年版，第1793页。
③ 《史记》卷110《匈奴列传》，中华书局1959年版，第2885页。
④ 梁启超：《黄帝以后第一伟人赵武灵王传》，原文发表于《新民》1903年11月2日，《邯郸职业技术学院学报》2003年第2期再次刊发。

西汉初与匈奴的交战充分显露了平城在北部边防中的重要性。平城是北方游牧民族南下中原的核心交通要塞，其凭据天险易守难攻，一旦平城被突破，便可长驱直入马邑城，甚至直达太原郡。同时，水草丰茂的大同盆地可为北方游牧民族提供经济支撑。反之，平城是战略撤退的重要战略后援，在西汉与匈奴的作战中，匈奴在太原郡失利，但在撤退过程中重新占据优势，其所凭据的就是平城所据之天险。据此可知，秦末汉初在北方游牧民族与中原政权拉锯冲突下，中原北部边疆防御线已经逐渐由黄河及长城阻隔线向白登山、武州山为核心的天然山区防御带推进。在此形势下，平城直接被推向冲突最前沿。

二　汉代平城城址考论

（一）汉平城沿革

西汉初平城县隶属于雁门郡，但常处在匈奴的侵扰甚至掌控之下。雁门郡内的平城与马邑二城是中原北部疆域防守的两个重要战略要地。平城三面环山，中穿如浑水，北部为长城沿线，南部为雁门关塞，是由中原北出塞外与北方少数民族南下的天然通道，也是重要的军事重镇。[①] 马邑坐落于大同南部，其西北面分别有黄河、桑干河为天然屏障，把控着句注塞和武州塞之间的重要通道，发挥着防守中原的重要作用，史称"全晋之巨防也"[②]。秦汉围绕马邑、平城两座军事重镇，逐步形成了向南可以直通并州，向北可以到达边塞以外，向东可以通达代郡经飞狐道至河北，向西直通五原郡的全方位交通网络。同时，平城与马邑互成掎角之势，长期发挥着镇守北方边疆的重要职能。北方少数民族南下必经两条线路，一条是通过张家口宣化地区，另一条是大同的平城，而通过宣化南下也需经过平城，平城是交通要道与军事要塞的重叠。

---

① 道光《大同县志》卷首《序》，《中国地方志集成·山西府县志辑》第5册，凤凰出版社2005年版，第3页。

② 顾祖禹撰，贺次君、施和金点校：《读史方舆纪要》卷44《山西六》，中华书局2005年版，第2035页。

汉武帝时期，西汉国力逐步强盛，面对匈奴对北方的侵扰不再保守采取缓和政策，元封元年（前110）汉武帝亲自率军征讨匈奴，行军路线依旧是经句注塞，出平城，行至单于台大败单于使其内附。东汉调整行政区划后，平城属雁门郡归并州刺史部统辖。东汉光武帝初年，匈奴立卢芳为帝，二者联合不断侵边，建武九年（33）六月东汉出兵伐匈奴失利，其后匈奴不断侵扰，北部各郡处于其控制之下。建安二十年（215）曹操讨伐乌桓，平定代地，建安末年，平城县被废。三国时期（220—280），大同地区属曹魏雁门郡，后为乌桓、鲜卑所据，于今代县东25千米复置平城县，属新兴郡。永嘉四年（310）拓跋猗卢因功受封为代公。313年拓跋猗卢定都盛乐，同时修汉平城为南都。

大同地区在进入汉民族政权体系之前是多民族聚居之地，匈奴、狄、鲜卑、乌桓等都曾在这里居住过，其中影响较大是楼烦和狄族。楼烦在大同西部地区生活三百多年，代国是狄族人建立的方国。① 燕京戎后裔在春秋时沿桑干河东下，至桑干河与壶流河二水交汇处，见川原平衍，水草丰美，遂在此地游居，建城立国，以祖上曾受商王之命代商讨伐不臣，因称代。代国雄踞恒山之北，其国土范围大致在今桑干河流域（不包括该河下游永定河流域），今山西省之大同市、朔州市以及河北省之张家口市，都在代国的势力范围内。②

（二）平城城址考证

汉代以前有关平城的史料记载较少，仅涉及隶属沿革却鲜有明确城址方位记录，直到汉代平城才有确切的文献记载，汉高祖七年（前200）刘邦亲率大军前往太原平叛并抗击匈奴，追击至平城反被匈奴围困，"匈奴围我平城，七日而后罢去"③。但由于两千多年来平城的城址未发生太大变化，仅在汉平城基础上不断进行扩建、修葺，文化

---

① 马斌：《大同史话》，北岳文艺出版社2015年版，第27页。
② 马斌：《大同史略》（上），北岳文艺出版社2013年版，第38、39页。
③ 《史记》卷8《高祖本纪》，中华书局1959年版，第385页。

层叠加与破坏给城址的界定带来很大困难。已有研究成果主要依赖文献资料与考古发现的相互佐证，并兼顾主要自然地理要素和相对距离进行考察，主要有以下几种观点：

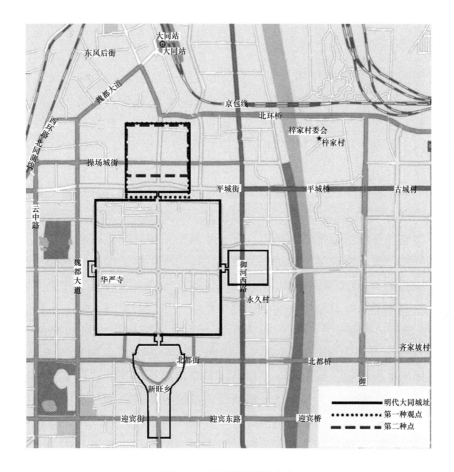

图 2 - 3　汉平城城址分布

第一种观点认为汉平城遗址在今大同城北部的操场城及其南至明代府城北一带。持这种观点的学者依据考古遗存认为大同文化层主要集中分布在"御河以西，明代府城西墙以东、操场城以南、南关东西大街以北的一整片区域"①，其中判定汉平城遗址范围主要依据以下四个方面证据：一是对大同城区地下文化层中的汉代遗存堆积及分布情况进行分析，发现分布范围主要在操场城及其以南至明代府城北墙以北的区域，并且对东、南、西、北的边缘进行了勘定，从文化层的分布范围、连续性和遗物来佐证其观点；二是对操场城地下原始地貌进行分析，发现城内、城南较平坦，向东临河，向西为较高阶地，向北城西北角与高地相邻，东、西、北三面受地形影响，城市发展受阻，汉代文化层正好分布于此间而未遭破坏；三是通过对地下墓葬的考察，发现除操场城东面临河外，其余三面均发现汉代墓葬，而操场城内未发现；四是对操场城剖面进行研究，发现早期墙体为汉代所筑。

　　第二种观点认为汉平城城址分布于操场城北面大部分区域。持这种观点的学者基本认同第一种观点中对汉平城遗址的推断，但在展示更为确凿和精细证据的基础上，进一步缩小了城址的范围和规模。一是分析了城址所在区域的地形，根据大同地形图等高线分布规律，此区域是由 1060 米等高线和 1050 米等高线合围成一个分布于北至大同东站，南至明府城南墙，西至明府城西墙，东至明府城东墙，东西宽 1.5 千米、南北长 2 千米的长方形区域，故平城位于该区域北部。② 二是列举了更多的汉代墓葬出土遗物，特别是发现了刻有"平城"字样的瓦当遗物，断定是汉平城县衙署建筑碎片，进一步证实了对操场城遗址的断定。三是通过分析城墙内部组成情况，进一步考证了城墙遗址。经过研究城墙的组成成分发现操场城东西墙北半部分存在明显的不同时代建筑叠压情况，而南半部分非但不存在叠压，还在城墙夯土成分、建造技法、内容物上有明显的差异。后进一步解剖发现南段城墙并非汉代所筑。据此得出结论，认为汉平城并非向南延伸至明代府城北墙，而是位于操场城北部区域，即东西长近 1000 米、南北

　　① 曹臣明、韩生存：《汉代平城县遗址初步调查》，石金鸣主编：《山西省考古学会论文集》，山西人民出版社 2000 年版，第 72—78 页。
　　② 赵新春：《秦汉平城县城址考》，《文物世界》2012 年第 5 期。

宽约600米的横向长方形。①

此外，还有一些其他观点，如认为汉平城应位于古城村、白马城南等其他方位。李凭根据《读史方舆纪要》中"平城废县，府东五里"②的记载，认为大同市火车站南、御河以东的古城村就是汉平城遗址之所在③，但此说并未列举强有力的证据。要子瑾引用水野清一的研究进行了批驳，认为早在1938年水野清一就曾考察古城村发现该村的土墙高度仅有四五米，薄而破旧，墙壁里有北魏及以后的遗物，系其后所建，而其与白登山的相对方位也与史料不符。④ 同时，他依据白登山与平城的"去平城七里"的位置关系以及如浑水与白登山、故平城间相互关系认为故平城的具体位置在白马城，《大同市志》⑤、张畅耕等⑥都认同该观点。

汉代平城具体城址的确定，主要依据现有文献记载，结合考古发现、文化层以及碎片化证据进行，有明确文献记载之处按文献确定，无记载则根据文化层考证，文献与考证一致即为基本确定。以上关于汉代平城城址的考证还未形成定论，其中操场城北部说与史料和考古发现更为一致（如表2-3所示），笔者认同上述第二种观点，汉平城城址位于操场城北面大部分区域，具体在操场城街南50米以北的区域，外部形制为东西长近1000米，南北宽约600米的长方形。此外，在考古发掘中"操场城粮油储运公司北城墙和西城墙出现了早于汉代墙体的夯筑物"⑦，说明汉平城可能是在战国时期所立城邑的基础上增筑完成的。

---

① 赵新春：《秦汉平城县城址考》，《文物世界》2012年第5期。

② 顾祖禹撰，贺次君、施和金点校：《读史方舆纪要》卷44《山西六》，中华书局2005年版，第1994页。

③ 李凭：《北魏平城时代》，社会科学文献出版社2000年版，第298页。

④ 要子瑾：《魏都平城遗址试探》，《中国历史地理论丛》1992年第3辑。

⑤ 大同市志编纂委员会：《大同市志》，中华书局2000年版，第587页。

⑥ 张畅耕、宁立新、马升等：《魏都平城考》，寒声主编：《黄河文化论坛》第9辑，中国戏剧出版社2003年版，第44页。

⑦ 张志忠：《大同古城的历史变迁》，《晋阳学刊》2008年第2期。

表 2 - 3　　　　　　　　　汉平城界址考古资料

界址	考古发现①	文献
北部	1938 年，日本学者水野清一等人在北关仓库即现操场城北墙内侧西面的雁同粮油储运公司一带进行了试掘，发现了汉代"同心圆瓦当、蕨手纹瓦当和一些绳纹灰陶片"。1997 年夏，操场城南北大街，其北西马路同时扩建，地沟中发现大量汉代绳纹、抹断绳纹陶片和绳纹、瓦棱纹、菱形方格纹瓦片。分布最北至操场城北墙一线。更北则未发现有汉代文化层遗迹	《史记集解》引服虔说："白登，台名，去平城七里。"引如淳说："平城旁之高地，若丘陵也。"《史记正义》引李穆叔《赵记》云："平城东七里有土山，高百余尺，方十余里。"《山西通志·山川考》"大同县"条记："小白登山在县东七里，高一里，盘踞三十五里"
南部	1994 年，市城区大同明代府城北门外东侧的华兴购物中心动工兴建，挖槽剖面中文化层厚达 2.6—2.7 米，其中汉代文化层厚约 0.2—0.5 米，出土釜、钵、豆等陶器残片和绳纹、抹断绳纹瓦片。是迄今发现的汉代文化层最南之处，其更南则虽建不少大楼但至今未发现汉代遗物，且华兴购物中心楼基槽汉代文化层与明代府城北墙相接	
东部	1997 年，操场城东街马路北侧挖建，汉代文化层从操场城中心向东延伸到操场东城墙下消失。汉代文化层最厚约 2 米，出土的陶片、瓦片相当丰富	
西部	1994 年，市第二面粉厂建楼，市博物馆探明此处地下文化层深达 2—3 米，市第二面粉厂西院墙是操场城西城墙，墙外是上升高地，生土外露。操场城西墙可能是城内连片文化层分布范围之西界	
城内	操场城内的总参招待所、第四中学、铁路一中等地点均发现汉代文化层	

三　东汉末期平城居民结构变化

（一）东汉失势下平城汉民的减少

在西汉汉武帝对匈奴的强硬军事攻势下，匈奴北退到黄河以北

---

① 表中考古发现是依据以下考古资料综合而成：水野清一、长广敏雄《云冈石窟·序言》，吴宝田译，《北朝研究》1995 年第 2 期；曹臣明、韩生存《汉代平城县遗址初步调查》，载石金鸣主编《山西省考古学会论文集》，山西人民出版社 2000 年版，第 72—78 页；山西省考古研究所等《大同操场城北魏建筑遗址发掘报告》，《考古学报》2005 年第 4 期；殷宪《北魏平城考述》，《平城史稿》，科学出版社 2012 年版，第 14—49 页；张庆捷、吕金才等《山西大同操场城北魏二号遗址发掘简报》，《文物》2016 年第 4 期。

地区，而汉民逐渐北推到河套平原地区，据《汉书·地理志》记载，当时雁门郡辖县十四，户 73138，人口 293454①，与代郡、定襄郡、云中郡、五原郡相比，雁门郡的户口数最多，同时也是山西高原北部汉人居住较多的地区②。东汉时期，雁门郡的善无、中陵二县划归定襄郡，卤城、广武、原平各县划入雁门郡。由于东汉政局不稳，北方游牧民族趁机南下，北部防线整体南移，雁门郡辖区位置也随着政治形势变化相应南移。东汉时，雁门郡辖十四城，户数为 31862 户，口数为 249000 人③，其户口数明显多于周边各郡。东汉边郡人口总数大幅下跌（见表 2-4），尽管与战乱中人口统计误差大有关，但也在一定程度上反映了客观事实。定襄、云中、五原三郡人口数仅有原来的 10% 至 20%，而雁门郡、代郡人口规模依然在 10 万以上，特别是雁门郡的人口下降最少。

表 2-4 两汉北部边郡区域人口对比④

郡县	西汉		东汉	
	户数	口数	户数	口数
雁门郡	73138	293454	31862	249000
代郡	56771	278754	20123	126188
定襄郡	38559	163144	3153	33571
云中郡	38303	173270	5350	26430
五原郡	39322	231328	4667	22957

东汉末年由于受到匈奴的侵扰和汉政权内部分裂的影响，北部边郡区域人口流失严重，汉人居住较多的大同盆地地区人口开始急剧减

---

① 《汉书》卷28《地理志》，中华书局1962年版，第1621页。
② 前田正名：《平城历史地理学研究》，李凭等译，书目文献出版社1994年版，第27页。
③ 《后汉书》卷12《郡国志五》，中华书局1965年版，第3525页。
④ 资料来源：《汉书》卷28《地理志》，《后汉书》卷12《郡国志五》。

少，定襄西至云中、雁门区域的人口流失严重①，代州之地荒废②，曹操将流浪分散的人员聚集起来重新设立平城县，"属新兴郡。晋又改属雁门"③。曹魏和西晋时期，中原政权统治能及的北限在今怀来县附近，就山西高原而言在太原盆地的北端附近，该形势在3世纪初至4世纪初几乎没有变化。④而曹操所建的新兴郡的治所在今忻县附近，其以北地区基本无汉人聚集区。"自陉岭以北尽弃之。至晋因而不改。"⑤可见，这一时期平城及其所在雁门郡基本处于北方游牧民族的掌控之下，而汉族居民逐步撤至句注山以南。

（二）北方少数民族的渐进

与北部汉民减少趋势相随的是匈奴、乌桓、鲜卑等少数民族逐渐南下进入雁门郡所在区域。1世纪中期北方少数民族开始进入代郡、雁门郡地区，其中南匈奴以附汉后分居五郡的形式进入，而乌桓是在与汉共同抗击北匈奴的过程中附汉后分散于北边郡塞，二者进入的时间分别为建武二十六年（51）和建武二十五年（50）。拓跋鲜卑进入该区域的时间略晚，但大约在元初五年（118）以前也进入该区域定居。最初，北方少数民族进入该区域主要是为寻求生存，即在附汉背景下能够在河套以南地区进行正常游牧，同时能够在汉政权的支持下摆脱北匈奴的压迫、侵扰。但到西汉末年王莽之后，错误的民族边疆政策使原本安定的北部边疆不断动荡，各少数民族在综合因素推动下渐生异心。3世纪初期，匈奴、乌桓、鲜卑等民族不断对抗、联盟或叛变、侵扰，与东汉军队频繁发生冲突，使右北平、渔阳、上谷、五原郡等各北部边郡饱受战乱之苦。

---

① 李吉甫撰，贺次君点校：《元和郡县图志》卷14《河东道》，中华书局1983年版，第400页。

② 李吉甫撰，贺次君点校：《元和郡县图志》卷14《河东道》，中华书局1983年版，第402页。

③ 李吉甫撰，贺次君点校：《元和郡县图志》卷14《河东道》，中华书局1983年版，第409页。

④ 前田正名：《平城历史地理学研究》，李凭等译，书目文献出版社1994年版，第30、31页。

⑤ 《晋书》卷14《地理志》，中华书局1974年版，第428页。

2 世纪中后期，檀石槐统率的鲜卑部落联盟实力大大增强，并将实力范围向河西走廊扩展，这可以看作鲜卑南侵的先行战略。3 世纪初南匈奴被分为五部，分散到汾河流域五郡之内定居，但在大同盆地地区仍有一定数量的匈奴人在此游牧。与此同时，还有一部分乌桓人在代郡周边不断兴盛，常与其他民族发生军事冲突，但由于其势力有限并未形成气候。此时鲜卑却在轲比能的带领之下势力突起，不仅统一了鲜卑大部分部落，而且拥有一支十万人左右的骑兵军团，经常奔走于桑干河流域。整个 3 世纪，大同盆地地区匈奴人总数不断下降。

（三）拓跋进入后平城居民结构的变化

力微时代鲜卑部落在檀石槐部落军事大联盟解散后又重新结合，形成蒙古草原"诸部大人，悉皆款服"的结合体。公元 3 世纪后期，鲜卑部落与中原政权之间的往来逐渐升温。261 年，拓跋力微派太子沙漠汗至洛阳，文化交流不断，"魏人奉遗金帛缯絮，岁以万计"①。"始祖以来，与晋和好"②，及至拓跋猗卢时，"百姓又安，财畜富实，控弦骑士四十余万"。310 年，拓跋猗卢助晋平叛有功，晋廷将句注山以北地区割与猗卢，并将周边马邑等五县民众迁至雁门关以南，之后猗卢将拓跋十万家补充到该地区。③ 陉北之地在东汉失势被弃后，经过西晋短暂回归后再次被遗弃，经此之后，平城等北部地区的汉族人数锐减，而拓跋鲜卑的人口数剧增，桑干河上游居民结构发生剧变，完全处于拓跋鲜卑掌控之下。

此外，在平城及附近地区有相当数量的晋人居住。如建兴四年（316），代国大乱，互相杀戮，卫雄、姬澹率新归附拓跋部不久的晋人与乌丸人数万名投奔并州刺史刘琨。④ 再如代北巨商莫含，"故宅在桑乾川南"，世称莫含壁或莫回城，其经常与桑干河北面的拓跋部进行交易。后来，晋廷迁陉北之民于陉南时，莫含也未曾迁走，甚至

①《魏书》卷 1《序纪》，中华书局 1974 年版，第 4 页。
②《魏书》卷 1《序纪》，中华书局 1974 年版，第 6 页。
③《魏书》卷 1《序纪》，中华书局 1974 年版，第 7 页。
④《魏书》卷 23《卫操传》，中华书局 1974 年版，第 603 页。

还得到拓跋猗卢的重视，常参与军国大谋。据此可知，261—316 年，晋附拓跋部的汉人数量十分可观。4 世纪各少数民族在大同盆地争斗不断，但在居民结构上并未发生大的变化，当然，汉人大规模迁徙京畿地区，平城周围居民结构发生急剧变化，乃是天兴元年（398）北魏迁都平城之后的事。

第三章 北魏京都平城的营建与布局

平城位于大同盆地北缘中部，是控制南北交通要道的军事重地，可攻可守、可进可退，秦汉以来就是游牧民族与农耕民族争夺的战略要地，是北方少数民族经略中原的理想之地。拓跋鲜卑统治集团经过深思熟虑后，把北魏的都城迁至平城，不仅成就了其统一黄河流域的丰功伟绩，而且缔造了大同城建史上最辉煌的都城时期。

第一节 北魏建都平城的原因

从公元386年北魏建国定都盛乐至公元534年分裂为东西两魏，前后历时148年，经过盛乐、平城和洛阳三个都城时期，其中从天兴元年（398）"秋七月，迁都平城"[①] 至太和十九年（495）"六宫及文武尽迁洛阳"[②]，平城时期长达97年。平城对于北魏王朝举足轻重，学界对北魏定都平城的原因多从其战略地位考虑，忽视了拓跋鲜卑立足于游牧经济之上的战略抉择，笔者认为其从普通边城迅速发展为都城是北魏政权战略发展需要与地缘政治格局中平城地理位置相契合的结果，是多种因素综合作用促成的必然。

一 游牧经济的地理选择

游牧经济是草原游牧民族主要的经济形式，表现为以大群放牧

---

① 《魏书》卷2《太祖纪》，中华书局1974年版，第33页。
② 《魏书》卷7《高祖纪》，中华书局1974年版，第178页。

为主要生产经营方式。这种天然放牧的方式有其先天缺陷，伴随季节变化牧草荣枯，牲畜容易出现"夏饱、秋肥、冬瘦、春死"的现象，同时，其抵御雪灾、旱灾等自然灾害的能力也比较弱，而自然灾害造成的破坏大、损失重。魏晋南北朝时期，我国的气候异常寒冷干燥，对游牧经济的地理分布产生了深远影响。气候的变化直接影响游牧民族对土地的利用方式和范围，随即使游牧的区域发生变化，进而将这种变化传递到社会经济、民族文化，从而导致诸多变化。①

游牧地区一般都属于干旱或半干旱气候，干旱是制约其发展的主要因素。我国农牧交错带分布于 400 毫米等降水量线左右，一般来说愈干旱的地方，其降水量就愈不稳定，直接影响居住在这里的游牧民族。"游牧是在特定环境中，人们依赖动物来获得主要生活资源的一种经济手段。"② 在游牧经济中，自然环境、驯养动物（牲畜）是非常重要的，牧人必须掌握自然环境及牲畜动物性的知识，以发展适当的游牧技术，换句话说就是游牧经济是人类对于干旱、高寒地区生态环境的一种适应方式。游牧民族为了满足自身的生存需求，必须有效地利用高寒地区资源与环境，在地理环境的支持下发展游牧业。历史时期，为了有效利用草场，牧民们从毫无目的的"逐水草迁徙"转向有规律的转场迁徙。之所以要转移放牧地，是因为草原地区的自然生态条件决定了草场的载畜量，而放牧数量、草场规模又决定了放牧时间的长短，牧民在可控范围内通过最大空间的转换来换取各个草场空间植被系统自我更新的时间。③ 因此，游牧经济的重要生存法则就是移动，"人民的移动是最重要的现象，人必须跟着移动的牲畜走"④。

---

① 鲁西奇：《人地关系理论与历史地理研究》，《史学理论研究》2001 年第 2 期。

② 王明珂：《游牧者的抉择——面对汉帝国的北亚游牧部族》，上海人民出版社 2018 年版，第 31 页。

③ 刘瑞俊：《内蒙古草原地带游牧生计方式起源探索》，博士学位论文，中央民族大学，2010 年。

④ 拉铁摩尔：《中国的亚洲内陆边疆》，唐晓峰译，江苏人民出版社 2005 年版，第 48 页。

　　游牧经济中的移动是长期经验积累和利益分割下的有规律的活动。空间上"各有分地",游牧活动是在相对固定的地理空间范围内进行的,在这个范围内牧民与牧群,牧民与牧民,牧群与牧群等之间形成的游牧生活,以及长久以来形成的固有习惯和利益认同使牧场有相对固定的分割,如匈奴"逐水草迁徙,毋城郭常居耕田之业"①。在时间上表现为"顺时迁徙",一般来说,除去政治、军事、灾荒等因素的影响,移牧主要为在季节性气温变化影响下进行规律性移动,横向空间进行夏北冬南移动,纵向空间进行夏高冬低移动。② 同时,不同牧场的迁徙规律各有差异,牧民根据我国北方气候特征将牧场分为冬春与夏秋两季,冬春牧场主要为应对寒冷天气、满足牲畜饲养和繁殖需求,故挑选牧草高、避风好、容易达的牧场;夏秋牧场主要是为了满足牲畜快速生长的需要,同时充分考虑牧草的恢复与可持续利用,则选择牧草丰茂的草场进行流动性较大的轮牧。在蒙古草原游牧中,一般春天3月下旬牛羊由冬场出来,进入春季草场;5月至9月进入夏季,移往河、湖边放牧;秋季10月返回冬场。夏草场是公有的,冬场则为各牧户私有。③

　　游牧经济的核心是牧群,牧群是游牧民族的主要财富,既是生活资料,也是生产资料,牧群一般由马、牛、羊群等组成。据研究资料显示,20世纪上半叶,在蒙古草原上要想维持纯牧业的经济形态,主要牲畜如绵羊、山羊、马、牛的数量比例约是10:1:2:2。④ 拉铁摩尔认为游牧经济存在的地理环境直接影响了牧民饲养各种牲畜的数量和比例,而不同的牲畜又在游牧经济中发挥不同的功能,如马、牛、骆驼主要承担综合运输功能,羊的数量直接决定拥有财富的体量,而大量的马匹同时作为军事设施而存在,其价值更多是为了保护

---

① 《史记》卷110《匈奴列传》,中华书局1959年版,第2879页。
② 王明珂:《游牧者的抉择——面对汉帝国的北亚游牧部族》,上海人民出版社2018年版,第46页。
③ 王明珂:《游牧者的抉择——面对汉帝国的北亚游牧部族》,上海人民出版社2018年版,第47页。
④ 王明珂:《游牧者的抉择——面对汉帝国的北亚游牧部族》,上海人民出版社2018年版,第42页。

草场和羊群。① 同时，他认为移动性是游牧经济必须遵循的基本原则，在这种原则之下其他经济形式也只能处于附庸地位。② 春夏之交是牧民生活最艰苦的时期，相当于农业地区青黄不接的时候，牛羊等牲畜掉膘严重、皮毛也很差，更重要的是这些牲畜是牧民进行再生产的资本，所以此时牧民不轻易宰杀牲畜，维持生计的方式就是食用奶制品和一些风干肉等，这样才能够保证畜牧的可持续性，形成一种"吃息存本"的经济形态。③

此外，游牧技术也非常重要，它影响游牧经济和草原政治的发展方向。游牧经济看似简易，实质存在不少技术性因素，而这种技术往往以经验的方式在游牧部落中传承。由于草原牧场资源的稀缺性、牧场环境的多样性以及畜养牲畜的多元性，使得游牧时的草场转移次数、距离、频率和畜养牲畜的结构存在复杂的技术关联。比如要满足不同牲畜的进食喜好，羊喜干燥、马喜石灰质土壤，骆驼喜含盐土质，还要考虑同一草场对不同牲畜进食的包容性，比如由于羊啃咬较深，其便可以在放牧顺序上置于牛马之后。不同游牧民族、部落对这种细微技术的掌握情况决定了其对自然环境的利用程度，从而使得其在军事和经济实力上产生差异，特别是在弓箭的战争制度下。④

气候是影响游牧经济的重要地理因素，气候变动会引起整个生态环境的变化。从公元初到公元 6 世纪的寒冷期是一个引发民族迁徙并持久作用的重要因素。东汉至魏晋南北朝时期天气趋于寒冷，且变化较为急剧⑤，当时的年平均气温比现在要偏低 2—3 摄氏度⑥。这一变化使得农业区向南回退，而游牧民族则随之向南迁移。⑦ 同时

---

① 拉铁摩尔：《中国的亚洲内陆边疆》，唐晓峰译，江苏人民出版社 2005 年版，第 49 页。
② 拉铁摩尔：《中国的亚洲内陆边疆》，唐晓峰译，江苏人民出版社 2005 年版，第 49 页。
③ 王明珂：《游牧者的抉择——面对汉帝国的北亚游牧部族》，上海人民出版社 2018 年版，第 57 页。
④ 拉铁摩尔：《中国的亚洲内陆边疆》，唐晓峰译，江苏人民出版社 2005 年版，第 48 页。
⑤ 竺可桢：《中国近五千年来气候变迁的初步研究》，《考古学报》1972 年第 1 期。
⑥ 张家诚：《中国气候总论》，气象出版社 1991 年版，第 316 页。
⑦ 葛剑雄：《中国人口史》（第 1 卷），复旦大学出版社 2002 年版，第 558 页。

该历史时期又是一个气候异常期，旱、涝、风、霜、蝗等自然灾害大面积频发。气候异常期在4—5世纪之间达到了一个极端状况。在持续干旱、严寒的打击下，北方游牧民族因生态变化的压力而开始南下，寻求适合游牧经济发展的生存空间。早在西汉末年，就有北方少数民族较大规模有组织地内徙中原，如南匈奴呼韩邪单于在匈奴夺位失败后归附汉朝，汉划出并州北界区域供五千降民与汉民杂居，"其部落随所居郡县，使宰牧之，与编户大同，而不输贡赋"①。东汉末至魏晋，不断有大量北方少数民族内迁归附中原的历史记载，"（曹）魏初人寡，西北诸郡皆为戎居"②。北方游牧民族赖以为生的很多草原地区越来越不适宜居住，南迁进入中原以避开寒冷的气候绝不是偶然现象。

尽管有一些学者认为自然环境变化不一定是当时北方少数民族逐步向南内迁至中原的全部动力，但它至少是其中一个重要因素，并对历史进程产生了深远影响。同样，气候变迁对中原农业社会的影响也很严重，北魏贾思勰所著农书《齐民要术》所记载的华北及周边地区一些物候时间可能要比现代黄河流域的推迟10—15天。像当时的西晋这样一个把经济发展建立在农业基础上的中原王朝，在气候变化面前也同样脆弱，农业大面积歉收减产对北方农作物单产较低的地区（主要是华北地区北部与游牧民族接近地带）影响更大，天灾再加上连续内乱等人祸，造成了这些地区原有农业人口向外迁移，某种程度上也为这些地区"退耕还牧"而接受游牧民族迁入提供了空间。

"（汉）灵帝末，羌胡大扰，定襄、云中、五原、朔方、上郡等五郡并流徙分散。"③ 居民逃离造成上述北方边境地区很多成为荒地，原来的很多农耕区域处于"退耕还牧"的状态。在战乱、寒冷气候等的影响下，北方游牧民族的牧区逐渐南进，而农耕民族的农业区日

---

① 《晋书》卷97《四夷列传》，中华书局1974年版，第2548页。
② 《晋书》卷97《四夷列传》，中华书局1974年版，第2549页。
③ 《晋书》卷14《地理志》，中华书局1974年版，第428页。

渐南退，农牧交界带随之南移。汉末以来形成的农牧分界线，不晚于十六国时期之前，由大致秦长城附近向南推移了数百里，游牧民族和农耕民族融合的地理空间扩大。而北方游牧民族则大量移居到了这些由农转牧或半农半牧地区，牧业经济逐渐在这一区域占据主导地位。在这样的大背景下，拓跋鲜卑从大兴安岭逐渐进入匈奴故地，进而经略代北之地。在此过程中，拓跋鲜卑主要以游牧经济为主，但农业经济的规模也在不断壮大，其经济形态已经脱离了传统意义上的游牧经济，成为农牧兼有且以牧业为主的混合经济。

平城都城时期的经济形态变化也印证了北魏由游牧经济向多种经济形态转变的过程。北魏定都平城以后，大规模射猎仍然是拓跋鲜卑的重要日常活动，动辄数万骑进行长时间田猎，各级臣下部属分享成千上万计的猎物成为常态，这不仅是一种游猎活动，而是具有更鲜明的经济意义。这也说明平城周边地区有非常广阔的野生动物可生存的非农耕区域。《魏书》曾明确记载永兴四年（412）八月，明元帝临幸平城西宫并在板殿大飨群臣，"以田猎所获赐之，命民大酺三日"[1]，同样证明就在西宫附近存在规模较大的皇家猎场，而这些猎场并非仅供皇家统治者射猎之用，应是皇家经济的重要组成形式。从北魏王朝的发展史也可以推测，平城时期狩猎经济已经由早期盛乐时的游牧经济形态下的主要经济方式，向以中原农耕经济形态下的多种经济补充形式过渡，是对"拓跋鲜卑传统生产生活方式在新的历史条件下的延续"[2]。这种经济结构的转型与调整贯穿整个北魏王朝，但游牧业、农耕业和狩猎业多种经济成分并存的特征一直没有改变，这既是拓跋鲜卑能够从诸多少数民族部落中脱颖而出的经济原因，也是最终决定其政权生命力的关键。北魏对待辖区内的不同民族人口的态度是"修其教不改其俗，齐其政不易其宜"[3]，为之后的产业改革提供了空间。拓跋部能够不断革新与其内部"产业类型经受过较多、较

---

[1] 《魏书》卷3《太宗纪》，中华书局1974年版，第52页。
[2] 黎虎：《魏晋南北朝史论》，学苑出版社1999年版，第164页。
[3] 《魏书》卷110《食货志》，中华书局1974年版，第2850页。

大的变化，拓跋部的可塑性比大草原上的其他部落更大"[1]有很大关系。平城所在桑干河流域是游牧地区与农耕地区的交接地带，各族居民的生产生活方式混杂，作为统治阶层的拓跋部至少在北魏前半期仍以畜牧和狩猎为主要产业。[2]

据此可知，北魏在建都平城之前依然以游牧经济为主，地理环境对其有决定作用。在建都平城之前，拓跋鲜卑已经在以盛乐为中心的大黑河流域经营上百年，但在气候异常的影响下，其地的生态环境逐渐恶化，土地承载力与拓跋鲜卑不断增加的人口、牲畜之间的关系逐渐失衡，窘迫的地理环境不能满足拓跋鲜卑的生存需要，同时也限制了北魏政权的进一步发展。为有效应对游牧经济面临的危机态势，以平城为中心水草丰茂的大同盆地成为北魏政权的最佳选择，此地位于农牧交错带，周围有天然的牧场、广阔的平川之地，适合游牧经济的发展。同时，平城地区与蒙古草原的天然地理联系，可以确保拓跋鲜卑在图谋中原时，最大限度保证游牧经济和草原政权的移动性，既有利于紧密联系草原大后方发挥游牧民族优势，又能够根据形势需要保证进退有序。

二　草原民族的政治考量

平城位于山西高原北部，北与蒙古草原相通，东越太行与华北平原相连，南跨句注山进入山西核心农业区——汾河河谷，其自古以来一直位于中国北部农牧交错带，其优越的地理位置以及宜农宜牧的自然环境，成为北魏统治者政治实践的重要考量。

鲜卑是我国古代属东胡系统的古老民族之一。据《魏书》《北史》等正史记载，鲜卑人的祖先为轩辕黄帝最小的儿子昌意，因其封地在大鲜卑山，故以此为部落名号，而其姓氏来由亦与对土地的崇拜有关，中原皇帝以土德称王，"北俗谓土为拓，谓后为跋，故以为

---

① 李凭：《盛乐成为漠南中心的历史背景》，《学习与探索》2010 年第 3 期。

② 前田正名：《平城历史地理学研究》，李凭等译，书目文献出版社 1994 年版，第 249 页。

氏"①。一般认为，汉代以前拓跋鲜卑聚居于今大兴安岭北段大鲜卑山附近，以射猎、畜牧为业，逐水草而居，勤劳淳朴。② 在推寅时期，拓跋鲜卑"南迁大泽，方千余里"③。一般认为"大泽"之地位于大鲜卑山西南的嫩江下游，今内蒙古呼伦贝尔市呼伦湖附近草原地区。汉末以来，鲜卑诸部逐渐壮大，和帝永元年间东汉大败北单于，迫使匈奴逃到阴山以北，而拓跋鲜卑从蒙古草原东南部逐步向西、向南迁移，进入毗邻东汉边缘地区的南匈奴驻地。同时，留居故地的匈奴人与其他民族人口也加入鲜卑行列，从而使其部族逐渐壮大。④《三国志》对檀石槐时期鲜卑的兴盛状况有生动记载，其依托强大的军事力量四处侵扰其他少数民族，将原匈奴的地盘尽数收纳，领地"东西万二千余里，南北七千余里"⑤，成为东汉的威胁。在其后兴起的轲比能部不但收纳原匈奴地盘，而且将云中、五原以东至辽水一带统一收归旗下，并不断南下侵扰并州、幽州，造成"数犯塞寇边，幽、并苦之"⑥ 的扩张形势。鲜卑族人与周边聚居的北方各族居民共同生活劳作，并且结成新的"化外"族群，对朝廷叛服不常，并经常向南抄掠中原。在力微时期，拓跋鲜卑军事实力强大到拥有"控弦之士二十余万"⑦，并于 258 年迁居盛乐。

　　鲜卑是从事狩猎兼顾游牧的少数民族，并长期保持这种生活方式，并且随着其向蒙古草原的不断挺进，其游牧经济不断强盛。鲜卑人依托草原经济不断拓展其统治疆域，威慑中原政权，但同时他们面临着一个更为紧迫的问题，那就是传统的经济方式无法满足不断增加的人口需求。《三国志》中明确记载随着鲜卑人口逐渐增多，狩猎经济已经难以维持基本生计，檀石槐专门攻击以捕鱼为生的部族，并令

---

① 《魏书》卷1《序纪》，中华书局 1974 年版，第 1 页。
② 《魏书》卷1《序纪》，中华书局 1974 年版，第 1 页。
③ 《魏书》卷1《序纪》，中华书局 1974 年版，第 2 页。
④ 《后汉书》卷 90《乌桓鲜卑列传》，中华书局 1965 年版，第 2986 页。
⑤ 《三国志》卷 30《魏书·乌丸鲜卑东夷传》，中华书局 1964 年版，第 837 页。
⑥ 《三国志》卷 30《魏书·乌丸鲜卑东夷传》，中华书局 1964 年版，第 831 页。
⑦ 《魏书》卷1《序纪》，中华书局 1974 年版，第 3 页。

其部众"捕鱼以助粮"①。此外，从鲜卑人不断征地掠夺的特征来看，当时的鲜卑人极有可能已经开始从事农业生产，以弥补狩猎、游牧经济的不足。在檀石槐统一鲜卑各部期间（156—181），鲜卑对汉王朝边界掠夺的时间与以往明显不同，春秋季行掠极少。至于为何刻意避开春秋季，可能与檀石槐为了巩固鲜卑政权而发展农业，不宜在春耕与秋收季节调集人马有关。②此时鲜卑人也已经意识到马匹的重要性，在与中原的交易中常以马为奇货，并且各部落之间相互约定，"皆不得以马与中国市"③。

由于鲜卑进入匈奴故地的时间较晚，其在漠南代北地区孕育时间长，地理空间的毗邻使他们可以不断地浸染中原文化，因而他们与其他游牧民族有所不同。拓跋鲜卑迁于定襄之盛乐后，部落性质已经发生重大变化，已由纯粹的鲜卑部落向以拓跋部为核心，吸纳分布在蒙古高原地区各游牧民族在内的泛民族联盟转化。拓跋力微也在不断总结反思匈奴等其他少数民族的历史经验，认识到掠夺经济带来的人员损伤和民族关系恶化成本，认为"百姓涂炭，非长计也"④。这意味着鲜卑人开始从长远角度考虑与中原政权的关系，力微派其子沙漠汗到洛阳为质便是明证。这也奠定了鲜卑与中原农耕居民和睦共处、交流融合而不断发展壮大的历史基调，这样的态度以其"忍耐性"和"前后一贯"而为史家所称道。⑤力微死后"诸部离叛"，鲜卑部落联盟走向低谷，至禄官继位，为了壮大力量，在地域上分为帝亲率的上谷部、桓帝统率的参合陂部和穆帝统率的盛乐三部。⑥当时鲜卑的军事力量达到"控弦骑士四十余万"，强大到与晋划定边界"自杏城以北八十里，迄长城原，夹道立碣，与晋分界"⑦。实际控制了东起上谷西至盛乐的

---

① 《三国志》卷30《魏书·乌丸鲜卑东夷传》，中华书局1964年版，第838页。
② 王明珂：《游牧者的抉择——面对汉帝国的北亚游牧部族》，上海人民出版社2018年版，第267、268页。
③ 《三国志》卷26《魏书·田豫传》，中华书局1964年版，第727页。
④ 《魏书》卷1《序纪》，中华书局1974年版，第3页。
⑤ 黄仁宇：《中国大历史》，生活·读书·新知三联书店1997年版，第99页。
⑥ 《魏书》卷1《序纪》，中华书局1974年版，第5、6页。
⑦ 《魏书》卷1《序纪》，中华书局1974年版，第6页。

广大地区，并毗邻晋的北方边境。当时，正值中原"八王之乱"无暇顾及北疆之时，鲜卑以"立碣分界"的方式对北方边界区域进行实质性占领，其中包含一定范围的传统农耕区，这为鲜卑发展农耕经济提供了地理基础。同时，拓跋鲜卑作为中原王朝北方边境外的一支重要的政治军事力量，其影响力已经南扩到并州，"穆帝始出并州，迁杂胡北徙云中、五原、朔方"①，继而取得更有利的生存空间，逐渐卷入了中原边界军事斗争当中。

晋怀帝永嘉二年（308），以盛乐为中心的猗卢统一了三部，310年猗卢援晋后，受封为代公，但猗卢并不满足于代郡封邑，找借口进一步索要雁门关以北地区，晋怀帝遂将句注以北五县之民南迁，将其地方圆数百里尽封鲜卑，拓跋鲜卑十万家迁居至此。② 之后拓跋部即紧锣密鼓地展开对陉北地区的营建，先后在汉平城基础上修建南都、新筑小平城。③ 由此可见，拓跋部谋划在此区域做长期经营的准备。雁门以北农牧交错带的获得，使得拓跋鲜卑有了更为稳固的农耕地域，315年，猗卢又被晋封为代王，"置官属，食代、常山二郡"④，将势力范围扩展到了山西、河北的北部地区。与此同时，为了巩固对这一地区的统治，拓跋鲜卑多次大规模迁徙各族人民充实这些新附地域。

随着拓跋鲜卑统治地域的扩张，其政治诉求也随之发生变化，"统治重心从西北部的盛乐方向向东南部的平城地方移动"⑤，进一步染指中原的大势已成，不可逆转。猗卢之侄郁律继猗卢为代王的第二年，当听说晋愍帝被害，便对左右大臣说："今中原无主，天其资我乎？"⑥ 可见其入主中原继为正统的愿望非常强烈。当时拓跋鲜卑虽然在地理空间上朝中原方向并无太多进展，但其在东西方面的空间拓展却十分明显，兼并了乌孙、勿吉两部地盘，可以机动的骑兵数量迅

①　《魏书》卷1《序纪》，中华书局1974年版，第6页。
②　《魏书》卷1《序纪》，中华书局1974年版，第7页。
③　《魏书》卷1《序纪》，中华书局1974年版，第8页。
④　《魏书》卷1《序纪》，中华书局1974年版，第9页。
⑤　张金龙：《北魏政治史》，甘肃教育出版社2008年版，第98页。
⑥　《魏书》卷1《序纪》，中华书局1974年版，第9页。

速增加，实力陡然大增。338 年，什翼犍即位于繁畤之北，次年就心生定都灅源川的打算，但经商议后未能落实，主要反对意见为以平文皇后为代表的保守派，认为一是迁徙为部族惯行，应当继承；二是国家基业未稳，迁徙有利于对敌防御，曰："若城郭而居，一旦寇来，难卒迁动。"① 当时的统治者经过深思熟虑后，仍决定定都于故盛乐城，并于 341 年修筑盛乐新城。之所以出现反对定都的意见，主要是因为当时拓跋鲜卑尚以游牧业为其主要经济成分，不具备定居生活的经济基础，但此时其农耕经济的成分也在不断增加，因此，既不远离根基之地盛乐，又逐渐向宜农地区靠拢，发展多种经济形式，是一种利于拓跋部发展成长的积极策略。② 而正是这种策略才使得这个北方游牧民族政权最终能够与中原政权各分半壁江山。随着经济重心的转移，代国的统治中心也逐渐由盛乐向东南的平城地区转移。

在拓跋鲜卑不断壮大的同时，进入中原地区的其他部族也纷纷起事建立割据政权，如鲜卑族的慕容、乞伏、宇文等部都曾建立过政权。中原八王之乱至永嘉之乱的政治动乱加剧了这一时期因气候异动而带来的社会动荡和游牧民族内迁，这波及了包括平城在内的黄河以北广大的中原王朝传统疆域。与此同时，随着这一区域政治军事动荡，北方汉地人口锐减，造成黄河流域农业经济的衰退，原有的政区逐渐失控。这时，西部和北部的周边各游牧少数民族便开始不断地向内地迁移，并在魏晋时期达到高潮。在少数民族和汉民族之间的较量势均力敌时，双方相互利用，以维持平衡和发展。中原政权对各少数民族往往采取和亲羁縻、利诱招抚等手段，使他们在中原王朝的统辖下，维护传统边境之地的安全。而少数民族为了寻求发展，往往向中原政权称臣，以获取政治合法性，进而寻求更大的发展。猗卢帮助晋镇压边界动乱，以及晋封猗卢为代公，后又封其为代王，赐其封邑，都是在这种社会环境下进行的。但晋朝对拓跋部的强大是很忌惮的，因此，他们之间的关系非常微妙。当条件成熟时，这种政治平衡就会被打破。很显然，在游牧民族生存环境

---

① 《魏书》卷 13《皇后列传》，中华书局 1974 年版，第 323 页。
② 田余庆：《拓跋史探》，生活·读书·新知三联书店 2003 年版，第 157 页。

日趋恶劣的重压下，拓跋鲜卑的战意更强了。

  平城位于拓跋鲜卑聚居区盛乐的东南方向，是南北交通要地，其四周环山、背靠漠北草原，毗邻中原边界，进可攻退可守，其在北疆的地理优势逐渐凸显。控制以"平城"为中心的桑干河流域农牧交错带，是南窥农耕区域的关键节点，也是拓跋鲜卑发展史上的重要一环。从平城御河河谷可直达丰镇，是拓跋鲜卑沟通南北两都的重要通道，猗卢不断往来于平城与盛乐之间。其实，早在建兴四年（316），拓跋部即在平城祭天，这是北魏建立之前四次祭天之一①，其政治意义明显。而建兴四年平城西郊专门建有祭天的礼制建筑郊天坛，这种祭天场所的设置对于北魏后期定都平城的最终决策具有重要意义。而拓跋猗卢修筑小平城并派长子坐镇，体现了统治中心南移以控制平城以南地区来拱卫南北二都的决策，这也可以认为是迁都平城之先声。

  在北魏建都平城之前，拓跋鲜卑对其周围农业环境的优劣是有深刻认识的，"灅北地瘠，可居水南，就耕良田，广为产业，各相勉励，务自纂修"②。早在天兴元年（398）道武帝在巡视邺城时就产生了定都的想法③，但短短几天之后，却返回陉北之地，定都在相对贫瘠的平城，史书中没有明确提及其原因，但从神瑞二年（415）崔浩和周澹反对迁都邺城的言语中可窥知一二，同时也证明建都平城，是拓跋鲜卑的政治选择。当时旱灾严重，不少官员建议太宗迁都邺城以避灾，但崔浩、周澹二臣提出不同意见，他们主要从经济和军事两个方面陈述利弊，认为迁都虽能暂缓饥困，但不利于长远发展，一是民众都拥有较多数量的牲畜不便南迁；二是南方水土与北方不同，不利于百姓休养生息，影响民众士气；三是屈丐、蠕蠕等他国来攻时，邺城远离云、代，受阻恒代恐救援不及。而定都平城的好处是只要坚持过冬季就能

---

  ① 第一次为神元三十九年（258），力微在盛乐大会诸部；第二次为桓帝初年，"桓帝葬母封氏，远近赴会二十余万人"；第三次为平城西郊的祭天；第四次就是登国元年（386）春正月，道武帝拓跋珪"即代王位，郊天，建元，大会于牛川"。
  ② 《魏书》卷28《和跋传》，中华书局1974年版，第682页。
  ③ 《魏书》卷2《太祖纪》，中华书局1974年版，第31页。

够缓解困乏，同时有利于威服百姓、耀威桑梓。二人的意见被皇帝采纳。① 根据史料情况，结合当时的历史形势可以得到以下认识：

第一，北魏的优势在于拥有广袤的沙漠、草原，数以万计的牲畜是其建国立业的根本，一旦迁都这种优势就会消失，进而影响整个国家的长治久安。迁都不是解决灾荒的长久之计，之所以建都在相对贫瘠的瀽北，说明当时鲜卑人深知自己的优势在草原，与草原接壤的平城更能保持其民族的战斗力。

第二，北魏是游牧民族建立的政权，民众根基依然是牧民群体，游牧兼营狩猎是其主要的生活方式，一旦脱离蒙古高原就会丧失生存基础。而且，游牧经济在短时间内不会转变为农业经济，因此建都中原会动摇其国家根基。

第三，制内御外的都城功能。山东有变，轻骑南出就能轻而易举地镇压下去，而且还能在国民中树立威望，"此是国家威制诸夏之长策也"。平城距离北方的少数民族较近，容易快速反应，而邺城距离较远，一旦屈丐、蠕蠕（柔然）"提挈而来"，云中、平城就处于威胁之中，而邺城军队却鞭长莫及，爱莫能助。

至于灾荒问题依然在可控范围之内。早在建都平城前，北魏即攻下了中山城，河北平原尽入北魏版图。为有效控制该农耕经济核心区，北魏着力开通连接两地的交通道路。因此，这次灾荒依然在平城为都城的承载范围之内。对于崔、周二人的缓灾之策，百官中复以"来秋不熟"之问，亦以不可迁都应之，于是道武帝采纳了将民众分拨到山东三州，"出仓谷以禀之"的对策。②

当然，平城作为都城的承载力也有限度，随着北魏的强盛、人口的增加，其局限性越来越明显，便有了其后的迁都洛阳。但对于游牧民族政权而言，政权一旦南下中原就需将国家根基建立在农业经济之上，否则由于远离故土，草原经济优势就难以显现。北魏从平城迁都洛阳后，弱化了对草原经济的控制，在北方六镇叛乱下削弱了国力，

---

① 《魏书》卷35《崔浩传》，中华书局1974年版，第808页。
② 《魏书》卷35《崔浩传》，中华书局1974年版，第808页。

并快速灭亡。拓跋鲜卑能够纵横黄河流域，既倚靠马背民族的骁勇善战，同时也依赖整个陉北宜农宜牧之地的获取，在巩固游牧经济的基础上发展农耕经济，从而保持政权稳定。从大同盆地地理区位、自然环境和军事防守等诸多要素来看，定都平城对于拓跋鲜卑的进一步扩展最为有利。

此外，拓跋部在陉北之地经营多年，农业经济也有了一定发展。在建都平城前，道武帝拓跋珪即对治下胡汉人民实行离散部落政策，将原来各部落民众化整为零，"同为编民"①，并要求"分土定居"②，不再进行迁徙游牧，有利于各民族在区域内的进一步融合，并为民众适应新的农耕经济环境奠定了基础，使民众以游牧聚居转向一种"农村公社"的方式，从而实现了整体农耕定居生活，是消除各民族既有组织方式差异而逐渐向农耕定居生活方式转变的胡汉融合过程。此前，拓跋鲜卑基本上仍处于血缘共同体的氏族部落联盟阶段。离散部落将各胡族部落相对集中的聚居单位拆解为由国家统一"编户齐民"的以地缘关系为主的分散固定聚居形式，使得属民不分民族编户分土而居，"由于持久地保持与农田和房屋的关系，就形成了共同体的生活"③。这极大促进了当时社会经济的蓬勃发展，形成了集权国家的强大向心力，为北魏一统黄河以北广大的地区奠定了重要基础。拓跋鲜卑在产业经济类型方面做出了多次大的调整，既使原始游牧的经济类型得到了多元化拓展，也使多种经济方式在同一区域内得到有效融合，从而形成较有弹性的产业结构，成为后续民族不断革新的根本动力来源。④

三　战略攻防的交通优势

从整个传统时期宏观地理区位看，平城位于北方少数民族政权与南方中原政权的交界带，北方游牧经济与中原农耕经济的交融带，是

---

① 《魏书》卷 113《官氏志》，中华书局 1974 年版，第 3014 页。
② 《魏书》卷 83《贺讷传》，中华书局 1974 年版，第 1812 页。
③ 斐迪南·滕尼斯：《共同体与社会——纯粹社会学的基本概念》，林荣远译，商务印书馆 1999 年版，第 78 页。
④ 李凭：《盛乐成为漠南中心的历史背景》，《学习与探索》2010 年第 3 期。

边疆治理的军事重镇。对北魏政权而言平城的重要性不仅体现在区位优势上，更加体现在其四方锁钥之交通优势。由于平城地处盛乐东南，扼守南北方交通要道，于是魏晋之际北魏四处扩大疆域的同时伺机在该区域扩大势力。在中原政权北部防线回退至并州一带时，拓跋鲜卑尽占北地，且先后向东攻取河北进而侵扰河南，向西攻克统万城，河西方面收复姑臧，纵横四出，无有阻其锋芒者。平城所在恒代后来成了拓跋鲜卑南下经略中原的前进基地，正如《魏书》所言"今国家万世相承，启基云代"①，平城所发挥的作用可见一斑。

在陉北之地，汉在通往蒙古高原的三条干线上分别设置了善无城、平城与高柳城三座军事重镇。拓跋鲜卑南下突破三城后使中原北线直接退回到陉南，并以平城为核心建立了由代郡、善无、阴馆和参合为界的方形都畿区域。显然，由于平城位于诸城中心位置，其通往各地的交通路线四通八达，从而成为其被确立为都城的重要影响因素。鉴于相对固定时空下交通路线的客观性，本节的论述主要是在前田正名关于平城交通研究的基础上②，进一步梳理以平城为中心的交通路线，重点强调北魏政治战略演进下的平城交通变化。

（一）北上"展翅"型路线

新生的北魏政权为了改善其生存空间，不断用兵漠北，自桑干河上游地区前往漠北，有多条道路可供选择，其中对北魏择都平城的政治战略影响较大的主要有三条线路。

1. 长川线

据《魏书》中关于天兴二年（399）北魏征讨高车的史料可知当时兵分两路，一路由大将军、常山王遵率领从东道出长川，一路由镇北将军、高凉王乐真率领从西道出牛川，大破高车。③据前田正名考证，此次行军东道的路线即长川线，系经于延水上游，即今东洋河上游地区北上的。长川附近位于黑漠与白漠邻接地区，黑漠在其东，白

---

① 《魏书》卷2《太祖纪》，中华书局1974年版，第32页。
② 前田正名：《平城历史地理学研究》，李凭等译，书目文献出版社1994年版，第115—246页。
③ 《魏书》卷2《太祖纪》，中华书局1974年版，第34页。

漠在其西。自张家口向张北台地前进，沿途为栗色土，穿过这一地带向西北前进，则变成黑色土。黑色土壤沿着蒙古高原边缘伸向东西两侧，自阴山山脉东部向多伦山地扩展。① 往西，阴山山脉以北沙漠的大部分土壤呈白色，因而被称为白漠。

世祖于始光二年（425）冬十月曾命令长孙翰等出兵讨伐蠕蠕② 走的即是此道，关于这次北魏的进军路线，《魏书·蠕蠕传》有较为详细的记载，其中阳平王长孙翰从黑漠进军，而汝阴公长孙道生从白、黑两漠间行进③。长孙翰取道黑漠，可见他是从长川以东通过的，大概是张北附近或以东地区。今天，自张家口市东，往张北东北方向，仍然有几条交通路线贯通其间。

至于此次出征提到的中道以西的三道，均在长川的西方，其走向为自平城向北或向西北贯通。现今自大同往北，经丰镇、集宁也有一条直通蒙古的大道，据此推测当时确实存在一条自平城通向北方的交通路线，因此可以认为，天兴二年（399）春正月太祖征讨高车时经过的中道可能就是这条道路。另外，当时还有一条与中道平行的稍偏东的一条北行大道。

2. 牛川线

在上述史料中，始光二年征讨蠕蠕时所走的西道，即抵达牛川的路线。关于牛川的位置，众说纷纭，莫衷一是。前田正名认为牛川的位置在平城西北方向，在盛乐与平城之间，是大漠到平城的交通要冲。这与史料记载基本相符。《魏书》载："长孙嵩等自大漠还，蠕蠕追围之于牛川。"④ 长孙嵩等人率军征讨蠕蠕后班师返回时在牛川遭到蠕蠕的追击，说明牛川距大漠较近。而天兴二年春正月至二月间北魏军袭击高车的战役结束后，太祖在牛川附近进行校猎，"驱至平

---

① 前田正名：《平城历史地理学研究》，李凭等译，书目文献出版社 1994 年版，第119 页。

② 《魏书》卷 4《世祖纪》，中华书局 1974 年版，第 70 页。

③ 《魏书》卷 103《蠕蠕传》，中华书局 1974 年版，第 2292 页。

④ 《魏书》卷 3《太宗纪》，中华书局 1974 年版，第 50 页。

城，即以高车众起鹿苑"①。能从牛川驱赶大量的牲畜到平城，说明
牛川距离平城也不会很远，牛川位于盛乐与平城之间应该可信，牛川
必然是由大漠通往平城的交通要冲。白道岭是把归绥平原与阴山北侧
的沙漠地区衔接起来的交通要冲，因而牛川应是位于从白道岭与云中
到平城的重要节点善无之间的一条河流。牛川可能是今凉城县西大黑
河上游一带的河流，或者就是指大黑河上游，即《水经注》中所说
的芒干水的上游。② 上文提及的天兴二年（399）春高凉王乐真自西
道出牛川，就是自平城西北行，经过善无和今凉城县以西，或者通过
大黑河上游的牛川向北进发，这条道路和自东道出长川的路线以及可
能是自平城北进的中道，同是自平城前往沙漠的重要交通路线。

3. 白道线

善无是从平城去往牛川的必经之地，现今大同去往西北的交通路
线依然必须经过右玉杀虎口，一条是从杀虎口出，经凉城至归绥；另
一条为自杀虎口直接西行至托克托县。其实，边疆城市大多修筑于交
通要道之上，其主要功能是实现对边界的防御，而善无在汉代即是雁
门治所③，汉北伐匈奴多从此地出塞。到平城时期善无的防守功能更
加凸显，是京畿的西大门。由于善无的交通地位特殊，北魏于天兴六
年（403）在其附近的豺山修筑著名的豺山宫。④ 太祖和太宗之所以
多次巡幸豺山宫，可能是出于确保自平城通向漠北地区的交通枢纽安
全的需要。当时，从占据归绥平原大部分地区的云中到沙漠地区，通
常需要翻过白道岭才能到达阴山北侧，这就是所谓的阴山道。白道在
阴山附近的交通路线上占据着无可比拟的重要位置，因而在历史上一
再成为游牧民族与农耕民族激烈争夺的战场。《太平寰宇记》对阴山
道有详细记述："云中周回十六里，北去阴山八十里，南去通漠长城

---

① 《魏书》卷 103《高车传》，中华书局 1974 年版，第 2308 页．
② 前田正名：《平城历史地理学研究》，李凭等译，书目文献出版社 1994 年版，第
120 页。
③ 《汉书》卷 28《地理志》，中华书局 1962 年版，第 1621 页。
④ 《北史》卷 1《魏本纪》，中华书局 1974 年版，第 22 页。

百里，即白道川也"①，由于这条道路的土色发白，在百里之外就可以明显看见，故称为白道。在阴山以北仅白道是可以通方轨的宽阔大路。

北魏时期，自平城至漠北，有以下几条交通路线：从于延水以东向张北或张北东北方向进发，然后由此前往沙漠地区；从于延水上游的长川出发，翻越张北台地西部，然后继续北上；从平城出发，向正北直达丰镇、集宁，从东翻过阴山继续向北行进；从平城西北行，经善无至云中，通过白道前往漠北。在这些路线中，最重要的是经过善无、云中、白道的这条。善无的下一站便是据考定为在今凉城县以西或以北大黑河上游的牛川，在很多情况下，人们是经由牛川前往白道的。如果自平城出发，那么经过善无、牛川来到云中，便可与汉人向漠北发展的必经之路重合（入塞三道中的中道，此道是沿汾河北上越过句注山前往阴山的道路），然后经过白道前往漠北。高车、蠕蠕生产的大批家畜和畜产品，在阴山捕获的鹿和其他杂兽绝大部分也是经过这条路线运往平城的。由此可见，白道除了地当交通要道之外，在把北方游牧民族生产的家畜、畜产品运往平城方面也发挥着重要作用。

（二）南下"人字"型路线

从平城南下的交通路线既是北魏向南军事扩张的重要路线，也是中原政权向北行军的北上路线，其重要性不言而喻。该道从平城往西南方向行进，至桑干河盆地后与雁门关入塞道交汇，后自雁门关南下太原。据《冀州图经》记载，自周至魏入塞唯有三道，中道即由太原出发，过雁门，经马邑、云中，出五原塞；东道为从东北出发经中山、北平、辽西至卢龙塞；西道为从西北出发，经陇西、张掖、敦煌等地，出伊吾塞。②自平城南下的路线与《冀州图经》提及的入塞三道的中道，即自太原北上，越过雁门关，经马

---

① 乐史撰，王文楚等点校：《太平寰宇记》卷49《河东道·云州》，中华书局2007年版，第1035页。

② 乐史撰，王文楚等点校：《太平寰宇记》卷49《河东道·云州》，中华书局2007年版，第1036页。

邑、云中前往阴山，基本上一致，准确地说，平城位于这条交通路线的东侧，但仍在这条路线附近的范围之内。这条路从更早的西周时期起，便作为自黄河中游前往西北边外的交通路线而出现在史料记载之中，其中雁门关为通向西北的交通要冲，据说穆王西征就曾途经雁门关。

在山西台地北部地区，雁门关是极其重要的交通孔道，这里是把平城和黄河中游一带连接起来的交通枢纽。在雁门关北侧，两汉时设有雁门郡阴馆县[①]，东汉时更成为雁门郡治所。北魏时，雁门郡广武县设在今代县。[②] 北魏于天兴元年（398）迁都平城后，便把阴馆定为畿内的南限。自雁门关向北至桑干河上游地区，平城基本上位于纵贯山西台地中央南北的重要行军路线之上。自桑干河上游地区出发，穿过雁门关，路经太原，再由此经汾河、沿浊漳水路南下，最后翻越太行山抵达洛阳，这是纵贯山西台地中央的重要交通干线。由太原分出的另一条东行出井陉关抵常山的井陉路，则是把太原盆地与河北平原连接起来的重要交通路线。还有一条重要交通路线——汾河路，从太原沿汾河西南行，不走浊漳水路，而继续向西南进发，经今介休县、霍县、临汾市等地，由黄河弯曲部分附近抵长安方面。[③] 自平城沿汾河路前往长安方面时，也要通过雁门关。

（三）东进"中转"型路线

平城往东南突破太行山阻隔就能直达河北平原，这条交通路线对于突破晋北交通格局意义重大。从平城向南行进，经浑源、灵丘继续向东南方向延伸，至太行山脉过倒马关直达中山城，而从中山城可以向南北方向自由行进，路网通达。因此，沿这条捷径自平城来到中山城，就等于走上了沿太行山脉东麓的通衢大道，或者可以说已经来到了河北平原的大门。这条道路把北魏国家的根据地和至关重要的河北

① 《汉书》卷28《地理志》，中华书局1962年版，第1621页；《后汉书》卷12《郡国志五》，中华书局1965年版，第3525页。

② 《魏书》卷106《地形志》，中华书局1974年版，第2475页。

③ 张其昀主编：《中华民国地图集》第3册《中国北部·河北山西人文图》，"国防"研究院出版社1961年版，第D22页。

农业生产地区连接在了一起。① 在北魏开始把太行山脉东麓一带置于自己的统治之下的 4 世纪末期以前，中山城地区与平城之间的往来，主要经上谷线和由上曲阳至倒马关走飞狐道的路线。北魏定都平城与控制中山城并开辟直通此地的道路有很大关系。

1. 穿过太行山的飞狐道

在中山城与桑干河流域之间，有一条飞狐古道，可由该道自中山城出发前往今壶流河上游地区，然后西行抵达平城。由于这条路线自今涞源县前往蔚县时途经飞狐口，因而被称为飞狐道。壶流河上游地区古时为代国，战国时代属赵，秦在此地设置代郡。② 通常自中山城向西北进发，至上曲阳后折向北行，过倒马关，东北行至广昌即今涞源县，然后通过前述飞狐道到达蔚县附近。蔚县自战国以来即是地控燕、晋之要冲，农产丰富，商贾云集。③ 自蔚县附近向西，沿壶流河和浑河流域可顺利抵达桑干河上游地区。在蔚县附近与广灵县附近，断层崖上有大量地下水涌出，此外浑源县东也有很多支流注入浑河，东西交通比较方便。④ 自蔚县附近经广灵县西行来到浑源县及应县附近，便是北魏设置崞、繁畤等县的桑干河上游地区，这里与首都平城之间交通便捷。此外，自蔚县北行，来到经由上谷的道路，亦可抵达平城。中山城附近与桑干河上游地区之间，在天兴元年（398）以前主要利用这条途经倒马关的飞狐道进行交通往来。当时，北魏尚未迁都平城，桑干河上游地区尚不具有特别重要的意义，这条道路是作为自中山城附近前往古代国即今壶流河上游地区的交通路线而闻名于世的。

2. 经由上谷的路线

北魏把太行山脉东麓纳入自己的统治范围以后，在 4 世纪末期以

---

① 前田正名：《平城历史地理学研究》，李凭等译，书目文献出版社 1994 年版，第 115 页。

② 李吉甫撰，贺次君点校：《元和郡县图志》卷 14《河东道》，中华书局 2005 年版，第 404 页。

③ 顾祖禹：《读史方舆纪要》卷 44《山西六》，中华书局 2005 年点校本，第 2044 页。

④ 前田正名：《平城历史地理学研究》，李凭等译，书目文献出版社 1994 年版，第 4 页。

前，除利用古已有之的经由倒马关的飞狐道作为桑干河上游地区与中山城附近联系的交通路线外，还曾利用经由上谷的迂回路线。这是因为当时的北魏还没有开始经营定州，而且直达的莎泉道（灵丘道）尚未开通。莎泉道直到后燕军进攻北魏时才在历史上出现。北魏在迁都平城后，仍然利用通过上谷的交通路线自平城前往蓟、辽西和太行山脉东麓一带。在历史上，这条路线虽然不像后来的莎泉道那样夺目，但应当注意到，它是自平城前往河北平原的重要交通路线之一，其重要性可以和历史悠久的飞狐道相提并论。

3. 天兴元年修筑的直道

北魏于皇始二年（397）攻下后燕据守的都城中山城后，统治范围沿太行山脉逐步扩大。北魏于翌年便把首都迁到平城。河北平原一带，在华北农业产区中居于最为重要的位置，为保证桑干河上游至太行山脉东麓交通路线的畅通无阻，北魏付出了非同一般的心血和努力。尽管从桑干河上游前往河北平原，有几条自古以来便已存在的道路，但以穿过绵亘起伏的山区直插东南抵达中山城的一条最为便捷。自中山城前往飞狐道，有一条不经倒马关而直接北上，沿着陡峭山路到达广昌的路线，这就是天兴元年（398）修筑的直道。

北魏太祖在攻下中山城的第二年正月，在视察邺城一带后返回北方之时，征发士卒一万人，修筑了这条直达大道。这条大道从望都铁关起，凿开山地北上，基本上沿一条直线抵达平城。[1] 在修筑这条直达大道的前后，山东方面的政治形势颇不稳定，经常有叛乱发生。因而，在修筑直达大道之后，北魏太祖将山东六州的民吏以及徒何、高丽杂夷三十六万口、百工伎巧十万余口强行迁到京都。[2] 修筑自平城直达中山城的大道，是北魏在灭后燕之后，以中山城为据点锐意经营河北、山东意图的如实反映。这条交通路线之所以被称为直道，是因为它与经由上谷路及经由倒马关的飞狐道相比，可以更直接地自中山城进入飞狐道。太祖自望都铁关凿开恒岭而修筑的这条直道可能是通

---

① 《魏书》卷2《太祖纪》，中华书局1974年版，第31页。
② 《魏书》卷2《太祖纪》，中华书局1974年版，第32页。

过今清虚山山麓，沿唐河（溏水）支流，从山区北上的。民国时期仍然有一条自涞源县南下抵达唐县和完县的驮马道。《魏书》中也有关于太宗南巡从天门关穿越恒岭的记载，其中天门关即天门，恒岭即广昌岭，因此可以认为，太宗此次南巡所经可能与前述后燕军进军路线属于同一条路线。太延二年（436）以后一条新的交通路线开通了，那就是经由灵丘的莎泉道（灵丘道）。[①]

（四）西出"分岔"型路线

平城西有黄河间隔，成为阻拦平城与西部地区的天然屏障，但并未阻断平城与西域的交流与沟通。平城往西之路主要有两条，一是西域朝贡北魏的路线，二是北魏进军西域的路线。

1. 西域朝贡路线

中国北方和西北方地形地貌复杂，远有延绵千里的沙漠，近有曲折蜿蜒的黄河，从而在宏观地理上形成了东西交通的经典道路：自河西走廊，沿阴山山脉走鄂尔多斯沙漠南缘，自张家口东北行经多伦到达西拉木伦河上游。而其中鄂尔多斯沙漠南缘之路在连接河西走廊与山西高原、桑干河流域与阴山山脉方面发挥了巨大作用，不仅是东西方物资交流和人员往来的重要通道，还是北魏平城时期西域朝贡的必经之路。

自河西走廊前往平城，因鄂尔多斯沙漠横亘其间，当时有以下几条道路可供选择：一是沿额济纳河至居延海，再自居延海向东沿阴山山脉东行，渡过黄河；二是自姑臧沿白亭河东北行，穿过沙漠，翻越贺兰山，过灵州，自白于山北麓东北行，渡过黄河；三是自姑臧东南下，经兰州附近，沿秦州路至无定河上游地区，再沿鄂尔多斯沙漠东南缘北行，渡过黄河。

2. 北魏进军路线

公元4世纪前半期拓跋部向鄂尔多斯方向缓慢扩展，中期因前秦和匈奴刘卫辰部的制约而受阻。昭成皇帝二十八年（365）北魏向刘卫辰发动攻击，其中君子津是横渡黄河的最佳地点，也是前往鄂尔多斯沙漠的水陆交通要冲。时刘卫辰奉苻坚之命驻防悦跋城，于登国六

[①] 《魏书》卷4《世祖纪》，中华书局1974年版，第87页。

年（391）被北魏军俘获，《魏书》记载了北魏军大败刘卫辰之子直力鞮后追击的路线"自五原金津南渡，迳入其国，居民骇乱，部落奔溃，遂至卫辰所居悦跋城"①。前田正名认为悦跋城位于无定河上游地区，与统万城相距不远。② 始光二年（425）北魏乘夏新主继位之机挥师西征，进攻统万城，此次行军路线也是过君子津渡黄河后沿鄂尔多斯沙漠南下到达无定河上游的统万城，始光四年（427）六月，破统万城，无定河上游地区至白于山北麓一带基本处于北魏控制之下。神䴥三年（430）九月，北魏向平凉方面出击，十一月攻占安定，十二月讨平平凉③，控制六盘山脉南麓，后进一步控制渭河上源地区。

太延五年（439）攻陷北凉国都姑臧。北魏势力威胁西域，西域诸国态度不一，沮渠蒙逊和吐谷浑部均派人向北魏朝贡，贡使一般自河西走廊或青海路、仇池路等处来到秦州路，然后折向东北。西域去往平城的路线是从姑臧东南方向行进，经古浪、穿乌鞘，于兰州渡黄河，经洮河河岸的狄道折向东行，即沿所谓的秦州路前进。翻过狄道以东的山地后，经过渭河上源附近，沿渭河东行，过秦州，抵达长安。而前往平城方面，则在上邽即今天水市折向东北，与秦州路分道扬镳，翻越陇坂，经过平凉、安定后，东北行至无定河上游，后沿鄂尔多斯沙漠东南缘再东行至无定河流域的道路，因沿途缺水，行走的人不多。

四　民族融合的人文基础

西晋八王之乱后，晋室衰弱，由北方相继进入中原的五胡趁机起兵，中原动荡。雁门以北成为胡汉文化相互融合渗透的重要地区，在边地原有居民的影响下，内迁的胡族逐渐由游牧迁徙转向农业定居，百余年间平城周围的人文环境呈现出鲜明的多元融合之态。

鲜卑分布在乌桓之北，其与乌桓均受匈奴役属。汉武帝时期，汉

---

①　《魏书》卷95《铁弗刘虎传》，中华书局1974年版，第2055页。

②　前田正名：《平城历史地理学研究》，李凭等译，书目文献出版社1994年版，第137页。

③　《魏书》卷4《世祖纪》，中华书局1974年版，第77、78页。

军大败匈奴，将乌桓一族迁居北边五塞以外，鲜卑借机西迁到乌桓故地，驻居在大鲜卑山的拓跋鲜卑先祖也向大泽一带移动。东汉建武年间，乌桓趁匈奴内乱，摆脱了匈奴的控制，当时汉光武帝允许其入居塞内，协助汉朝在边境之地打击匈奴、鲜卑。这样，部分乌桓冲破边塞禁制，由五郡塞外内迁进入山西北部大同盆地地区。① 乌桓内迁后，鲜卑再次进入乌桓塞外故地，在此过程中，鲜卑与匈奴、乌桓、汉等不同民族混居并形成多个部落，逐渐崛起于北方。② 当时有拓跋鲜卑是鲜卑父，匈奴母的说法，陈寅恪先生认为鲜卑的种族关系非常复杂，"鲜卑一词包含胡人的种类正不知有多少"③。通过对东汉时期拓跋鲜卑遗存 DNA 样本的分析，发现从遗传谱系等多个角度看，拓跋鲜卑除与鄂伦春族具有最近亲缘关系外，还与匈奴保持密切的基因联系。④

　　汉末由于匈奴的大肆侵扰，陉岭以北地区的郡县多有荒废，两汉时期汉人居住较多的桑干河流域也不例外，尽管在这期间，曹操曾重建了隶属于新兴郡的平城县，但汉人逐渐退出陉岭以北是不争的事实，桑干河上游地区也不例外。中原政权控制的疆域南退的同时，拓跋鲜卑逐渐取代匈奴、乌桓进入该地区。在西晋永嘉四年（310），拓跋猗卢被晋怀帝册封为大单于、代公，属部称代国，"帝以封邑去国悬远，民不相接，乃从琨求句注陉北之地"⑤，今太行山北麓雁门关以北方圆近百里的陉北之地原有汉民遂迁空，拓跋鲜卑十万家徙入。此时，拓跋鲜卑不仅取得了中原王朝对其统治的正式承认和极大的威望，而且进入了真正意义上的传统中原农耕地区，且通过吸纳归附的汉人，吸收了更多的中原文化制度和技术，并以此为南下基地奠定国家根基。此时，桑干河上游地区也有一定数量的汉人存在，这从卫雄、范班、姬澹等人进攻刘粲的事实中可以得

① 白翠琴：《魏晋南北朝民族史》，四川民族出版社 1996 年版，第 3 页。
② 白翠琴：《魏晋南北朝民族史》，四川民族出版社 1996 年版，第 24、25 页。
③ 万绳楠整理：《陈寅恪魏晋南北朝史演讲录》，黄山书社 1987 年版，第 93 页。
④ 于长春等：《拓跋鲜卑和匈奴之间亲缘关系的遗传学分析》，《遗传》2007 年第 10 期。
⑤ 《魏书》卷 1《序纪》，中华书局 1974 年版，第 7 页。

到佐证，也可以从卫雄、姬澹等人倒戈反叛投奔并州刺史刘琨处得到证实。[①]

总之，平城位于句注山之北，靠近漠南，气候风土均与塞外接近，东汉以来平城地区就有大量少数民族居民与汉族居民混居，并以农牧业为生，其风俗与鲜卑相近，"民鄙朴，少礼文，好射猎"[②]。与故都盛乐北居游牧经济带相比，平城已经深入中原农耕经济带，并拥有具备较强封闭能力的战略地理空间，其对多种经济体系的容纳能力使得游牧民族政权更易做到南北兼顾，有利于政权的继续向南扩张。拓跋鲜卑在定都平城之前，就对平城所在的桑干河上游地区进行了长时间的经营，310 年，拓跋部在获得"陉北之地"后，平城逐渐成为其拓展疆土的中心，而拓跋鲜卑对此统治枢纽的控制也在不断加强，西晋永嘉六年（312），便将修整后的汉平城提升到南都地位，并筑小平城以拱卫之。[③] 平城及其周边地区因有大量游牧民族迁入而胡汉杂处，并在大变乱的时代繁荣起来。生活在这一地区的诸民族有文化上的共融与同化，而且都曾和谐共存于拓跋鲜卑管辖下的以南都平城为中心的"陉北之地"。因此，以平城为都，有统一的人文基础和民族认同基础。

第二节　北魏平城的营建与城市形态

登国元年（386），太祖拓跋珪在牛川即代王位（魏王），之后便对大漠南北地区的各部族进行了一系列征服兼并战争，登国六年（391）十二月，北魏消灭凤敌铁弗部刘卫辰势力，把拓跋部的统治势力扩展到鄂尔多斯沙漠，巩固了拓跋鲜卑在代北的统治地

---

① 关于当时汉人的数量，据《魏书》卷 1《序纪》记载，"卫雄、姬澹等率晋人及乌丸三百余家，随刘遵南奔并州"；另据《魏书》卷 23《卫雄传》记载，"于是雄、澹与刘琨任子遵率乌丸、晋人数万众而叛。琨闻之大悦，率数百骑驰如平城抚纳之"。尽管史料记载数量不一，但当时拓跋部内部有一定数量的汉人是事实。

② 《汉书》卷 28《地理志》，中华书局 1962 年版，第 1656 页。

③ 《北史》卷 1《魏本纪》，中华书局 1974 年版，第 5 页。

位。皇始二年（397）冬十月，北魏攻陷后燕据守的中山城，将太行山脉东麓以及向东展开的河北平原也置于其控制之下，使拓跋鲜卑建立的北魏成为北方最强大的政权。太祖于天兴元年（398）秋七月，把都城从盛乐迁到平城。此后，京都平城的各种建筑、机构等日臻完备，具有民族特色的都城景观便逐渐在人们眼前展现出来（如表3-1所示）。

表3-1　　　　　　　　平城都城景观建造时期分布①

帝名	时间	都城景观
拓跋珪	天兴元年秋七月	始营宫室、建宗庙、立社稷
	天兴元年冬十月	起天文殿
	天兴二年二月	起鹿苑，凿渠引武川水注之苑中，疏为三沟，分流宫城内外。又穿鸿雁池
	天兴二年秋七月	起天华殿、增启京师十二门、作西武库
	天兴二年冬十月	太庙成
	天兴三年三月	穿城南渠通于城内，作东西鱼池
	天兴三年秋七月	起中天殿、云母堂、金华室
	天兴四年五月	起紫极殿、玄武楼、凉风观、石池、鹿苑台
	天兴六年冬十月	起西昭阳殿
	天赐元年冬十月	筑西宫
	天赐三年六月	引沟穿池、广苑囿；规立外城，方二十里，分置市里，经涂洞达
	天赐三年六月	自五百里内缮修都城，魏始有邑居制度
	天赐五年	太子拓跋焘生于东宫
	天赐六年十月	帝崩于天安殿

① 据《魏书》《北史》等中史料记载汇录而成，都城景观一栏中的文字并非都是史料原文。

续表

帝名	时间	都城景观
拓跋嗣	永兴元年十二月	帝始居西宫，御天文殿
	永兴三年冬十二月	诏南平公长孙嵩等坐朝堂
	永兴四年春二月	登虎圈射虎
	永兴四年八月	幸西宫，临板殿
	永兴五年二月	穿鱼池于北苑
	神瑞二年二月	立太祖庙于白登之西
	泰常元年十一月	筑蓬台于北苑
	泰常二年秋七月	作白台于城南，高二十丈
	泰常三年	为五精帝兆于四郊
	泰常三年冬十月	筑宫于西苑
	泰常四年三月	筑宫于蓬台北
	泰常四年九月	筑宫于白登山
	泰常六年三月	筑苑，起自旧苑，东包白登，周回三十余里
	泰常七年九月	诏泰平王率百国以法驾田于东苑
	泰常七年九月	筑平城外郭周回三十二里
	泰常八年十月	广西宫，起外垣墙，周回二十里（十一月，帝崩于西宫）
拓跋焘	始光二年三月	营故东宫为万寿宫，起永安殿、安乐殿、临望观、九华堂
	始光三年二月	起太学于城东，祀孔子，以颜渊配
	延和元年七月	筑东宫
	延和三年七月	东宫成，备置屯卫，三分西宫之一
	太平真君十一年二月	大治宫室，皇太子居于北宫
	正平二年三月	帝崩于永安宫

帝名	时间	都城景观
拓跋濬	正平二年十月	即皇位于永安前殿
	兴安二年七月	筑马射台于南郊
	兴光元年二月	帝至道坛，登受图箓
	太安元年正月	又于西苑遍秩群神
	太安四年	三月起太华殿，九月太华殿成
	和平元年四月	皇太后常氏崩于寿安宫
	和平元年	于京城西武州塞，凿山石壁，开窟五所
	和平六年五月	帝崩于太华殿
拓跋弘	天安二年	起永宁寺，构七级浮屠。又于天宫寺，造释迦立像
	皇兴元年八月	帝行幸武州山石窟寺
	皇兴元年八月	拓跋宏生于平城紫宫
	皇兴三年	又构三级石佛图
	皇兴四年十二月	幸鹿野苑、石窟寺
	皇兴五年	太上皇帝徙御崇光宫（延兴三年改为宁光宫）
拓跋宏	皇兴五年（延兴元年）八月	即皇帝位于太华前殿
	延兴六年六月	太上皇崩于永安殿
	承明元年八月	又诏起建明寺
	承明元年十月	起七宝永安行殿
	太和元年三月	又于方山太祖营垒之处，建思远寺
	太和元年七月	起太和、安昌二殿和朱明、思贤二门
	太和元年九月	起永乐游观殿于北苑、穿神渊池
	太和三年正月、二月	坤德六合殿和乾象六合殿成
	太和三年五月	帝祈雨于北苑，闭阳门
	太和三年六月	起文石室、灵泉殿于方山
	太和四年九月	思义殿、东明观成
	太和五年四月	建水固石室，又起鉴玄殿

续表

帝名	时间	都城景观
	太和七年十月	皇信堂成
	太和九年七月	新作诸门
	太和十年七月	诏起明堂、辟雍
	太和十二年九月	起宣文堂、经武殿
	太和十二年	筑圜丘于南郊
	太和十三年七月	立孔子庙于京师
	太和十四年	太后崩于太和殿
	太和十五年正月	帝始听政于皇信东堂
	太和十五年十月	明堂、太庙成
	太和十五年九月	规建寿陵
	太和十五年十二月	迁社于内城之西。帝为高丽王琏举哀于城东行宫
	太和十六年二月	帝移御永乐宫。坏太华殿，经始太极殿（十月太极殿成）
	太和十六年十月至十一月	以皇信堂为中寝
	太和十七年三月	改作后宫。帝幸永兴园，徙御宣文堂
	太和十七年五月	帝临朝堂

一　北魏平城的营建与规划

拓跋鲜卑是第一个入主中原并建立统一政权的游牧民族，其在治理包含游牧民族和农耕民族的混合社会时，积极向中原王朝学习，迁都平城后更是在汉族士大夫的协助下，仿照魏晋政权结构构建与北魏国情相适宜的典章制度，天兴元年（398）北魏建章立制，包括度量衡等社会制度、官制品爵等官史制度、郊庙社稷等国家礼仪、律令申科等国家法令、浑仪观星等天文制度①等等，并于次年"诏礼官备撰众仪，著于新令"②。与此同时，平城作为国家的政治中心，其规划

---

① 《魏书》卷2《太祖纪》，中华书局1974年版，第33页。
② 《魏书》卷2《太祖纪》，中华书局1974年版，第35页。

和营建也体现出与帝都相匹配的政治性和礼仪性。

(一) 道武帝至明元帝时期平城初具都城形制

道武帝于天兴元年 (398) 秋七月将都城从盛乐迁到平城,遂在故平城的基础上展开了京都景观的营建工程。天兴元年正月道武帝攻克邺城后,曾将归降的后燕官民,特别是有手艺的工匠迁到平城,共计"杂夷三十六万,百工伎巧十万余口"①;次年,又将高车部众约九万口驱至京城。随着京都平城的人口激增,政治功能凸显,故平城的建置远不能满足国都的规制,都城的营建工程随之展开 (如表 3 - 1 所示)。

1. 道武帝时期宫城的营建以及外城的规划

北魏平城宫城是在天兴元年秋七月开始营建的,《魏书》对此的记载为"秋七月,迁都平城,始营宫室,建宗庙,立社稷"②。宫城如何在短时间内建成并投入使用,从《南齐书·魏虏传》对宫城的描述可窥其缘由"什翼珪始都平城……截平城西为宫城,四角起楼,女墙,门不施屋,城又无堑……"③ 另外,天兴二年 (399) 二月修建鹿苑时就明确提到"宫城"的存在,"以所获高车众起鹿苑……凿渠引武州川水注入苑中,疏为三沟,分流宫城内外,又穿鸿雁池"④。据此可知,北魏在天兴元年七月迁都平城才开始营建宫室,至少在第二年二月之前宫城初步修建完成,这也在客观上佐证了《南齐书·魏虏传》中"截平城西为宫城"的说法,即在原平城城市建筑的基础上逐渐规划出新的宫城。这里所说的平城,是指拓跋部经营的南都平城,史料明确记载早在穆皇帝六年 (313),营建新获取"陉北之地"时,"城盛乐以为北都,修故平城以为南都"⑤。宫城是截故平城西而成,故平城并非原汉平城,是在汉平城的基础上曾被当作代国南都经营的平城,其应有大量固有建筑和城垣,为拓跋鲜卑皇室和政府中央机构等提供场所。但其与中原之都的规制差距较大,因此,新建的平

---

① 《魏书》卷 2 《太祖纪》,中华书局 1974 年版,第 32 页。

② 《魏书》卷 2 《太祖纪》,中华书局 1974 年版,第 33 页。

③ 《南齐书》卷 57 《魏虏传》,中华书局 1974 年版,第 984 页。

④ 《魏书》卷 2 《太祖纪》,中华书局 1974 年版,第 35 页。

⑤ 《魏书》卷 1 《序纪》,中华书局 1974 年版,第 8 页。

城宫城与其内的都城景观建筑是在原有基础上逐步完成转换的。

早期的宫城内建筑主要是满足皇室生活和办公需求的宫殿和设施，考虑到鲜卑游牧习惯和对汉文化的推崇，宫城应为仿照中原都城之制建设。天文殿是宫城内比较重要的一组建筑，天兴元年（398）七月迁都平城，十月起天文殿，十二月道武帝即在此殿举行了登基大典，"十二月己丑，帝临天文殿，太尉、司徒进玺绥，百官咸称万岁"①。明元帝拓跋嗣执政时，也曾出现过两次，一次是太祖驾崩之后不久，"帝始居西宫，御天文殿"②；一次是永兴五年（413）太宗幸云中，奚斤留守京师时，鲜卑贵族谋反，"……斤闻而召伯儿入天文殿东庑下，穷问款引，悉收其党，诛之"③。由此可知，天文殿是颁布国之大典、朝会宾客、议政听政之地。天文殿的政治功能较强，用于登基大典，是显示国威之地，其等级规制要与京都的地位相匹配。天兴二年（399）、天兴三年（400）沿天文殿中轴线依次修建中天殿、天华殿，并同时修筑中天殿配室云母堂和金华室，从而构成北魏宫城早期建筑群。中天殿可能与云母堂、金华室合称为三殿，为《南齐书·魏虏传》记载皇帝所居之殿"云母等三殿"。天安殿是道武帝晚年的寝宫，文献明确记载其驾崩于天安殿。此外，还曾修建鹿苑、武库，增启京师十二门，建太庙，"起紫极殿、玄武楼、凉风观、石池、鹿苑台"等，不断营造都城景观。

与此同时，道武帝"规度平城四方数十里，将模邺、洛、长安之制"④，即参照中原邺城、洛阳、长安的规制，对平城进行了整体规划。天赐元年（404）十月，道武帝对天兴年间营造的宫殿进行了重新规划，在原皇帝办公、居住的宫殿区外围修筑西宫垣墙以设立宫城中的独立宫殿区，并于次月至西宫办公选举朝臣，赐爵多达两千余人。此时与西宫对应的东宫只是太子的寝宫，其是西宫内的一组宫殿建筑，

---

① 《魏书》卷2《太祖纪》，中华书局1974年版，第33、34页。
② 《魏书》卷3《太宗纪》，中华书局1974年版，第50页。
③ 《魏书》卷29《奚斤传》，中华书局1974年版，第698页。
④ 《魏书》卷23《莫含传附莫题传》，中华书局1974年版，第603页。

世祖拓跋焘"天赐五年，生于东宫"①，其母"以良家子选入太子宫，有宠，生世祖"②。天赐三年到天赐六年（406—409），主要是外城的规划及建造。据《魏书·武帝纪》记载，天赐三年六月开始"筑灅南宫，门阙高十余丈；引沟穿池，广苑囿；规立外城，方二十里"③，前后用时月余。此处关于灅南宫的记载可能有误，第一，灅南宫所在的地区，今黄花梁东北麓、桑干河南岸尚未发现门阙高十余丈的大型宫殿遗址；第二，门阙是汉代皇宫外典型的标志性建筑④，平城仿照中原都城之制，高达十余丈的门阙应建在体现皇权的宫殿前，此时平城内只有西宫具备这一特征，而且三十日也不可能在同一区域另建一座与西宫规模相当的宫殿；第三，此条史料中城建工程十分宏大，当时平城的都城营建工程还处于起步阶段，应没有更多的精力另建大型宫殿，更何况三十日内也不可能完成。此外，泰常五年（420）还有一则"起灅南宫"的记录，也说明当时的灅南宫没有建成。另据《魏书·天象志》记载，天赐三年"始有邑居之制度"⑤，基本可以断定当时营建工程是在平城内展开的。规划中的外城方二十里，通过设置"市"和"里"，使得人口庞杂的京城，社会秩序井然有序，道路建设"经涂洞达"。

2. 明元帝时期以郭城为主的营建

明元帝在道武帝城建的基础上加大了对平城的营建力度，主要是修筑了周回三十二里的外郭城。关于道武帝营建的外城，有学者认为其没有实施，故才有明元帝的再次拓城。但笔者认为道武帝对平城外城的规划已经部分实施，考虑到天赐三年到天赐六年道武帝的主要行程是征战，此次外城规划思想在其过世前，可能未全部付诸实施。"外城"的营建要在短短三十天内完成基本上是不可能的，但是，通过铺设道路、划分里坊、构筑城墙和坊墙等基础设施来构建未来城市发展的骨架，却是可以做到的。天赐六年（409）夏，居住在天安殿的道武

---

① 《魏书》卷4《世祖纪》，中华书局1974年版，第69页。
② 《魏书》卷13《皇后列传》，中华书局1974年版，第326页。
③ 《魏书》卷2《太祖纪》，中华书局1974年版，第42、43页。
④ 卢继文：《北魏太武帝时期平城"西宫"和"东宫"》，《文物世界》2008年第2期。
⑤ 《魏书》卷105《天象志》，中华书局1974年版，第2392页。

帝性情大变导致朝野内外，社会秩序混乱，史书描述"巷里之间，人为希少"①。这里提及的"巷里"应该是外城规划中提及的"市""里"，是里坊制的雏形，其使都城的城市治理功能更进一步完善。

按照城市发展的一般规律，只有外城的经济发展和人口密度达到了一定规模，外城才真正成为平城都城整体的有机组成部分。神瑞三年（416），为了方便城区管理，又建有白楼，上面放置大鼓，早晚敲击"为城里诸门启闭之候"②。明元帝泰常二年（417），后秦姚氏宗室、旧臣投奔平城，从东晋逃亡至后秦的司马氏、桓温旧属等都转投北魏。③泰常三年（418），袭击燕都龙城，"徙其民万余家而还"④。随着平城经济的发展、人口的膨胀，明元帝泰常七年（422）九月，在"外城"之外又建了周回三十二里的郭城，这是道武帝外城规划思想延续的产物，"郭城绕宫城南，悉筑为坊，坊开巷"⑤。与此同时，明元帝欲对其居住的西宫进行拓展，泰常八年（423）十月"广西宫，起外垣墙，周回二十里"⑥，但当年十一月"帝崩于西宫"，营建之事不了了之。

除了修筑郭城外，这一时期主要的营建活动是立太祖庙和完善皇家苑囿中的设施。神瑞二年（415），于白登山西设立太祖庙，同时在宫中筑有太祖别庙，之后两年再在白登山西太祖曾经到过的地方修建昭成、献明、太祖三座庙宇。⑦因白登在平城东，故在此营建的太祖庙曰东庙，东庙祭祀主要缘于拓跋鲜卑的祖先崇拜习俗。⑧道武帝天赐年间以来，鹿苑逐渐被划分为北苑、西苑、东苑三部分，明元帝时期进一步营建了皇家苑囿中的基础设施，北苑筑蓬台；蓬台北筑宫；西苑筑宫；筑宫于白登山；等等。

---

① 《魏书》卷2《太祖纪》，中华书局1974年版，第44页。

② 郦道元著，陈桥驿校证：《水经注校证》卷13《㶟水》，中华书局2007年版，第313页。

③ 葛剑雄：《中国人口史》（第1卷），复旦大学出版社2005年版，第576页。

④ 《魏书》卷3《太宗纪》，中华书局1974年版，第59页。

⑤ 《南齐书》卷57《魏虏传》，中华书局1974年版，第985页。

⑥ 《魏书》卷3《太宗纪》，中华书局1974年版，第64页。

⑦ 《魏书》卷108《礼志》，中华书局1974年版，第2736、2737页。

⑧ 赵永磊：《塑造正统：北魏太庙制度的构建》，《历史研究》2017年第6期。

(二) 太武帝至献文帝时期平城都城景观进一步完善

太武帝时期，通过一系列战争，北魏不仅统一了北方地区，而且达成了南北均势甚至北强南弱的格局，其功绩甚伟。与此同时，大量的人口被迁往以平城为中心的京畿之地。始光三年（426）冬，从统万城"徙万余家而还"①；次年攻陷统万城后，将夏国民众万数及周边人士数千迁往平城②；太延五年（439）灭北凉后，"徙凉州民三万余家于京师"③，此地至永嘉之乱后集聚的中原士人基本被东迁至平城。太平真君七年（446）三月，迁长安城工巧2000家于京师。④ 此外，在与南朝的战争中，也曾多次将南朝的俘虏强制迁到平城及附近地区，如太平真君十二年（451），太武帝从长江撤兵时，从江淮之间掠走大量人口，"以降民五万余家分置近畿"⑤ 等。这一时期迁入平城的人口数量激增，民族结构趋于复杂，汉族人口比重加大，人口构成的多样性更加明显，多元文化的融合对平城的发展提出了更高的要求，《南齐书·魏虏传》对太武帝至献文帝时期平城的营建活动描述为"自佛狸至万民献文，世增雕饰"⑥。这一时期的营建工程主要在东宫和宗教建筑上。《南齐书·魏虏传》记载："伪太子宫在城东，亦开四门，瓦屋，四角起楼。"⑦ 东宫是从延和元年（432）七月筑至延和三年（434）六月乃成，其规模"三分西宫之一"，成为独立的宫殿区，太子（拓跋晃）监国时，主要的政务活动都在东宫完成。

同时还兴建了大量的宗教建筑，太武帝推崇道教，太平真君三年（442）将道教定为国教，太武帝亲临道坛，遵循道教礼仪，就连旗帜颜色都与道教一致，并且要求"自后诸帝，每即位皆如之"⑧。道教盛行之下道教建筑在平城内兴起，建有静轮天宫等道坛。而文成帝时期，

① 《魏书》卷4《世祖纪》，中华书局1974年版，第71页。
② 《魏书》卷4《世祖纪》，中华书局1974年版，第72、73页。
③ 《魏书》卷4《世祖纪》，中华书局1974年版，第90页。
④ 《魏书》卷4《世祖纪》，中华书局1974年版，第100页
⑤ 《魏书》卷4《世祖纪》，中华书局1974年版，第105页。
⑥ 《南齐书》卷57《魏虏传》，中华书局1974年版，第986页。
⑦ 《南齐书》卷57《魏虏传》，中华书局1974年版，第984页。
⑧ 《魏书》卷114《释老志》，中华书局1974年版，第3053页。

又重新尊崇佛教，要求"诸州郡县，于众居之所，各听建佛图一区"①。此后直至献文帝时期，佛教寺院的修复和兴建、佛教石窟的开凿是当时主要的工程，如武州塞石窟寺（今云冈石窟）、鹿野苑石窟、永宁寺、九级浮图、三级石佛图等。此外，还在西苑遍秩群神。此时，平城的都城建筑风格虽然仍以"胡风"为主，但民族融合特征明显，北方诸少数民族与中原汉族建筑风格"杂相揉乱"②。草原风情、中原汉俗，甚至有西域特色，如大月氏国人在平城筑有一座能容纳百余人的玻璃行宫，"光色映彻，观者见之，莫不惊骇，以为神明所作"③。

这一时期，平城成为北方统一政权的都城，是北魏王朝统治区域内的政治、经济、文化中心，同时又是当时丝绸之路东段的起点。在北魏平城时期，西域诸国使节和商团都是通过丝路来京师平城进行朝贡贸易的。平城逐渐发展成为一座规划合理、功能齐全的国际化大都市。

（三）孝文帝时期平城都城景观的"汉化"

延兴元年至太和十八年（471—494）是孝文帝依汉制改造平城的阶段。孝文帝时期的平城已发展成为一座人口密集的融合型城市，据统计当时的人口有百万④，"昔京城之内，居舍尚希；今者里宅栉比，人神猥凑"⑤。平城内部空间局促，在一定程度上也限制了都城的进一步发展。尽管此时平城内部都城景观的整体面貌有了很大提高，但与中原王朝相比，差距依然悬殊。出于统治的需要，孝文帝执政以来厉行汉化政策，极力模仿魏晋与南朝的宫室形制等以改造平城的胡汉杂糅景观，并试图将这种以"胡"风为主的混合文化，彻底调整与重组，进而推行汉化。

孝文帝最初的想法是将平城转变为一座典型的中原之都，因此仿照中原之制展开一系列营建工程，中原建筑特色随之在平城蔚为大观。

①　《魏书》卷114《释老志》，中华书局1974年版，第3036页。
②　《南齐书》卷57《魏虏传》，中华书局1974年版，第990页。
③　《魏书》卷102《西域传》，中华书局1974年版，第2275页。
④　任重：《平城的居民规模与平城时代的经济模式》，《史学月刊》2002年第3期。
⑤　《魏书》卷114《释老志》，中华书局1974年版，第3055页。

太和年间新建了很多宫殿，并在一些建筑上建造装饰，太和元年（477）建太和、安昌二殿，起朱明、思贤二门；太和三年（479）建坤德六合殿、乾象六合殿；太和四年（480）建思义殿、东明观；太和七年（483）建皇信堂；太和九年（485）"新作诸门"；太和十二年（488）起宣文堂、经武殿；太和十六年（492）"造太极殿，东、西堂及朝堂"①。同时还在诸门上增建了观阁，"乾元、中阳、端门、东西二掖门、云龙、神虎、中华诸门，皆饰以观阁"②。此外，还修建了礼制建筑，太和十年（486），在城南开始建明堂、辟雍；太和十二年，在南郊筑圜丘；太和十三年（489）立孔子庙；太和十五年十二月"迁社于内城之西"，其他营建工程详见表3-1。孝文帝改造平城期间的这些营建工程主要由王遇、蒋少游、李冲三人完成。从史料中关于三人的记载可知，此次平城的改造不仅仅是汉化，更多体现出多元文化融合的趋势。

王遇，是一位潜心钻研、穷极巧思的将作大匠，历奉三帝，孝文改制时平城的建筑有很多都出自他手。③ 王遇家族为居住于关中地区的羌中强族，其建筑技巧受长安地区传统中原建筑技艺的影响较大，又能融会贯通，因此其营建的工程颇受北魏统治者推崇，在王遇过世后还在平城东郭外为其建造精美绝伦的祇洹舍。

李冲，陇西人，敦煌公宝少子，是太和八年（484）之后唯一担任尚书省长官的汉人，其不仅有出色的政治才干，而且还是一名出色的将作大匠，"后魏代都所造，出自李冲"④，他主持了平城明堂、圜丘、太庙的营建，还参与了洛阳城的基础建设，"洛都初基，安处郊兆，新起堂寝，皆资于冲"⑤。李冲设计的平城明堂是历史上唯一一

---

① 郦道元著，陈桥驿校证：《水经注校证》卷13《漯水》，中华书局2007年版，第313页。

② 郦道元著，陈桥驿校证：《水经注校证》卷13《漯水》，中华书局2007年版，第313页。

③ 宿白：《大金西京武州山重修大石窟寺碑校注》，《北京大学学报》1956年第1期。

④ 《北史》卷72《牛弘传》，中华书局1974年版，第2497页。

⑤ 《魏书》卷53《李冲传》，中华书局1974年版，第1187页。

个由少数民族政权建立的明堂，其兼具礼治文化和实用功能，本身就是民族融合的产物。

蒋少游，乐安博昌人，"于平城将营太庙、太极殿"①，其营建平城建筑时，不但仔细勘探魏晋宫殿旧址，还曾出使南朝考察其宫殿建制等。太极殿作为北魏孝文帝平城执政后期最重要的宫殿，其营造工程主要由李冲主持，曾奉旨出使江南、丈量洛阳宫殿旧址的蒋少游也参与了营建工作。太极殿是仿洛阳、江南宫殿的建筑形制并与当时平城的建筑技艺融合的产物。太极殿于太和十六年（492）十月建成并投入使用，仅启用两年，随着北魏的迁都而失去其政治意义，之后毁于战火。

二　北魏平城的城郭空间形态

北魏京都平城的前身是汉平城县，公元313年，拓跋鲜卑曾将此地建为代国南都。天兴元年（398）秋七月，北魏把都城从盛乐迁到平城，"始营宫室，建宗庙，立社稷"②，宫城的营建随之展开，至太祖后期原有的宫室已显不足，"太祖欲广宫室，规度平城四方数十里，将模邺、洛、长安之制，运材数百万根"③，天赐三年（406）规划建立外城，"方二十里"④。明元帝泰常七年（422），建设周长三十二里的郭城。至此，平城已是一座初具宫城、外城、郭城三重结构的都城。至太和十八年（494）迁都洛阳前，平城内部的空间格局在不断充实和调整，外部空间形态基本未变。

（一）北魏宫城的位置与形态

1. 宫城的位置

北魏平城的营建是在代国南都即汉平城县的基础上进行的。关于汉平城县城与北魏平城宫城的位置关系，《南齐书·魏虏传》载："截平城西为宫城，四角起楼，女墙，门不施屋，城又无堑。"⑤ 这基

---

① 《魏书》卷91《蒋少游传》，中华书局1974年版，第1970、1971页。
② 《魏书》卷2《太祖纪》，中华书局1974年版，第33页。
③ 《魏书》卷23《莫含传附莫题传》，中华书局1974年版，第603页。
④ 《魏书》卷2《太祖纪》，中华书局1974年版，第42、43页。
⑤ 《南齐书》卷57《魏虏传》，中华书局1974年版，第984页。

本上可以肯定北魏平城的宫城是在汉平城的基础上修建起来的。关于汉平城县的位置，《大明一统志》①《大清一统志》②《读史方舆纪要》③等认为其位于明清大同府城东五里的无忧坡上即今御河东岸台上的古城村，后人多沿用明清说法④。持这种观点的学者认为秦汉时期的平城县位于今御河东岸的古城村，而北魏平城是在此基础上发展起来的，也应该在此地。但这种说法随着大同城区操场城一带汉平城遗迹的发掘，基本上可以否定。

日本的水野清一、长广敏雄是现代学者中较早提出平城宫城位于御河西岸这一观点的学者。关于北魏平城的宫城，《辽史》载："元魏宫垣占城之北面，双阙尚在"⑤，《读史方舆纪要》在记述"山西大同县"条时说："平城宫在府北门外，后魏故宫也……今仅有二土台，东西对峙，盖故阙门也。"20世纪30年代，水野清一、长广敏雄等人随日本军队进入大同调查，依据大同北关（出大同城的北门）遗址以及大同火车站供水遗迹，再结合古文献的记载，推测汉平城县、北魏皇城可能位于现今大同站至北关附近⑥，其认为前一种观点提及的御河东岸的古城是北魏以后的建筑，1987年大同操场城北汉代遗址的发掘也印证了这种说法。据考证，汉平城遗迹大约在大同城区北部的操场城（即明代的北关）⑦，同时在大同城区发现的汉代墓葬分布也从三面包围着操场城一带，也间接证明这一带是汉平城居民

① 李贤等：《大明一统志》，三秦出版社1990年版，第331页。

② 穆彰阿、潘锡恩等纂修：《大清一统志》卷146《大同府》，上海古籍出版社2008年版，第691页。

③ 顾祖禹著，贺次君、施和金点校：《读史方舆纪要》卷44《山西六》，中华书局2005年版，第1994页。

④ 《辞海》"平城"条注释为：古县名，秦置。治今山西大同市东北；钱穆也认为汉平城在御河东岸的无忧坡上，先古城村所在地。（《史记地名考》，商务印书馆2001年版，第1349—1350页）；谭其骧先生主编《中国历史地图集》也将平城绘于今大同地区东北如浑水（今御河）的东岸；等等。

⑤ 《辽史》卷41《地理志》，中华书局1974年版，第506页。

⑥ 水野清一、长广敏雄：《云冈石窟·序》，吴宝田译，《北朝研究》1995年第2期。

⑦ 曹臣明、韩生存：《汉代平城县遗址初步调查》，石金鸣主编：《山西省考古学会论文集》，山西人民出版社2000年版，第72—78页。

居住和生活的中心。此外，白登山到平城的相对距离不变，白登山位置的确定，客观上也佐证了汉平城及北魏宫城的位置。北魏《元淑墓志》出土于大同城东 6 千米的东王庄，其墓在马铺山南 9.75 千米，结合墓志"葬于白登之阳"，基本可以确定今马铺山即汉魏白登山。[1]这同《史记》引服虔注释"白登，台名，去平城七里"[2]、乾隆《大同府志》中记载小白登"俗名马铺山，西距府治七里"[3] 相符。至于史书记载中关于白登山去平城的距离不同，主要是由平城至白登山位置的不同引起的。[4]

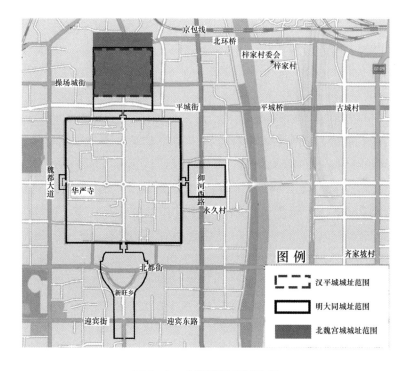

图 3-1　北魏平城宫城位置

---

①　王银田：《元淑墓志考释》，《文物》1989 年第 8 期。

②　《史记》卷 8《高祖本纪》，中华书局 1959 年版，第 385 页。

③　乾隆《大同府志》卷 4《山川》，《中国地方志集成·山西府县志辑》第 4 册，凤凰出版社 2005 年版，第 81 页。

④　崔长春、曹臣明：《白登山汉代遗迹调查》，《山西大同大学学报》2018 年第 4 期。

现已考证出汉平城位于今大同御河以西城区操场城一带北部,北魏平城宫城是截取平城西部而成的,毫无疑问也是在这附近(如图 3 - 1 所示)。考古也在这一区域内发现了丰富的北魏文化层,这也佐证了《南齐书·魏虏传》记载的正确性。

2. 宫城的形态

宫城是都城中最重要的建筑之一,北魏平城的宫城是截取故平城西部而成的,其形制与故平城有一定的联系。汉平城位置约在今操场城,但并不是整个操场城的范围,而是在操场城街南 50 米以北的大部区域,外部形制为东西长近 1000 米,南北宽约 600 米的长方形。从地形来看,这里是 1060 等高线和 1050 等高线之间形成的一块东西宽约 1500、南北长约 2000 米的长方形平地,汉平城在其北部。操场城街大同四中北侧的北魏一号遗址是在今地面海拔为 1053 米处下面,北魏二号、三号遗址位于其东北 150 米处。2003 年至 2007 年在操场城路东发现两座北魏建筑遗址和一座粮窖遗址,其中粮窖基址中有众多圆缸型粮窖,其内部还存有谷物,可能是《南齐书·魏虏传》中提到的"太官八十余窖"的一部分。这一区域出土的遗物包括一枚先秦青铜小玺[1];汉代板瓦、筒瓦、瓦当等共几百件,少数骨笄、钱币等生活用品;北魏遗物较多,包括板瓦、筒瓦、瓦当、陶器,铜、铁、骨等生产生活用具残片,其中瓦当上的文字,如"皇魏万岁""万岁富贵""永口寿长""大代万岁"等,显示此地曾为北魏皇宫所在地[2]。从出土遗物来看,此地在先秦时期已有一定规模的城邑存在,汉代平城即是在此基础上修建的,北魏平城宫城在汉平城之上,此与史料记载相符。宫城位于西北隅高地,居高临下,有利于城防。

由于宫城与其城内的建筑是逐步完成的,其形制也是逐步形成的,加之史料零散,无法确切探知宫城的整体规模,但平城作为北方统一政权的中心,拥有百万人口的大都市,有学者推测其西宫的占地

---

① 张领:《大同北魏遗址出土先秦小玺文字考释初稿》,大同市考古研究所:《大同考古资料汇编》(2),文物出版社 2018 年版,第 534 页。

② 大同市考古研究所:《大同考古资料汇编》(2),文物出版社 2018 年版,第 507—548 页。

面积在百万平方米之上，东宫的面积也在几十万平方米左右①，其规模一定不小。目前发掘的汉代及北魏遗迹主要集中在操场城东西街以北，以南未发现大型夯土遗迹。据考古遗迹推测，宫城南界位于操场城东西街南约 50 米一线，北界位于今操场城以北、大同火车站以南的北关一带，东界在操场城东墙沿线，西界在操场城西墙沿线。但由于操场城北部一带布满了现代建筑，尚有很多不确定性，可以肯定的是其宫殿建筑群布局应为南北纵向分布的长方形。②

（二）平城的外城与郭城

随着北魏国力的强盛、人口的增加，平城原有的城市空间显然满足不了国都功能的需求，拓展城区空间已成趋势。但在原始地貌下，汉平城所在的操场城一带，平地面积狭小（操场城一带原始地表低于现地表 2—3 米），向西、北、东拓展空间会受到地形的影响，操场城西墙外的台地高出城内 5—7 米，台地前缘在平城外西北角折向东北延伸，与北面的高地相连；操场城东墙外的地势又陡然下降至河床；南面地形坑洼不平。③ 因此，拓展城市空间应有合理的规划。太祖参照中原都城的规制确定"规度平城四方数十里"④，道武帝"规立外城，方二十里"⑤，从而使整个都城的基本形制得以确立，其中"城周二十里"规模的设定或许就与当时都城平城周回二十里的外城设防有关。

这次城建活动，是在原有宫城的基础上，考察中原汉都形制，结合平城微地貌环境进行的一次都城空间发展规划，尽管在道武帝过世前并未完成，但是为平城的长远发展奠定了基础。经过规划的平城外城（京城），"分置市里，经涂洞达"，"里坊制"城市格局遂逐渐形成。太武帝时期大量人口被迁入平城，为了实施有效管理，在外城基

---

①　卢绪文：《北魏太武帝时期平城"西宫"与"东宫"》，《文物世界》2008 年第 2 期。

②　王银田：《试论大同曹场城北魏建筑遗址的性质》，《考古》2008 年第 2 期。

③　曹臣明、韩生存：《汉代平城县遗址初步调查》，石金鸣主编：《山西省考古学会论文集》，山西人民出版社 2000 年版，72—78 页。

④　《魏书》卷 23《莫含传附莫题传》，中华书局 1974 年版，第 603 页。

⑤　《魏书》卷 2《太祖纪》，中华书局 1974 年版，第 42、43 页。

础上又建郭城，郭城的建设也是延续了外城的规划思想，进一步拓展了都城空间，《南齐书·魏虏传》中所描述的情景即是当时外城以及城南郭城的景观"其郭城绕宫城南，悉筑为坊，坊开巷"①。

太武帝以来随着平城人口的增加，政治地位的提高，明元帝泰常七年（422）四月"筑平城外郭，周回三十二里"②，这次修城活动奠定了平城外部形态的基本框架和格局。关于郭城与外城的关系，一部分学者认为郭城在外城之外修筑；一部分学者认为当时的外城没有修筑起来，后来才有了郭城的修筑。笔者认为平城的郭城修筑是融合了当时规划外城的思想，在未全部完工的外城的基础上进一步修筑的，因此外城与郭城在某些地方是有重合的。由于没有实证资料，关于外城及郭城的具体范围，只能依据史料和现有的考古发掘遗迹推测。

关于外城范围，现在考古遗迹已证明其与明清大同府城多有重合。明正德《大同府志》记载，大同府城由"大将军徐达因旧土城南之半增筑"③，考古发掘也证明大同操场城与明代大同府城北墙，都存在汉、北魏、明文化层夯土叠压的现象④，这也间接证明明代大同府城修筑所沿袭的"旧土城"应是北魏平城外城的一部分。明代大同城周 13 里，明代 1 里合 1800 尺，当时的营造尺长约为 320 毫米⑤，13 里折合为 7.488 千米。这与几近方形的明代大同府城城墙遗址实际东西宽 1750 米、南北长 1810 米所框定的范围基本吻合。

北魏外城南墙及南门与明代大同府城的南墙及南门基本重合。北魏明堂的发掘，在一定程度上也验证了北魏平城外城南门在明大同城南门附近的推断。汉代以来都城明堂的一般建设位置基本明确，即在国都南门外丙巳之地 3—7 里范围。平城明堂位于明大同府城南约 2 千米的柳航里，如果北魏平城的外城南门位于明代大同府城附近，明堂的

①　《南齐书》卷 57《魏虏传》，中华书局 1974 年版，第 985 页。
②　《魏书》卷 3《太宗纪》，中华书局 1974 年版，第 62 页。
③　正德《大同府志》卷 2《城池》，《四库全书存目丛书》史部，第 186 册，明正德刻嘉靖增修本，齐鲁书社 1996 年版，第 222 页。
④　曹臣明等：《平城考古若干调查材料的研究与探讨》，《文物世界》2004 年第 4 期。
⑤　丘光明等：《中国科学技术史：度量衡卷》，科学出版社 2001 年版，第 407 页。

位置符合"丙巳之地"的方位及"3—7 里"的距离。① 此外，杨众度墓的发掘，也从侧面印证了该观点。杨众度墓的发掘地点至明大同府城南门的距离为 8.8 里，约合北魏时的 9.6 里，与其墓志铭载"葬于平城南十里"② 基本吻合。这与上述墓砖铭文所记北魏平城外城南墙（南门）位置基本一致。因此，平城的外城基本上是在明大同府城基础上，东、西墙向北延伸至宫城北部所包括的范围，如图 3-2 所示。

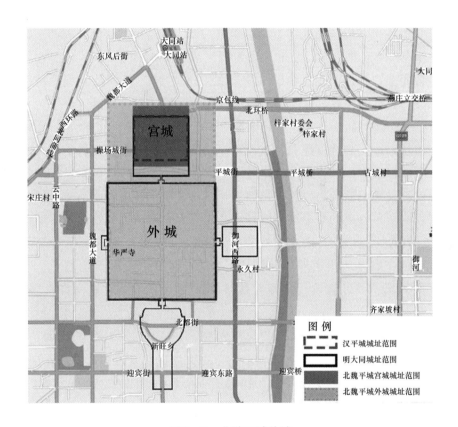

图 3-2 北魏平城外城

① 段智钧：《天下大同：北魏平城辽金西京城市建筑史纲》，中国建筑工业出版社 2011 年版，第 20 页。

② 张志忠：《大同七里村北魏杨众庆墓砖铭析》，《文物》2006 年第 10 期。

关于郭城的范围。《太平寰宇记》载"古平城在白登台南三里有水也"①，按史料此"古平城"应位于白登台以南三里之处，但在今白登台周围至今未发掘出相当规模的城址。据考证白登台与白登山不是一个地方，白登台是在白登山东北主峰上，而白登山在"台南"的山岗。② 对照前文"白登台，在县东北三十里"③，疑为漏记。尽管白登山（今马铺山）与平城的相对关系没变，但由于论述二者关系时取的参照物有差别，其距离也有一定差距。"东西八里，南北九里"的城市规模与明元帝泰常七年（422），"筑平城外郭，周回三十二里"④ 的记载相近，按照《冀州图》成书的时间推断⑤，当时在白登台周围"东西八里，南北九里"的"古平城"只能是北魏平城的郭城。这可能是对都城平城城市规模最大时的一种可靠描述。⑥

关于郭城的四至，主要是依据史料记载、考古遗迹，以及一些地表建筑，按照其规模最大"东西八里，南北九里"的范围推算。

东郭城墙：东郭是否跨御河而建，是目前学界争议的重点。明清史料记载平城郭城的位置在御河东岸。《大明一统志》载："平城外郭在府城东五里，本秦汉平城县。晋时刘琨表猗卢为代王，都平城即此，在今无忧坡上，南北宛然。"⑦《大清一统志》关于大同府平城故城的记载基本沿袭明志的说法，"今大同城东五里无忧坡上，有平城外郭，南北宛然，相传后魏时故址"⑧。就地理位置而言，"府

① 乐史撰，王文楚等点校：《太平寰宇记》卷49《河东道·云州》，中华书局2007年版，第1034页。
② 崔长春、曹臣明：《白登山汉代遗迹调查》，《山西大同大学学报》2018年第4期。
③ 乐史撰，王文楚等点校：《太平寰宇记》卷49《河东道·云州》，中华书局2007年版，第1034页。
④ 《魏书》卷3《太宗纪》，中华书局1974年版，第62页。
⑤ 《冀州图》在郦道元著《水经注》时还未曾被提到，《隋书·经籍志》提及《冀州图经》可能与《冀州图》有关，故推测《冀州图》成书时间不会早于北魏平城时期，晚于隋代。
⑥ 段智钧等：《天下大同：北魏平城辽金西京城市建筑史纲》，中国建筑工业出版社2011年版，第21页。
⑦ 李贤等：《大明一统志》，三秦出版社1990年版，第331页。
⑧ 穆彰阿、潘锡恩等纂修：《大清一统志》卷146《大同府》，上海古籍出版社2008年版，第691页。

东五里"使平城外郭"延伸"到如浑水（今御河）河道东岸。考古资料显示，在明大同府城东岸古城村西墙纵向存在一条"南北宛然"的北魏夯土墙，另外古城村西墙至明代大同府城西墙内侧早期北魏墙体，二者之间的垂直距离大约 3.74 千米，按照北周 1 里约合今 442.41 米，3.74 千米合北周 8.45 里的推算，与《太平寰宇记》中记载的北城墙 8 里接近。故推测古城村西墙可能是北魏郭城的东城墙，而明代府城西墙内侧的早期墙体可能是北魏郭城的西郭墙。

不同意郭城跨今御河而建的观点则认为当时的工程技术水平很难做到跨河建城，认为把御河东岸狭窄的河滩地圈入平城城内的防卫和经济体系里，无法满足都城发展的空间及城防需求，其战略价值也是得不偿失的。[1] 此外，"祇洹舍"就应位于御河东岸，史书对其位置描述为"东郭外，太和中阉人宕昌公钳耳庆时，立祇洹舍于东皋"[2]。相应地，御河东岸的墓葬区也间接证明平城东郭没有达到御河以东，"考古发掘结合史料记载证实了御河以东、马铺山以南是北魏贵族官僚等上层人物的墓葬区"[3]。故持这一观点的学者认为受如浑水的限制，平城外城的东墙与郭城的东墙相差无几，甚至有可能重合。但此观点并无实物支撑。

北郭城墙：认为郭城跨今御河而建的学者主要是依据白登山的地理位置来判断的。平城"城西南去白登山七里"。北魏 7 里按北周 1 里约合今 442.41 米计算，约为 3100 米，以马铺山为中心、以 7 里为半径辐射四周，该距离正好与古城村西北土墙北端重合，此处可能为郭城东北角所在。鉴于平城北面的地形以及皇家苑囿的重要性，可认为北郭城不会被划入北面苑囿内，北界可能在宫城北面附近。从当时都城的发展情况来看，宫城以北早已是"南因台阴，北距长城，东包

---

① 张志忠：《大同古城的历史变迁》，《晋阳学刊》2008 年第 2 期。

② 郦道元著，陈桥驿校证：《水经注校证》卷 13《漯水》，中华书局 2007 年版，第 314 页。

③ 刘俊喜：《山西大同北魏墓葬考古新发现》，殷宪主编：《中国魏晋南北朝史国际学术研讨会论文集》，商务印书馆 2004 年版，第 478—488 页。

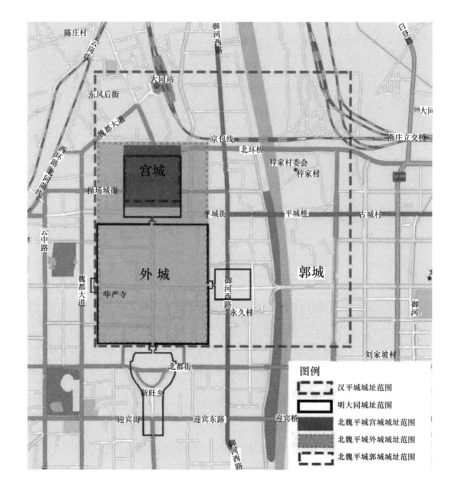

图 3 - 3　北魏平城

白登，属之西山，广轮数十里"[1] 之鹿苑的范围。这一皇家苑囿范围
较广，是皇家专属经济区，将其划为居民区的可能性几乎为零，考虑
到城北的实际情况，皇家苑囿与宫城分隔开来不仅会涉及整个都城的
防卫、交通等一系列复杂的重大结构性调整问题，而且会触动皇亲贵
胄在这里的固有利益。因此，406 年规立外城、422 年筑平城外郭，

① 《魏书》卷 2 《太祖纪》，中华书局 1974 年版，第 35 页。

这些应该都没有被划入鹿苑中。同时北魏平城宫城北墙外受原有高地地形的限制，筑墙存在一定难度，这也与宫城以北相关地域的北魏时期考古发现稀少的情况有所参证。北郭墙（在明代大同府城以北约4350米的东西向长夯土墙，已被考古实证所否定①）目前存疑，即使存在，北郭范围也不会太大，应在宫城北部附近。

西郭城墙：持郭城跨今御河而建的观点的学者认为西郭墙即今明代府城的西墙及向北延伸。持郭城在御河西面的观点的学者认为其西界达到了今大同市振华南、北街附近，泰常八年（423），明元帝拓跋嗣继前一年"筑平城外郭"后，又将宫城中的西宫兴筑扩建，"冬十月癸卯，广西宫，起外垣墙，周回二十里"②。从宫城北墙往正西延伸至郭城边界再向南折回宫城南墙的这个范围，大致周回也可达二十里。按当时扩建西宫的方向来看，东已有宫殿，北有鹿苑和相应的宫观，南有已发展起来的繁荣外城，只有向正西有较大的发展空间。但平城西部地势较高，扩展的空间有限。另外，郭城西墙与郊天坛、郊天碑的位置关系，也间接说明郭城西墙在明府城西墙一线。据《水经注·漯水》记载，"城周西郭外有郊天坛，坛之东侧有郊天碑"，而《南齐书·魏虏传》也提到"城西有祠天坛"以及"城西三里，刻石写《五经》及其国记"③，此处祠天坛应是郊天坛的另外一种表述。关于郊天坛与郊天碑（石刻《五经》及《国记》）的位置关系，《魏书》《北史》中都有"营于天郊东三里"的记录，由此可知郊天碑在郊天坛东三里无疑。

南郭城墙：持郭城跨今御河而建的观点的学者认为南郭城墙位于明大同城南墙或再向南约到南关中点东西沿线。其判定依据是同一纬度的御河东岸发现一段北魏夯筑土墙，其与古城村西土墙形式一致，

---

① "明代大同城府北的这道东西向的夯土墙，从西山脚的上皇庄东经安家小村南，过御河，再经马家小村南侧向东至白登山（今马铺山），既不是北魏平城的北郭墙，也不是北苑的南墙，可能是北齐修筑的长城。"出自曹臣明《平城考古若干调查材料的研究与探讨》，《文物世界》2004年第4期。

② 《魏书》卷3《太宗纪》，中华书局1974年版，第64页。

③ 《南齐书》卷57《魏虏传》，中华书局1974年版，第985页。

且遗址所在地发现北魏遗物。此外，认为南郭城墙在明大同府南城墙上的依据是 2001 年在城南变电站工地发掘出来的秦州刺史杨众度墓出土一块太和八年（484）的墓铭砖，刻写"葬于平城南十里"的内容，而墓葬所在位置与明大同城南墙和南关中段的距离分别为北周 10.78 里和 9.4 里，与墓铭所载比较接近。

持郭城是在御河西面这一观点的学者认为南郭城墙可能在大同市区迎宾街东西一带。20 世纪 70 年代至 80 年代在今大同市迎宾东路东端北侧轴承厂院内发现的北魏居住建筑遗址和大量出土器物[①]，可以作为北魏平城南部郭城位置探索的参照点，基本可以将上述迎宾东路东端北魏居住建筑遗址纳入郭城内。另外，南郭门（迎宾东西路和南关南街交角附近）若与外城南门正对，那么，从迎宾东西路和南关南街交角到明堂中心的连线，其距离约为 1.29 千米，合北魏时的 2.9 里，方位角约为 142.5°，仍然是在丙巳之地（142.5°—172.5°）三里附近范围。

以上关于郭城城墙的讨论基本属于在现有资料上的推测，笔者认为郭城跨御河东西的可能性较大，基本认同持这一观点的学者提出的郭城的界线四至即为东至御河东岸古城村西墙沿线，西至明代府城西墙沿线，南至迎宾路北侧明代府城南墙附近，北至古城村西北魏墙北端向西延伸，结合考古发现也就是说应在火车站一带（如图 3-3 所示）。但与部分学者认为的郭城是在外城规划失败的基础上建造的不同，笔者认为平城郭城是在外城的基础上建造的，由于时间关系，可能当时只是按照规划思想施行了部分工程，而明元帝继任后，继续推进道武帝时对平城的规划策略，郭城是在未完全完成或者已完成的城建基础上推进，具体依据既有的城建基础、城市周围的地形环境、城市人口等进行综合调控的城建工程。至于反对者认为跨御河不利于城防、管理等，笔者认为平城的外城足以担当这一重任，郭城的增加有加强城市防御的作用，但除了南郭城，其他地方的布置基本上都是苑囿、庙宇等，对城市安全其实没有实质

---

① 大同市博物馆：《山西大同南郊出土北魏鎏金铜器》，《考古》1983 年第 11 期。

性的作用，且南郭城有民众居住，但民众基本被限定在如浑水西面
宫城南面的外城内。

第三节　北魏平城内部的空间布局

北魏作为南北朝时期第一个统一北方地区的少数民族政权，在定
都平城的近百年间进行了一系列的宫殿建设，逐步完成在故平城旧有
建筑的基础上营建京都景观的目标。由于史料中对平城的记载有限，
再加上其地所在位置一直是城建中心，层垒严重，而且至今仍是大同
城的中心，故难以进行考证。本节主要对史料记载较多的宫城空间布
局进行讨论。

一　道武帝至明元帝时期宫城的布局

北魏王朝于天兴元年（398）秋七月迁都平城后，为维护其正统
形象在都城营建中多参照邺城、洛阳、长安等中原王朝的建制模式，
"即使条件全然不同，在宫名、城门名、街道名上也要改用……"①
至泰常八年（423）已经建成功能齐全的宫殿区（如图 3 - 4 所示）。

道武帝天赐元年（404），在原宫殿区基础上进一步规划出"西
宫"。明元帝永兴元年（409）十二月"己亥，帝始居西宫，御天文
殿"②，这里提及的西宫中的天文殿即是道武帝接受"玺绶"，举行
"百官咸称万岁"登基大典的大殿。天赐六年（409），拓跋绍弑父于
西宫天安殿，而且还在"西宫端门"前召见群臣③，此端门与宫殿区
"立祖神……设籍于端门内"④ 的端门一致，因此"端门"对应的大
朝主殿应是西宫天文殿。由此可知，西宫并非新营造的宫殿，而是通
过筑造简单城垣的方式对原有宫殿进行功能区划分出来的。据《资治
通鉴》记载，拓跋绍"夜，与帐下及宦者宫人数人通谋，踰垣入宫，

---

① 傅熹年：《中国古代建筑史》（第2卷），中国建筑工业出版社2001年版，第42页。
② 《魏书》卷2《太宗纪》，中华书局1974年版，第44页。
③ 《魏书》卷16《河清王元绍传》，中华书局1974年版，第390页。
④ 《魏书》卷108《礼志》，中华书局1972年版，第2735页。

至天安殿"弑父①，考虑此处"垣"即西宫宫墙，既然能够轻易逾越可想此宫墙并不高。西宫内除了天安殿外，还筑有天华殿、中天殿、云母堂、金华室等，这是平城宫城中较早的一组宫殿建筑，其具体位置难以确定，但从其修建时间和功能分区推测，天文殿最南，天华殿、中天殿，天安殿在后，云母堂和金华室应属中天殿配殿，从"堂""室"规格上可断定其规模并不大，可能与中天殿横向排列。

天安殿是道武帝后期的寝宫，太祖因服用寒食散发病，常击杀大臣，"死者皆陈天安殿前"，后驾崩于天安殿。另据《魏书·灵征志》记载，天赐六年（409）四月，"震天安殿东序。帝恶之，令左校以冲车攻殿东西两序屋毁之"②。太祖之所以非常震怒，是因为雷电击坏的是其寝殿的建筑，故推测天安殿形制为一正两厢。按照当时中原的都城布局风格，皇后寝殿为昭阳殿，但天赐元年（404）道武帝于昭阳殿进行了一系列政务活动，包括"量能叙用，制爵四等"③ 等重要活动，这说明此殿是非常正式的皇家办公场所而非皇后寝殿。那么，天兴六年（403）"起西昭阳殿"即可能说的是皇后的寝殿，其位置也应在"云母等三殿"附近。在寝殿周围还建有与之相配套的皇家游观设施，"起紫极殿、玄武楼、凉风观、石池、鹿苑台"等。从玄武、紫极的名称来看，这种建筑应位于北方，在"云母等三殿"的正北面，而且是以紫极殿为中心。从唐诗"忆昔魏家都此方，凉风观前朝百王"④ 可知，这组游观建筑群规模不小。此外，考虑到宫城的防御功能，鹿苑台的命名绝不是因为在鹿苑内，而是因在宫内可以登台眺望宫城北面的鹿苑而得名。

朝堂在西宫东面。《魏书》中对泰常七年（422）五月，崔浩建议明元帝早立储君情景的记述可以证明，"命世祖为国副主，居正殿

① 《资治通鉴》卷115《晋纪》，中华书局1956年版，第3623页；《魏书·清河王绍传》记为："夜与帐下及宦者数人逾宫犯禁。"
② 《魏书》卷112《灵征志》，中华书局1974年版，第2910年。
③ 《魏书》卷2《太宗纪》，中华书局1974年版，第41页。
④ 《全唐诗（增订本）》卷202《云中行》，中华书局1999年点校本，第2113页。

临朝……太宗避居西宫，时隐而窥之，听其决断"①，这里的"正殿"实际上是指朝堂。而且，从上述史料中可知朝堂距西宫很近，是皇帝日常接见大臣、处理政务的地方。在明元帝初期这里曾是大臣们处理刑狱的地方。

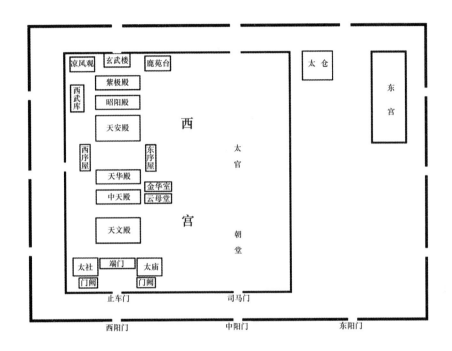

图 3-4　道武帝至明元帝时期宫城布局

西宫主殿前面的门为端门，端门前面为止车门，明元帝神瑞初（414—415），太宗常与八位大臣坐在止车门右听理朝政。② 西宫端门前的门，应为《魏书·元烈传》所记载的元绍在元烈计谋之下迎立太宗所出之门。与此相对的东门，参照邺北城应该为长春门。当时元绍是将百官们召集到了西宫的端门前。平城朝堂的门没有文献记载，但是由于平城是参照邺北城、曹魏西晋洛阳城来规划的，因此初期的

① 《魏书》卷35《崔浩传》，中华书局1974年版，第813页。
② 《魏书》卷25《长孙嵩传》，中华书局1974年版，第643页。

朝堂南面很可能对应的是司马门。止车门与司马门分别对应大朝正殿、朝堂的布局在整个北魏时期都有保留，如世宗时曾下诏书曰："御在太极，驺唱至止车门；御在朝堂，至司马门"①，说明二门与太极殿、朝堂的一一对应关系。

此外，与西宫并立的东宫在形式上也已存在。据《魏书》记载，太武帝拓跋焘在天赐五年（408）生于东宫②，这说明至少在天赐五年，平城宫城内已存在东宫，其可能是天赐元年（404）与西宫一起规划而建，东宫前身是太子宫，太武帝母亲"以良家子选入太子宫，有宠，生世祖"③。此时的东宫，可能是一组具有储君象征意义的宫殿。

二　太武帝时期平城宫城的布局

太武帝时期延续了道武帝以来把东西宫同时作为城内主要宫殿区建筑的形式，但其内涵发生了较大变化。太武帝登基的次年（425），把原东宫改建为万寿宫，并在原来的区域内修建起永安殿、安乐殿、临望观和九华堂等建筑。万寿宫的正殿永安殿遂成为太武帝至献文帝时期的大朝正殿，随着宫城的正殿从西宫天文殿东移至万寿宫永安殿，以及东宫的独立，整个宫城的面貌发生了较大变化（如图3-5所示）。

太武帝于延和元年（432）春正月，立拓跋晃为皇太子，七月即为太子筑造新东宫。434年秋七月"东宫成，备置屯卫，三分西宫之一"④，从史料可知新东宫是在扩展后的大西宫东部分割出的区域中建的，其范围占西宫的三分之一。分割后的东宫与西宫相互独立，各自"备置屯卫""四角起楼"。在方位上，东西宫相互毗邻，便于防卫与联系，同时东宫位于朝堂正北，便于太子参与朝政，与明元帝后期情形相仿，明显受太子监国制度影响较大。太武帝前期东西宫各自独立和并列的形式是储君制度发展到极致时的表现，但451年"正平事件"后，太子拓跋晃因惧怕受牵连忧虑过度而病逝，太子监国制度

---

①　《魏书》卷64《郭祚传》，中华书局1974年版，第1423页。
②　《魏书》卷4《世祖纪》，中华书局1974年版，第69页。
③　《魏书》卷13《皇后列传》，中华书局1974年版，第326页。
④　《魏书》卷4《世祖纪》，中华书局1974年版，第84页。

也在平城时期正式终结，史料中再未见"东宫"记载，推测东宫由于太子的早逝而废弃。旧东宫后在文成帝、孝文帝时被划入整体宫城——平城宫，这在平城建设史上具有分水岭式的意义，以东西宫为主要宫区代表的布局变为整体的宫城形式。

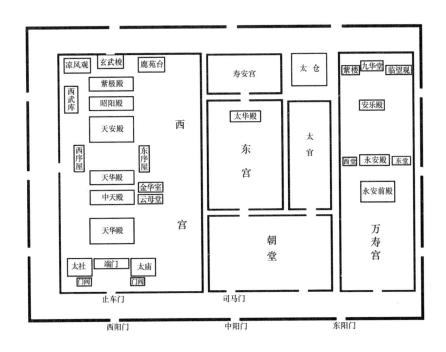

图 3－5　太武帝时期宫城布局

太武帝时期的西宫与东宫相比，地位则下降很多。据《魏书》记载，太武帝在西宫门内安置收服的夏国君主赫连昌。[①] 其间再无君王使用西宫的记载。西宫之所以被弃用，可能与其是利用故平城原有建筑改建而成相对比较简陋以及厌胜的心理有关。而中宫则一直由太武帝后赫连氏居住，直至其崩于文成帝初。

---

① 《魏书》卷95《铁弗刘虎传》，中华书局1974年版，第2059页。

（一）正殿——永安前殿

《南齐书》对正殿有较为详尽的描述，但更多侧重对其内部装饰的描写，也未提及正殿名称，《魏书》中多处提及太武帝时的正殿是永安殿，据其功能而言应分为前后殿。永安前殿既是高宗登基之殿，也是"朝会万国"的地方，永安后殿是寝殿。高允劝谏高宗不要大起宫室时提到"西堂温室足以安御圣躬"①，可以推知"西堂""温室"是永安后殿的配殿，同样是皇帝休息的地方，可能功能不一样，皇帝也在西堂商讨国事，"世祖大集群臣于西堂，议伐凉州"②。当然这个"西堂"与孝文帝后期专门于太极殿旁建的东西堂不是一回事。也有学者认为此时的正殿永安前殿旁已经有了东西堂。③

此外，不同于永安前殿的正殿功能，永安后殿应是皇帝寝殿，前后殿距离相近保证了皇帝处理朝政的便利性，而从太武帝、献文帝俱驾崩于永安殿的史料记载也可推知后殿的寝殿功能。

（二）中宫与九华堂

据《魏书·皇后传》记载，太祖道武帝时，开始设立"中宫"④。在该传中的《冯太后传》有这样的记载，鲜卑国丧礼仪规定，大丧三天以后要将先帝使用过的物品焚烧，同时朝中官员及中宫都要在旁边号泣，可见中宫应当为皇后及相关人员所居之处。⑤《魏书·宗爱传》中记载宗爱进行谋逆的一些细节，其中也提及"乃密迎余自中宫便门入，矫皇后令征延等"⑥，也可明确中宫即为皇后居住场所。另据宗爱假传皇后诏令在宫内杀害大臣过程"爱先使阉竖三十人持仗于宫内，及延等入，以次收缚，斩于殿堂。执秦王翰，杀之于永巷而立余"⑦，从中可推测"宫"为皇后寝宫，与皇帝寝宫很近，有永巷相

① 《魏书》卷29《奚斤传》，中华书局1974年版，第700页。
② 《魏书》卷48《高允传》，中华书局1974年版，第1073页。
③ 曹臣明、马志强：《北魏明元帝后期至文成帝时期的平城布局》，《山西大同大学学报》2017年第2期。
④ 《魏书》卷13《皇后列传》，中华书局1974年版，第321页。
⑤ 《魏书》卷13《皇后列传》，中华书局1974年版，第328页。
⑥ 《魏书》卷94《宗爱传》，中华书局1974年版，第2012页。
⑦ 《魏书》卷94《宗爱传》，中华书局1974年版，第2012页。

隔。此外，《南齐书》还有皇后可至"阿真厨"寻食的描述①，可以推测皇后寝宫离该区域较近。

九华堂，据文献记载，十六国时期后赵石虎起凤台九殿即九华宫于皇后正殿显阳殿之后，其正殿为九华堂，安置嫔妃宫女。② 平城的九华堂应该也是中宫中有类似功能的建筑。

三　文成帝至献文帝时期宫城的布局

早期平城中的"西宫"只包括大朝正殿和皇帝寝殿，扩展为大西宫（后称平城宫）后，将朝堂、中宫等建筑也囊括了进来，形成功能更加完整的独立宫城（如图 3 - 6 所示）。

（一）西宫

从明元帝晚期至太武帝时期，西宫和东宫一直在发生变化，而且二者互相影响。明元帝前期，平城西宫延续道武帝时的格局位于平城西部。明元帝于泰常八年（423）扩展西宫，该工程主要发生在汉平城县城内，扩展后形成的新西宫是以旧西宫为基础向东扩展，容纳了后来的太华殿、太和殿两条轴线的范围，成为大西宫。

太武帝延和元年（432），由于原东宫被改作他用，所以这时重新选址建造新的东宫，从扩展后的大西宫范围中分割出三分之一的区域以供建设，而从大西宫分布范围来看只能从西宫东部进行分割，这意味着西宫再次缩小到与原来大小接近的范围。这种以东西宫同时作为城内主要宫区建筑的形式，是对道武帝以来宫城形式的继承和延续。太武帝晚年"正平事变"发生后，作为储君象征的"东宫"称谓被暂时取消，新东宫废除，宫殿闲置。东西宫并列形式也被废除。

文成帝时期，宫殿建设力度不断加大，从宫内东面不断增加新的宫殿建筑，由于将旧东宫区域囊括进建设区，使得整个宫殿区不断向东扩展，并且取消原来的东宫独立区域，而将两宫合并筑成整体性宫

---

① 《南齐书》卷57《魏虏传》，中华书局1974年版，第984页。
② 《晋书》卷106《石季龙传》，中华书局1974年版，第2765页。

殿区,即"平城宫"。文成帝时平城宫内原东宫区域西部新建了太华殿等一组建筑,之后从文成帝到孝文帝时期,宫城内新增的殿堂大部分是在原东宫范围上进行的。

总之,经历一系列反复变化,西宫最终演变成更为完整、独立的宫城,平城宫城的规模被孝文帝时期所继承。从明元帝后期扩西宫开始,西宫就包含大朝主殿、寝殿和东面的朝堂一组建筑以及北面的中宫(后宫),是具有群体建筑的"宫城"。

(二)万寿宫与平城宫

始光二年(425)在原东宫基础上修筑万寿宫,并同时修筑永安殿、安乐殿以及临望观、九华堂。永安殿分前殿、后殿,永安前殿为太武帝、文成帝前期朝会万国的正殿,推测在西宫以东等空地建成,永安后殿可能为太武帝驾崩时的寝殿,是与永安前殿相配套的寝殿。正平二年(452)三月,太武帝"崩于永安宫",对照史料此处"永安宫"应是永安后殿,当然也不排除万寿宫在后期改为永安宫的可能性,但是在没有确切的史证前,前者的可能性更大,因此,笔者认为永安前殿、后殿应该是万寿宫的大朝正殿和寝殿。

平城宫的名号始见于高宗文成帝时期,史料记载献文帝生母李氏于平城时入住平城宫。次年秋七月,献文帝出生于阴山之北。据此推测文成元皇后李氏最初到达平城宫的时间为兴安二年(453),那时文成帝还未建太华殿,宫殿格局仍然延续太武帝时期的形式,所以"平城宫"应为对"大西宫"的改称,使用时间为文成帝、孝文帝时期。

(三)太华殿

太安四年(458)九月太华殿建成,太华殿是文成帝大飨群臣、朝会群臣以及孝文帝登基时的殿堂,很明显其具有大朝主殿的性质,但和平六年(465)文成帝也是在太华殿驾崩的,故太华殿可能也分为前殿与后殿,后殿也具有寝殿性质。

建太华殿之前,永安前殿为大朝主殿。《魏书·显祖纪》记载后来献文帝于延兴六年(476)驾崩于永安殿(即永安后殿)。由此可见,以永安前殿、后殿为主的一条轴线,与以太华前殿、后殿为代表的轴线并存了很长时间。据此，傅熹年先生认为，建太华殿是向东另外新增了一条轴线。最初平城内是以东西宫并列的形式，后来主要宫殿中心建筑逐渐向东移，太华殿的建设是将宫殿中心轴与城市中心轴保持一致的重要举措。这一改变的重要标志是将宫城（即当时的平城宫）发展到汉平城中央，另一种可能是将汉平城趋于向宫城性质发展，"禁中"（即大朝正殿）和皇帝寝殿的中轴线与平城宫、汉平城的中轴线均趋于重合。

　　总之，文成帝时建太华殿，形成以太华前殿为大朝主殿的一条轴线，与其东部以朝堂为中心的另一条轴线不断接近甚至重合，从而使宫城中心与故平城中心重合。这一宫城格局的设定从献文帝时期一直保持到孝文帝太和十六年（492），象征着北魏平城宫城的整体格局趋于成熟与稳定。

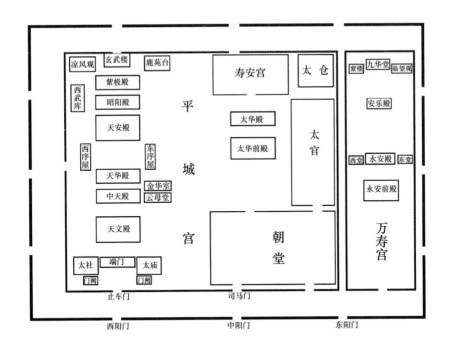

图 3 - 6　文成帝至献文帝时期宫城布局

此外，考古发掘出的北魏太官粮储遗址①，应该也在宫殿区域一带。2007 年发现位于大同操场城北的北魏太官粮储遗址，其所在区域地势开阔平整，距大同火车站 1 千米。与之前发现的一号遗址特点基本相同，并且都分布于原汉平城所在位置。同时，在遗址覆盖的文化层中亦发现库房遗迹，表明汉代该区域建筑应为仓库，并且在北魏时期其功能布局并未改变。结合考古及史料所载，北魏宫城内太官、太仓两大功能建筑占据皇城较大面积，而且太官的主要职能是为皇家提供饮食、杂役等后勤服务，而位于太官北面的太仓应该是储藏食物、粮草及其他物品的仓库所在，这与《南齐书》书所载太官治下"八十余窖"② 的说法相符。

四 孝文帝时期宫城的布局

孝文帝时期宫城的营建主要集中在原太华殿中轴线即原新东宫区域，逐渐形成以太极殿为大朝的宫城中轴布局（如图 3-7 所示）。太和元年（477）正月，孝文帝"起太和、安昌二殿"，秋七月成，起朱明、思贤门。太和十四年（490）冯太后"崩于太和殿"。据此可知，太和殿、安昌殿是在冯太后所居中宫及西太华殿后的部分寝宫基础上修建的，冯太后过世后太和殿改为太和庙，史料中也有"既而帝衮冕，辞太和庙"③ 的相关记述。安昌殿位于太和殿西，与之后修建的坤德六合殿、乾象六合殿共同位于太华殿正北。太和十六年（492），对太华殿进行扩建并重新命名为太极殿，此次扩建不仅在原址上进行，还将原安昌殿的部分殿堂拆除，修建了东堂、西堂等附属建筑和朝堂。由于安昌殿南部区域被挤占，其规模的进一步收缩使太极殿区与太和殿区形成南北交错形态，太和十六年时的史料中已明确记载安昌殿为内寝。

---

① 张庆捷：《大同操场城北魏太官粮储遗址初探》，《文物》2010 年第 4 期。
② 《南齐书》卷 57《魏虏传》，中华书局 1974 年版，第 984 页。
③ 《魏书》卷 108《礼志》，中华书局 1974 年版，第 2749 页。

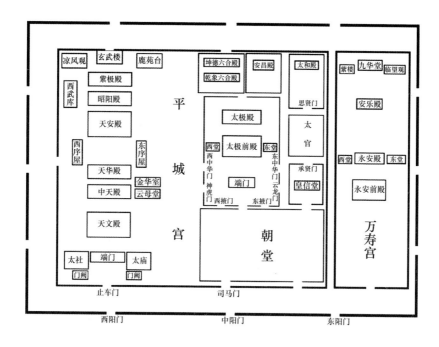

图 3 - 7 孝文帝时期宫城布局

太华殿（后为太极殿）后寝位置宽大，太和三年（479）建坤德六合殿、乾象六合殿，此二殿与太和殿、安昌殿共同组成后宫区的一组宫殿，二殿修建可能是太极殿工程的一部分。《水经注》中对太和、太极二殿的方位进行过明确描述："太极殿东堂东接太和殿"，这与前面叙述中关于安昌殿北缩的记载一致。太和十六年（492）十月太极殿建成后成为孝文帝正式办公场所。太和十七年（493），"帝飨百僚于太极殿"，太极殿规制宏大，仿汉晋大朝正殿所在轴线以及宫室门阙制度，"破安昌诸殿，造太极殿，东、西堂及朝堂，夹建象魏"①，同时还在诸门上增建了观阁②。

综上可知，至孝文帝时期北魏平城宫城的大规模营建基本停止，而宫城的最终格局也已落定，整个宫城由道武帝时期的"截平城西"

---

① 郦道元著，陈桥驿校证：《水经注校证》卷13《漯水》，中华书局2007年版，第313页。
② 郦道元著，陈桥驿校证：《水经注校证》卷13《漯水》，中华书局2007年版，第313页。

至之后的东、西两宫分区而建，再到后期的宫城一体化营建。其中，宫城的建筑不断增加，功能布局渐趋合理，比如朝堂、太官、太仓的位置基本保持固定，而作为历代帝王权力象征的大殿虽几经变化，但宫城范围不断与故平城重叠，政权中轴线不断向宫城中轴线靠近，宫城中轴线逐渐与故平城中轴线重合，从而形成了少数民族主政下的具有典型中原特点的宫城布局。

第四节　北魏平城郊区的营建特色

北魏平城城区是在平城周回三十二里的郭城范围，关于郊区的界定，古人有"五十里为郊"的说法[①]，首先限定范围在以宫城为中心的五十里范围内，其次，郊区的建置主体是离宫、苑囿、陵墓等，可依此结合文献记载来界定郊区的范围。平城近郊基本平整，其地理要素主要包括东马铺山、御河、西武州山及北面的方山，此块区域在北魏迁都平城之前基本处于未开发状态，多为游牧民族所居，地上人为附着的不过是帐篷、蒙古包，直到平城建都后才开始营建。

一　平城郊区的典型建筑

北魏郊区建筑中，最具代表性的建筑就是礼制建筑，北魏平城时期礼制建筑的修建主要集中在两个时期：一是道武帝建章立制时期，拓跋珪在平城进行大规模宫殿修建的同时，着"董谧撰郊庙、社稷、朝觐、飨宴之仪"[②]，确定了平城整体礼制，成为整个北魏平城时期礼制建筑规划、设计和建造的思想指导，为平城礼制建筑的后期修建奠定了基础；二是孝文帝礼制建筑修建时期，拓跋宏委派专门官员对魏晋基址进行测量，并参照其规格在平城大举新修、改建礼制建筑。其中，西郊的效天坛和南郊的明堂是最能代表这两个时期文化的礼制建筑。

---

① 李令福：《论秦都咸阳的城郊范围》，《中国历史地理论丛》2002 年第 2 辑。
② 《魏书》卷 2《太祖纪》，中华书局 1974 年版，第 33 页。

（一）西郊天坛

拓跋鲜卑建立国家并逐步控制长城边疆区以及黄河中游汉人区，这对游牧民族出身的鲜卑人来说是一种挑战，如何维护这个新建国家的向心力，是统治集团非常关心的问题，除了军事上的控制以及物质利益的分享外，北亚系统的国家祭典也是非常重要的，这与北魏王朝统治下的众多游牧民众有很大关系。拓跋鲜卑在从大兴安岭迁徙到匈奴故地，再染指长城边疆区的过程中，与多个游牧民族杂居交融，而且其统治下的长城边疆区本身就是个游牧民构成非常复杂的区域，但"每个部落皆仍保持各自奉行祭典——包括祭天大典——的权利"[1]，西向祭天就是遍行于北亚文化圈的春、秋二祭中的春祭[2]。

北魏统治者正是利用了这个对游牧民众来说意义重大的祭天大典，凝聚了王朝内部的向心力和战斗力。史料记载，文成帝时期曾"五部高车合聚祭天，众至数万"[3]。这个类似于汉族天子祭天大典的祭天仪式，在长城边疆游牧部落中的社会功效是可想而知的。祭天也是鲜卑的传统，各部落往往一起助祭，平城时期共有四次相关记载，其一为258年，拓跋力微于盛乐祭天；其二为桓帝初年，拓跋猗㐌葬母封氏祭天；其三为316年，桓后祁氏在平城西郊祭天；其四为登国元年（386），拓跋珪在牛川即位祭天。每一次祭天活动都是各部落的大聚会，多者达二十余万人。

祭天（郊天）大典——这种鲜卑族部落联盟时期遵循的传统胡俗，在北魏定都平城时，依然是北魏王朝的重要祀典，继续发挥其强大的社会整合功能。如天赐二年（405），在西郊举行祭天大典时，其时"百官及宾国诸部大人毕从至郊所"[4]，与之前"大会诸部"的政治内涵极为相似。即使在孝文帝推行汉化的过程中，这一传统也并未被废除，其对北魏王朝的影响力可见一斑。

---

① 康乐：《从西郊到南郊——国家祭典与北魏政治》，稻禾出版社1995年版，第176页。
② 康乐：《从西郊到南郊——国家祭典与北魏政治》，稻禾出版社1995年版，第169页。
③ 《魏书》卷103《高车传》，中华书局1974年版，第2309页。
④ 《魏书》卷108《礼志》，中华书局1974年版，第2736页。

　　史书中对当时的西郊祭天有很多记载，其中尤以《魏书·礼志》对天赐二年（405）夏四月的祭天大典描述最为详细，其大致流程如下：在平城西郊的一方形祭坛上"置木主七于上"，东边为两位先帝，没有等级差别，周垣设四个门，"门各依其方色为名"；祭天用的牲畜为白色牛犊、黄色马驹和白色羊各一头；祭祀当天，"帝御大驾，百官及宾国诸部大人毕从至郊所"，具体位置是"帝立青门内近南坛西，内朝臣皆位于帝北，外朝臣及大人咸位于青门之外"，皇后率领六宫随从从黑门进入，站在青门北边面朝西方；掌牲将祭祀牲畜陈于坛前，女巫们手中拿着鼓站在皇帝的东、西两面，"选帝之十族子弟七人执酒，在巫南、西面北上"；一切准备就绪后，女巫们摇动手鼓开始升坛，皇帝、皇后及六宫、朝内外百官依次跟拜，祭祀完毕后再拜。拜完后才开始杀掉牲畜等祭品。手持酒杯的七位子弟，逐一将酒洒向天神神位，再行拜礼，重复七次，祭祀仪式结束后返回。①作为北魏最盛大的国祀，举国上下都参与祭天盛典，包括北魏皇室妃嫔、内臣外臣、诸部大人等等，甚至外国使臣也参与进来。当然，这种祭祀仪式及祭祀建筑并非一成不变，《南齐书·魏虏传》中对这一不同于中原礼俗的胡俗也有详细描述，但与前者记述略有不同，其所载祭坛上所立木人数为四十九而非七，同时指出一般祭祀的时期为每年的四月初四，此外，还特别说明从邺城取下六十根石屋基，用作西郊刻石写经之用。②永明十年（492），齐武帝遣司徒参军萧琛、范云出使北魏，正值孝文帝在平城西郊祭天，其亲眼所见的这种胡人祭天仪式又是另一番情形。他们重点关注了祭祀礼中的"蹋坛""绕天"仪式，所谓"蹋坛"是正式祭祀日前一天皇帝带领大臣穿戎服骑马绕坛，皇帝绕坛一圈、大臣绕坛七圈；"绕天"是指正式祭天日再次戎服骑绕，皇帝绕坛三圈、大臣绕坛七圈；祭祀仪式结束后于"百子帐"举行宴席。③从上述三个史料的记述，可以推知北魏平城西郊祭

① 《魏书》卷108《礼志》，中华书局1974年版，第2736页。
② 《南齐书》卷57《魏虏传》，中华书局1974年版，第985页。
③ 《南齐书》卷57《魏虏传》，中华书局1974年版，第991页。

天的仪式对其意义重大，整个仪式庄重而程序复杂，并且随着时代的变迁而发生变化。

西向祭天——这种游牧民族的传统礼俗，从鲜卑族部落联盟时就发挥着重要的认同与凝聚作用，直到北魏建都平城依然是国家祭典中最重要的内容，但随着北魏王朝经济的农业化和政治上的汉化，最终在孝文帝迁都洛阳后被废除，同时废除的还有五月五日飨、七月七日飨等重要的北亚祭典。①

（二）南郊明堂

北魏王朝的国家祭典基本上维持了胡风汉俗并存的状态，至高祖延兴二年（472），北魏祭祀的神祇及祭坛已经非常繁杂了，"有司奏天地五郊、社稷已下及诸神，合一千七十五所，岁用牲七万五千五百"②，直到孝文帝亲政后才对杂祭之风进行了规范。太和十五年（491）孝文帝下诏裁减各类杂祭，他认为各种祭祀场所达1200余处，应"减省群祀，务从简约"，从而提出对祭祀礼制进行规范的要求。此外，在规范传统鲜卑祭祀礼制的同时，还尽可能吸纳中原传统礼制，并逐渐以中原传统祭典为范本来重新整顿北魏王朝的国家祭典，如489年，在京师平城立孔子庙，这是中国历史上首次立孔庙于都城，492年"改谥宣尼曰'文圣尼父'，告谥孔庙"③。平城重要的礼制建筑太庙和明堂，就是在这一时期完成的。此处重点讨论南郊的明堂。

在孝文帝汉化改革之前，北魏祭祀礼仪当中的中原礼制祭典，仅仅作为对中原汉族民众进行统治的工具而存在。据《魏书·礼志》记载，大多数中原祭祀礼典基本由大臣代为举行，仅有四月郊天皇帝才亲自参加。④ 对汉族而言宗庙祭祀是非常重要的礼制，但在孝文帝太和六年（482）亲祀七庙前，"大魏七庙之祭，依先朝旧事，多不

① 康乐：《从西郊到南郊——国家祭典与北魏政治》，稻禾出版社1995年版，第176页。
② 《魏书》卷7《高祖纪》，中华书局1974年版，第2740页。
③ 《魏书》卷7《高祖纪》，中华书局1974年版，第169页。
④ 《魏书》卷108《礼志》，中华书局1974年版，第2813页。

亲谒"①。可见，孝文帝之前北魏诸帝对中原礼制并不重视。

南郊在建明堂之前，最有名的建筑是太武帝拓跋焘时期的道教建筑——大道坛庙（静轮天宫）。道教是这一时期的国教，风靡一时，太武帝把道教定为国教，而且受道教影响，太武帝将其年号改为"太平真君"。太平真君五年（444）太武帝还下诏，任何佛教中人死后不得葬于京城之内。442 年，寇谦之还建议"真君"应登坛受符书，于是太武帝备法驾，亲至平城东南的道坛受符箓。此后，新帝即位，必亲至道坛受符箓，以示得天命之始。但这一国家祭典随着太武帝的过世，基本上仅存仪式，大概一直要到孝文帝下诏道坛南移远离都城才告停止。其社会功能远不及郊天坛。

1. 明堂的修建

孝文帝太和十年（486）北魏开始计划在平城修建明堂，但实际情况是直至太和十五年（491）才由李冲主持动工并于当年十月修筑完成，其是孝文帝"汉化"平城时期最重要的礼制建筑之一。主持明堂修建的李冲，《魏书》中有详细的记载，其"机敏有巧思"②，平城明堂、太庙及洛阳主要建筑多在其主持下修建完成。明堂建成后随即成为孝文帝布政的重要场所，《魏书·高祖纪》有相关记载数十条，史料显示明堂事宜主要包括三个方面：一是在明堂祭祀祖先，其中有祀献文皇帝③、文明太皇太后④的明确记载；二是依例进行天象观测和政事活动，并且"每朔，依以为常"⑤；三是在明堂举行外宾接待活动，《魏书·成淹传》载，孝文帝曾在明堂接待南朝使臣，太和十六年（492）南朝派三位大臣出使北魏平城，正好赶上孝文帝在明堂升灵台、观天象，于是让三人在明堂馆南参观这次仪式，直到活动结束才至外馆行酒宴。可见，明堂作为"天人合一"的象征，在北魏统治者心目中具有举足轻重的地

---

① 《魏书》卷108《礼志》，中华书局 1974 年版，第 2740 页。
② 《魏书》卷53《李冲传》，中华书局 1974 年版，第 1187 页。
③ 《魏书》卷7《高祖纪》，中华书局 1974 年版，第 169 页。
④ 《魏书》卷7《高祖纪》，中华书局 1974 年版，第 170 页。
⑤ 《魏书》卷7《高祖纪》，中华书局 1974 年版，第 169 页。

位，但由于太和十九年（495）北魏迁都洛阳，使平城明堂的都城礼制建筑作用未能持续发挥。

2. 明堂的形制

明堂是古代帝王最为看重的礼制建筑，其在漫长的皇权统治当中已经形成固定形制。首先，明堂的功能在于帝王颁令施政、祭祀先祖和外交接待，其方位一般位于都城以南，即所谓"布政之宫，在国之阳"[1]，北魏平城明堂即位于平城南约2千米之处。其次，北魏时期明堂常与另一组礼制建筑辟雍同时构筑，《三辅黄图·明堂》对辟雍的区别与礼制内涵进行了明确记录，史料指出，"辟"就是璧之意，寓为皇帝专用圆形美玉，象征皇权教化；而"雍"即拥有，环绕之意，周围环水，也呈圆形。辟雍即用水环绕形成的圆形建筑，两建筑"异名同事，其实一也"[2]，寓意皇权教化延绵不绝。再者，明堂的主要规格基本一致，即遵照"天圆地方"原则，堂顶为圆形，其下为四面方形，并且堂顶和堂周按照天地的颜色进行装饰，天即为明，"故命曰'明堂'"[3]。关于北魏平城明堂形制，《水经注·漯水》有详细记载，其形制与传统明堂相较既有传承又有突破，传承之处在于其基本形制未发生较大变化，依旧为上圆下方，内设灵台并以辟雍环绕。而突破之处在于其堂室设计精巧绝伦，四周共设置十二堂九室却不重叠，此外，在明堂内部顶部还以北半星为中心装饰了天空星辰景象，并且通过机关齿轮进行控制，使堂顶星辰"每月随斗所建之辰，转应天道"。

20世纪90年代以后，大同市进入大规模城市建设时期，一些历史文化遗址随之被发掘出来，1995年于大同高等专科学校发现了北魏明堂遗址，从遗址的基址形态和发掘出土物品断定其确为孝文帝修筑之明堂遗址。[4] 遗址位于明大同府城南门东南2千米处（如图3-8

① 《魏书》卷32《封懿传》，中华书局1974年版，第765页。
② 陈直校证：《三辅黄图校证》，陕西人民出版社1982年版，第115页。
③ 彭大翼：《山堂肆考》，上海古籍出版社1992年版。
④ 王银田、曹臣明、韩生存：《山西大同市北魏平城明堂遗址1995年的发掘》，《考古》2001年第3期。

所示），北临向阳街、南抵南环路、东临友泉南街、西面友谊南街，其所处方位既与《水经注》描述①相吻合，也与国都南"三里之外，七里之内"②的丙巳方位相符。清道光《大同县志》中有唐开元二十一年（733）曾于北魏平城明堂遗址上修建孝文帝祠堂的记载，其后关于北魏明堂的史料并不多见。

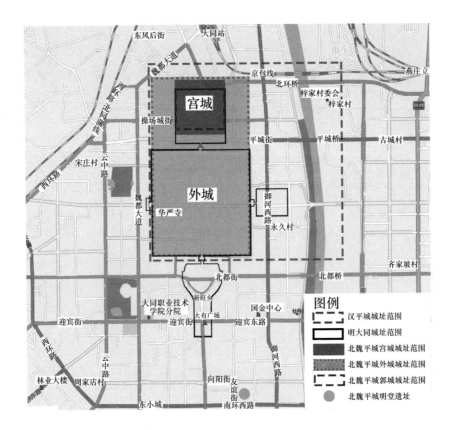

图 3-8　北魏明堂遗址位置

明堂遗址具体分布于向阳街两侧，其址总体呈占地近 100 亩的圆

---

①　《水经注·㶟水》有较详细的记载："太和十年，累石结岸。夹塘之上，杂树交荫。郭南结两石桥，横水为梁。又南径藉田及药圃西、明堂东。"

②　杜佑：《通典》卷 44《礼四·大享明堂》，中华书局 1988 年版，第 1216 页。

形，其外围为外径约 290 米，内径约 260 米，宽约 20 米的水渠，明堂主体建筑的方形夯筑台位于水渠中央，四条边的方向与经纬线存在4 度偏差，其原因可能为古人推测方位以北极星为基准，而北极星与正北方略有差别。明堂遗址外围水渠可判定为雍之所在，其对应主体建筑的四个方向各有一个小夯土台。从遗址的基本形制看，与史料所载平城明堂以及传统明堂的形制基本一致，故可以认定其为北魏明堂遗址。

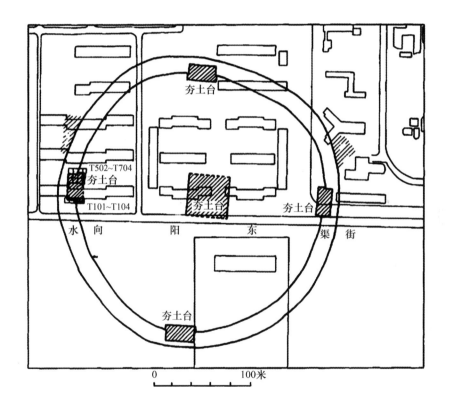

图 3 - 9　明堂遗址勘测总平面①

　　① 王银田、曹臣明、韩生存：《山西大同市北魏平城明堂遗址 1995 年的发掘》，《考古》2001 年第 3 期。

就目前国内已经发掘的四座明堂遗址来看，"上圆下方"是其基本形态，但不同时期又有不同的形制和风格。根据《魏书》的记载，平城明堂是参照李冲所奏样式和两汉样式进行修建的，但平城明堂与汉魏洛阳明堂有明显区别，平城明堂为明堂、辟雍、灵台合为一体，而汉魏洛阳明堂为三组独立的建筑。就其形制来看平城明堂与汉长安明堂最为相似，都是明堂、灵台和辟雍三而合一，但汉长安城的明堂与辟雍之间的关系更加紧密，构造更为复杂，辟雍内外各有墙进行分割，而环形水沟又与方形水沟相连，平城明堂据推测应仅在辟雍以外环沟而建有墙。可见，两汉明堂与北魏明堂总体上中规中矩，基本按照《周礼》所载之传统形制进行修筑，而北魏属于少数民族政权，从其对汉文化学习模仿的出发点来看，其追求的应是更加接近正统。但从唐代洛阳明堂来看，明堂在选址，规格，形制及其与灵台、辟雍的关系都发生较大变化，之后历代更是对该礼制建筑进行了创新，总体趋势是使其中的功能逐渐分离，而形制除保留"天圆地方"的外部形态和"天人合一"的建筑思想外，变化各异。

（三）武州山石窟寺

今大同云冈石窟即北魏武州山石窟寺，距大同古城西约 15 千米，《魏土地记》中也对该寺的位置进行了记载，曰"平城西三十里"①，其与现在云冈石窟距大同古城的距离基本一致。其位于武州山南、十里河北，是北魏政权统治之下最大的佛教建筑，是我国古代民族融合的重要成果。整个石窟寺破岩成窟、凿石成像，规格宏大，顺山势而成，长达 1000 余米，其中绝大多数是北魏中后期分阶段雕造的。② 距今虽已历经 1600 余年，但总体形态保存完好，"现存窟龛 254 个，主要洞窟 45 座，造像 59000 余尊"③。

① 转引自郦道元著，陈桥驿校证《水经注校证》卷 13《灞水》，中华书局 2007 年版，第 316 页。

② 宿白：《云冈石窟分期试论》，《考古学报》1978 年第 1 期。

③ 张焯：《云冈石窟开凿的因缘》，《中国纪检监察报》2020 年 5 月 13 日，第 4 版。

郦道元从石窟寺与武周川水的关系方面入手对其进行了较为详细的描述，记录了河流、寺庙与山石之间山转水绕，烟寺相望的惊世景象。武州山石窟寺的开凿时间，据周一良先生考证大约是在兴安二年至和平元年（453—460）之间①，文成帝即位后一改太武帝时对佛教的态度，于452年诏令推崇佛法，他不但在诏书中大谈佛法的功德，还允许各地方州县在人口众多的地方修建寺庙，不受约束。在此形势之下，原来被太武帝毁坏的寺庙和佛像又都重新被修复。与此同时，北魏对西域的征服也引来了东西方文化交流的高潮，此时的印度石窟造像技术及佛教文化，经由西域波及河西、关陇，在太武帝灭北凉之后，又由凉州僧侣、工匠等传入平城，如"迎接玄高到平城，太子晃事玄高为师"，史籍所载的佛教大师如惠始、玄高、慧崇、师贤、昙曜等先后来到平城，有力地促进了佛教信仰和文化在平城的传播。文成帝重振佛法后，佛教在平城得到了前所未有的发展机遇，来自河西之地的师贤、昙曜等大师俱得以被礼遇、重用，得此机遇，具有河西文化底色的佛教建筑文化随即进入平城，其对平城民众信仰产生影响的同时也对统治阶层以及政治典制进行了深层次渗透②，以石窟造像为特色的西域佛教文化逐渐在中原地带扩散开来，于是就有了武州山石窟寺。而随着北魏迁都洛阳，石窟寺又进一步传播到洛阳。可见，北魏平城是石窟文化进入中原的突破口。

此外，文成帝重振佛法并大建佛寺也使得平城成为西域文化传播的前沿，西域诸国的僧侣携带着佛经、佛像、画本等随商队沿着丝绸之路来到平城，从整体上提升了平城在佛教文化传播中的地位，也为平城佛教造像艺术带来了更多活力。昙曜为在平城建造石窟，还将当时各地的宝像汇集于京师，请徐州僧侣北上主持云冈佛事，可以说，武州山石窟寺是当时佛教建筑中的一个集大成作品。当然，佛教之所以在北魏平城得以传播，与其世俗化的

---

① 周一良：《云冈石佛小记》，《考古社刊》1936年第4期。
② 陈寅恪：《隋唐制度渊源略论稿》，生活·读书·新知三联书店2011年版，第4页。

传播策略分不开，其中以昙曜五窟为例，《魏书·释老志》中记载了昙曜在武州塞开凿五所石窟的事件，其中明确提到所造之像为北魏先帝之如帝像，即所谓"皇帝即当今如来"。可见，佛教在平城的传播也因"世俗化"而前后大转向，前有太武帝因佛教弟子不纳税、不服兵役即不"入世"而引发灭佛事件，后有佛教文化与皇权紧密联系，成为既能够服务于皇权又能够促进佛教文化传播的"入世"文化。

正是在佛教文化、西域文化、少数民族文化和中原文化的相互交织影响之下，平城诞生了武州山石窟寺这种新兴的石窟文化及建筑。虽然西域在佛教传播过程中凿建了不少石窟，也早有敦煌莫高窟等杰出作品，但正如宿白先生所言，武州山石窟寺主佛着西方之服饰，而拟帝王之容貌是一种新型的造像风格，是之前的石窟造像当中未曾呈现的新特点。该项新特点产生的本质原因在于多元文化要素影响下的民族融合，表现在：一是在北魏时期平城不同民族的大融合，尤其是在少数民族统治下的融合形态；二是武州山石窟寺规划、设计者以及工匠的融合，其中既包括从河西迁来的佛教高僧，也包括北魏在征服过程中从各地吸收的能工巧匠，还包括北魏统治者本身的指导思想；三是少数民族文化、中原传统文化、皇权统治文化与佛教文化的有机交融。在以上诸要素的交互融合之下，新石窟造像模式的出现就顺理成章了。①

武州山石窟寺大佛的建造约历经 40 余年，北魏迁都洛阳后又持续修建 30 余年，前后长约 70 年，是北魏横跨两都时期的大型佛教建造工程。当时由于佛教兴盛，掀起了一股开凿石窟的热潮，在武州山石窟附近还有鹿野苑石窟、吴哥窟、鲁班窟、焦山石窟等。除了皇室直接参与外，王公大臣、善男信女等也以多种形式参建石窟，遂成就了武州山石窟寺的蔚然大观。此后，武州山石窟寺便成为大同的标识，入主大同的政权都对其有不同程度的修缮。

---

① 宿白：《中国石窟寺研究》，文物出版社 1996 年版，第 125、126 页。

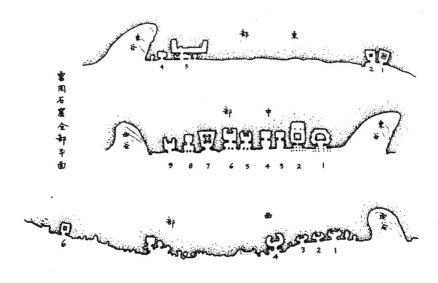

图 3 - 10　云冈石窟全部平面①

二　皇家苑囿景观

北魏的都城平城是当时南北方经济交流与东西方文化融合的典型代表。它上承魏晋下启隋唐，其文化的多元性可见一斑。但由于时代久远，以及文献资料的缺失，如今很难一窥盛世平城的风貌，但我们依然可以从史料描述的北魏皇家苑囿中感受这种多元文化。

北魏皇家苑囿的分布随着整个统治时期都城的变化而改变，主要分布在平城和洛阳，由于从登国元年（386）至道武帝天兴元年（398）的盛乐都城时期历时较短，盛乐并未展开大规模建设。再者，盛乐地处草原地区，拓跋部的狩猎活动基本能够得到满足，故盛乐时期并未建有专门的皇家苑囿。迁都平城后地理条件发生了变化，同时北魏政权积极模仿中原政权进行都城营建，于是专门的皇家苑囿就被列入都城建设日程。北魏平城时期的历位皇帝都或多或少地进行了苑囿建设，其中规模最宏大的当属鹿苑。"苑""囿"二字在字面上有

---

① 图片来源：梁思成、刘敦桢《大同古建筑调查报告》，《中国营造学社汇刊》1933年第 4 卷第 3、4 期合刊。

区别但是在实质意义上并无明显差别，《说文解字》认为"苑"是圈养禽兽的地方，而"囿"是指有围墙的苑。《左传》则认为二者在等级上有所差别，皇帝的叫"苑"，诸侯叫"囿"。也有的观点认为二者可以通称。总而言之，此处"苑囿"是指圈养禽兽以满足皇室狩猎游乐的场所，但在北魏时期也有其特殊性，其不仅是一种游乐场所，也是一种半畜牧经济形式。魏晋南北朝时期战乱不断，与相对稳定的南方相比，北方社会动荡不安，与之相对应的是这一时期北方民族融合达到了空前繁荣的程度，社会思想异彩纷呈。当拓跋鲜卑统一北方后，这种民族融合的特征也融入了当时平城的皇家苑囿中。因此，北魏平城的皇家苑囿与南朝皇家的苑囿风格是完全不同的。

（一）鹿苑的范围

拓跋鲜卑作为一个游牧民族，虽然建国定都，结束了逐水草而居的状态，但是其固有的"民尚勇""好猎射""射猎为业"的本性并未改变，而且在游牧经济发展水平的局限下，这一状态存在较大历史惯性。因此，北魏在定都平城初期，就修筑了规模宏大的鹿苑。据《魏书·高车传》记载，平城鹿苑是道武帝拓跋珪将征战蠕蠕、高车诸部掠夺而来的牲畜、人口等迁往平城时，中途敕令高车民众将平城方圆七百里的野兽驱赶至平城以北而建造的北魏皇家苑囿，其范围"南因台阴，北距长城，东包白登，属之西山"①，因其中圈养牲畜以鹿为主，故命名为鹿苑。

鹿苑占地面积宏大，牲畜种类众多，与草原牧场极为相似，但具有一定的人为性质。从初筑鹿苑时的圈养数量可以管窥其规模，道武帝灭高车的战争中俘获"马五万余匹，牛羊二十余万头"②，再加上其在返程途中将平城七百里范围内不计其数的野兽进行围圈，最终数目应极为可观。鹿苑内最早圈养的牲畜主要是破高车而获的五万余匹马、二十余万头牛羊以及途中所获猎物。北魏政权以掠夺而来的九万余人来修建鹿苑，这些人在鹿苑建成后遂在苑内放牧。鹿苑南垣在平

① 《魏书》卷103《高车传》，中华书局1974年版，第2308页。
② 《魏书》卷2《武帝纪》，中华书局1974年版，第35页

城北面今大同市北安家小村、陈庄、白马城达于御河一线①，至于鹿苑的北垣，其位于长城以南，据《水经注·灢水》记载，如浑水"乱流经方山南，……又南至灵泉池……又南经北宫下"，之后"如浑水又南，分为二水，一水西出南屈，入北苑中，历诸池沼"，可知，北垣未到方山，在方山以南。西垣位于雷公山东麓，东垣包马铺山，方圆数十里。鹿苑的主体至少在道武帝天赐五年（408）时即为北苑所代替，据记载五年二月"癸丑，穿鱼池于北苑"，这也可能是天赐三年（406），道武帝对平城规划时"引沟穿池，广苑囿"的结果。西苑最晚也在泰常三年（418）建成，据记载418年冬"筑宫于西苑"。而东苑的营建时间为其三年后，即泰常六年（421）"发京师六千人筑苑，起自旧苑，东包白登，周回三十余里"②。泰常七年（422）史书中出现了"东苑"，"己酉，诏泰平王率百国以法驾田于东苑"，东苑可能是在这次扩建中建成的。每个苑的规模都和平城外郭的规模相当③，在这幅员辽阔的苑囿内，在439年北魏统一华北之前，有从内蒙古鄂尔多斯地区俘获的庞大家畜群，以及掠夺或者迁徙而来的众多牧民。尽管鹿苑后来被北苑、西苑、东苑取代，但鹿苑在某种程度上依然是当时这些苑囿的代名词，鉴于苑囿的功能基本相同，故在探讨时仍以鹿苑统称。

（二）鹿苑中的景观

天兴二年（399）二月起鹿苑，苑内有道武帝在战争和狩猎中所获的几十万头家畜，以及放养家畜的几万牧民，随着北魏征伐战争的推进，大量战利品——牲畜及众多的人口、财富等源源不断被输入到平城及其周围地区。此外，狩猎中获得的以麋鹿为主的杂兽也被驱赶至平城，其中绝大部分家畜、野兽被囤养在鹿苑内，这些牲畜主要是赏赐将士群臣和游猎之用。狩猎和宴游的场景，在大同发掘的北魏棺

---

① 殷宪：《平城史稿》，科学出版社2012年版，第45页。

② 《魏书》卷3《太宗纪》，中华书局1974年版，第61页。

③ 佐川英治：《游牧与农耕之间——北魏平城鹿苑的机能及其变迁》，《中国中古史研究》编委会编：《中国中古史研究：中国中古史青年学者联谊会会刊》（第2卷），中华书局2011年版，第102—136页。

板画中多有体现。① 北苑中有众多池沼，苑囿水系主要源于凿渠疏引
的武川水，水源的引入既可以打造苑囿景观，也可以解决水上交通以
及野兽饮水问题。② 其后，在鹿苑中不断兴建各种景观、楼阁，如明
元帝永兴五年（413）建"鱼池"③，泰常元年（416）筑"蓬台"，
泰常四年（419）筑"宫"，孝文帝时起"永乐游观殿"④。此外，鹿
苑也是举行祈雨仪式的地方，如太和二年（478）"京师旱。甲辰，
祈天灾于北苑，亲自礼也"⑤，太和三年（479）"五月丁巳，帝祈雨
于北苑，闭阳门"⑥。此外，献文帝成为太上皇之后，移驾于北苑的
崇光宫，并在苑中的西山建鹿野苑，其中有鹿野苑石窟。

西苑中建有专门饲养老虎的虎圈。拓跋鲜卑有猎虎习俗，《魏书》
中多有对虎圈的记载，太宗永兴四年（412）"登虎圈射虎"⑦，和平
四年（463）"上幸西苑，亲射虎三头"，皇兴二年（468）"田于西
山，亲射虎豹"⑧。虎圈中的老虎可能是狩猎而来或者是使团进贡的，
当时是否存在野生老虎不得而知，但北魏初期当地的生态环境较好，
如史料记载道武帝时期有熊出现在白登山周围。⑨ 太和二年"高祖及
文明太后率百僚与诸方客临虎圈"⑩，太和四年（480）"幸虎圈，亲
录囚徒"⑪，可见，虎圈应为西苑中的重要景观。

东苑除圈养大量牲畜外，还是举行重大仪式和祭祀祖先的地方。
永兴五年太武帝曾于白登山举行校阅仪式，兵将规模达15万，其中
骑兵约占12万。⑫ 白登山上还修建了拓跋鲜卑的祖庙及其景观建筑

---

① 刘俊喜、高峰：《大同智家堡北魏墓棺板画》，《文物》2004 年第 12 期。
② 黎虎：《魏晋南北朝史论》，学苑出版社 1999 年版，第 151 页。
③ 《魏书》卷 3《太宗纪》，中华书局 1974 年版，第 52 页。
④ 《魏书》卷 7《高祖纪》，中华书局 1974 年版，第 144 页；
⑤ 《魏书》卷 7《高祖纪》，第 145 页；《北史》，第 2740 页。
⑥ 《魏书》卷 7《高祖纪》，中华书局 1974 年版，第 147 页。
⑦ 《魏书》卷 3《太宗纪》，中华书局 1974 年版，第 51 页。
⑧ 《魏书》卷 6《显祖纪》，中华书局 1974 年版，第 128 页。
⑨ 《魏书》卷 31《于栗传》，中华书局 1974 年版，第 735 页。
⑩ 《魏书》卷 93《王睿传》，中华书局 1974 年版，第 1988 页。
⑪ 《魏书》卷 7《高祖纪》，中华书局 1974 年版，第 149 页。
⑫ 《魏书》卷 3《太宗纪》，中华书局 1974 年版，第 52 页。

群，永兴四年（412）修筑祖庙于白登，永兴六年（414），又在白登山之西建"昭成、献明、道武三庙"，并依例举行祭祀。① 除祭祖外，东苑内也常举行一些祭天、求雨等祭祀活动。

关于苑内自然植被景观的史料记载并不多见。这与北魏平城苑囿内基本处于原始自然状态有很大关系，由于人造园林景观较少，而一般的自然植被景观又无特殊之处，故史书中几乎没有记载。但是从苑中圈养着巨大数量和众多种类的野兽可以推知苑囿内的生态环境较好，有着茂密的森林草原植被。

（三）皇家苑囿的功能

平城时期的鹿苑，最初是广阔的放牧地，其承担着将游牧世界的家畜转化成农耕世界的生产力的重任。献文帝以来，受自然环境的影响，输入鹿苑的家畜不断减少，鹿苑的放牧功能逐渐消失②，进而转化为宫城的附属设施。其不仅是帝王祭祀的重要场所，也是校阅、礼佛、议事的场所，集多重功能于一身。

一是放牧及狩猎。拓跋鲜卑作为一个游牧民族，虽然建国立都，结束了过去"随畜牧而转移，逐水草迁徙"的生活，但是其狩猎习俗和游牧经济并未改变。经济基础从游牧经济到农耕经济的转化短时间内无法完成。因此，北魏定都平城的第二年（399），就在平城建立了规模空前的苑囿作为放牧、狩猎之地。畜牧经济是拓跋鲜卑发展壮大的重要经济基础，一定规模的牲畜群也保证了其在发展过程中拥有较强的经济实力和机动性。北魏早期就开始营建牧场以支持畜牧经济的发展，先后建立代郡、漠南、河西、河阳四大牧场，前三大牧场都是掠夺而来，用于满足国家的军事需求以及对于畜产品的消费需求。鹿苑中放牧的牲畜，在太武帝统一北方之前主要来自战争中直接掠夺的牲畜，之后则主要来源于漠南、河西牧场，然后再通过赏赐、计口受田等方式把这些牲畜分配到民众手中，满足民众生产及生活的需求，由于这一现象比较普遍，故

---

① 《魏书》卷 108《礼志》，中华书局 1974 年版，第 2736—2737 页。
② 佐川英治：《游牧与农耕之间——北魏平城鹿苑的机能及其变迁》，《中国中古史研究》编委会编：《中国中古史研究：中国中古史青年学者联谊会会刊（第二卷）》，中华书局 2011 年版，第 102—136 页。

在史料中并未直接记载鹿苑的放牧情况。

从《魏书·序纪》中对拓跋部众"畜牧迁徙，射猎为业"[1] 的描述可知畜牧狩猎为拓跋鲜卑早期重要经济形式，即便北魏政权建立后的一段时间内"狩猎仍然作为一个经济部门而存在着"[2]，仅道武帝至献文帝时期，史籍记载的帝王狩猎活动就多达 67 次[3]，鹿苑则是其狩猎的重要场所。如"太祖田于白登山，见熊将数子"[4]；明元帝永兴三年（411），"庚申，田于西山"[5]；太武帝即位前具有政治意义的"率百国以法驾田于东苑"[6]。虎作为大型猛兽之一亦为北魏统治者经常猎取，北苑中有专门圈养老虎的虎圈。由于鹿苑土地的承载力有限，生活在其内的野兽、飞禽、家畜等应与之形成良性互动，一旦生态平衡被打破，将遭到巨大损失。因此，在苑囿中的狩猎，不仅是拓跋鲜卑狩猎经济的延续，更是为了减少牲畜对土地的破坏。因此，狩猎与放牧并不矛盾，在可控范围内是互惠互利的关系。

二是阅兵驰马。北魏的皇家苑囿地域广阔，其中有大面积的狩猎区，这些地方通常还被用来检阅军队。从道武帝至孝文帝时期共于鹿苑举行了 7 次大阅[7]，还修筑了"马射台""征北大将军府"[8] 等具有军事功能的建筑，可见皇家苑囿毗邻都城且地势开阔，正好满足了军事活动的场地需求。

三是皇家祭祀。受生产力发展程度与认知水平的限制，先民对于难以理解的自然万物及现象往往怀着敬畏之心而加以崇拜，从而形成了原始的宗教形式——自然崇拜。高山作为体量最大的自然物，自古以来就被认为具备兴云致雨的功用，故而每遇旱魃为虐，统治者往往祭祀山岳

---

① 《魏书》卷 1《序纪》，中华书局 1974 年版，第 1 页。
② 黎虎：《魏晋南北朝史论》，学苑出版社 1999 年版，第 136 页。
③ 黎虎：《北魏前期的狩猎经济》，《历史研究》1992 年第 1 期。
④ 《魏书》卷 31《于栗传》，中华书局 1974 年版，第 735 页。
⑤ 《魏书》卷 3《太宗纪》，中华书局 1974 年版，第 58 页。
⑥ 《魏书》卷 3《太宗纪》，中华书局 1974 年版，第 62 页。
⑦ 《魏书》，中华书局 1974 年版，第 35、52、96、113、142、151 页。
⑧ 《魏书》，中华书局 1974 年版，第 87、112、1201 页。

以祈求降雨。"东汉时期，山岳祭祀是国家的一项重要祭祀活动。"[1] 平城时期，诸苑作为山林川谷的集合体，也成为各类祭祀的重要场所，帝王多于其中祭祀天帝诸神。文成帝时"又于西苑遍秩群神"[2]。孝文帝也曾多次于诸苑中祈求上天降雨减灾，如太和二年（478）、三年（479）两次至北苑祈雨[3]，可知平城诸苑亦为当时帝王祭祀的场所。

四是佞道崇佛。环境优越的苑囿也成为皇家修建道坛、佛寺的地方，道武帝曾于苑内设立专门供道人修炼仙丹的场所，献文帝也曾命人在西山凿石窟坐禅。献文帝皇兴四年（470）"诏弛山泽之禁。十有二月甲辰，幸鹿野苑、石窟寺"[4]。尽管太和中孝文帝曾下诏，"罢山北苑，以其地赐贫民"，但苑内仍有一些寺观建筑存在。

五是议事颁令。在平城周围的苑囿中建有许多宫殿，如琉璃行殿、崇光宫、七宝永安行殿、永乐游观殿等[5]。平城后期，北魏皇帝经常在苑囿内的宫殿议事，比如献文帝在崇光宫听政，孝文帝在行宫为高丽王举行哀悼仪式等[6]。北魏迁都洛阳前，孝文帝便是在苑囿内听讼办案，仅太和二十年（496），孝文帝就曾四次前往华林园中听讼。

总之，鹿苑在北魏建都平城的大部分时间里，主要是囿养牲畜之地，承担着把游牧世界的畜产转变为农耕世界的生产力的功效，这与平城在北魏前期的国家发展系统[7]中占据优越位置有很大关系[8]。随着阴山一带生态环境的迅速恶化，转运至平城为民众提供

---

[1]　张鹤泉：《汉碑中所见东汉时期的山岳祭祀》，《河北学刊》2011年第1期。

[2]　《魏书》卷5《高宗纪》，中华书局1974年版，第114页。

[3]　《魏书》卷7《高祖纪》，中华书局1974年版，第145、147页。

[4]　《魏书》卷，6《显祖纪》，中华书局1974年版，第130页。

[5]　《魏书》，中华书局1974年版，第41、42、52、57、59、132、143、144、2273页。

[6]　《魏书》，中华书局1974年版，第41、42、169、1089、3038页。

[7]　佐川英治在《游牧与农耕之间》一文中提出，北魏前期的发展系统是由北魏的征服战争，阴山、河西的放牧，皇帝的行幸和祭祀、徙民、计口受田相互有机结合，共同催生出来的。并认为平城初期的都城构建是以鹿苑为中心考虑的。

[8]　佐川英治：《游牧与农耕之间——北魏平城鹿苑的机能及其变迁》，《中国中古史研究》编委会编：《中国中古史研究：中国中古史青年学者联谊会会刊（第二卷）》，中华书局2011年版，第102—136页。

生产生活消费的牲畜失去了来源，大力发展农耕经济是大势所趋。与此同时，献文帝积极采取各种措施来推动农业经济的发展，鹿苑在这一过程中逐渐失去其原有的牧场机能，成为宫殿的附属设施。尤其是孝文帝推行汉制以后，加速了这种转变，并且使鹿苑衍生出全新的机能。鹿苑服务于国家政治生活的功能得到了加强，苑囿与国家政治礼仪的结合也更加紧密，从而形成自然生态与人文交汇下的复合情景。鹿苑被看作属阴的场所，如关闭阳门在北苑祈祷，是为了事象与空间的一致①，园中的祥瑞现象表现出上天对统治者施政的认可。帝王还通过园林中的听讼、策试、问讯等活动，直接干预国家政务。此外，高允的《鹿苑赋》中也描写了献文帝以来鹿苑景观的变化，从"殖群物以充务"到"绝鹰犬之驰逐"，此时的鹿苑里有野鹿苑佛图、华囿、离宫、道场、神祠、园林花草、池沼等等，是皇帝静处内省的场所。高允"历事五帝，出入三省，五十余年"② 久掌机密，博学谦和，被平城后学士子奉为儒宗，其写的《鹿苑赋》对鹿苑景观的描述应该比较真实。

至孝文帝时期，由于中高纬度地区的气候更加寒冷干燥，平城旱灾频繁，周围的物资供应严重缺乏，而在地域广大的鹿苑发展农业生产等，也成为缓解灾情的方法之一，如"罢山"，"诏关外苑囿听民樵采"等措施。随着北魏农业的发展，平城政治地缘优势逐渐丧失，鹿苑的经济转化功能也不复存在，迁都成为必然选择。

此外，平城近郊的墓葬极为丰富③，从已经出土的 22 座典型墓葬来看（如表 3 - 2 所示），葬区的空间分布受到城郭营建、郊区礼制建

---

① 佐川英治：《游牧与农耕之间——北魏平城鹿苑的机能及其变迁》，《中国中古史研究》编委会编：《中国中古史研究：中国中古史青年学者联谊会会刊（第二卷）》，中华书局 2011 年版，第 102—136 页。

② 《魏书》卷 48《高允传》，中华书局 1974 年版，第 1089 页。

③ 宿白：《盛乐、平城一带的拓跋鲜卑——北魏遗迹》，《文物》1977 年第 11 期；李梅田：《平城地区北魏墓葬研究》，《徐苹芳先生纪念文集》，上海古籍出版社 2012 年版，第 167—178 页；倪润安：《北魏平城时代平城墓葬的文化转型》，《考古学报》2014 年第 1 期；曹臣明：《平城附近鲜卑及北魏墓葬分布规律考》，《文物》2016 年第 5 期；倪润安：《北魏平城墓葬分期标准探讨》，《北方民族考古》2018 年第 5 辑；等等。

筑、皇家苑囿等的影响，在时空分布上遵循一定规律（如图3-11所示）。北部近郊墓葬区受鹿苑的影响，几乎没有发现当时的墓葬，但在北部远郊有方山永固陵，为冯太后的永固陵和孝文帝的衣冠冢，还有在迁都平城之前的拓跋鲜卑皇室墓葬即沙漠汗正妻封氏墓葬和桓帝之妻"祁皇后"墓葬。平城西郊建有北魏最重要的礼制建筑郊天坛，结合鲜卑以西为尊的习俗，西郊应当是皇权专属的领地范围，故至今未在西郊近郊发现北魏墓葬。

表3-2　　　　　　　大同出土北魏平城时期主要墓葬

序号	墓葬名	时间	地点
1	司马金龙夫妇墓①	1965年	大同市石家寨村西南
2	方山北魏永固陵②	1976年	大同城北西寺儿梁山南部
3	封和突墓③	1980年	大同市西5千米的小站村花圪塔台
4	元淑墓④	1982年	大同市小南头乡东王庄村西北
5	湖东北魏一号墓⑤	1986年	大同县大秦铁路湖东编组站基建工地
6	南郊北魏墓群⑥	1988年	大同市城南3千米的红旗村至七里河一带
7	齐家坡北魏墓⑦	1993年	大同市南郊区小南头乡齐家坡村
8	怀仁丹扬王墓⑧	1993年	怀仁县北七里村附近
9	智家堡北魏石椁壁画墓⑨	1997年	大同城南智家堡村

①　山西省大同市博物馆、山西省文物工作委员会：《山西大同石家寨北魏司马金龙墓》，《文物》1972年第3期。
②　解廷琦：《大同方山北魏永固陵》，《文物》1978年第7期。
③　马玉基：《大同市小站村花圪塔台北魏墓清理简报》，《文物》1983年第8期。
④　大同市博物馆：《大同东郊北魏元淑墓》，《文物》1989年第8期。
⑤　高峰：《大同湖东北魏一号墓》，《文物》2004年第12期。
⑥　山西大学历史文化学院、山西省考古研究所、大同市博物馆编著：《大同南郊北魏墓群》，科学出版社2006年版。
⑦　王银田、韩生存：《大同市齐家坡北魏墓发掘简报》，《文物季刊》1995年第1期。
⑧　安孝文、李丽娟：《山西怀仁北魏丹扬王墓及花纹砖》，《文物》2010年第5期。
⑨　王银田、刘俊喜：《大同智家堡北魏墓石椁壁画》，《文物》2001年第7期。

续表

序号	墓葬名	时间	地点
10	智家堡北魏棺板画墓①	1997 年	大同城南智家堡村
11	田村北魏墓②	1998 年	大同市南郊区水泊寺乡田村村北
12	下深井北魏墓③	1999 年	大同市阳高县下深井乡
13	雁北师院北魏墓群④	2000 年	大同市雁北师范学院（今大同大学）
14	七里村北魏墓群⑤	2001 年	大同市城南 3.5 千米的七里村以北
15	迎宾大道北魏墓群⑥	2002 年	大同市迎宾大道公路工程路段
16	湖东北魏墓 M11⑦	2004 年	大同铁路局所设湖东编组站
17	沙岭北魏壁画墓⑧	2005 年	大同市水泊寺乡沙岭村东北
18	沙岭新村北魏墓地⑨	2006 年	大同市水泊寺乡沙岭新村
19	云波里路北魏壁画墓⑩	2009 年	大同市城区南端云波里路中段
20	文瀛路北魏壁画墓⑪	2009 年	大同市御东新区文瀛北路
21	陈庄北魏墓⑫	2010 年	大同市大同县陈庄
22	尉迟定州墓⑬	2010 年	大同市阳高县王官屯镇上泉村东南

---

① 刘俊喜、高峰：《大同智家堡北魏墓棺板画》，《文物》2004 年第 12 期。

② 张志忠、尹刚等：《山西大同南郊区田村北魏墓发掘简报》，《文物》2010 年第 5 期。

③ 尹刚：《山西大同下深井北魏发掘简报》，《文物》2004 年第 6 期。

④ 刘俊喜主编：《大同雁北师院北魏墓群》，文物出版社 2008 年版。

⑤ 张海燕、员新华等：《山西大同七里村北魏墓群发掘简报》，《文物》2006 年第 10 期。

⑥ 刘俊喜、张志忠等：《山西大同迎宾大道北魏墓群》，《文物》2006 年第 10 期。

⑦ 张庆捷、吕金才等：《山西大同县湖东北魏墓（M11）发掘简报》，《文物》2014 年第 1 期。

⑧ 高峰、李晔等：《山西大同沙岭北魏壁画墓发掘简报》，《文物》2006 年第 10 期。

⑨ 刘俊喜、张志忠等：《山西大同沙岭新村北魏墓地发掘简报》，《文物》2014 年第 4 期。

⑩ 刘俊喜、高峰等：《山西大同云波里路北魏壁画墓发掘简报》，《文物》2011 年第 12 期。

⑪ 刘俊喜、高峰等：《山西大同文瀛路北魏壁画墓发掘简报》，《文物》2011 年第 12 期。

⑫ 高峰、高松等：《山西大同市大同县陈庄北魏墓发掘简报》，《文物》2011 年第 12 期。

⑬ 刘俊喜、尹刚等：《山西大同阳高北魏尉迟定州墓发掘简报》，《文物》2011 年第 12 期。

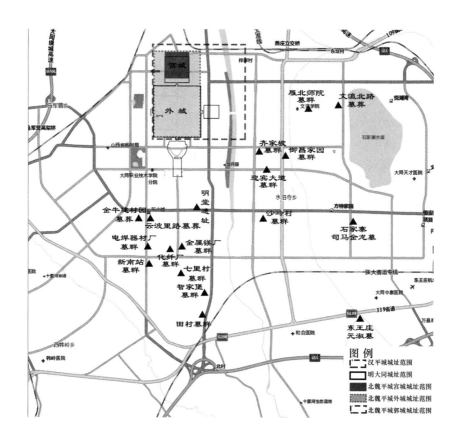

图 3-11 北魏平城近郊已发现墓葬位置

平城东郊、南郊的墓葬分布非常密集。平城城东的墓葬主要受皇家礼制建筑宗庙的影响，所发现墓葬均分布于白登山宗庙区以南的东郊，分布范围较大。南郊的墓区，受郭城、明堂营建等的影响，墓区整体南移。《魏书·释老志》载，太延中期沙门尚可安葬在寺内，而至太平真君六年（445）"制城内不得留瘗，乃葬于南郊之外"①。目前明堂位置以南发现的最北的墓葬是位于今大同南三环路南的云波里路壁画墓，因此可以断定明堂建成后，南郊墓葬应分布于现南三环路

---

① 《魏书》卷114《释老志》，中华书局1974年版，第3032、3033页。

南。南部远郊，多为南朝入降北魏者的墓区，当时明文规定"南人入国者皆葬桑干"，因此汉人墓葬大多分布于桑干河一带。直到孝文帝将京城迁往洛阳，"诏迁洛之民，死葬河南，不得还北"[1]，平城郊区的传统墓区格局才逐渐被打破。

---

[1] 《魏书》卷7《高祖纪》，中华书局1974年版，第178页。

第四章 唐至元时期大同城的
再建与布局

北魏迁都洛阳后，平城改为恒州，六镇起义时遭到严重破坏，后逐渐衰落，尽管此后大同的地位与北魏都城时期不可同日而语，但由于其地理位置的重要性，依然是各方势力争夺的对象。隋朝大同称恒安镇，隶属马邑郡云内县，位于突厥和隋王朝的交界之地，隋末唐初此地由于战乱不断，行政建置变更频繁。唐代大同是云州的治所，又是大同军的驻地①，其城市建设是随着大同军从一临时性军镇转变为节镇的过程中逐渐完善起来的，军事特征较为明显。辽金时期是大同历史上的第二个辉煌时期。元初沿袭金制为西京大同府，元世祖至元二十五年（1288），改为大同路总管府。与之相对应的是，大同城的建设与布局是在唐云州城的基础上展开的，其城市空间变迁是一个因时而变、因地而置的过程。

第一节 唐代大同军城的设置与布局

北魏平城（后称恒州）在六镇叛乱后遭到严重破坏，直至唐初，这里长期沦为交战区，城市的破败程度进一步加剧。诗人张嵩在《云中古城赋》中描写了开元十四年（726）冬云中古城的景象

---

① 大同军，初置在朔州，后改在今大同。

"城阙摧残犹可惜，荒郊处处生荆棘"①。吕令问对当时云中古城荒凉的景象也是印象深刻，其《云中古城赋》即是对平城与云州城市景观之巨大落差的感慨。②鉴于大同城在北魏后期至唐初较为残破，城市建设鲜有进展，再加上史料局限，很难呈现城市发展变迁的完整面貌，因此，本节主要以大同城区沿革为基本线索，着重通过大同出土的唐代云州（大同军城）墓志信息，窥视唐代大同城的布局特征。

一　唐代大同城所在地的沿革

北魏天兴元年（398）设置司州③，平城为司州治所，其隶属关系为"司州—万年郡—平城"。太和十七年（493），北魏迁都洛阳后平城之司州则改称恒州，万年郡改为代郡，其隶属关系为"恒州—代郡—平城"。东魏北齐时期，恒州有二，一为东魏侨置，天平二年（535），寄治肆州秀容郡城。④此地最初在山西忻州奇村镇，后移治繁畤郡崞山县云中城（今忻州原平市楼板寨），不久便被废弃。由于此侨置恒州已脱离大同故地，故不详说。另一个为北齐恒州。天保七年（556），北齐于北魏恒州之地设置恒安镇，当年又废镇置恒州。⑤恒安镇、恒州当为北齐在原北魏恒州之地所置，其地在今山西大同市东2.5千米，州治因比寄治秀容郡城的恒州偏北，故北齐又称为北恒州。⑥据《隋书·地理志》记载，马邑郡云内县，北魏时为都城所在地，"又有后齐安远、临塞、威远、临阳等郡属北恒州，后周并

①　张嵩：《云中古城赋》，李昉等：《文苑英华》卷45《赋》，中华书局1966年版，第202页。

②　吕令问：《云中古城赋》，李昉等：《文苑英华》卷45《赋》，中华书局1966年版，第201页。

③　周振鹤主编，牟发松、毋有江、魏俊杰著：《中国行政区划通史·十六国北朝卷》，复旦大学出版社2016年版，第503页。

④　《魏书》卷106《地形志》，中华书局1974年版，第2497页。

⑤　《元和郡县图志》卷14《河东道》，中华书局1983年版，第409页。

⑥　周振鹤主编，牟发松、毋有江、魏俊杰著：《中国行政区划通史·十六国北朝卷》，复旦大学出版社2016年版，第661页。

废"①。北恒州于后周被废，又于其上置恒安镇，隶属于朔州。隋初的云内县，后周时为云中县。因此，后周时，恒安镇的隶属关系是"朔州—马邑郡—云中县—恒安镇"。

隋大业初，改马邑郡为代郡，后又改为马邑郡。马邑郡"旧置朔州"又善阳县"大业初县改为善阳，置代郡，寻为马邑"②。隋大业三年（607），罢州为郡，朔州改为马邑郡。《元和郡县图志》记载，"高齐文宣帝又于马邑城置朔州……隋大业三年罢州为马邑郡"③。《旧唐书·地理志》也记载，"云州，隋马邑郡之云内县界恒安镇也"④。隋初，恒安镇的隶属关系为"朔州—马邑郡（代郡）—云内县—恒安镇"，之后变为"马邑郡—云内县—恒安镇"。武德元年（618），改马邑郡为朔州，云内县隶属朔州。武德三年（620），朔州归隋王，置西南道行台。⑤ 四年（621），隋王割朔州云内县置恒州，以北朝旧州为名，直属西南道行台，同年改云内县为云中县，隶属恒州。

武德六年（623），归唐，罢行台，恒州改为北恒州，隶属朔州总管府。武德七年（624），隋王部将苑君璋复取之，仍为恒州。贞观四年（630），平隋王，州县俱废，为羁縻顺州，地入云州。十三年（639），废羁縻顺州。十四年（640），迁云州及定襄县于恒安镇。永淳元年（682），恒安等地为默啜所祸，移民朔州。开元十八年（730），复置云州，并改定襄县为云中县，此后至907年，县名相沿不变。天宝元年（742），云州改为云中郡，云中县为郡治，隶属雁门郡都督府。天宝十三载（754），云中郡领云中一县。十四载（755），安史之乱时，归安氏燕国，隶属河东节度使，为使治。至德二载（757），河东节度使高秀岩降唐，仍隶河东节度使，移使治于

---

① 《隋书》卷30《地理志》，中华书局1973年版，第853页。

② 《隋书》卷30《地理志》，中华书局1973年版，第853页。

③ 《元和郡县图志》卷14《河东道》，中华书局1983年版，第407页。

④ 《旧唐书》卷39《地理志》，中华书局1975年版，第1487页。

⑤ 周振鹤主编，郭声波著：《中国行政区划通史·唐代卷》（上册），复旦大学出版社2012年版，第184页。

太原府。乾元元年（758），云中县复隶云州，隶属关系为"河东节度使—云州—云中县"。会昌三年（843），云州隶属以河东道的云州、蔚州、朔州新置的大同军都团练使，翌年，升为大同军都防御使。① 此间，河东道有河中节度使、昭义军节度使、河东节度使、大同军都防御使四镇。中和三年（883），大同军都防御使改为云蔚防御使，第二年被废，云州仍隶属河东节度使。

唐末，大同军节度使废，云州降为防御使，其辖境为晋王李氏所据。天祐四年（907），析云州的云中县置浑源县。② 晋王天祐五年（908）正月，升云州为大同军节度使，辖云、朔、应、蔚 4 州；二月，大同军节度使李克宁伏诛，云州仍降为防御使。天祐十二年（915），复置大同军节度使，领有云、应、蔚 3 州。天祐十九年（922）四月，大同军节度使废，云州降为刺史州，与应、蔚 2 州一同别属河东节度使。后唐同光二年（924）七月，复置大同军节度使，领云、应 2 州。天成元年（926）七月，析应州别置彰国军节度使，大同军节度使仅辖云州 1 州。后唐云州大同军节度使，治云州云中县，北归契丹前云州领县未变更。③ 后晋天福元年（936），石敬瑭许诺将十六州割予契丹，云州在十六州之列。天福三年（938），云州正式割予契丹。云州北属后，终五代之世，再未收复。

二 唐代墓志中的大同城名称

（一）有关唐代大同城的墓志

关于唐代大同城的资料，正史中记载较少，但近代以来大同出土的唐代大同墓志在一定程度上弥补了这方面的缺陷。通过对唐代墓志

---

① 乾符五年（878），大同军都防御使曾短暂被升为大同军节度使，同年被降为大同军都防御使。

② 周振鹤主编，郭声波著：《中国行政区划通史·唐代卷》（上册），复旦大学出版社 2012 年版，第 187 页。

③ 周振鹤主编，李晓杰著：《中国行政区划通史·五代十国卷》，复旦大学出版社 2014 年版，第 134、135 页。

中的记述进行整理、分析，可以在一定程度上了解当时大同的风土人情，从而进一步管窥大同的城市建设与发展情况，下表为已收集墓志信息的汇总表（表4－1）。

表4－1　　　　　　　　唐代墓志中的大同城资料①

时间	墓主	居住地	原葬地	出土地	墓志
天宝七载（748）	梁秀		殡于新城之东原	大同市南郊区水泊寺乡曹夫楼	《梁秀墓志》
永泰元年（765）	苏承悦		归柩于云中（葬于魏之野）	大同市振华南街	《苏承悦墓志》②
大历七年（772）	李仙及夫人	大同私第	合葬大同军西南三里原	大同市西南振兴街一带	《李仙及夫人墓志》
贞元六年（790）	常崇俊	大同军私第	大同军城东南七里丙地平原	大同市南郊区新旺乡水泉湾村和水泊寺乡沙岭村之间	《常崇俊墓志》
贞元九年（793）	李海清	云州城北平坊之私第	权窆于云州城西南五里	在大同市城西南的振南街一带	《李海清墓志》
贞元九年（793）	武青	大同军私第	权殡于大同军城西南五里平原	大同市南郊区新旺乡新中村	《武青墓志》
贞元十四年（798）	李像恩	大同军私第	葬于大同军西南七里平原	大同市南郊区马骏营乡十里店村	《李像恩墓志》
永贞元年（805）	薛氏		迁祔城南三里平原	大同市南关电力公司	《夫人薛氏墓志》
元和四年（809）	崔峤	云州里舍	云州城东南七里	大同市南郊区智家堡	《崔峤墓志》

---

① 资料来源：殷宪《大同新出唐辽金元志石新解》，三晋出版社2012年版；许德合主编《三晋石刻大全·大同市南郊区卷》，三晋出版社2014年版。

② 胡学忠：《大同出土的唐代苏承悦墓志考析》，《山西大同大学学报》2011年第4期。

续表

时间	墓主	居住地	原葬地	出土地	墓志
元和六年（811）	李公	大同军奉节之私第	营城西七里之原	大同市南郊区马军营乡周家店村	《李公墓志》
元和十二年（817）	李公夫人	奉节坊私第	祔府君之茔	大同市南郊区马军营乡周家店村	《李公夫人安氏墓志》
长庆四年（824）	张山岸	大同军新政坊私第	茔于军西南六里凤翅之岗	大同市南郊区新旺乡振兴街工地	《张山岸墓志》
宝历二年（826）	李英华	大同军游弈军营内之私第	权殡于大同军城西南八里平原	大同市南郊区新旺乡新中村	《李英华墓志》
太和元年（827）	杜绾	云州任贤坊之私第	窆于州西南七里，陪于先茔	大同市南郊区新旺乡新中村	《杜绾墓志》
太和元年（827）	武言（上面的武青是其父亲）	云州任贤坊之私第	奄玄宫于先茔，州西五里之沙原	大同市南郊区新旺乡新中村	《武言墓志》
大中二年（848）	无名	常安里	距军城四里	大同市南郊区新旺乡水泉洼村	《志贤父残志》
咸通六年（865）	刘良信		殡于州城之西南十里店之东隅，祔葬原之礼也	大同市南郊区马军营乡新添堡村	《刘良信墓志》
咸通十一年（870）	尹旺	代州私第	云州城西南三里的永平乡孙权堡子岗	推测在振兴街一带	《尹旺墓志》
乾符三年（876）	殷氏		云州西南七里	大同市南郊区新旺乡新中村	《李审妻殷氏墓志》
乾宁五年（898）	张行本	任贤里之私第	葬于云州西北原	大同市南郊区	《张行本墓志》
光化三年（900）	赵礼	云州市南里之私第	佳城封于马鬣，筮宅枕于龙形……	大同市南郊区马军营乡智家堡村	《赵礼墓志》

（二）唐代墓志中的大同城名称

1. 云州、云州城、州城

北魏后期，昔日繁华的平城在六镇起义中破坏严重，由于云中之地地理位置险要，更控制有重要的出兵路——阴山道、青坡道，故在多方势力角逐下沦为战区。直到开元十八年（730），才复置云中县为云州州治，稳定下来。天宝十四载（755）至至德二载（757），曾被安史叛军占据，归安氏燕国。乾元元年（758），云中县复为云州州治。此后至唐末，云中县一直作为云州的州治。鉴于此，在唐代大同墓志中出现的云州、云州城、州城即是指当时的云州州治云中县，如上表提及的永泰元年至光化三年期间（765—900），《苏公墓志》的云中，《李海清墓志》的云州城、《崔峤墓志》的云州城、《杜绾墓志》的云州、《武言墓志》的云州、《尹旺墓志》的云州城、《李审妻殷氏墓志》的云州、《赵礼墓志》的云中、云州。其中咸通六年（865）《刘良信墓志》中明确提到，刘良信是云州云中县人也，殁于云州，葬于州城之西南十里店之东隅，其墓志出土于今大同机车工厂大门东侧实验室楼北。由此可知，史料与墓志记载相符，州城即是云州州治云中县。

2. 大同军、大同军城、军城、营城

大历七年（772）《李仙及夫人墓志》是大同周围出土的唐代墓志中最早称云州城为大同军的一方墓志，其明确提到李仙与其夫人王氏于大历七年农历十月二十三日合葬于"大同军西南三里原"（今大同市西南振兴街一带）。这方墓是李仙于大历七年过世后，后人为其与先逝的妻子合葬的墓，据李仙享年七十七，可知其生于696年。在696年至772年间，大同建置几经变化。682年，此地为突厥所破，州县俱废，直到730年才以故定襄县地复置云中县，是云州州治。742年，云中县改为云中郡郡治。755年为河东节度使的使治。758年复为云州州治，直至907年云中县一直是云州州治，也就是说在云中县是云州州治的同时，也可能是大同军的所在地，墓志中提及的大同军至少是在772年已成为唐云州城的一种称谓。

考证大同军相关史料，其最早设置年代难以确定，但据《唐会要》《旧唐书》《新唐书》《资治通鉴》等记载其地初置朔州，之后转移到云中。据《王忠嗣神道碑铭》对其生平的记载可知，其是大同军从朔州转至云中的主要见证人，"公始以马邑镇军，守在代北"①，后由于突厥南侵，将大同军治所置于云中城。据《唐会要》记载，"大同军，置在朔州，本大武军"②。《资治通鉴》胡三省注曰："大同军即大武军，武后大足元年更名。杜佑曰：在代州北三百里，去并州八百余里。"③《旧唐书·地理志》载："大同军，在代州北三百里，管兵九千五百人，马五千五百匹。"④ 这与云州至代州及太原的距离相当。这说明在唐天宝时，大同军已移至云州。严耕望也认为这一转移是在开元末或天宝初。⑤ 此外，新旧《唐书》中的《王忠嗣传》也从侧面印证了这一点，《新唐书·王忠嗣传》记载，天宝元年（742），任河东节度使的王忠嗣，"筑大同、静边二城"，并且迁徙距此不远的清塞军、横野军来充实两城。⑥《旧唐书·王忠嗣传》也提及此次筑城的活动，天宝四载（745），王忠嗣在朔方至云中沿边数千里的要害之地筑军城⑦，此次筑城主要依赖沿边旧城开拓而成，也有新筑之城，大同军城应是在此期间在云州城（云中）基础上拓建而来的。至于两则史料记载的日期不一，应是天宝初年沿边筑城活动渐次开展的原因导致的。

随着大同军的军事地位不断上升，大同军在墓志中出现的频率逐渐增多。因此，大历七年（772）《李仙及夫人墓志》中提及的大同军绝不是偶然，而是当时云州城军事地位凸显的一种表象。大同军这一称呼在表 4-1 墓志中多有提及，如"大同军私第""大同

① 王昶：《金石萃编》卷100《王忠嗣碑》。
② 《唐会要》卷78《诸使中》，上海古籍出版社 2006 年版，第 1687 页。
③ 《资治通鉴》卷 212《唐纪》，中华书局 1956 年版，第 6741 页。
④ 《旧唐书》卷 38《地理志》，中华书局 1975 年版，第 1387 页。
⑤ 严耕望：《唐代交通图考》第 5 卷《河东河北区》，"中央研究院"历史语言研究所 1986 年版，第 1377 页。
⑥ 《新唐书》卷 133《王忠嗣传》，中华书局 1975 年版，第 4552 页。
⑦ 《旧唐书》卷 103《王忠嗣传》，中华书局 1975 年版，第 3199 页。

军奉节之私第""大同军新政坊私第""大同军游弈军营内之私第"
"葬于大同军西南七里平原"等。另外，唐代大同城还有大同军城、
营城的称谓。如《李英华墓志》中"权殡于大同军城西南八里平
原"，《志贤父残志》中有"距军城四里"的记载，《李公墓志》也
有"营城西七里之原"的记载。其中武清与武言这对父子的两方
墓，它们是出土于同一墓区即今大同市平城区新旺乡新中村，而墓
志中的表述却不一致，一曰大同军城西南五里平原，一曰在云州西
五里之沙原。此外，结合上面表 4 - 1 唐墓的原葬地和今出土地的
位置对比，可以确定大同军城与云州城是重合的，中心位置位于大
同市平城区十八校一带。[①] 因此，大同军、大同军城、军城、营城
是唐代大同城的另外一种称谓。

三　唐大同云州城及里坊结构

（一）唐云州城形制

唐代云州城系北魏平城外城宫城以南区域的夯土城（如图 4 - 1
所示），东西宽 1750 米，南北长约 2000 米，其平面呈长方形，周长
约 13.4 里（按唐大尺计算）[②]，面积约 3.5 平方千米。东西南北正中
各有一门，以四门为点形成的一个十字分界将城内划为东、西、南、
北四条大街，交叉点位于城中心点。四条街将城内分为四个规整的城
区，每区又有大十字街分为四小区，每小区又用小十字街分为四个街
区，层层划分，干道呈方格网状布置。云州城形制是典型的唐代市坊
制，与发掘出土的唐长安城遗迹及《长安志》记载基本相符，其中
东西南北四条大街所划分出的四区即唐代四坊，而每区的大十字街即
通向四面坊门的坊内十字街。虽然唐代长安、洛阳是唐代市坊制城市
的典型，但由于城市发展过程中的文化层叠，其印记已经较难考证，
而大同城址在保持基本不变的情况下，较好地呈现了里坊的原始格

---

① 孙瑜：《唐代代北军人群体研究》，博士学位论文，首都师范大学，2011 年。
② 按照唐代大尺，一尺为 31 厘米计算。

局①，对于研究唐代城市街道布局与管理具有较大价值。

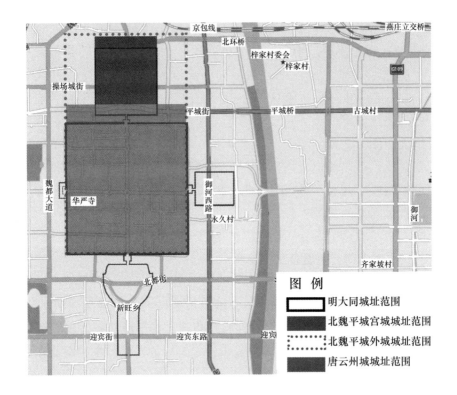

图 4 - 1　唐云州城城址范围

　　关于唐代云州城的规模，人口的多少在一定程度上能反映出城镇的规模。关于唐代云州的人口，《旧唐书》记载 758 年云州有 73 户，561 口②，《新唐书》记载云州云中郡有 3169 户，7930 口③。两组数据差别较大，究其原因，可能与统计年份和统计方法不同有关。如隋初，恒安镇所居人口中就有突厥降民、军队等，《隋书·赵仲卿传》记载，开皇十七年（597）"时突厥降者万余家，上命仲卿处之恒安"

　　①　傅熹年：《中国古代城市规划、建筑群布局及建筑设计方法研究》（第 2 版），中国建筑工业出版社 2014 年版，第 18、19 页。
　　②　《旧唐书》卷 39《地理志》，中华书局 1975 年版，第 1487 页。
　　③　《新唐书》卷 39《地理志》，中华书局 1975 年版，第 1007 页。

"将步骑一万镇恒安"①，由此可见当时恒安镇人口不少。另据《新唐书·地理志》的记载可知，内属的少数民族的人口数据"虽贡赋版籍，多不上户部"②，由此推测，《旧唐书》中的云州人口数据应该没有包括当时该地区突厥、回纥、沙陀、吐谷浑、契丹等少数民族人口，而且也应该没有包括当地的驻军。从当时的战争规模来看，大同城内的驻兵较多。大顺二年（891）四月，"武皇大举兵讨赫连铎于云州……设伏兵于御河（今大同旧城东门外）上，大破之，因堑守其城"③。景福元年（1892）八月，赫连铎、李匡威八万之众攻天成军、云州，连亘数里的军队驻扎在云州北郊，在危急形势下，"武皇潜军入于云州，诘旦，出骑军以击之，斩获数万，李匡威烧营而遁"④。敌方军队八万之众，除去寇天成军时的兵力损耗，在云州城北"连亘数里的军队"人数依然应在五万甚至更多，尽管当时李克用是用骑兵偷袭之法击溃敌军的，但双方的兵力应该差距不大，当时还擒获数万人，以此推测，城中驻扎的军队至少在一万人，极有可能比这多得多。另据《旧五代史·吴峦传》记载，938 年，契丹救助困于太原的石敬瑭之后，在返回途中，与云州城守将发生激烈冲突，当时吴峦与云州将吏阖门拒守，契丹半岁不能将其攻下。⑤

从上面的记载可以看出，唐五代时的云州城具有相当的规模和防卫设施。否则不可能驻屯可以"斩获数万"敌军的军队及马匹、辎重粮草，也不可能"攻之半岁不能下"，须知当时的契丹军凶悍异常，京都开封尚不在话下。由此可知，《新唐书》记载的云中有 3169 户，7930 口更为可靠，唐代官方统计的数据是属地户籍，也就意味着此地的移民在很大程度上无法统计，再加上一些隐户的存在，该地实际人口数量应该更多一些。另外，云州下仅领云中一县，鉴于当时云州之地战争频繁，当地民众绝大多数居住在城中。

---

① 《隋书》卷 74《赵仲卿传》，中华书局 1973 年版，第 1697 页。

② 《新唐书》卷 43《地理志》，中华书局 1975 年版，第 1119 页。

③ 《旧五代史》卷 25《唐书一·武皇纪上》，中华书局 1976 年版，第 344、345 页。

④ 《旧五代史》卷 26《唐书二·武皇纪下》，中华书局 1976 年版，第 348 页。

⑤ 《旧五代史》卷 95《晋书二·吴峦传》，中华书局 1976 年版，第 1267 页。

（二）唐云州城的里坊

1. 墓志资料中唐云州城城址的确定

关于云州城址东界，《梁秀墓志》中明确提及，其于天宝七载（748）"殡于新城之东原"，此处的新城说明云州城刚经历了城建事件，而通过查证史料发现墓志前最近的建设事件发生于开元末天宝初年，大同军始由朔州迁至云州。而此墓志于 20 世纪 80 年代出土于今大同曹夫楼村附近，曹夫楼距城约 1.5 千米，由此可知，此处的新城东界应该与明清大同城位置相当。

南界与明清大同城南墙重合。2000 年大同电力公司建设工地发现十多座唐墓，其中，《薛氏墓志》载"永贞元年……迁祔于军城南三里平原"①，出土地距离明大同城南门 1 千米左右，与墓志中的城南三里基本相符，说明唐云州城与明清大同城南门一致。与此同时，墓葬当中出土大量开元钱币，这可能间接将大同军迁至云州的时间推至开元时。

东南方向墓葬方位可确定军城与明清大同城一致。大同城东南方向共有相关记载的唐墓两座，其中出土于大同南郊区新旺乡水泉湾村和水泊寺乡沙岭村之间的《常崇俊墓志》载其葬地为"大同军城东南七里丙地平原"，离城距离、方向与明清大同城正好一致；出土于大同市区东南智家堡村北的《崔峤墓志》载"葬于云州城东南七里"与今距离也相符，说明唐大同城东南方向与明清大同城处于同一位置。

西南方向出土墓葬记载表明军城与明清大同城一致。李像恩葬于"大同军西南七里平原"，出土地为大同市西南约 4 千米的大同机车工厂北；刘良信"殡于州城之西南十里店之东隅"，出土地为大同市西南大同机车厂门东侧实验室楼之北；张山岸葬地为"军西南六里凤翅之岗"，出土于距大同城西南 3 千米的振兴街。以上墓志所载方位和距离都与明清大同城所在位置吻合。

大同市城区及周围出土的唐墓多集中于城西南、东南，正南也有

---

① 位于大同市区南关迎宾西路南端，市中行办公楼南面的高坡地带。

几块，但只有城北发现的唐墓少①，但通过大同唐代墓志的出土位置，基本可以判断大同军城与云州城是同一城，而且位于北魏平城宫城以南的外城。此外，据出土于大同市振华南街的《苏承悦墓志》记载，墓主于永泰元年（765）"归柩于云中"，第二年"葬于魏之野"，客观上佐证了上述观点。

2. 云州城的里坊结构

坊最早出现在东汉后期，最初仅限于宫室、官府，至南北朝时期向城市居住空间扩散，北魏平城中的坊已经成为城市管理的基本单元。隋唐统治者为了加强城市管理和治安统治而将里坊制进一步推广，云州城地处边疆，在军事功能处于主导地位的背景下，继续采用封闭的里坊制。里坊是指以坊为城内居民居住的基本单元，坊是城市的模数。唐代大同城有大小相等的四坊，每坊内又有通过大小十字街嵌套，被分为16块的坊地。墓志明确指出的唐大同城内里坊有北平坊、大同军新政坊、云州任贤坊、任贤里、大同军奉节坊等。

宿白先生在考察大同古代城市格局时指出，大同街道遗存的布局基本与隋唐长安、洛阳里坊结构相同，即方形城，四门两两对开，街道贯通成为一个十字大街，每街隔则再由小十字街相分，这即是典型的里坊结构。而其中的里坊是城市管理的基本单元，这是唐代地方城址中蕴含的典型特征。②唐代城市街道格局，同时也是北魏平城"郭城绕宫城南，悉筑为坊，坊开巷"布局的具体体现与风格继承。就连坊的名称也多与官宦相关，比如北平坊似为某北平王故宅的所在地，新政坊为官府行政办公之所在，任贤坊是官府选贤任能或任命官员的地方，史料中的坊名多与施政有关。北魏平城里坊在城市运行和管理中发挥了重要的作用，但由于文献记载并不多，学界更多关注的是平城里坊的治安防卫功能。唐代后大同的城市定位进一步聚焦于军事重镇，因此，里坊的军事防卫功能就更为突出，而大同唐墓出土墓主的身份也表明这一特点，墓主大多是武职官员及其家属，甚至有三品以

---

① 殷宪：《大同新出唐辽金元志石新解》，三晋出版社2012年版，第126页。
② 宿白：《现代城市中古代遗址的初步考查》，《文物》2001年第1期。

上大员。由此可见大同城的军事特征十分明显，军事文化显著。①

云中城平面近乎正方形，四面城墙每面正中开城门，城门各对应大东、大西、大南、大北四条大街。四条街交会于城中心的"四牌楼"，由街道分割而成相同的四个城区，而每个城区又由十字街划分为四个小坊，其中南半城两个区域"十字"特征较为明显，而北半城虽已不见十字，但从被阻隔对应位置依然显示出明显的十字特点。第二层"十字"大南街以西最为完整；该十字西北隅之北半部分为华严寺，东南隅之南半部分为善化寺。大南街以东的部分，县城隍庙街—帝君庙街向东延伸部分被明大有仓（今大同二中）所隔断，但仍可看出这一部分也是由"十"字形街道划分成四个小正方形的区域。值得注意的是，这种小正方形区域（边长约为旧城边长1/4），竟也有"十"字形街道将其又划分成四个更小的正方形区域。这一情况在大南街与李怀角—缸角两线之间，县城隍庙街—帝君庙街两侧的两处最为明显。而这种边长约为城边长1/8的小正方形区域中，还有第四层十字街将它们进一步划分成每边相当于城边长1/16的最小的正方形区域。这种情形尚有两处保存完好，即狮子街和云路街。

综上所述，大同旧城的布局有两个特点，即"正方形"和"层层十字"，又以南半城最为明显和完整。从街市布局（如图4-2所示）可以看出，有些街道被建筑物隔断后，在较远的地方又会出现，而且与前者走向一致；街道布局有个别异常变化之处，常以某一个正方形区域（常常是1/4城边长的区域或者更小）为单元，很少牵涉别的单元。从这两个特点可以看出，第一，建城时有统一的规划；第二，各个相当于1/4城边长的正方形区域是封闭的，并且这种封闭状态延续了很长时间，内部的布局在不受外界影响的情况下独立发展变化。②

虽然在北魏平城时期就已经在城市管理中采用里坊单位，但直到

---

① 殷宪：《大同新出土唐辽金元志石新解》，三晋出版社2012年版，第130页。
② 丁晓雷：《大同旧城的形制布局及其所反映的时代特征》，中国社会科学院考古研究所等编：《汉唐与边疆考古研究》（第1辑），科学出版社1994年版，第184—187页。

隋唐时期中央政府才将里坊作为封建集权管理下进行城市规划的一般做法，其基本特点是外观整齐划一，通过坊门便于进行集中统一管理与控制，限制人员的自由流动。到宋代以后，在城市规模扩大和经济发展需要的推动下，城市街道开始向更合理的布局转向，坊门被打通后封闭的里坊十字结构演变为开放的长巷式街道布局。里坊的实质已经不复存在，但是名称却被保留下来，并不断引申为多种意涵，如巷口的坊门、邻居称为街坊、宗教祭祀用的牌坊、表彰忠孝的忠义坊、记载功绩的功德坊、地理标志中的坊和各种牌坊。由于大同地处塞上，长期为军事重镇，商业不发达，故能长期保留此种布局。

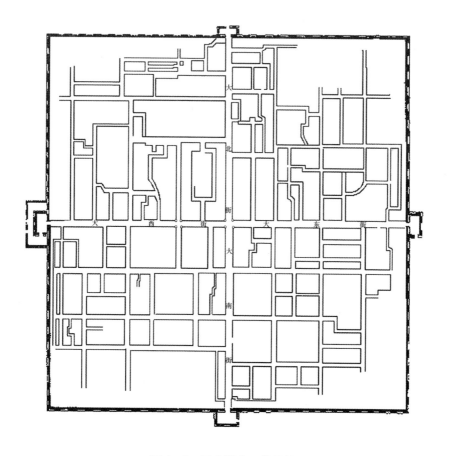

图 4 - 2　云中城内里坊结构

总之，唐大同即云州城位于现大同旧城城区，全城街道横竖交叉形成多个坊，每个大坊又被划分为 16 个小坊，全城共形成 64 个坊。根据唐代城市建筑布局惯例和《辽史》记载，官署设于北门东西。相比云州城南部十分明显的坊制结构，北部旧城的布局从其大体轮廓可以看出也应属于坊制结构，但大小"十"字已被破坏，究其原因不难发现，唐宋以后各城市治所多分布在城北，而官府、王府等官方建筑一是面积大于民居数倍甚至几十倍，其内部格局也不按坊的形式修建，较难形成"十"字形结构；二是官府衙署多翻新修建，常大兴土木，容易使其原始格局被破坏；三是在经年累月的动荡局势下，官方建筑受到的战争冲击远大于民居，特别是云州城所处位置是历代兵家必争之地，战火往往使北部衙署区屡次被破坏，最重者如清攻陷大同并屠城，尽毁各衙。尽管城北坊的格局较为模糊，但仍有西部的大皮巷和东部的九仙庙柴市角两条大街较为完整地保存下来，可以基本断定北城坊的存在。①

据大同市文物部门考证，大同古城现存大小历史街巷 156 条和传统民居 1500 多处，具有典型特征的"坊" 14 个，每坊院落数量为45—60 处。② 日本学者曾对大同的传统院落进行了实地调查，认为各地的传统住宅规模是建立在当地气候和风土的基础之上的，而大同院落多为 150 平方米、200 平方米甚至更大，这个规模与当地居住习惯一致。③ 后在日本占领大同期间，城内居民约六七万人，日本图谋长期占领，便在大同做了长期的规划，他们顺应大同城里坊街道格局，将 859 户（约 5000 人）组成一个城市单元，并相应地按宽 800 米、长 1000 米的矩形划分居民组团，并启用坊的功能，禁止街巷间的交通穿越，大多数组团通过尽端路与外界联系，而所有的尽端路终止于

① 丁晓雷：《大同旧城的形制布局及其所反映的时代特征》，中国社会科学院考古研究所等编：《汉唐与边疆考古研究》（第 1 辑），科学出版社 1994 年版，第 184—187 页。
② 解玉保：《大同古城核心区保护与利用》，《文物世界》2009 年第 3 期。
③ 包慕萍：《殖民地时期的城市规划与技术人员的流动——呼和浩特、长春、大同的城市规划比较》，张复合主编：《中国近代建筑研究与保护》（6），清华大学出版社 2008 年版，第 561—570 页。

中央花园的绿化散步道。①

对于里坊制中里与坊的区别，通常认为坊指城内的民居结构，而里是指城外的民居结构，但史料表明在很多时期二者并无明确区分。据《洛阳伽蓝记》记载，北魏洛阳城内有不少街巷称里，如永康里、永和里、凌阴里、归正里等，而有些里已经具有更富内涵的称呼，如《魏书·李谧传》中记载的孝义里是御赐的；归正里，南来投化者多居在里面，民间称其为吴人坊。② 由此可见，城市内的里、坊还是通过官方赏赐的形式划片管理各居民的精细化管理方式。唐代大同城内也是里坊互称，如武青、武言的任贤坊与张行本的任贤里同为一地，但称呼不同，在功能上属于当时军职人员居住街巷。对云州城里坊制的研究发现坊不仅仅是统治者对民众进行集权统治的手段，更多的是在传统生产力低下的历史背景下，统治者在城市建设当中通过街道规划的方式实现对城市治安、居民安全、人口管控的有效手段。

第二节　辽代西京的城市形态与空间布局

938 年石敬瑭将北方边疆中对于中原防御尤为关键的幽云十六州割让给契丹，其中就包括今称大同的云州。这里控制着河套地区与渤海湾地区之间，从契丹人原有领土通向中原地区所有的重要交通道路。当时的云州已经成为从草原地区进入太原的最重要门户，太原是山西高原的心脏，从这里又可以轻易抵达东部的河北大平原以及西南方的渭河流域。幽云地区被割让给契丹，这是中国边疆史上划时代的大事，自此以后，这一地区长期为游牧民族占据，城市建设中民族交融特色明显。契丹占据云州后，将其作为进一步入侵中原的立足之地，"晋高祖代唐，以契丹有援立功，割山前、代北地为赂，大同因属，因建西京"③。1044 年，辽为了加强对西夏的防御，改云州为西

---

① 卡罗拉·海因：《从几个殖民地城市看日本城市规划思想的演变》，张复合主编：《中国近代建筑研究与保护》（1），清华大学出版社 1999 年版，第 282—287 页。
② 杨衒之、周祖谟校释：《洛阳伽蓝记校释》，中华书局 2010 年版，第 89 页。
③ 《辽史》卷 41《地理志》，中华书局 1974 年版，第 506 页。

京大同府，成为五京之一。云州升格为西京，这也标志着大同城又进入一个崭新的时代。① 西京的地理位置对于防御北宋和西夏具有极其重要的战略意义，辽代统治者对大同特别重视，要求"用为重地，非亲王不得主之"②。辽末，天祚帝还一度以西京作为临时都城。金灭辽、蒙古灭金，"皆先下大同，燕京不复能固矣"。辽与北宋对峙，金与南宋对峙，双方以恒山（大茂山）山脉为界，大同成为辽金极其重要的战略防御前沿和战略进攻前哨。终宋一朝，除了宋伐辽时名将杨业短暂地占领过大同两个月外，宋的势力未曾进入过大同。

辽朝统治的地区以长城为界，北面是契丹民族发源所倚重的大漠草原，南面则是汉民族传统较为深厚的新纳中原地带。辽朝统治者对整个疆域内不同地域的统治方式有"国制治契丹，以汉制待汉人"的"因宜为治"的思想。尽管辽有五京之设，上京皇都也设置了主要的中央机构，但契丹人"秋冬违寒，春夏避暑，随水草就畋渔，岁以为常"③ 的民族习惯，导致其建国后依然保持着契丹族"春水秋山，冬夏捺钵"的传统，"四时各有行在之所，谓之'捺钵'"④。朝廷的常驻地也在捺钵之地，并逐渐形成基本固定的四时捺钵地点定制⑤，"皇帝四时巡守，契丹大小内外臣僚并应役次人，及汉人宣徽院所管百司皆从……每岁正月上旬，车驾启行……五月，纳凉行在所，南北臣僚会议。十月，坐冬行在所，亦如之"⑥。四时捺钵即是辽代以游牧为主体的经济基础上形成的政治结构，由于辽朝皇帝终年活动于四时捺钵，因此，辽朝真正的中央政府是随着皇帝宫帐的转移

---

① 侯仁之：《北平历史地理》，邓辉等译，外语教学与研究出版社 2014 年版，第 65、66 页。

② 《辽史》卷 41《地理志》，中华书局 1974 年版，第 506 页。

③ 《辽史》卷 32《营卫志中》，中华书局 1974 年版，第 373 页。

④ 《辽史》卷 32《营卫志中》，中华书局 1974 年版，第 373 页。

⑤ 四时捺钵的地点："春捺钵，长春州（今吉林前鄂尔罗斯县西北塔虎城）鸭子河泊；夏捺钵，庆州（今内蒙古巴林右旗西北察罕木伦源之白塔子）永安山（今河北省平泉县光头山，老哈河之源）；秋捺钵，庆州西北伏虎林；冬捺钵，永州（今内蒙古西拉木伦河与老哈河二水河流处）广平淀（今内蒙古翁牛特镇白音他拉东南，今湮）。"选自力高才《辽金西京大同》，山西人民出版社 2005 年版，第 17、18 页。

⑥ 《辽史》卷 32《营卫志》，中华书局 1974 年版，第 375、376 页。

而转移的。辽代京城的设置也正是与这种中央政府随皇帝宫帐四时捺钵地的转移而转移的状况相适应的，辽建国一百年间，京城体系才逐步完善。辽代逐渐形成了"捺钵"与"五京"二元体系并列的政治结构，二者相辅相成，游牧和农业这两种截然不同的社会经济成分以及相关人口以这样的方式统一在一个国家之中。农耕民族的"宫室以居，城郭以治"与游牧民族的"转徙随时，车马为家"共存于长城南北[1]，而这种民族融合在当时的五京城市景观中表现比较明显，西京大同也不例外[2]。

一　西京地理区位

辽代大同置云中路，地域范围东西约 650 千米，南北约 480 千米，辖境大体东至今赤城迤东，东南至居庸关、石门关，西至河套中段，北至二连浩特一线，包括张北、雁门关以北及河套地区。[3] 居民主要以契丹、汉族为主，辅以突厥、鲜卑等部分北方少数民族，是辽国西拒西夏的重要边塞城市。西京大同的军事重要性可以从两个层面得到印证，一是石敬瑭将幽云十六州献给契丹后，少数民族政权便突破了长期以来形成的游牧民族与农耕民族的缓冲区以及大山大河、长城边塞筑成的天然人工防御区，特别是云州地区的突破，让北方少数民族直接入主雁门关以北地区，使中原政权面临长达 160 年的侵扰。二是契丹得云州地区后，根据形势的变化，在与西夏关系破裂后，将其作为西拒西夏的军事重镇，并于公元 1044 年升格为辽西京。

契丹政权兴起于蒙古高原东部地带的草原游牧地区，随着势力的逐渐壮大和扩张战略的实施，其疆域开始向四面扩展，在南北方向上开始南接农耕地带，并在农耕经验不断积累的基础上攻占河套以南的宜农宜牧地区。特别是云中地区，该地区拥有适合游牧和农耕的天然条件，自古以来就是多民族杂居地区，为多民族融合下的辽政权建设

---

① 《辽史》卷32《营卫志》，中华书局1974年版，第373页。
② 诸葛净：《辽金元时期北京城市研究》，东南大学出版社2016年版，第25页。
③ 项春松：《辽代历史与考古》，内蒙古人民出版社1996年版，第72页。

提供了便利。此外，辽的野心并不止于雁门关以北地区，以西京为据点不仅可以实现对西夏的防御，也可以继续南下侵扰，实现持续扩张的长远目标。这种在地理位置上的独特战略优势，也逐渐在辽五京的设置当中明显地体现出来，并支撑起辽朝的全局性战略目标。

西京连接东西南北的交通枢纽优势凸显。在大同东西向上有一条自北魏至辽一直存在的从河西地区至辽阳的道路，即北部通西方的草原路。① 据《辽史·地理志》记载，"河清军，西夏归辽，开直道以趋上京"②，这说明在圣宗时期河西与上京之间就已经有了快速通道，但关于这条道的详细资料暂缺，推测其路线应是新开辟了从河西至西南面招讨司驻地丰州（今呼和浩特）的路线，之后利用了丰州至上京的既有道路。而这条道路西北延伸至新疆哈密、伊犁等地，东北延伸至朝鲜乃至日本。早在先秦时期大同就有南至雁门关，东至飞狐道到华北平原的道路，北魏在平城时期进一步巩固和开拓南下、东进的道路，辽宋时期的战争与交往依然依赖这些道路，如雍熙三年（986），宋出兵三路进攻幽云地区，西路出兵雁门关、中路出兵飞狐道，东路出兵幽州，这三路至大同都有通衢之路。

此外，还可以通过辽末金军的进攻路线和辽的应战、撤退路线管窥西京与辽国境内其他地区的交通连接情况。辽天庆四年（1114），女真反辽后宁江州、黄龙府便首先陷落，金兵一路进攻，辽军一路战败，女真军队的前进路线是经"金源""内地"，下咸、宾、祥、春、泰等州，先攻取了东京，再由东京直达上京，并以高州、恩州地进而攻取中京，下泽州、北安州等地，进逼南京和西京。其间，辽天祚帝曾多次驱幸鸳鸯泺（今河北张北县西北），中京、上京、南京都有去鸳鸯泺的路线，而从鸳鸯泺向西南即可至大同。保大二年（1122），天祚帝从南京出居庸关逃至西京，辽金在西京展开激战，西京失陷后，天祚帝出夹山（今内蒙古萨拉齐西北），保大五年（1125）其在西京周围的应

---

① 齐东方：《李家营子出土的银器与丝绸之路上的粟特人》，齐东方：《唐代金银器研究》，中国社会科学出版社1999年版，第320—332页。

② 《辽史》卷41《地理志》，中华书局1974年版，第515页。

州与金军周旋时被俘。《金史》对金军进攻辽国也有记载,太祖进军宁江州,克其城;其后宾、祥、咸等州皆拔之,进而攻黄龙府、进临益州、达鲁古城。天辅初年,显乾、懿、成、川、壕、徽等重要州城失陷,继辽上京、中京攻陷后,至天辅六年(1122)以后,天祚帝从鸳鸯泺至西京白水泺附近,辗转于大鱼泺、石辇铎等地,直至被擒获。

根据以上资料可以大致得出,西京至上京与南京至上京的两条路线行程多有重合。至于金兵追击天祚帝,虽然路途遥远,但大致可以理清其进军路线:天祚帝当时以鸳鸯泺行宫为中心,东南至南京有两条路线,其一为北线,出鸳鸯泺东北行至炭山,沿今丰宁、潮河至古北口,南下至南京。在这条路线上,有丰宁、潮河流域发现的多处辽城可以佐证。保大二年,金兵已至奉圣州,居庸关已难以通过,"金兵临关,崖石自崩,皮卒多压死,不战而溃"①,德妃出古北口,趋天德军,走的就是北路。其二为南路,出鸳鸯泺东南行,经燕子城断云岭、归化州可汗州、入居庸关而至南京,在金兵控制居庸关以前此道畅行,可至中京。

二 西京的城市形态

城市的功能需要通过城市形态要素布局加以实现,反之城市的形态要素布局可以反映出城市功能的基本定位,二者之间相互适应。② 通常而言,城市是一个功能综合体,其总体功能是由政治、经济、文化、社会、生态等各方面功能杂糅而成,但西京大同明显不同于中原一般城市,其更多体现的是"政治,军事与经济发展的时代需求"③,而其中军事需要居于首位。西京城市功能定位还与辽代特殊的政治体制"四时捺钵"和"因俗而治"有关。"四时捺钵"和"因俗而治"是辽代基本的政治体制和国策,从本质上讲是辽在少数民族文化和中原文化融合发展下的制度创新。"四时捺钵"是满足游牧经济对季节和气候适应的政治体制,五京制是为了有效统治农耕经济地区而建立的"仿"中原都城

---

① 《辽史》卷29《天祚皇帝本纪》,中华书局1974年版,第345页。
② 李瑞:《中国古代都城空间形态要素分析"以唐宋都城为例"》,《南都学坛》2004年第4期。
③ 李孝聪:《历史城市地理》,山东教育出版社2007年版,第328页。

制度。① 因俗而治是指为了有效解决民族差异，从而在辽内部使用的"双轨制"政治体制，所谓"官分南北，以国制治契丹，以汉制待汉人"②，这种体制的使用表明在辽的治理当中处理民族矛盾成为影响国家治理的主要事务，同样说明在城市之内居民民族成分的多样性。

辽代五京分布的都城景象又说明辽的都城功能与中原都城相比具有更大的分散性，即汉地集政治文化经济中心于一体的都城在辽国内部是不存在的。③ 辽代五京都有其不同的城市功能，"上京为皇都，凡朝官、京官皆有之""大抵西京多边防官""南京、中京多财赋官"④。西京的设立是辽与西夏关系破裂的直接结果。由于西夏势力的崛起，以及其对夏辽边界处党项部落的侵扰，辽夏关系迅速恶化，重熙十二年（1044）辽夏发生了"河曲之战"，大规模军事冲突使辽的西部边界处于不稳定当中。为了进一步强化对西夏的防御，辽兴宗升云州为西京，至此辽代五京的格局全部落成。西京内官员的设置也印证了其特殊军事地位的城市功能定位，虽然西京是连接南北通道上发展起来的边市，互市经济是辽重要的赋税收入来源之一，但相比之下其军事战略地位更加突出，作为边防要塞和战略防守的重要据点，其功能定位直接决定了城市发展的走向和城市空间形态。

（一）大同城平面形制

西京是1044年设立的，是辽五京中设立时间最晚的都城。西京城不同于其他四京，也不同于一般中原城市，其在军事建制上的功能十分完备。辽西京城是在唐云州城的基础上完成改造的（如图4-3所示），不仅延续唐云州城利用北魏平城外城南部的传统，而且还利用了原北魏平城外城的北部。西京城总体呈长方形，南北墙约3.2里，东西墙约6.4里，与《辽史·地理志》中记载的"广袤二十里"⑤基本一致，又"元魏宫垣占城之北面，双阙尚在"，这说明辽代西京大同城之北部占据

---

① 刘晋华：《辽代五京布局特征研究》，硕士学位论文，东北师范大学，2018年。

② 《辽史》卷45《百官志》，中华书局1974年版，第685页。

③ 诸葛净：《论辽之京城体系》，《华中建筑》2009年第7期。

④ 《辽史》卷48《百官志》，中华书局1974年版，第801页。

⑤ 《辽史》卷41《地理志》，中华书局1974年版，第506页。

了北魏平城的宫城，明显的标识是元魏建造的双阙，据《云中郡志》记载，明清大同府城的北门外"有土台东西对峙，盖双阙也"[1]。这里应是北魏宫殿区所在地，清代曾在此地建有天王寺。[2]

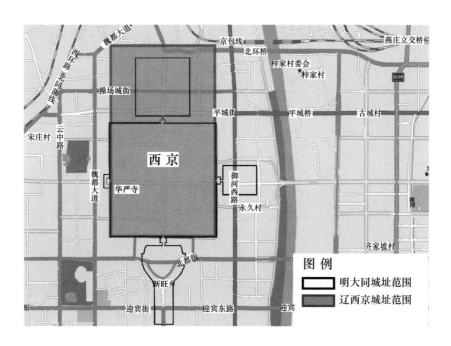

图 4 - 3　辽代西京大同城址范围

由于辽"五京"之特殊体制，西京在"京都"方面的特点并未凸显出来，而基于军事防御功能的城墙却十分突出。西京城开四门，据《辽史·地理志》记载，分别被命名为东迎春门、南朝阳门、西定西门和北拱极门，城门分布与四京相近，但风格更加简约实用，更加突出军事防御功能。其中西门被命名为定西门，可谓直接表露了西京城的战略用意。城防建设方面也毫不含糊，角楼、敌橹配备齐全。关于西京的城

---

① 胡文烨撰，大同地方志办公室点校：《云中郡志》卷 2《方舆志》，山西省新闻出版局 1988 年版，第 56 页。

② 光绪《山西通志》卷 57《古迹》，中华书局 1990 年点校本，第 4130 页。

墙，史书没有明确提及，但《金史·阇母传》对金兵攻西京城的情景有描述，在城东"为木洞以捍蔽矢石"，在城北"以刍茭塞其隍"，四轮革车"高出于堞"，阇母等人即是乘车先登攻入西京城中。①《金史·斡鲁传》还记载当时金兵攻取了城西的浮图，"下射攻城者"②。从以上的记载可知，西京城墙比较低矮，其上应设有锯齿状的垛墙，既有利于通过缺口进行反击，也可以通过左右高墙进行掩蔽。

此外，在明清地方志中提及明代大同府城是在辽金土城的基础上建成，明徐达重建大同城时在土墙体内、外两侧加筑青灰砖，使城墙变宽、增高，更加坚固，特别是有利于防范雨水侵蚀。现大同已对古城四面城墙进行了修复与复原，新砖体已将全部旧城墙进行包裹。因此，可认为在今保护起来的古城墙内部应该有部分辽金土城城墙保存完整。西京城四面城墙均筑有敌橹，俗称马面，是为了与城墙互相配合，从三面夹击来犯敌人的矩形建筑。辽代西京马面形制已无从考证，但在土城基础上筑成的明代大同府城却将其保留了下来，从大同城墙的马面来看，其贴筑于城墙外侧，长、宽10米，高在8米以上，敌橹间隔距离约100米，形制与辽代上京布局基本一致。修复前保存较好的为西墙原大同市二轻局西库院、大同市邮电局知青工厂院内的两座马面，故推测明代大同城墙的马面极有可能是按照辽代西京马面的形制而来，或者可认为辽西京城墙的马面有类似的形制，只是相对要小一些。另外，城墙上还筑有四座角楼，角楼为城墙上的防御建筑，关于角楼的形制，也可参考明代城墙西北角的镇楼，此楼十分宏伟，直径可达10多米，高约20多米，比城楼还高，平面呈"凸"字形。此外，辽西京作为一座防御性较强的都城，其城门附近还设有瓮城，瓮城与分布于城墙的角楼、敌橹构成了严密的军事防御体系，既满足了辽防西夏的需要，又巩固了西京的战略军事地位。

（二）西京城内的主要建筑

大同城古今重叠严重，辽代西京大同的城内详细建筑及布局已很

① 《金史》卷71《阇母传》，中华书局1975年版，第1641页。
② 《金史》卷71《斡鲁传》，中华书局1975年版，第1634页。

难考证，现在城内建筑除了华严寺、善化寺这两座寺庙还屹立外，其余均不复存在。尽管如此，在史料记载中还是有一些蛛丝马迹可寻。据《辽史·地理志》记载，"北门之东曰大同府，北门之西曰大同驿"①，可知西京的衙署建筑当位于城内北部偏东原北魏宫城处，整体可能也沿袭了平城时的布局传统。按照契丹的传统，汉民应被区别对待，如白楼邑，"城南别作一城，以实汉人，名曰汉城"②，故西京城内也有契丹与汉族居住区的区别，一如上京的安置方法，在城郭内"立市里，以处汉人"③，结合唐大同城里坊制的特征，极有可能是以里坊来安置契丹人、汉人等，可能有固定的范围。此外，西京是"非亲王不得主之"之地，凡任西京留守之职的人其出身都非同寻常，如当时辽朝上层社会中的主要家族，耶律家族是辽代皇室，萧氏家族是帝后家庭，韩、刘家族是汉人中的望族，这些家族都有族人在西京任过留守，尤其以特权阶层耶律氏和萧氏的人数最多。因此，通过分析耶律氏、萧氏的民族习惯也可以窥见西京的城市建筑风格。

表 4 - 2　　　　　　　　　　　西京留守名录

姓氏	人名	人数
耶律	耶律燕哥、耶律马六、耶律贴不、耶律合术、耶律阿琏、耶律习泥烈、耶律宗允、耶律和鲁斡④	8
萧	萧夺剌、萧察剌（萧勖）⑤、萧滴冽、萧乙薛、萧燕六	5
其他	刘伸（副）、苏京⑥、韩企先	3

（注：本表主要依据《辽史》中的记载统计）

---

① 《辽史》卷41《地理志》，中华书局1974年版，第506页。
② 《旧五代史》卷137《契丹列传》，中华书局1976年版，第1830页。
③ 叶隆礼撰，贾敬颜、林荣贵点校：《契丹国志》卷16《韩延徽传》，中华书局2014年版，第182页。
④ 清格勒、刘凤翥：《契丹小字〈皇太叔祖哀册文〉考释》，《民族语文》2003年第5期。
⑤ 周峰：《奚族碑刻概说》，《赤峰学院学报》2009年第9期。
⑥ 《金史》卷89《苏保衡传》，中华书局1975年版，第1973页。

通过研究发现，这两个姓氏至少有两个明显的特征：一是二氏都有"落叶归根"的归葬习俗，考古发现内蒙古西拉木伦河流域多为耶律氏墓，而老哈河上游多为萧氏族墓，同一姓氏墓葬的集中出现反映了北方少数民族"回归"的风俗习惯，目前在大同城周围没有发现二氏墓葬可能与此习俗有关；二是契丹族有"尚东""拜日"的习俗和信仰，如契丹白楼"屋门皆东向，如车帐之法"①，上京"其城与宫殿之正门，皆东向群之"②。宋大中祥符九年（1016），薛映出使辽国时，关注到上京临潢馆内的宫殿、毡庐皆东向这一特殊现象。③无独有偶，熙宁八年（1075），沈括在"单于庭"也看到类似的景象，"有屋，单于之朝寝……其余皆庐，不过数十，悉东向"④。上面提及的建筑物等都朝向东方与"契丹好鬼而贵日"⑤有直接关系。其实北方少数民族匈奴、突厥等也存在"拜日"习俗，"拜日"和"尚东"从形式上是统一的，即日出东方，但体现在建筑上是否会影响西京城内建筑物走向和居民房屋朝向等，目前已无从考证，可以肯定的是建筑物朝东在被尊为皇都的上京中较为普遍。从辽西京城内唯一存世的华严寺是坐西朝东的布局来看，当时城内建筑受此习俗影响较大。下面对西京城内部建筑及布局情况作进一步的探讨。

官署建筑。辽以五京分都城之职使得包括西京在内的五京宫城设置都比其他时期更为简约。西京在成为陪都之前，一直是被作为军事要地来营建的，建都后其军事功能依然被放在首位，故"大抵西京多边防官"，与此相对应城内应存在数量较多的军事官署和军人住宅区。当然，西京是陪都，又是五京中建立最晚的，其行政建置应该比较完

① 《旧五代史》卷137《契丹列传》，中华书局1976年版，第1830页。
② 叶隆礼撰，贾敬颜、林荣贵点校：《契丹国志》卷16《韩延徽传》，中华书局2014年版，第182页。
③ 薛映：《薛映记》，赵永春辑注：《奉使辽金行程录（增订本）》，商务印书馆2017年版，第29—31页。
④ 沈括：《熙宁使虏图抄》，赵永春辑注：《奉使辽金行程录（增订本）》，商务印书馆2017年版，第93—102页。
⑤ 《新五代史》卷72《四夷附录第一》，中华书局1974年版，第888页。

备，据《辽史·百官志》记载，当时西京城还有西京计司、西京留守司、西京都总管府、西京都虞候司、西京警巡院、西京处置司、西京学等①，其都应该有相应的官署机构来办公。另外，这些机构还可能有"因俗而治"两套体制之分，如西京警巡院，又分汉人警巡院和契丹警巡院，其他对应的官署机构也可能有区别。

此外，西京战略地位较为重要，辽代统治者经常巡视此地，故可能存在规模相当的宫殿建筑，但史料中并未有皇帝巡幸西京城时的具体行程及作息地点。据清初《云中郡志》所记府城西北隅的"梳妆楼"云："辽萧太后居此，存遗址。"② 而且其中有"辽金宫阙"的记载，"府城西门有土台，宫阙门也，路寝之基犹存"③。这两条史料是否为信史还有待进一步考证，但至少说明当时西京应存有专门供皇帝巡视时临时使用的大殿。另外，从前文对任职西京留守司的官员的分析可知，其主要以皇亲国戚为主，故其府邸也应是当时西京城内的奢华之所，鉴于辽代五京的建置都相对简单，故皇帝巡幸时使用的大殿有可能是西京留守官邸内的一组建筑，位于西京城的西北部。总的来说，当时西京城内官署建筑应当具有较为鲜明的少数民族风格，比如建筑物朝东向等。

学校建筑。据《辽史·百官志》记载，西京有西京学，并且明确指出上京与中京除了上京学、中京学外，还别有国子监，而西京则没有，南京学与上面各都学属同一类型，但其"亦曰南京太学"④，据此推测辽代的西京学可能是太学一类的官学，当然也可能是太学与国子监合二为一的官学。元代张起岩在《崇文堂记》中提及陪都云中"学即辽国子监"⑤ 建置宏敞，另据明代《宣府镇志》记载，"至道

---

① 《辽史》卷48《百官志》，中华书局1974年版，第803—811页。

② 胡文烨撰，大同地方志办公室点校：《云中郡志》卷2《方舆志》，山西省新闻出版局1988年版，第56页。

③ 胡文烨撰，大同地方志办公室点校：《云中郡志》卷2《方舆志》，山西省新闻出版局1988年版，第56页。

④ 《辽史》卷48《百官志》，中华书局1975年版，第807页。

⑤ 正德《大同府志》卷15《文》，《四库全书存目丛书》史部，第186册，明正德刻嘉靖增修本，齐鲁书社1996年版，第383页。

宗，乃诏设学养士，于是有西京学"①，按照《金史》"凡养士之地曰国子监"②的说法，辽代的西京学即有国子监的功能。雍正《山西通志》在大同府儒学沿革中提及其"即辽金西京国子监，元大同县学也。明洪武八年改为府学"③，据此可知，清代大同府学的前身是元代县学即辽金西京国子监，而金代在大同只设有府学和与之平行的女直学，并没有国子监④，因此所谓的辽金国子监，可能只是辽代国子监（西京学），而金代西京府学是在其上建的，故而有此称呼。

梳理清楚辽代西京学—金代府学—元代县学—明代府学之间的关系，辽西京学即国子监的位置也就清楚了，尽管其称呼随着朝代的更替以及大同建制的变化而改变，但其位置在代王府占据大同之前却没有发生变化，据雍正《山西通志》记载，其在明代大同府治东。⑤ 辽代西京国子监的规模应该比较宏大，金元的官学都是在其基础上修葺完成的，其基本形制没有发生多大变化，明代进驻大同的藩王因此地位置优越、建置宏敞而将其选作王府。此外，西京还根据其行政隶属关系建立了完整的教育机构体系，除了西京学外，还有"奉圣、归化、云、德、宏、蔚、妫、儒等为儒八州学"⑥，还有县学等。总的来说，国子监的设立对西京大同的文化繁荣发展和民众教育产生了重要影响，为大同地区培养了无数文人才子，使这一地区的文化教育水平长期处于辽国领先水平。另外，辽统治者非常重视学习吸收中原文化，而大同的区位优势决定了其实践效果较好，以学化人，以文取仕，促进了大同地区的民族融合和社会发展。

---

① 《宣府镇志》，嘉靖四十年刊本，《中国方志丛书·塞北地方》第19号，成文出版社1970年版，第183页。
② 《金史》卷51《选举志》，中华书局1975年版，第1131页。
③ 雍正《山西通志》卷36《学校》，《钦定四库全书》第543册，文渊阁《四库全书》本。
④ 《金史》卷51《选举志》，中华书局1975年版，第1134页。
⑤ 雍正《山西通志》卷36《学校》，《钦定四库全书》第543册，文渊阁《四库全书》本。
⑥ 《宣府镇志》，嘉靖四十年刊本，《中国方志丛书·塞北地方》第19号，成文出版社1970年版，第183页。

　　宗教建筑。北方少数族群多有自身原始信仰，契丹族也不例外，其原始宗教为萨满教。但随着契丹人的南下，特别是在其取得幽云十六州后，其中的大量汉人将佛教融入了契丹社会中。辽朝统治者为了促进各民族的融合，在宗教政策方面较为宽松，之后伴随着统治集团的信奉，佛教遂在其统治范围内兴盛起来。一般认为，辽在圣宗、兴宗和道宗近百年的时期里属于佛教兴盛期。其间，五京寺院竞起，星罗棋布，西京城内的佛教建筑也鳞次栉比，较为著名的是华严寺和普恩寺。华严寺位于西京大同府城西南，坐西向东，其不仅是一座佛寺，而且还是辽皇室的祖庙，其在辽国的地位较高。华严寺正殿建成之时，辽道宗亲往西京奉安诸帝像，并且在当年（清宁八年，即1062年）十二月再次巡幸西京，"以皇太后行再生礼，曲赦西京囚"[1]。金世宗大定二年（1162）《大金国西京大华严寺重修薄伽教藏记》也详细记录了自天眷三年（1140）开始至大定二年重修华严寺的始末，从中可以窥见辽代皇家寺庙华严寺的建筑风格和布局特征。另外一座保存完整的辽代佛教建筑为普恩寺。普恩寺坐落在西京城南门内，坐北面南，其总体布局完整，从山门，经东西配殿，至三圣殿，到达坐落于台基之上的大雄宝殿及东西朵殿，该寺1961年被列为第一批全国重点文物保护单位。目前缺少有关辽代普恩寺规制的明确记载，金元时期的普恩寺是在辽代的基础上重建的，从元代此寺可以容纳四万僧众可知其规模的宏大，"集诸路僧四万于西京普恩寺"[2]，关于此寺庙的具体情况，从南宋朱弁所撰《大金西京大普恩寺重修大殿记》中可窥知一二。由于上述两座寺庙至今仍是大同城内的地标建筑，其历史变迁对研究大同城意义重大，本书在后文有专门论述，故此处不再赘述。

　　除佛寺外，西京城内据记载还有其他宗教建筑，如道教建筑九真堂，据正德《大同府志》记载，明代大同县西的太宁观，"辽时建，旧名湛然坛，有九真堂"，明洪武十九年（1386）改为太宁观，并在

---

① 《辽史》卷22《道宗本纪》，中华书局1975年版，第262页。
② 《元史》卷13《世祖本纪》，中华书局1976年版，第281页。

其内设置总管道教事务的道纪司。① 龙翔宫位于西京大同城东（明大同府城东），也是辽时建的道教建筑，其"上有玉皇阁，下有南极注生庵，西北有姚安人画虚宝经太平欣乐图"②。此外，辽金元时期的西京也是能工巧匠云集的地方，如辽人刘銮能塑诸佛像，因以名寺为刘銮寺，在明大同府城外。③ 由于辽代西京除汉人、契丹人外，还有其他少数民族，故当时西京城内定是宗教建筑林立，道教、佛教和各种少数民族本土宗教融于一城。

三　西京内部的街道布局及管理

但凡少数民族政权拥有南下野心者，大多具有较强的学习能力，最终其汉化程度和水平也影响其政权的巩固程度及势力的扩张范围。拓跋鲜卑学习了中原的农耕技术，在大同盆地蓄养实力之后迅速精进成一股新势力，后再次内迁置都平城由游牧至定居，无不在学习汉人。辽代统治阶层契丹族同属北方游牧民族，其继承北魏统治传统，并积极吸纳汉族人口，"以国制治契丹，以汉制待汉人"，因俗而治，相得益彰。④ 辽代统治者在管理西京大同时，所继续采用的唐代建置时巧妙运用的"因俗而治"的策略，在西京城市管理中表现得尤为突出。

（一）街道中的市坊结构

城内街道布局与唐云州城基本一致，由"大十字"将全城分为四部，每部复置"小十字"，形成全城网络化管理的棋盘状布局。辽西京大同街道布局基本承袭唐制，总体结构呈现出典型的坊的特点，即以十字相嵌的形式将城内民居限制于方格之内，最为典型的特征即全城有一个十字中心点，即四牌楼，以其为中心向四面城墙延伸产生四

---

① 雍正《山西通志》卷169《寺观》，《钦定四库全书》第548册，文渊阁《四库全书》本。

② 正德《大同府志》卷4《寺观》，《四库全书存目丛书》史部，第186册，明正德刻嘉靖增修本，齐鲁书社1996年版，第251、252页。

③ 承德民族师范高等专科学校《承德府志》校点组点校：光绪《承德府志》卷60，辽宁民族出版社2006年版，第1229页。

④ 《辽史》卷45《百官志》，中华书局1974年版，第685页。

条主要街道。现称为东、西、南、北四大街，门外则称为东门外、南门外、西门外、北门外。辽时西京也以四门为点，形成的十字交叉干道通过东西横街与南北纵街在城中交会，城市被四条街道平分为四个城区，各城区内又通过十字街巷进行细分，从而形成一张密网。城市的街道布局很明显承袭了北魏、唐以来的城市管理习惯，"立市里，以处汉人"① 即是在城市内部实现"属地化"管理。

辽代五京都存在市坊布局，其相对唐代的坊市分离情况，出现了"上屋下市""廊坊"等新的市坊建筑形式，并分布于居民居住区，而城市内市坊结构出现"大多数工商业活动都围绕着官府与统治阶级的奢侈需要而表现出强烈的自给性和自耗性"②。在西京的考古材料和史料当中，"坊"的踪迹时有出现，如仁和坊、丰稔坊③、凤台坊、舍利坊等。

仁和坊，此坊名是出土的辽代澄泥砚上的戳记。1987 年，一方澄泥砚出土于西京城西武州山石窟寺龙王庙沟西侧遗址，其上有"西京仁和坊□…"的戳记④；类似的西京陶砚还曾在辽庆州古城出土过，捺印的戳记右行为："西京仁和坊李让"，左行为"罗土澄泥砚瓦记"⑤；此外，大同民间还有一方戳记为"西京仁和坊马松"的私人澄泥砚藏品⑥。"仁和坊澄泥砚"的发现，一方面表明辽代西京陶瓷工艺的成熟及文化氛围的浓厚，另一方面也表明西京城内工商业坊的存在，即自北魏以来单纯的居民居住单位"坊"，已经与手工业、工商业中的"市"融合到一起，也就是所谓的"市坊结构"。至于仁和坊在西京城中的位置，已无法考证，大致推测仁和坊位于今"仁和

---

① 叶隆礼撰，贾敬颜、林荣贵点校：《契丹国志》卷 16《韩延徽传》，中华书局 2014 年版，第 182 页。

② 何一民：《中国城市史》，武汉大学出版社 2012 年版，第 31 页。

③ 王银田、解廷琦、周雪松：《山西大同市辽代军节度使许从赟夫妇壁画墓》，《考古》2005 年第 8 期。

④ 赵曙光：《龙王庙沟西侧古代遗址清理简报》，云冈石窟文物研究所编：《云冈百年论文选集》，文物出版社 2005 年版，第 326—340 页。

⑤ 成顺：《辽庆州古城出土"西京古砚"》，《文物》1981 年第 4 期。

⑥ 曹臣明：《辽金"西京仁和坊"澄泥砚及相关问题考》，《文物世界》2014 年第 2 期。

美街"一带。从大同 20 世纪 50 年代编制的市区地图看，市内存有
"仁和美街"，其址位于代王府北，东西走向，位于大北街和大有仓
街中间。此街周围的"油坊巷"及"草帽巷"街名也可能由坊名演
化而来，初步断定该片区为传统手工作坊区。

丰稔坊，是西京城西南部出土的《许从赟夫妇墓志》[①] 中提及的
坊名。据墓志介绍许从赟是契丹占领燕云十六州时归降契丹的后唐军
官，入辽后一直做到燕京朝官，958 年逝于燕京私第，其妻康氏为云
州都指挥使之女，保宁八年（976）逝于云州丰稔坊私第，乾亨四年
（982），其子孙将夫妇二人合葬于云中。关于许从赟，《辽史》中有
太保许从赟在应历四年（954）"奏忻、代二州捷"的一条记录[②]，这
说明当时其还未到燕京任职，至少在 938 年至 954 年期间，其一直活
动于云州及晋北一带，居住地在云州的丰稔坊。按照墓志的记录，许
从赟与其妻康氏是将门后代，属军事联姻，丰稔坊可能是当时云州高
级将领居住的坊之一，而且还可能沿袭了后唐的固有格局。

凤台坊，位于明清大同府城的西北隅，相传其内有辽萧太后居住
的凤台亦名梳妆楼而得名，凤台晓月的景观即说的是此地。[③]

舍利坊，华严寺所在之地，因其内有舍利塔而得名，由于华严寺
所在位置一直没有发生变化，故辽金元时期西京城内的舍利坊可能一
直存在。

直到明代，大同城内街区的名称始有较大变化，据正德《大同府
志》载，明大同府城各种以公署题名、科考中榜为主的牌坊 61 处，
因在街道设立"坊"的新体系，旧的"坊"名便逐渐淡出，但原有
街道的基本布局未发生大的变化。

（二）城市管理机构的设置

辽代皇帝没有长期居住在皇都上京，或者其他四京，五京只是礼

①　王银田、解廷琦、周雪松：《山西大同市辽到军节度使许从赟夫妇壁画墓》，《考古》2005 年第 8 期。

②　《辽史》卷 6《穆宗本纪》，中华书局 1974 年版，第 72 页。

③　乾隆《大同府志》卷 6《古迹》，《中国地方志集成·山西府县志辑》第 4 册，凤凰出版社 2005 年版，第 113 页。

仪上的都城，实际政治中心还是以四时捺钵为主的。据统计，终辽一代，皇帝到达五京的次数，南京最多为 50 余次，西京最少仅有 6 次，且居住时间都较短。① 辽代的双轨政治制度对官制设置影响较大，实行南北面官分别管理汉族与契丹族事务。在具体设置官职时又会因地制宜，因俗而治，注重其实用性，与诸京在辽国体系中发挥的功能有较大关系。五京中除了皇都上京皆有京官和朝官外，其余四京则因地制宜地设置官员。② 辽西京因其战略地位的重要性，多边防官。最初，辽占据云州之后，在原后唐建置的基础上运用了"因俗而治"的策略，对汉人较多的云州实行南面官制，并随形势变化而调整。西京形成以留守司—京都总管府—州—县四级行政管理层级，西京留守司掌管京城守卫、城池修葺、社会治安等军政大权，"畿内钱谷、兵民之政皆属也"③。但随着西京经济的发展、城市人口的增加，尤其是契丹等民族的进入，使得原有的居民结构多样化，亟需专门的管理机构来维持城市秩序。与此同时，"澶渊之盟"后辽宋邦交的正常化，使得辽在京都城市管理中得以借鉴北宋汴梁城市的都厢制度。辽在五京中先后建置了专门的城市管理机构——警巡院。一般来说，京城中的警巡院都设有警巡使和警巡副使④，属于南面京官中的地方官。

五京中的警巡院最初是为管理汉人而设置的，后由于契丹人在诸京中的增多，按照原有城市管理法则，契丹人犯法"例须汉人禁勘，受枉者多"⑤，故为了保障契丹人的利益以及在城市中实施有效管理，辽重熙十三年（1044）在五京中又设置了"契丹警巡院"。大同在 1044 年成为西京的当年即先后设置了汉人警巡院和契丹警巡院。另据《张绩墓志》⑥ 记载，张绩在任西京警巡使之前，曾任"燕京管内都商税判官""盐铁判官"等财赋官，结合墓志中的论述可知，西京

---

① 杨若薇：《契丹王朝政治军事制度研究》，中国社会科学出版社 1991 年版，第 186 页。
② 《辽史》卷 48《百官志》，中华书局 1974 年版，第 801 页。
③ 马端临著，上海师范大学古籍研究所、华东师范大学古籍研究所点校：《文献通考》卷 63《职官考·留守》，中华书局 2011 年版，第 1892 页。
④ 《辽史》卷 48《百官志》，中华书局 1974 年版，第 806 页。
⑤ 《辽史》卷 112《重元传》，中华书局 1974 年版，第 1502 页。
⑥ 《张绩墓志》，向南：《辽代石刻文编》，河北教育出版社 1995 年版，第 313—316 页。

警巡院是有独立行政建制的，而且有掌管城内商贸经济之权。此外，按照《董承德妻郭氏墓志》（乾统七年，即 1107 年）的记载，董承德是"大辽西京警巡院右厢住人"①，这间接说明辽西京警巡院内设有左右厢房，也证实了其在西京城内有独立的办公机构。

第三节　金代西京的建设与内部布局

保大二年（1122），金兵攻取辽之西京大同城，遂将其纳入金国版图。鉴于大同地理位置的重要性，金朝统治者对该地锐意经营，使其成为金灭辽、攻宋、防御西夏的战略基地，同时也是控驭金国西部及西北部地区的中枢要地。金统治大同后，在行政建置上继承辽制，大同仍为金之陪都西京，设西京留守司等。金国统治者为保障女真人在大同的权益，一方面不断迁入女真人，使其成为大同的地方主政者，另一方面，实行了严厉的民族政策，将女真人的民族习惯、生活习性等强制融入当地社会。总之，大同地区随着女真人的加入，民族融合特色更加浓郁，这在金代西京的城市建置中表现尤为明显。

一　政权更替下的西京

（一）战略位置重要

西京大同是北方少数民族南下中原的重要孔道，1122 年在经历金军与辽军的反复争夺后被金军攻占，遂被划入金国的版图。金承辽制，"建五京，置十四总管府"总计十九路的建置。② 金代的西京路基本与辽代西京道的管辖范围重合，大同府的建制也基本保持辽代建置，治大同、云中。辽代大同府辖 7 县 2 州，分别为大同县、云中县、天成县、长青县、奉义县、怀仁县、怀安县，以及弘州、德州。金代大同府领 7 县 3 镇，分别为大同、云中、宣宁（宣德）、怀安、

---

① 《董承德妻郭氏墓志》，向南：《辽代石刻文编》，河北教育出版社 1995 年版，第 573 页。

② 《金史》卷 24《地理志》，中华书局 1975 年版，第 549 页。

天成、长清、怀仁，其中大同领奉义镇、宣宁领窟龙城镇、怀仁领安七疃镇。与辽时相比，金大同府辖区内州县的名称有变化，但除了弘州（今河北阳原）划出外，其他辖区基本不变。

金代西京大同是对抗西夏与蒙古诸部的西北边防中心，战略地位依然重要。金初攻占西京城时付出了巨大的代价，金统治者一度想要放弃，宗雄极力反对，认为如果放弃西京，不仅使归降者离心，而且"辽之余党与夏人得以窥伺矣"①。在占领西京之后，宗翰（粘罕）即于大同府（云中府）设枢密院，时称西朝廷。此外，金代设置的三个御敌招讨司，有两个在西京路辖区，而且随军事形势的变化在大同府设置了不同的军事机构。在设置西京留守司之前，西京曾设置兵马都部署司、后又改为西京路都总管，之后才更置留守司。同时，西京也是金军南下征讨的军事基地，天会年间，金兵先后两次出兵南下伐宋，其中西路军都是由宗翰从西京出兵，最终攻取北宋都城汴京，俘获宋钦宗、宋徽宗等十万余人，直接导致北宋灭亡。

（二）西京人口结构变化

辽西京是在唐云州的基础上建立起来的，其地民众多为汉人（包括汉化的少数民族），辽时为加强统治迁入了大量的契丹人。金初，为了有效控制这一地区，采取了一系列措施，主要是强行移民，迁入大量女真人，而将西京的契丹人迁至上京等地。据统计，迁入西京路的猛安、谋克有9个②，由此可推测当时应有为数不少的女真人进入西京城。鉴于女真人少的现状，金还通过"割土地""崇位"等措施争取汉人的支持"使为之效力而守之"③，以达到防范契丹人的目的。此外，还通过与契丹人、汉人通婚的方式消除民族隔阂，扩大统治基础，"猛安谋克杂厕汉地，听与契丹、汉人昏因以相固结"④。西京地区的契丹人一直是金朝统治者防备的对象，迁契丹人至上京，征契丹

---

① 《金史》卷73《宗雄传》，中华书局1975年版，第1680页。
② 三上次男：《金代女真研究》，金启孮译，黑龙江人民出版社1984年版，第495—496页。
③ 《金史》卷44《兵志》，中华书局1975年版，第991页。
④ 《金史》卷44《兵志》，中华书局1975年版，第991页。

壮丁伐宋，大定三年（1163）"罢契丹猛安谋克"将其原来管理的户口，分别隶属于女直猛安谋克①，还将同化契丹人即契丹人与女真人杂居通婚认为是消除隐患的长久之策。总之，当时的西京城除了契丹人、汉人等，还融入了一定数量的女真人。

女真族不同于一般北方游牧民族，以骑射和小范围种植业为主要经济来源，民族部落较为封闭。最初，其统治先进民族及地区采取的方式比较激进，如天会八年（1130）宗翰密令两河之地各路州县在同日"大索南人"，其中多有中原士大夫，将所捕之人用铁索锁之云中，后因其在云中城内聚众乞讨，"宗维见之畏其众也"，将3000余人坑杀于城外。② 如此做法，连后来的金世宗都认为其太过残暴，在谈及宗翰为何无子嗣时，明确表示其为"宗翰在西京坑杀勾者千人"的报应之果。③ 此外，还强迫汉人等按照女真习俗"削发易服"等。

当然，针对境内不同的民族，因人而异、因袭旧俗、因俗而治，依然是金朝统治者的主要管理方式，如针对西京路的汉人，采用汉官之制及科举制度，在西京设立府学、西京路设立8所州学，还设立进士科取士。④ 此外，西京还有针对统治阶层女真人设置的女直府学。

二　西京城池建设及内部布局

女真与契丹相比汉化程度较低，女真最初是没有文字的，在破辽后通过俘获的契丹人和汉人，"始通契丹、汉字"。其在建国之初，主要是散居，并没有城郭，族落内部缺乏成熟的建筑技术，社会的专业化程度也较低，"无工匠，其舍屋、车帐往往自能为之"⑤。全族人口大多生存在类似乡村地区，而只有上层贵族才具有固定的生活场

---

① 《金史》卷6《世宗本纪》，中华书局1975年版，第132页。
② 《建炎以来系年要录》卷40"建炎四年十二月"，第744页。
③ 《金史》卷6《世宗本纪》，中华书局1975年版，第133页。
④ 《金史》卷51《选举志》，中华书局1975年版，第1134页。
⑤ 宇文懋昭撰，崔文印校证：《大金国志校证》卷39《初兴风土》，中华书局1986年版，第552页。

所，如"皇帝寨""国相寨""太子庄"，即使议国家大事时也是"适野环坐，画灰而议"①。金在吞并辽以后，才着手五京的城市建设。但由于女真人缺乏城市生活和建设的经验与技术，在城市建设方面继承多于发展。金代初期城市建设和宫室营造较为简陋，在金熙宗之前上京宫殿都没有内廷禁制，朝堂前朝门直抵后朝门，居民、车马可以随意出入，父老士庶还可以在殿侧观看"每孟春击土牛"，甚至民事纠纷也可以找皇帝控告，"民有讼未决者，多邀驾以诉"②。总的来说，在金初，上京的宫室建筑"金初部落色彩浓厚，汉化成分甚微"③，土木之事较少，都城尚且如此，其他地方可想而知了。金朝的城建活动主要是在占领辽地之后，得到汉人辅佐，逐渐模仿中原而开始的。金代西京城建基本遵循这一规律，即在原辽代西京城基础上经历了金初的打磨之后继续仿照中原建置。

（一）城池建设

金代西京的设置和建设方面主要遵循辽时的惯例，继承多于发展。史料中有关金代西京城市的资料很少，这也间接说明金代西京大同的城建活动较少。另外，金在攻占西京时曾反复与辽兵争夺，致使西京破坏较大，华严寺、普恩寺都曾因此残破不堪。值得注意的是，金人在西京未曾大拆大建，主要是在原有基础上进行修复建设，如华严寺作为辽皇室的祖庙也未曾遭到破坏，还在其上重新修葺，因此，金代西京基本保持了辽代时的格局。

金代西京城沿袭辽代，周长为二十里，将辽西京三座城门进行了重新命名，"南曰奉天，东曰宣仁，西曰阜成"④，史料中没有关于北门的记载，考虑到西京的城防，可能当时西京城未设北门。至于城墙的情况，与辽代一样，城墙上有锯齿状的垛墙，配备有角楼和敌橹，

---

① 宇文懋昭撰，崔文印校证：《大金国志校证》卷36《兵制》，中华书局1986年版，第521页。

② 宇文懋昭撰，崔文印校证：《大金国志校证》卷33《燕京制度》，中华书局1986年版，第470页。

③ 梁思成：《中国建筑史》，生活·读书·新知三联书店2011年版，第122页。

④ 《金史》卷24《地理志》，中华书局1975年版，第564页。

军事防御性特征明显。金代西京共经历了两次大规模的城市建设，一次为金熙宗天眷年间到皇统年间，当时北方的战乱基本平息，金朝重心由征战转到建设上，比如上京就完成了太庙、社稷等重要建设工程，西京也在此时进行了普恩寺在金代最大的一次重修。另一次为金世宗大定年间，这一时期局势稳定，金得以迎来另一次城市建设高潮。大定五年（1165），"建宫室，名其殿曰保安"①，并且设有专任的宫苑使进行管理。而华严寺的金代重修工程亦从天眷三年（1140）一直绵延至大定初年，从而使其保持了较大的规模。此外，在城市建设过程中，女真同样保留了少数民族围猎、赏园的传统，在金西京建有鹿圃，"（皇统）七年正月……癸未，以西京鹿圃为民田"②。说明在皇统七年（1147）前西京鹿圃即已存在。此外，今大同古城周围出土的金代墓葬壁画中也多有围猎的场景，其中鹿多有出现，可见当时鹿在西京比较普遍。

（二）西京城内的建筑布局

宫殿、官署建筑。保安殿是金西京宫殿中唯一一座有史料记载的宫室。其在城中的具体位置已无从考证。但据《云中郡志》中"辽金宫垣"条的记载，"府城西北有土台，宫阙门也，路寝之基犹存"。这说明清大同府城的西北尚存有辽、金宫殿，保安殿可能就在其中或者在这附近。《云中郡志》还记载有一处高台遗迹——凤台，"府城内西北隅左右二台，各高数丈"。很明显此处建筑基址是非常宏大的，可能是辽金西京城内的宫殿所在地，其在元代才被摧毁，"元大德十一年（1307），地震，摧其左；至延德间，右亦摧"③。凤台据说是辽代建筑，但想必在金代，"凤台"也应是宫殿区内的楼阁建筑，直到元代才陆续损毁，缘于此，其地被命名为凤台坊。

西京留守司。金西京的军事战略地位依旧突出，故西京行政建制军事性较强。西京继承辽制依旧设有留守司，其权职与前朝类似，突

---

① 《金史》卷24《地理志》，中华书局1975年版，第564页。

② 《金史》卷4《熙宗本纪》，中华书局1975年版，第83页。

③ 胡文烨撰，大同地方志办公室点校：《云中郡志》卷2《方舆志》，山西省新闻出版局1988年版，第56页。

出军事防卫的职能，但为了避免边将集权，留守在任时间较短，一般为1—2年，最多不会超过4年，这也是金代西京留守人数比较多的原因。据统计共有31人，其中女真族有23人①，占据绝对优势，在西京地区人口结构中占比重较大的汉人、契丹人分别有2人和3人，这说明金代统治者对西京的重视以及对其地的控制较为严格。金代留守司所在的位置应还在辽时所在地，金在接手辽西京后，仍然任用辽末的西京留守韩企先，故可认为当时其官署所在地应该没有发生变化。

警巡院。金代继续沿用辽制，依然设有专门管理城市的机构警巡院。官吏设置为警巡使1人、警巡副使1人、判官2人、司吏10人。其中司吏分别为女真2人和汉人8人。②从官员设置来看，当时也有区分对女真人与汉人的管理，类似于辽区分契丹人与汉人。金代警巡院的设置也说明这种在民族成分复杂的城市中创设的管理机构能够随政治局势、民族融合、文化交融等综合因素的变动而弹性调整，这为西京城市职能的发挥提供了制度保障。警巡院在辽西京推行后直至金末才被废弃，鉴于其对城市发展的积极作用，忽必烈时又被恢复。

此外，西京城内还设有其他专门职能部门，如盐业和学校。西京设有专门管理盐业的机构盐使司。"大定二十五年（1185），更狗添为西京盐司"③，在西京设有盐使司，专办盐课。后由于盐使贪污诬告严重扰民，为了革除弊政，又创设了巡捕官，专管盗贩私煮等事务。大定二十八年（1188），"五月，创巡捕使……解、西京各一员"④。巡捕使并没有专门的衙署建筑而是借助"兜答馆"办公履职，而且其所需人手也是从盐使司调取，"置于兜答馆，秩从六品，直隶省部，各给银牌取盐使司弓手充巡捕人……"⑤后可能因诸多不便，在第二年（1189）十二月即罢除巡捕使，这也从侧面说明金代对食

① 张冰：《金代西京留守述论》，《江西社会科学》2017年第1期。
② 《金史》卷57《百官志》，中华书局1975年版，第1313页。
③ 《金史》卷49《食货志》，中华书局1975年版，第2094页。
④ 《金史》卷49《食货志》，中华书局1975年版，第1097页。
⑤ 《金史》卷49《食货志》，中华书局1975年版，第1097页。

盐控制较为严格。为了方便食盐交易，还专门设置了西京随处交钞库抄纸坊。西京还设置了专门的官学，府学是为汉人所设的官学，其是在辽西京学的基础上建立的；女直府学是专门为女直人设置的学校，其可能在府学附近或者置于府学内部。除了官学外，私塾教育也有一定的发展，如被扣押在西京的宋使朱弁就曾在大普恩寺设馆教学等。

宗庙、宗教建筑。金初由于汉化程度较低，宗庙制度尚未形成，直到战乱结束后，祭祖等相关礼仪制度才逐步建立并完善。鉴于西京地位的重要性，在占据西京后不久，金便立太祖原庙于西京，"（太宗）诏建太祖庙于西京"①。此后，历任皇帝均会至西京拜谒太祖，直至贞祐三年（1215）才迁离西京，奉安于上京新建的太祖原庙之中，"八月庚子，太祖御容至自西京，奉安于启庆宫"。另外，西京还设置御容殿，殿如其名，是安置太祖御容的地方，"东京、西京御容殿，阁门各二员，掌享祀礼数、铺陈祭器"②。原庙与御容殿的职能比较相近，《金史》对五京中宗庙设置情况进行记录时"御容殿"和"原庙"都有出现，这说明二者不是简单等同的关系，如"东京路……七月，建宗庙，有孝宁宫。七年，建御容殿"③，可以肯定的是二者应均为宗庙建筑，在功能上具有相似性，甚至在布局上具有关联性。

西京内佛教、道教建筑较多。辽时佛教在北方传播时，女真内部统治集团就开始信仰佛教，尊佛信佛在金上层统治阶层中尤盛。金在占领辽地之后，对佛教大力传承发扬。辽西京自北魏以来一直是"佛国"重地，女真人进驻西京之后即对战火中毁坏的佛教建筑进行重修，如华严寺、善化寺、武州山石窟等。其中，华严寺还是辽皇室祖庙所在地，女真人不但对其大加修葺，而且还保留了寺内辽诸帝的铜像，大定六年（1166），金世宗巡幸西京华严寺时，还曾观看辽帝像，并且"诏主僧谨视之"④。这在很大程度上说明北方少数民族之

① 《金史》卷3《太宗本纪》，中华书局1975年版，第53页。
② 《金史》卷57《百官志》，中华书局1975年版，第1307页。
③ 《金史》卷24《地理志》，中华书局1975年版，第554页。
④ 《金史》卷6《世宗本纪》，中华书局1975年版，第137页。

间的融合认同以及佛教在其中的重要作用。西京佛教的繁荣程度，还可从下面这条史料中得到印证，承安三年（1198）"西京饥，诏卖度牒以济之"①。

此外，当时金代西京的道教信仰也比较兴盛，西京城内的达官显贵对道教多有尊崇。玉虚观是金代道士阎德源墓志中提及的一座道观，其位于西京城西，观主阎德源号称"羽流之宗"，曾为北宋职篆道士"金坛郎"②，在靖康之变后，北上西京弘道遂创建玉虚观，为金代闻名全国的高道大德。考古发现其印章五方，其中"玉虚丈室老师"印是指其为玉虚观观主，"天长方丈老人"则指其曾为中都十方大天长观住持，大定十四年（1174），阎德源被金世宗钦点主持天长观的落成仪式，并"敕授提点观事"③，天长观是当时北方道教的中心，作为金天长观的第一任住持，其贡献较大。当时阎德源被称作"西京路传戒坛主清虚大师"，可能当时西京城还有一座名曰传戒坛的道坛，抑或是玉虚观的别称，已不得而知。早在北魏时期，平城与今北京的佛教互动就比较频繁，金西京大同道教与今北京道教也多有互动，这也说明幽云之地内部文化认同度较高。另外，阎道士带入西京等地的中原道教礼俗影响较大，如其丧葬并非按照云中的旧俗"聚薪而焚"，而是将"遗骸瘗之于丈室"，从其墓室中出土的丝织品、木制家具、瓷器等也反映了当时西京一带的民族融合。

（三）西京居民的城市生活

金占领西京之后，大量的女真人被迁入西京，女真生活习俗随之传入。据《大金国志》记载，女真人生活之地极其寒冷，"厚毛为衣，非入室不撤"，房屋皆为朝东的木屋，室内设有"穿土为床，煴火其下"的火炕。④《三朝北盟会编》中也有类似的记载，并且明确

---

①　《金史》卷50《食货志》，中华书局1975年版，第1125页。

②　大同市博物馆：《大同金代阎德源发掘简报》，《文物》1978年第4期。

③　汪桂平：《金代西京玉虚观宗主阎德源考》，《中国道教》2020年第2期。

④　宇文懋昭撰，崔文印校证：《大金国志校证》卷39《初兴风土》，中华书局1986年版，第551页。

提及炕及其作用，"环屋为土床，炽火其下，寝食起居其上，谓之炕"①。金初，皇帝居住宫殿"绕壁尽置大炕"，皇帝与臣下坐于炕上商讨国事。② 西京大同冬季气候寒冷，女真人的"火炕"习俗在这里得到广泛推广，至今当地农村仍在使用。当时被扣押在西京的南宋官员朱弁在《炕寝三十韵》中记录了西京的这一生活景象："御冬貂裘弊，一炕且跧伏"，而且对西京火炕薪材煤炭的来源作了说明："西山石为薪，黝色惊射目"③，大同境内丰富的煤炭资源为火炕的推广提供了充足的动力。金代西京居民烧炕取暖的居住方式已经比较普遍。

城内居民的生活习性与当时西京地区的农牧经济有很大关系。大同地区地处黄土高原北端，气候较寒，降水量少，农业经济相对落后，普遍种植耐旱作物④，游牧经济相对较为发达，从西京的群牧设置情况也可以看出，金初的群牧分布基本与辽一致，除浑河群牧司设在东京道、倒塌岭西路群牧司设在西京道外，其余均在上京道⑤。《金史·地理志》中记载西京路内设有群牧12处，同时还分布有8个部族节度使，9个详稳，部族节度使与详稳都是游牧民族的主管官员，由此可见当时大同路辖区内民族机构的多样化。⑥ 西京大同位于半农半牧区，早在辽时就积极发展农耕经济，金朝统治者也非常重视，如大定六年（1166），金世宗巡幸银山时就命令士兵禁止践踏庄稼，"有敢损苗稼者，并偿之"⑦，承安二年（1197），金章宗"遣户部郎中上官瑜往西京并沿边，劝举军民耕种"⑧。西京农业经济的发

---

① 徐梦莘：《三朝北盟会编》卷3《政宣上帙三》，上海古籍出版社2008年版，第17页。
② 宇文懋昭撰，崔文印校证：《大金国志校证》卷10《熙宗孝成皇帝二》，中华书局1986年版，第151页。
③ 朱弁：《炕寝三十韵》，元好问编，萧和陶点校：《中州集》（下），华东师范大学出版社2014年版，第652页。
④ 瞿大风：《元朝时期的山西地区：政治·军事·经济篇》，辽宁民族出版社2005年版，第21页。
⑤ 夏宇旭：《金代女真人生存环境述略》，《满族研究》2014年第1期。
⑥ 参见《金史》卷24《地理志》，中华书局1975年版，第570、571页。
⑦ 《金史》卷6《世宗本纪》，中华书局1975年版，第137页。
⑧ 《金史》卷47《食货志》，中华书局1975年版，第1051页。

展为酿酒业的发展奠定了基础，酒在金制"榷货之目有十"中排名第二，西京路还专门设有西京酒使司，今大同地区出土的金代壁画墓中多有侍酒、饮酒等场景，酒器也随处可见。及至元代，酿酒业之盛甚至影响到粮食安全，故忽必烈于1290年明令禁止大同路酿酒。此外，游牧民族的狩猎、出行场景与受中原文化影响的饮茶之风同时出现在墓葬壁画中。由此可见，当时的西京居民具有多元化的生活习惯。

西京城中汉文化氛围浓厚。金对汉学特别尊崇，大兴尊孔崇儒之风。金代统治者不仅在思想层面推崇儒学，研究孔子的思想，而且在上层建筑领域把孔子的学说与政治体制改革和统治阶级文化统一起来。皇统元年（1141）三月，熙宗谒奠孔庙后对侍臣说："孔子虽无位，其道可尊，万世高仰如此"[1]，同样在奏捷宴会上，他认为"太平之世，当尚文物，自古致治，皆由是也"[2]，可见金统治者崇尚孔学的根本在于认可其重视教育的学说，而根源在于他认为太平之世需要文治，因此，把文化教育事业看作国之大事[3]。

金统治者同样非常善于学习，在推崇儒学的基础上，还采取了一些非常态措施以学习中原文化：一是采取扣留、说降、授官等方式将使金的中原文士强行留在西京，强制他们为女真教习传授汉学，使统治阶层掌握更多的中原文化，如被金人称为"国师"的宇文虚中、太学生朱弁和张邵，以及久负大名的洪皓便是其中的重要代表；二是收集图籍、法物、礼器、仪仗等文化器物。此外，大批北宋皇室人员，山西、燕京豪富及工匠等被迁徙到女真故地，使汉民的各种技艺在女真后方得以传播扩散。通过以上及其他一些措施，金代大开促进民族文化交融之门，造就了一大批文人墨客[4]，从而形成了以西京为中心的大金文化圈。

---

① 《金史》卷105《孔璠传》，中华书局1975年版，第2311页。
② 《金史》卷4《熙宗本纪》，中华书局1975年版，第77页。
③ 张畅耕主编：《辽金史论集》（第6辑），社会科学文献出版社2001年版，第246页。
④ 张畅耕主编：《辽金史论集》（第6辑），社会科学文献出版社2001年版，第254页。

第四节　元代大同的城市空间格局

　　成吉思汗统一蒙古高原各部落后，迅速南下开始对周围农业地带的掠夺和军事扩张，其中位于蒙汉交接地的西夏和金成为首要侵略对象。元太祖六年（1211）二月大举伐金，"帝自将南伐，败金将定薛于野狐岭，取大水泺、丰利等县……"① 开启了灭金的序幕。在战略地位重要的西京同样呈现出辽金当年的争夺局面，蒙古在与金的反复争夺中占领了西京，这进一步加速了蒙古南下的进程。据《元史·石抹明安传》记载，元太祖在夺得云中东西两路之后，欲休兵于北，石抹明安提出蒙古以大同为前沿要地迅速南下的战略论断。② 1217 年，元太祖"乃建行省于云、燕，以图中原"③。大同遂成为蒙古大军南下的军事前沿调度中心，也是军队集结、兵源补给、军用物资筹集转运地。

　　蒙古政权在扩张的过程中依靠的是残酷的掠夺手段，其草原经济的经济基础无法承担起陡然扩大的疆域范围，在政治体制、社会制度方面也未能适应对中原地区的统治，只能不停地进行战争"以战养战""以夺养兵"。如在 1211 年至 1234 年的蒙金战争中，"加兵中原，围燕不攻，而坑中山，蹂山东河北，诸名城皆碎"④，还对占领地区大肆掠夺，贞祐初年仅两个月"凡破九十余郡，所过无不残灭"，两河山地数千里之地的民众几乎被杀光，蒙古大军过后，这些地方"屋庐焚毁，城郭丘墟矣"⑤。金中都也在蒙古军队的铁蹄下被毁坏，"僧寺道观、内外园苑、百司庶府，室屋华盛。至是焚毁无

---

① 《元史》卷1《太祖本纪》，中华书局1976年版，第15页。
② 《元史》卷150《石抹明安传》，中华书局1976年版，第3556页。
③ 《元史》卷119《木华黎传》，中华书局1976年版，第2932页。
④ 姚燧：《怀远大将军招抚王公神道碑》，《牧庵集》卷21，四部丛刊本。
⑤ 李心传撰，徐规点校：《建炎以来朝野杂记》卷19《鞑靼款塞》，中华书局2000年版，第850页。

遗"①。与其他地方惨烈的掠夺形成鲜明对比的是，蒙古军对西京采取了与众不同的策略，并没有对西京进行大规模的破坏，而是把其当作重要战略前沿指挥地来经营。大同的特殊地理位置，决定了蒙古军南下必须依托大同的险要，因此对其出于军事的需要而保护多于破坏。

一　一府双县的官署布局

所谓"一府双县"是指大同路府治内附有大同、云中两个县，而府治、县治均位于大同城中。"一府双县"的城市格局也体现了此期间大同市的城市规格和重要程度。此处，有必要对"一府双县"的官署空间变迁过程进行一个简要回顾。大同"一府双县"的历史要追溯到辽重熙十七年（1048），辽时大同本是西南面的边塞重镇，辽与西夏关系恶化后，大同被辽统治者升格为西京。当时，为了应对西夏的进攻，方便对地方的直接指挥，辽将西京府城内的云中县分置为云中县和大同县，各立县治并直接隶属于西京府。同时，为了满足讨伐西夏的军事需要，将大同县辖区径直向西拓展至大同川。辽夏关系修复后，针对西夏而设的代北云朔招讨司升格为云内州，其行政建制与西京府相当，大同川归属其下。原大同县民众悉数返回西京，与云中县共附府城，最终形成云中县管辖城市西部，大同县管辖城市东部的"一府双县"格局，使大同城市规格不断扩大。金承辽制，大同"一府双县"的建制被继承下来。但金代也对两县所属进行了调整，比如将云中县中析出的奉义县降格为镇，并划归大同县管辖，使政区划分更有利于当时的城市管理和适应外部形势。

元代初期，鉴于大同所处重要军事战略地位，对其格外照顾，不仅没有大规模的杀戮和破坏，而且还进一步对其进行修复、加固，并将其营建为南下的重要据点。因此，元朝基本将金代大同"一府双县"的建置顺承下来，在元世祖至元二十五年（1288）西京路大同

①　宇文懋昭撰，崔文印校证：《大金国志校证》卷23《东海郡侯下》，中华书局1986年版，第309页。

府改大同路之前，当地的行政区划一直沿袭金西京旧制。至元二十六年（1289），大同路成为河东山西道宣慰使司的治所，这是山西行政区划建立后的首个行政中心。元代大同路的范围较之前大为缩小，"一府双县"中的云中县被合并到大同县。据《元史·地理志》记载"大同，中。倚郭，至元二年，省西县入焉"①，其中的"西县"即为《元史》中惯称的云中县，这也使得两县分治西京东西的说法更加站得住脚。金代云中县治就在大同府城内，其管辖范围是城西的坊间及郊甸，大同县管辖奉义镇等府东坊间及郊甸，遂有东县、西县之称。以此类推，便可知元大同路的基本情况与金相当。②

"一府双县"的格局是我国传统大城市治理的创新形式，其类似于今天城市管理中的市辖区，而辖区的数量在一定程度上标志着城市的规模和重要程度。元代已经形成一批大城市，包括大都、成都、大名、奉元、咸宁、杭州、湖州等地都承此制。这在一定程度上反映了大同城市的发展水平。

二 多元融合的文教空间

（一）多元一体的民族文化

大同地区属于农牧交错带，人口的流动随着区域局势的发展相较中原内陆地区更为频繁，在各民族不断交融之下该地区在汉代以后已经成为多个少数民族融合的聚居区。人口的不断流动推动了大同地区的民族文化交融，而民族文化的交融又为少数民族进一步流动到该地区奠定了文化根基。金末元初大同是我国北方重要的移民中心，大定十五年（1175）"七月丙午，粘拔恩与所部康里孛古等内附"③，开创了西域人口内附的先例。大安元年（1209）畏吾儿国投靠元太祖成吉思汗，大安三年（1211）西域哈剌鲁部投奔云中北部蒙古军队。到金后期，各地移民不断涌入，大同北部地区已经形成了由多个少数

---

① 《元史》卷58《地理志》，中华书局1976年版，第1375页。
② 李昌、李晟、李昱：《辽金元时期大同府一城双县考》，《山西社会主义学院学报》2013年第3期。
③ 《金史》卷7《世宗本纪》，中华书局1975年版，第162页。

民族移民团体组成的壮丽的移民景观。

成吉思汗在中原战场站稳脚跟之后于1219年大举西征，三年时间先后攻下了西域讹答剌、蒲华等十多座中亚城市，并且每克一城照例将掌握技术的工匠掳掠到后方，为其进一步南下战争作准备，大同各地依然被作为西域军士和各地工匠的首选安置地。元太宗时期大同地区大规模接收移民，"收天下童男童女及工匠，置局弘州"，将从西域掠夺的300余户织金绮纹工、从汴京掠夺的300户织毛褐工都归属该局①，而3000户回回工匠被安置于荨麻林②。移民使大同人口大幅增加，同时有效促进了多元文化的融合和发展。《马可波罗游记》对元代大同路辖境移民的生活进行过记述，元世祖至元八年（1271），马可波罗从天德州出发，经过内蒙古中部地区、山西北部地区、河北北部地区，也就是西京路的辖区，沿途看到不同宗教信仰、不同职业的各色居民，由此可见大同地区移民较多。③多渠道的移民造就了大同民族林立的居民结构，也赋予了大同多元融合的文化氛围，虽然各族人民及其文化有其民族性和特殊性，但大同特殊的地理区位和宜农宜牧的自然环境使其对各民族的生活生产具有较强的包容性。当然，元代也有不少大同人口被迁徙至他处，但整体而言，迁入人口远多于迁出人口。

在民族融合的背景下，大同地区出现了诸教俱兴的盛况，大同城内也呈现出多元文化的信仰景观。元世祖至元十三年（1276），忽必烈敕令西京教职人员"僧、道、也里可温、答失蛮等"及其家室缴纳赋税④，从记载中可知当时西京至少有佛教、道教、基督教、伊斯兰教等宗教人员存在，而这些人在成吉思汗时期都是免税的，"豁免各神庙和神的仆人的赋税并尊重之"⑤，可能是由于西京的各类教民数量较多，影响了当地正常的赋税征收，才被征税的。《元史·张珪

---

①　《元史》卷120《镇海传》，中华书局1976年版，第2964页。

②　《元史》卷122《哈散纳传》，中华书局1976年版，第3016页。

③　石坚军：《马可波罗上都之旅考述》，《中国历史地理论丛》2012年第1辑。

④　《元史》卷9《世祖本纪》，中华书局1976年版，第183页。

⑤　安大钧：《大同：中华民族团结融合之都》，山西人民出版社2015年版，第239页。

传》曾指出特殊群体免税的弊端，"一人收籍，一门蠲复，一岁所请衣马刍粮，数十户所征入不足以给之"。而这种耗国损民的行为在佛道中更甚，元世祖至元三十年至大德七年（1293—1303），"醮祠佛事之目"从102增至500多，"岁用钞数千万锭"，僧徒借机在"特奉""传奉"佛事下获取利益。① 这也从侧面反映出当时大同地区宗教的繁荣程度。

元世祖至元二十二年（1285），忽必烈令四万僧侣在西京普恩寺做了一场法事，"集诸路僧四万于西京普恩寺，作资戒会七日夜"②。据统计，1270年大同地区的人口为128496③，四万人规模的法会足以说明当时大同城内佛教的兴盛。元代全真道在大同一带较为兴盛，在全真教"立观度人"的理念下，"毁像夺田，改寺为观"事件时有发生，如在大同附近的天城县（今天镇县）就出现过为了建道教寺观，不惜拆毁夫子庙、破坏佛像、侵占佛寺与田地等情形。④ 1236年秋，尹志平在云中一次度化千人信教。⑤ 元代大同城内也有全真教道观，如纯阳宫，丘处机弟子刘道宁（道号真常）曾受师命"令筑室西京"⑥，可能是位于鼓楼西街的纯阳宫（吕祖庙）；龙翔观（万寿宫），《冯道真墓志》中明确提及冯道真是"西京创建龙翔万寿宫宗主"，另外，在提到坟地地契时，言其是"出卖与本京龙翔观"，由此可知，西京城内有全真教道士冯道真创立的龙翔观（万寿宫）。此外，其墓葬与金代大道阎德源之墓都出土于大同城西北之地，这也说明这一地区可能是西京城中上层道士的葬区。另据《元史·泰定帝纪》记载，泰定元年（1324）六月"作礼拜寺于上都及大同路，给钞四万锭"⑦，这说明当时曾在大同城内建有伊斯兰教的礼拜寺即清真寺，

---

① 《元史》卷175《张珪传》，中华书局1976年版，第4080页。

② 《元史》卷13《世祖本纪》，中华书局1976年版，第281页。

③ 吴松弟：《中国人口史》（第3卷），复旦大学出版社2000年版，第299页。

④ 耶律楚材著，向达校注：《西游录》（卷下），中华书局1981年版，第16页。

⑤ 杨晓国：《金元时期全真教在山西活动探索》，《晋阳学刊》2004年第4期。

⑥ 王鄂：《浑源县真常子刘君道行记》，陈垣编纂，陈智超、曾庆瑛校补：《道家金石略》，文物出版社1988年版，第493页。

⑦ 《元史》卷29《泰定帝纪》，中华书局1976年版，第648页。

其寺位于今大同古城内大西街九楼巷内，明代清真寺即是在此基础上重建起来的。还有，元代大同地区的民间信仰也较为活跃，如关公信仰在西京城内的流行，明代位于鼓楼东街的关帝庙（俗称大庙）即元时所建，据说元泰定年间曾敕降封号，有紫石小碣[①]，这说明其至少在泰定年间即存在，在其对面还有一戏台，可见当时已有唱戏酬神的礼俗了。

（二）官办庙学的恢复发展

官办庙学是各代统治阶级进行有组织、有目的的思想文化正统教育的专门机构。元代山西地区官办庙学大多建在各级政府的治所中，规模各异。自唐代以来，孔庙除了继续承载着传统祭祀孔圣人的功能外，还常设庙学教育学徒，所谓"荒服郡县皆有学，学必立庙，以礼先圣先师"[②]。宋代全国庙学迅速发展，金代各级城市的学校也已开设于孔庙之中，金朝重视儒学，设科举制选拔人才，当时山西庙学号称"自京师外，河东为称首"[③]，其兴盛程度可见一斑。金末庙学受到重创，至忽必烈执政期间各地庙学才逐渐恢复，史料记载"天下郡邑庙学，无不完葺，释奠悉如旧仪"[④]。

西京路较早被蒙古占领，其恢复庙学时间也较早，培养了众多人才。元好问称赞道："晋北号称多士，太平文物繁盛时，发策决科者，率十分天下之二，可谓富矣！"[⑤] 耶律楚材赞曰："勇将谋臣满玉京"，"云中高士振诗鸣"[⑥]。西京人才之众得益于当时的教育。有关西京庙学的恢复情况，目前仅知府学在故辽国子监中[⑦]，耶律

①　道光《大同县志》卷5《营建》，《中国地方志集成·山西府县志辑》第5册，凤凰出版社2005年版，第61页。

②　胡聘之：《山右石刻丛编》卷26《河中府庙学碑》。

③　胡聘之：《山右石刻丛编》卷26《河中府庙学碑》。

④　《元史》卷76《祭祀志》，中华书局1976年版，第1901页。

⑤　姚奠中主编：《元好问全集》卷37《兴定庚辰太原贡士南京状元楼宴集题名引》，山西人民出版社1990年版，第49页。

⑥　耶律楚材：《湛然居士文集》卷4《和宋子玉》，中华书局1985年版，第51页。

⑦　正德《大同府志》卷15《崇文堂记》，《四库全书存目丛书》史部，第186册，明正德刻嘉靖增修本，齐鲁书社1996年版，第383页。

楚材《云中重修宣圣庙疏》曰："槐宫悉混玉石焚，庙貌依然惟古云。须仗吾侪更修葺，休教风世丧斯文。"[1] 据王国维考证，耶律楚材的庙学诗歌多作于灭金前后，故西京府学的重建也应在灭金前后。大德元年（1297）孙拱在大成殿西北创建崇文堂，致"衿佩云集，执经受业者，户外之屦常满，弦诵之声洋溢四远邻郡"[2]。搜检史料发现除大同重修府学外，所属州县在条件较差的情况下也有重修庙学的记载。

书院教育与庙学互为补充，再度发展。书院起源于唐，盛行于宋，是传授知识与研究学术的教育机构，亦是敦劝风化与祭祀师贤的特殊场所。在金元战乱初期，全国书院俱已被毁。元初，各地书院在国家倡导下重新获得发展空间。随着科举制度的恢复，各地书院得到进一步的发展，元代书院兴盛起来，据《元代书院考略》统计，全国书院达408所，其中山西地区有12所，即冀宁路4所：榆次县源池书院、西河县卜山书院、乐平县松峰书院、乐平县冠山书院；晋宁路8所：临汾县晋山书院、河东县首阳书院、绛县涑阳书院、上党县雄山书院、屯留县藕池书院、陵川县文忠书院、闻喜县董泽书院、夏县温公书院。[3] 元代山西各地大体是以官办庙学作为主要教育场所，各地书院则是官办庙学的必要补充。大同虽然没有明确记载，但从大同在元朝的战略地位看，应当有书院设置。元中后期，宋、金遗民中的汉族士大夫对元统治者的认同已逐渐深化，而元廷为实现长久统治的需要，开始重视思想层面的控制并不断推行汉化，恢复了科举制度并将理学确定为法定官学，通过淡化文人的民族意识实现其对蒙古统治的高度认同。[4] 在此期间，西京人才辈出。

---

① 耶律楚材：《湛然居士文集》卷14《云中重修宣圣庙疏》，中华书局1985年版，第204页。

② 正德《大同府志》卷15《崇文堂记》，《四库全书存目丛书》史部，第186册，明正德刻嘉靖增修本，齐鲁书社1996年版，第383页。

③ 王颋：《元代书院考略》，《中国史研究》1984年第1期。

④ 瞿大风：《元朝时期的山西地区：文化·教育·宗教篇》，辽宁民族出版社2006年版，第65页。

三　多样繁荣的商贸格局

元代大同的商贸经济是在辽金基础之上继续发展的。早在辽金时期西京地区即成为汉族与少数民族商业贸易往来的重要地点。由于金元战乱使大同地区的商贸活动受到严重影响，但蒙古军的军事行动以及便捷的驿站系统加速了大同商贸的发展。

早在 1217 年，成吉思汗即在燕云之地建立行省，大同成为其图谋中原的前沿之地，蒙古军发起的多次重大战役，都是以大同作为强大的军事后方而取得重大胜利的。中统元年（1260）六月，为了北方战事的需要，忽必烈下令让燕京、西京、北京三路宣抚司运送十万石米至开平府、沙井等地，以备军资。[①] 七月又敕燕京、北京、西京等路宣抚司，运输军需物资"羊裘、皮帽、裤、靴，皆以万计"至开平。[②] 中统二年（1261）八月，再次"敕西京运粮于沙井"。中统四年（1263）忽必烈设置大同等四路管匠官，督造军器，其后又在大同设置了储备军械的广胜库，支持前线战事。[③] 大同是蒙古军南下和西进时各路人马的汇集地与补给地，庞大的消耗使得大量的粮食、军用物资等集中于此。此外，有元一代非常重视大同的农业屯垦，"命西京宣慰司领其事"，在正常年份，大同当地生产的粮食不仅可以供给当地兵民，而且还能调拨支援岭北、上都一带，但是大同地区土地相对贫瘠，灾荒年份较多，无法满足数量庞大的军队需求。早在蒙宋战争时期，蒙古即开辟了从西夏漕运粮食至大同的粮路。西夏地区土地肥沃、物产丰富，正好弥补了腹里粮草供应不足的问题，中统二年"命西京宣抚司造船备西夏漕运"[④] 开通了西夏与西京、大都的运粮路线。

在军事行动的带动下，大同承担了蒙古军组织兵员、筹集辎重等各项战前任务，形成了一个庞大的市场空间。蒙古统治者较为爱惜工匠，当时蒙古兵所到之地皆屠城，杀伐无数，唯独赦免工匠。据《元

---

① 《元史》卷 4《世祖本纪》，中华书局 1976 年版，第 66 页。
② 《元史》卷 4《世祖本纪》，中华书局 1976 年版，第 67 页。
③ 李大钧、李大宏：《元代的大同》，山西人民出版社 2007 年，第 6 页。
④ 《元史》卷 4《世祖本纪》，中华书局 1976 年版，第 66 页。

史·孙威传》记载，孙威原是云中降兵，因善于制造铠甲而受元世祖赏识，"每从战伐，恐民有横被屠戮者，辄以搜简工匠为言，而全活之"①。蒙古军将掠夺而来的人口尤其是工匠聚集于大同地区，各地商人也竞相到大同从事商贸活动，在为军队提供充足的物资支援的同时，也为大同商贸的繁荣提供了契机。据《元史·百官志》记载，元代各个时期设立在大同地区的官办工商机构较多，主要集中在织造、印染、皮草、军械、冶金、采煤、陶瓷、造纸、采砂等诸多产业上。大同地区畜牧业发达，使得当地的皮草产业也相对发达。如弘州、荨麻林纳失失局是元代全国最大的毛纺织基地之一，与周边地区的阳门天城织染局、大同织染局、弘州衣锦院等匠作局形成连环捆绑、流水作业的生产方式。二局各设大使一员、副使一员，负责专门的管理事务。各局拥有数量庞大的工匠，荨麻林局拥有"回回人匠三千户"，工匠总数在万人以上。

大同路的军械制造业比较发达，设有军器人匠提举司专门管理，其下管理丰州甲局、应州甲局、平地县甲局、山阴县甲局、白登县甲局、丰州弓局、赛甫丁弓局等。② 孙威、孙拱父子就是元代著名的军械装备制造家，善制铠甲、叠盾等，备受皇帝重视，孙拱更是因其贡献被迁升"大都路军器人匠总管""工部侍郎"，在元成宗时获"典朝会供给"的殊荣，"赐银百两、织纹段五十匹、帛二十五匹、钞万贯"③。大同冶金业也比较发达，1236 年，"立炉于西京州县，拨冶户七百六十煽焉"④，其规模可见一斑。元代大同的煤炭业已十分成熟，煤炭生产已由季节性采集过渡到常年化开采，煤炭采掘技术十分完备，已经形成完善的矿井采煤作业流程，开始掘煤炼铁。到元世祖至元十六年（1279），大同设置大量工商业机构，"籍人匠四十二万，立局院七十余所"⑤，为大同地区的商贸经济发展做出了重要贡献。

---

① 《元史》卷 203《孙威传》，中华书局 1976 年版，第 4543 页。
② 参见《元史》卷 90《百官志》，中华书局 1976 年版，第 2285 页。
③ 《元史》卷 203《孙威传》，中华书局 1976 年版，第 4543 页。
④ 《元史》卷 94《食货志》，中华书局 1976 年版，第 2380 页。
⑤ 王恽：《秋涧集》卷 58《大元故正议大夫浙西道宣慰使行工部尚书孙公神道碑铭》。

便捷的交通系统又为大同商贸的发展提供了便利，巩固了因军事需要而兴起的商贸中心地位。元代重点在大同路设立通往漠北、西北与西南诸地的驿道，由此，大同成为通过驿道西行的交通枢纽。在元以前，以陕西为中心的道路交通体系建设使山西前往西北、漠北的线路并不通畅。元代开辟了以大同为中心的驿道，不仅打通了山西前往西北的交通线路，而且建立了中原地区与北方游牧区的通道，推动了游牧经济区和农耕经济区的交流。元贞元年（1295）北方通往漠北的三条驿道中，木怜、纳怜两条均需要途经大同才能抵达漠北[1]，《丰州平治道路碑》中也记载了木怜道在救济漠北灾荒时，发挥了"给饷之正路"[2] 的作用。

在元代的大力建设下，大同成为重要的交通枢纽，不仅要满足各地商人交通往来的需求、承载着国家调使的政治任务，而且还要供应西域及其他国家往来使臣。需要特别指出的是，供应往来使臣任务的重要性要远远超过供应往来商贸，每个驿站要为往来使臣提供交通所需马、牛、车、住、吃等，沿途各县也承担相应的供给职能，因此也给地方政府造成沉重的负担。这一形势一直持续到明清时期，可见元代驿站对整个区域社会影响之深。而在元末农民战争中，以大同为中心的交通线路成为农民起义军的进军之路，北方红巾军试图从山西打开夹攻大都的西向通道，从而展开了激烈争夺，大同也成为拱卫京师的前沿阵地。此外，大同城内的交通体系也在不断完善。大同城东部的如浑水是东趋京师必须越过的河流，泰定元年（1324），修筑了二十四柱石桥——兴云桥。如浑水在北魏以来就开始造桥以达，但具体沿革不清，金代时有明确修葺或重建的记载，元代在此基础上兴建了石拱桥。

总之，大同地区是元代重要的商贸业基地，多元化的商品、便捷的交通、宽松的营商政策、重视科技人才等等，也为明清时期山西晋

---

① 盖山林：《从内蒙古考古发现看元代汪古部社会经济生活》，《中国蒙古史学会成立大会纪念集刊》，中国蒙古史学会 1979 年编印，第 247—257 页。

② 胡聘之：《山右石刻丛编》卷 32《丰州平治道路碑》。

商的崛起奠定了良好的基础。① 作为大同路治城的大同，城内商贸景观的繁荣程度可想而知，享有"民物繁𬨎，号西北都会"② 之名。当时意大利人马可·波罗游历至大同时，也认为大同是一座美丽而宏伟的城市，当地的商业十分发达，尤其是武器及军需品更加出名。③ 大同作为元代大同路治所，与河中府一起构筑了元在华北的重要经济支点，而且，大同作为元统治者在河东山西进行"以北制南"的统治中心与向西域运输资源的中转枢纽，在整个元代发展中起了举足轻重的作用。

四　建置完善的城市管理

元代在城市管理方面继承了金代的警巡院和录事司制度，金代的警巡院是设置在五京的。元代实行两都制后，原沿用金代多都制而建置有警巡院的西京（大同）、东京（辽阳）、北京（大宁）、南京（汴梁）四个都市，都因都城地位的丧失导致城市地位下降以及城市职能改变而逐渐衰落，城市管理机构也由警巡院降为录事司。录事司是专门管理城中民户之事的机构，职权类同警巡使。据《金史·百官志》记载，金代录事司是设置在诸府节镇治所城市的，其下官员数量的设置主要依据城市人口的多寡，万户以上设置录事一员、判官一员、司吏六人，万户至两千户之间，司吏数量递减，两千户以下至百户，则仅设置录事一员，百户以下则不设置。④ 录事司的设置与废弃是城市人口规模变化的重要标志。元代录事司在金代基础上，放宽了设置条件，又细化了城市管理职权。中统二年（1261）依城市民户多寡设置录事司，居民在两千户以上设置三名官员，分别为录事、司候、判官，其中司候是新设置的官员，主要负责"捕盗之事"，二千

---

① 李大钧、李大宏：《元代的大同》，山西人民出版社 2007 年版，第 17—30 页。

② 正德《大同府志》卷 15《崇文堂记》，《四库全书存目丛书》史部，第 186 册，明正德刻嘉靖增修本，齐鲁书社 1996 年版，第 383 页。

③ 马可·波罗口述，鲁思梯谦笔录：《马可波罗游记》，陈开俊、戴树英等译，福建科学技术出版社 1981 年版，第 132 页。

④ 《金史》卷 57《百官志》，中华书局 1975 年版，第 1314 页。

户以下则不设判官。随着城市发展的需要，元世祖至元十六年（1279）还专门设置了3名专管城市"课程"即工商业税收的官员，元世祖至元二十年（1283）设置了达鲁花赤一员，省司候，其职由判官兼任。① 达鲁花赤是由蒙古人充任，元廷通过其掌控城市的目的是非常明显的。

元代大同比较特殊，其早在1217年就已被纳入蒙古统治之下，但直至元初，西京大同都在沿用金时的行政建制，其城市管理制度依然是警巡院。忽必烈于中统二年（1261）在全国的府治城市设置录事司，但对于符合条件的则不需要更名，"诸路州府，若自古名郡，户数繁庶，且当冲要者，不须改并"②。对于附郭县，则令府州官兼任。很明显西京大同是符合不更名条件的，故史料中说其是"元初置警巡院"③，大同录事司可能是元世祖至元二十五年（1288）西京改大同路后设置的。元代大同的城市管理经历了两个时期，一是元初的西京警巡院时期，二是大同录事司时期。可供参照的是元大都的警巡院的设置情况，至元成宗时期，总共有五个，最初沿用辽金旧制，置左右两院分领坊市；大德九年（1305）又增置南城警巡院；至大三年（1310）增置二警巡院，分治四隅。④ 当时是按照城市空间分区设置警巡院进行有效管理的。元末，统治者对大都的城市管理更为严格，至正十一年（1351）将左、右警巡院的职级从正六品升为正五品。十八年（1358）又在都城四隅设立警巡分院，官吏设置为本院的一半⑤，警巡院本院、分院的出现，标志着城市管理制度更趋完善。元代京都警巡院专领京师坊事、分领京师城市民事及供需，这说明其已上升为独立的城市行政实体和市政建制。

从元大都警巡院的设置情况可知，在元世祖忽必烈时期基本沿用金代的建制，从元成帝时期才逐渐发生变化，按城市空间划分管理区

① 《元史》卷91《百官志》，中华书局1976年版，第2317页。
② 《元史》卷6《世祖本纪》，中华书局1976年版，第107页。
③ 《元史》卷58《地理志》，中华书局1976年版，第1375页。
④ 《元史》卷23《武宗本纪》，中华书局1976年版，第522页。
⑤ 《元史》卷92《百官志》，中华书局1976年版，第2332页。

域成为趋势。大同设置西京警巡院是在元世祖在位时期，当时是按照民族成分和坊制结合来管理城市居民的，具体可参考前面辽金时期西京的警巡院制度。大同设置录事司之后，其城市管理依然有序进行，其中统治阶层的本族人要参与其中并扮演重要角色，录事司设置达鲁花赤，由蒙古人充任。

另外，元代大同是当时的工商业基地，城市的商贸经济较为繁荣，设置提举、同提举、副提举专门负责工商业税收，不仅能规范城市商业秩序，促进经济持续发展，而且可以提高政府的财政收入，有助于城市的进一步发展。此外，大同城周围出土的元代墓志铭等也提到大同府录事司，毛宅封墓是 1986 年出土于大同齿轮厂（大同古城西门外）的一座元墓，该墓建于大德二年（1298），有墨书题记"大元国山西路大同府录事司毛宅封"[1]，这从实物角度佐证了当时大同设有录事司的史实。另据出土于大同古城北郊的《王青墓志》记载，该墓主王青生前居住地即是"大同府录事司赞德坊"[2]，由此可见，当时录事司对大同城市的管理依然是以坊制为单位的。另外，从王青的生平来看，其父是因兵革而至西京的，属于军户；其继父世为农商，王青本人是否受其父牵连不得而知，从墓志中提及的信息来看，王青生活安稳，子孙昌盛，其本人活到 65 岁，在当时属高寿。此外，从王青子孙的名字"金刚奴""帖疙疸""迥光奴"等来看，其父母辈或者其妻子有人是少数民族。从其生平来看，王青居住的赞德坊应为普通居民居住的坊，其内有民族融合的现象，这是元贞二年（1296）之前大同城市生活的缩影。

---

① 焦强、李建中、周雪松：《大同元代壁画墓》，《文物季刊》1993 年第 2 期。
② 大同市文物陈列馆等：《山西省大同市元代冯道真、王青墓清理简报》，《文物》1962 年第 10 期。

第五章　明清时期大同的城市空间格局

明清时期是大同城市发展史上第三个黄金时期，其继承了辽金元以来北方军事、文化、商贸重镇的地位，并逐渐从明代的边防重镇转变为清代晋冀蒙三角地带的区域贸易中心城市。深入探讨明清大同城空间格局的演变及其影响，有助于系统认识大同城从军事重镇到区域商业中心的城市空间发展脉络，以及整个大同城市发展史的内在规律。明清时期大同城经历了三次较大的空间格局变化，第一次是明初大同城的修建；第二次是景泰年间大同城的扩建；第三次是清初大同城的衰败。明清时期大同城空间格局变动影响较大，奠定了明清以来大同城市空间格局的整体基调。

第一节　明清大同的发展

明清时期大同是北方交通的转运枢纽，明朝的驿传网络空间形成于洪武年间，驿站的恢复以及驿递系统的建设，是随着统一战争的推进而逐步完成的。永乐十九年（1421）驿站网络核心随政治中心从南京转移到北京，随之相适应的各省境内的驿站走向以及入京通道也发生了变化。山西作为中原北拒游牧民族侵扰的屏障和拱卫北京的门户，战略地位迅速上升，而大同作为晋北锁钥的特殊地位再次凸显。尤其是土木堡之变后，蒙古各部"皆在松、庆、丰、胜左右"，宣府、大同告急①，于是明

---

① 王士性撰，吕景琳点校：《广志绎》卷1《方舆崖略》，中华书局1981年版，第12页。

廷派"镇虏将军驻宣府，征西将军驻大同"①。明宣宗年间明与蒙古的军事分割线基本位于北部长城沿线，明英宗后蒙古军事实力骤增，对北部防线形成严重威胁，明廷不得不强化大同、宣府等重镇防御体系，至明孝宗时期形成九边重镇体系。

隆庆年间俺答封贡之后，明朝准许蒙古"其部落各赴大同互市，是亦羁縻之术"②，大同镇自此后战事日渐减少，且因其控制着蒙汉之间的重要贸易通道，逐渐成为九边上繁华的商贸重镇。明代大同镇是明代镇戍体系中的镇，属于战时体制，这种镇仅仅分布在边疆和其他要害地方，尽管在全国数量较少，但每个镇的军队规模都很庞大。洪武二十六年至建文四年（1393—1402），大同镇军队数量在13万—14万，当时城内置五卫，按照每卫5600人计算，城内的驻军在2.8万人左右，尽管有明一代大同镇军额变动较大，也存在在册军额多于实际军丁的情况，但城内的军士数量依然不少③，如"总兵官、副总兵、参将、游击将军、守备、把总"等及其下无品级、无定员的军士④。清代大同镇只是绿营兵制中的一个建制单位，在明代基础上建立起来的绿营军队都是经制兵。清代"绿营提镇以下，悉易差遣为官"⑤，大同镇的总兵官、参将、游击等武将在清代已经有了正式的品级，是常驻地方的正式官员。清代总督、巡抚是常驻地方的最高军政长官，总兵官在绿营兵制中位居总督和巡抚之下，全面受其节制、听命行事，已是固定制度。顺治六年（1649）更定官兵经制，大同镇旧军被改编成有经制的绿营兵，顺治十三年（1656），裁宣大总督，大同作为九边重镇的地位已经不复存在。康熙年间，清廷频繁用兵西北地区，大同成为屯兵、养兵、为战事提供兵员、马匹和粮草的重地。康熙二十九年（1690）十月与噶尔丹开战之初，清廷挑选具

① 王士性撰，吕景琳点校：《广志绎》卷1《方舆崖略》，中华书局1981年版，第9页。
② 《明穆宗实录》卷58，"中央研究院"历史语言研究所1962年校印本，第1421页。
③ 梁淼泰：《明代"九边"的军数》，《中国史研究》1997年第1期；张金奎：《明代山西行都司卫所军额考析——兼就〈明代"九边"的军数〉一文中之相关问题与梁淼泰先生商榷》，《第八届明史国际学术讨论会论文集》，1999年。
④ 《明史》卷76《职官志》，中华书局1974年版，第1866页。
⑤ 《清史稿》卷114《职官志》，中华书局1977年版，第3263页。

有专门素质的兵士提前驻守大同，"以备明春有事时调遣"①。康熙三十一年（1692）十月"以见在京城喂养之马驼，驱往大同等处饲秣"②。大同的屯兵重地职能刺激了其经济贸易需求的不断增长。康熙三十八年（1699）四月，山西巡抚倭伦请求允许山西商人出杀虎口外大青山等处伐木贩卖，虽无此先例，但清圣祖认为："内外之民俱属一体"③，认为这对商、民均有益，于是允准。同时，蒙古人基于自身的发展需要也提出进一步发展边贸的要求，甚至主动提出与汉人同耕部分边地④，于是汉人开始进入蒙古牧场垦荒⑤。中原与蒙古地区的交流更加频繁，位于交通枢纽上的大同镇由此逐渐成为商贸重镇。

清以降蒙汉军事对峙的局面消失，大同所处农牧交错带的地理特征虽依然存在，但由于边疆界线的北扩使得横在该地带中间的军事分隔线不复存在，从而使大同由边疆变为内陆，其军事地位遂逐渐下降，大同军镇的管理体制也向一般城镇转变，但大同的自然地理条件并未发生改变，其作为西进东出、南下北上的重要节点功能依然存在，并随着清一统之下的民族交流融合和边疆开发而交通枢纽作用更加凸显，清廷通往伊犁的塘路和阿尔泰的台站路等重要军事路线也都途经大同。

总之，清代大同地区的发展使得原有的农牧交错带、少数民族杂居带、军事冲突带属性逐渐弱化。一是农牧交错带向农业种植转变。大同盆地地区虽宜农宜牧，但在大一统趋势下，农牧交错带内原来游牧的少数民族随着自身的不断汉化而逐渐掌握农业种植技术，从而加大对该地区的垦荒力度，使原始的植被遭到大规模破坏。其实早在明代即因巩固边防的需要，于九边一线大规模垦荒以拓展产粮区。清朝定都北京后，为加强控制，在顺治年间禁止民间饲养马匹，从而使北

---

① 《圣祖仁皇帝实录》卷149，中华书局1985年版，第645页。
② 《圣祖仁皇帝实录》卷157，中华书局1985年版，第727页。
③ 《圣祖仁皇帝实录》卷193，中华书局1985年版，第1043页。
④ 《圣祖仁皇帝实录》卷181，中华书局1985年版，第939页。
⑤ 徐珂编撰：《清稗类钞》，中华书局1996年版，第1332页。

方相当一部分从事游牧业的民众被迫转为定居垦荒，从事农耕种植活动，而这又进一步加剧对草场、森林等原始植被的破坏。[1] 二是民族融合的趋势。长期以来大同地区时局的不稳定使得该地区成为不同少数民族流动的聚居地，即虽然有多个少数民族在该地区聚居，但大同地区的少数民族成分却不断发生变化。清代以来该地的少数民族随着对农耕技术的掌握和边疆局势的平稳，逐渐向汉民的生活、生产方式转变并呈现出民族融合的整体趋向。三是清代疆域的扩大与统一使大同沿线的边疆地带属性逐渐弱化，并由边疆军事重镇向交通枢纽和贸易重镇过渡。

第二节　明清大同城的空间格局

洪武元年（1368），明军攻克元大都北京，元顺帝北逃。洪武二年（1369）正月十九日，副将军常遇春率领郭英、汤和、耿炳文、汪兴祖等自太原出征大同，二十五日至大同，当时在大同的元朝右丞相扩廓帖木儿闻风逃奔甘肃，元守将竹贞等弃城而走，大同遂正式进入大明王朝的版图。然而逃亡北地的元朝后裔，军事力量尚存，依然有图谋中原之心，频频侵扰明朝北部边界。洪武早期明廷受汉地旧疆观念影响，欲以"幽云旧疆"为界与北元分治，之后随着军事优势的凸显以及北元反扑复归的形势下，转变为"永清沙漠"[2] 以绝后患，意图彻底消灭北元势力。但洪武五年（1372）明军主动出击，被北元兵大败于岭北之后，明朝在北部边境上基本奉行的是和平防守的策略，对北元的南侵采取"重来则御之，去则勿追，斯为上策"[3]的应对方式。

与此战略思想相对应的军事措施是开始着力巩固北境边防。北方长

---

① 田世英：《历史时期山西水文的变迁及其与耕、牧业更替的关系》，《山西大学学报》1981 年第 1 期。

② 赵现海：《明代九边长城军镇史——中国边疆假说视野下的长城制度史研究》，社会科学文献出版社 2012 年版，第 76—79 页。

③ 《明太祖实录》卷 78，"中央研究院"历史语言研究所 1962 年校印本，第 1425 页。

城的修筑和军事防务的建设成为重要的边防措施。明廷还将长城沿线划分为九个防御区，亦称九边或九镇。"居边隅之要害，为京师之藩屏"的大同成为北边防御中整饬修建的重点。"北捍胡虏以控带幽燕，南总三关以招徕晋魏"①的大同北面正对蒙古军事核心，是蒙古诸部南下中原的必经地之一。由于大同盆地西北高东南低的地势特点更有利于蒙古骑兵发挥其军事优势，因此，大同更容易成为蒙古南下侵扰的突破口，也就成为明廷重点防御之地。②为了进一步加强对大同地区的军事管理和部署，洪武三年（1370）朱元璋于大同设置左卫、右卫屯兵万余，洪武四年（1371）设立大同都卫，地方边镇都卫的设立意味着大同军事地位的上升，同时考虑到大同离太原距离较远，再于次年设置山西行都指挥使司进行管理。③洪武七年（1374），改大同路为大同府，置分巡按察司。洪武八年（1375）在大同设立都指挥使司，洪武十五年（1382），朱桂就藩大同。受边疆形势的影响，明廷在大同及其以北的临近地区修筑军事工程、并逐步建立多层次防御体系以防御北方蒙古部诸部的入侵。作为北边长城军事防御体系内部的核心军事聚落——大同城的修葺即是在这种背景下逐步完成的。

一　明代大同城的修建时间

关于明代大同城的修建，一般观点都秉承明正德年间《大同府志》的观点，即其是由大将军徐达于洪武五年（1372）在元大同旧城的基础上修筑的，《明太祖实录》"洪武五年十二月"条下记载"是月，……筑大同城"，也从侧面证明了大同城的修筑时间是洪武五年。但2018年在大同古城内发现了明洪武四年烧制的城砖④，这也说明存在大同城至少在洪武四年即开始修筑的可能性。史料中有关修

---

① 王士琦：《三云筹俎考》卷3《险隘考·大同总镇图说》，据明万历刻本影印本。

② 隆庆之前，宣、大、山西三镇始终是明朝北境区域防御的负荷重心，隆庆后期才逐渐转向蓟、辽二镇。

③ 《两镇三关通志》卷9《皇明》，美国国会图书馆藏明刻本。

④ 崔莉英、刘波：《大同古城发现明代纪年城砖》，《大同晚报》2018年4月11日，第6版。

筑大同城的最早记录为明洪武四年（1371）二月，大同卫都指挥使耿忠向朱元璋请求调拨粮草，又提出征调大同周边三县军民"协力修浚大同城堑"的请求。① 其中两件事同时请奏是否说明转运粮食的事情与修浚大同城有关？即为当时大同驻军和参与修浚大同城池的士兵提供粮食保障。如此则可否认为耿忠是明代大同筑城第一人？而徐达与其及大同城又是何种关系？下面将围绕这些议题展开讨论。

大同城是在明洪武二年（1369）正月，"副将军常遇春率师至大同，故元守将竹贞等弃城走"② 后进入大明版图的。鉴于大同在明军与元军争斗中的重要性，当年二月大将军徐达就下令调运粮食支持大同，"忻州运粮八千石，崞州七千石，代州七千石，坚州五千石，台州三千五百石，并刍豆，俱赴大同"③，与此同时，还调派宣武、振武、昆山三卫的士卒驻守大同④。同年改大同路为大同府，隶属山西布政使司，标志着大同正式列入明朝的行政区划。但该地区仍经常受到元兵残余势力的侵扰，大同府城更是成为敌人进攻的重要目标。虽然大同处于防卫的重要前沿，但洪武四年都指挥使耿忠面对的却是地荒粮少、城郭空虚的残破景象，从而无力应对北元之侵扰，于是便有了前文的请粮修城一事。

大同久经战乱，城池破败，民不聊生。耿忠在洪武四年正月二十三日任大同都指挥使后，二月初二即向朝廷谏言让当地军士修浚大同城，但大同城军士既要防备敌患，还要修浚破败的城郭，任务比较繁重。因此，耿忠又请"以蔚、忻、崞三处民丁与军士协力修浚大同城堑，从之"⑤。同年七月初一，中书右丞相魏国公徐达受命来山西操练士马，主要任务是修缮城池、训练士卒。⑥ 此事《明史·太祖本纪》中也有记载，四年"秋七月辛亥，徐达练兵山西"⑦，十二月，

① 《明太祖实录》卷61，"中央研究院"历史语言研究所1962年校印本，第1183页。
② 《明太祖实录》卷38，"中央研究院"历史语言研究所1962年校印本，第778页。
③ 《明太祖实录》卷39，"中央研究院"历史语言研究所1962年校印本，第785页。
④ 《明太祖实录》卷39，"中央研究院"历史语言研究所1962年校印本，第785页。
⑤ 《明太祖实录》卷61，"中央研究院"历史语言研究所1962年校印本，第1183页。
⑥ 《明太祖实录》卷67，"中央研究院"历史语言研究所1962年校印本，第1254页。
⑦ 《明史》卷2《太祖本纪》，中华书局1974年版，第25页。

徐达还京。换句话说，徐达在洪武四年（1371）的七月到十二月，都在山西。因此，不排除徐达督导了大同城池的部分修缮工作。

史料多载大同城系徐达于洪武五年（1372）十二月增筑，从时间维度看这一说法可以成立。洪武五年正月，明廷对北元残余势力进行征伐，徐达任征虏大将军协同其他共三路人马出塞[①]；五月，徐达在漠北与元兵的战役中战败，殒兵近万余，朱元璋虽然没有治他的罪，却也因北伐失利多有责备，太祖对晋王曰"吾用兵未尝败北"，如今大败于和林，"不可不戒"[②]，要求多加防备。而徐达本人对此次战役的反思也较为深刻，在战败后并未即刻返京，而是在长城以南沿线敛兵守塞，其中边防重地大同是其整饬修建的重点。十二月，徐达奉诏返还，是月，有了筑大同城的记录。鉴于当时主要任务是对北元势力的防备，对大同城的建设是与战事紧密相关的工程，其中大同城墙是比较重要的一个环节，此时应是大同城墙修建的重要时期。

按惯例徐达于洪武六年（1373）三月为征虏大将军再次赴大同备边。六月北元将领扩廓帖木儿（王保保）带兵攻打雁门，此时徐达仍在大同强化防御，指挥吴均退敌。直到十月，徐达等人才被明太祖诏回，但十一月由于扩廓帖木儿再次来犯而再次领兵大同，将其击退，此次战役结束后徐达并未立即返京，而是继续留镇大同。正是由于扩廓帖木儿对山西北部军事重镇大同的侵扰比较频繁，徐达多年来形成的惯例"每岁春出，冬暮召还，以为常，还辄上将印"[③]被打破，1373 年冬徐达没有被召回，仍留驻大同镇敛兵守塞，大同城池的修建也在此时间内逐步完成。

成化《山西通志》中同样记载大同府城城墙由徐达增筑，同时指出城墙于洪武六年由都指挥使周立进行包砖。通过分析不难发现，在洪武四年、五年、六年期间，大将军徐达在山西的活动比较频繁，其中涉及大同尤多，因此，其修筑大同城墙的可能性极大。但提出修筑

---

① 《明史》卷 125《徐达传》，中华书局 1974 年版，第 3729 页。

② 《明史》卷 124《扩廓帖木儿传》，中华书局 1974 年版，第 3712 页。

③ 《明史》卷 125《徐达传》，中华书局 1974 年版，第 3729 页。

大同城的首任都指挥使耿忠，从洪武四年至六年十二月以前作为守备大同的主要军事官员之一，其任职期间与大同城墙最早修筑时间高度重合，却为何没能出现在修城的史料中？洪武六年（1373）十二月，"降大同卫都指挥使曹兴为指挥佥事"①，而原指挥使耿忠则只字不提，查阅史料发现洪武十一年（1378）记载了一条朱元璋敕谕宁夏卫指挥耿忠的信息。该条记录的主要内容是朱元璋斥责耿忠虽为功臣之后，却因"不循轨度，谪降守边"，并强调其手下也非"忠良之士"，提醒他要"省心克己，慎守边隅"②。从此条记录可知，耿忠是由于犯了错而被贬到宁夏的，但其究竟所犯何事，可能与他的下属叛逆有关。经查证，洪武四年（1371）七月，大同确有边将叛逆事件发生，官山千户所百户速哥帖木儿因"叛杀其千户把都等事"伏诛。③ 由此可以推断，一是此处的宁夏卫指挥使耿忠与大同都卫指挥使耿忠为同一人，二是耿忠离任大同的原因极有可能就是受此叛逆事件的牵连，从此有了政治污点。在明军与北元军队反复争夺的边关重地大同，耿忠的军事管辖范围内，故元将领降而反叛，其影响尤为恶劣。洪武四年，明廷曾明确指出诸都卫出于防卫的目的，可灵活自主运用军事权力进行剿捕，"若失误致使滋蔓者，罪之"④。因此，上述事件应与耿忠被谪降守边有直接关系，耿忠极有可能是在此次事件后被贬的。

根据以上史料，现尚不清楚的是耿忠离任大同的具体时间。曹兴一名兴才，《明史》中有传⑤，据史料记载，洪武三年（1370），曹兴才为山西行省参政兼领太原卫事⑥，洪武四年二月尚以晋王相的身份向朱元璋上奏，但之后直到洪武六年十二月，才见"降大同卫都指挥使曹兴为指挥佥事"的记录⑦。因此，曹兴到任大同的时

---

① 《明太祖实录》卷86，"中央研究院"历史语言研究所1962年校印本，第1553页。
② 《明太祖实录》卷118，"中央研究院"历史语言研究所1962年校印本，第1926页。
③ 《明太祖实录》卷67，"中央研究院"历史语言研究所1962年校印本，第1262页。
④ 《明太祖实录》卷60，"中央研究院"历史语言研究所1962年校印本，第1181页。
⑤ 《明史》卷132《曹兴传》，中华书局1974年版，第3869页。
⑥ 《明太祖实录》卷49，"中央研究院"历史语言研究所1962年校印本，第965页。
⑦ 《明太祖实录》卷86，"中央研究院"历史语言研究所1962年校印本，第1540页。

间应当在洪武四年（1371）至洪武六年（1373）十二月前，而耿忠部将叛逆的事发生在洪武四年七月，正好处于此时间范围内，因此可以断定耿忠在洪武四年后半年已调离大同。联系上文可知，耿忠可能是洪武四年七月之后被贬职的，之后曹兴接替了他的位置，至于曹兴所犯何事被降职，史料中也有说明，他受"大同左卫指挥使薛寿不法事"① 牵连，但皇上念其有功，不重责罚，其被降职之后的升迁速度也印证了这点。第二年即洪武七年（1374）正月，朱元璋提升曹兴为福州都卫指挥使②，十一月调为燕山卫都指挥使，洪武八年（1375）为大都督府金事③。曹兴与耿忠都因属下犯事而受到牵连，为何曹兴在短时间内再度得到提拔重任，其主要是犯事的性质不同，据洪武八年中书省奏疏可知，曹兴在大同所犯的"不循轨度"的事是经济问题。④ 鉴于明初北方边境特殊的军情，明太祖朱元璋从大局出发，应该是将其从轻发落了。曹兴、谢成都做过晋王⑤府相，而且谢成之女还是晋王妃，而晋王是朱元璋在山西主要倚重的人，种种迹象表明，洪武初年这些人还有较高的军事价值，但在洪武二十六年（1393），受蓝玉案牵连，此二人都被处死。

通过梳理洪武四年到洪武六年间发生的事件，不难发现，洪武四年二月耿忠上奏朝廷修筑大同城池得到允诺之后，即开始着手此项工程，城砖的烧制也同时进行，直到七月份其受下属牵连被降职。而徐达是当年七月才来山西修缮城池、训练士卒的。由此可知，耿忠应该比徐达更早参与大同城池的修筑工作。2018 年在大同城内发现了明洪武四年烧制的城砖，这是关于明代大同城池修筑最早的实物资料，也从侧面印证了此事。尽管洪武四年的城砖⑥是少数，但其中有一块

---

① 《明太祖实录》卷 86，"中央研究院"历史语言研究所 1962 年校印本，第 1540 页。
② 《明太祖实录》卷 87，"中央研究院"历史语言研究所 1962 年校印本，第 1553 页。
③ 《明太祖实录》卷 96，"中央研究院"历史语言研究所 1962 年校印本，第 1650 页。
④ 《明太祖实录》卷 98，"中央研究院"历史语言研究所 1962 年校印本，第 1671 页。
⑤ 洪武三年四月乙丑，封楷为晋王，同年在阳曲城外东北方建晋王府。
⑥ 这批出土的城砖为长方形青灰色条砖，长 39—42 厘米、宽 20—21 厘米、厚 10.5—12 厘米，重 17.8—19.5 千克。

左侧印文为"洪武四年六月"①，右侧为"官自造"①，却有力地证明了耿忠在徐达之前即已展开对大同城池的修筑工作了。因此，明代大同城的修建时间应该在明洪武四年（1371）。至于为何史料中都称明代大同城是洪武五年（1372）由徐达修筑的，其主要原因有三：一是耿忠尽管最先着手大同城的修筑工作，但鉴于耿忠短暂的任职时间，以及当时大同的军事形势，其修筑城池范围应极其有限，可能是刚开始即被迫中止；二是大同城池的主体建筑，是徐达在山西操练士马，节制包括大同在内的山西军士时完成的；三是耿忠犯事，其形象受损，反观徐达，他不仅是明代大同城市发展的关键人物，而且也是这个时期的风云人物，其因功勋卓著，"配享太庙，肖像功臣庙，位皆第一"。与耿忠相比，徐达的形象标识度更高，更能提升大同城市的地位。

二 "凤凰单展翅"外部形制

明代大同既是府城又是边防重镇，在城池建置的规模形制上，基本依循了传统的礼法，但也因地理环境和地缘政治等原因，形成自身特色。明初大同城以元代大同土城南之半为基础增筑，这就决定了明清大同城的基本规制和形态。大同城秉承一贯的军事特征，随着明朝与蒙古之间政治军事形势的变化，大同镇的重要性逐渐凸显，军事地位不断提升，与之相随的是大同城的外部形制和内部的空间格局也发生了较大的变化。明代大同城的修建从洪武四年着手动工，至隆庆年间巡抚刘应箕对南小城的加固措施完工止。明代大同城前后经历 200 余年始建成城市外部形态的"定式"形制——凤凰单展翅。

（一）大同主城的修建

明代大同城的修建时间是明洪武四年二月开始的，但城池的主体结构是明洪武五年在大将军徐达主持下修筑的，史料记载明大同城由

---

① 崔莉英、刘波：《大同古城发现明代纪年城砖》，《大同晚报》2018 年 4 月 11 日，第 6 版。

徐达于洪武五年（1372）在元大同土城南之半基础上增筑，其形制"周围十三里，高四丈二尺，壕深四丈五尺"，六年（1373）由周立以砖外包①，其时设有东南西北四个城门，分别称为和阳、永泰、清远、武定。城墙上共建有 4 座角楼，54 座敌台楼和 96 座窝铺②。明初增筑完工的大同城，仅是带四门瓮城的大城。正统六年（1441），瓮城才开始包砖，其完工时间至少在正统九年（1444）八月初八之后，《明实录》中有佥都御史罗亨信以"大同、宣府自正统六年以砖瓮城，至今未能毕工"为由，奏请河南操备军夫协助筑城一事的记载。③

明初大同城主要是在原辽金元旧土城的基础上，依托南面截去北面而重新建筑而成的。由原来的周回 20 里的土城，变为周长 13 里略成方形的砖城。东西南北各城墙的长度为 1866、1870、1793、1804米，为面积约 3.36 平方千米的城池。④ 大同城周回十三里，门四，其规模明显大于周围的城镇（如表 5-1 所示），如阳和卫城，是三门（无北门），周围九里三十步；浑源州城周围四里二百二十步，只有东西两座城门；应州城是三城门，周五里八十五步。此外，大同城墙高约四丈二，明显比其所管辖的城池的城墙要高，而县城的城高多为两丈五尺至三丈五尺，符合府城和边防重镇的双重规格。结合大同城址因袭辽金土城的关系以及考古调查发现的东墙、西墙、南墙的增筑和北墙的新筑，梁思成先生对于东、南、西三面城楼的调查判断其确系明初同时所建。⑤

---

① 正德《大同府志》卷 2《城池》，《四库全书存目丛书》史部，第 186 册，明正德刻嘉靖增修本，齐鲁书社 1996 年版，第 222 页；成化《山西通志》卷 3《城池》，《四库全书存目丛书》史部，第 174 册，成化十一年刻本，齐鲁书社 1996 年版，第 64 页。

② 正德《大同府志》卷 2《城池》，《四库全书存目丛书》史部，第 186 册，明正德刻嘉靖增修本，齐鲁书社 1996 年版，第 222 页。

③ 《明英宗实录》卷 120，"中央研究院"历史语言研究所 1962 年校印本，第 2424 页。

④ 张呈富：《大同古城与民居》，中国炎黄文化出版社 2009 年版，第 4、7 页。

⑤ 《大同东南西三门城楼》，梁思成：《梁思成全集》（第 2 卷），中国建筑工业出版社 2001 年版，第 170—174 页。

表 5 - 1   明大同府辖区主要城池规制

县城	建城时间	筑城者	规模	门数
朔州城	洪武三年	不详	周围七里。高三丈六尺，堞高六尺，共四丈二尺。池深三丈五尺	门四，东曰文德，西曰武定，南曰承恩，北曰镇塞
应州城	洪武八年	知州陈立诚，洪熙改筑	周围五里八十五步。高三丈二尺，壕深二丈	东、西、南三门
广昌县城	洪武十三年	千户李真修	周围三里一百八十步，高三丈，壕淤平	南北二门
怀仁城	洪武十六年	桑桂因旧城周围增筑	周围三里零六步，高三丈，壕深一丈	东西二门
马邑县城	洪武十六年	朔州卫指挥孙昭修	周围二百七十九丈，正统二年展城，周围四里。高三丈三尺，壕深二丈	东西二门
广灵县城	洪武十六年	知县叶时因旧城修筑，天顺初都御史马昂令有司展筑	周围四里，高三丈七尺，壕深一丈五尺	门二。南曰景阳，北曰镇远
阳和卫城（今阳高县城）	洪武三十一年	不详	周围九里三十步。高三丈五尺。壕深三丈	门三，东曰成安，西曰成武，南曰迎宣
天城卫城（今天镇县城）	洪武三十一年因旧城筑	不详	周围八里二十四步，高三丈五尺，壕深二丈	门四，东曰泰定，西曰武宁，南曰迎宣，北曰镇远
山阴县城	永乐三年	不详	周围四里零二十步。高三丈三尺，壕深八尺	东、西、南三门
浑源州城	唐	不详	周围四里二百二十步，高一丈五尺，壕深七尺	东、西二门

县城	建城时间	筑城者	规模	门数
蔚州城（今河北蔚县县城）	北周大象二年	洪武五年德庆侯廖允中开壕，十年设卫，指挥同知周方修筑	周围七里十二步。高三丈五尺，堞高六尺，共四丈一尺。壕深三丈五尺	门三，东曰安定，西曰清远，南曰景山
灵丘县城	天顺二年	不详	在唐城基础上（唐开元二年始筑。周围三里三百三十步。高二丈。壕平。）徙城南三十二步。重筑周围五里，高四丈，壕深一丈五尺	门二南，南外东向曰承恩，内正向曰秀丽；北门不开，内曰镇朔，外曰怀远
大同左卫城（今左云县城）	洪武二十五年	永乐七年设大同左卫，城始筑完	周围十里一百二十步，高三丈五尺。壕深二丈	门三，西、南、北
大同右卫城（今右玉县右卫镇）	洪武二十五年	永乐七年设大同右卫，筑完	周围九里十三步，高三丈五尺。壕深三丈	门四，东曰阅武、西曰怀来，南曰永宁，北曰镇远
威远卫城	正统三年	不详	周围四里五步，高三丈五尺，壕深一丈八尺	不详
平鲁卫城	成化十七年	不详	周围一千八十四丈	三门，东曰东作，西曰西成，南曰南讹
井坪所城	成化二十一年	不详	周围六百六十六丈，高二丈四尺，壕阔四丈	南北二门

资料来源：正德《大同府志》卷2《城池》。

大同城是明代北境边防重镇，其城墙是典型的防御性城墙，规模宏大且外面都包有城砖。明代受北境边患影响，边防城市为提高防御能力，加上当时制砖能力的提高，筑城包砖成为定制。大同城也是在明初增筑时才外砌以砖，其城墙主体仍为夯筑土，土源主要来自距离

30 多米外的环城城壕，壕均宽 12 米，深 14 米多，引水入壕即成护城河，就成为设险防卫的第一道防线。① 大同城墙主体夯筑土每层实厚 10—12 厘米，外侧墙基用规整的石块砌筑，而其上部分均为砖体，所用的砖有 3 种规格，其中中号砖长宽厚分别为 40 厘米、20 厘米、10 厘米。大同城墙除城门和瓮城段为内外包砖外，其他均为外面包砌砖体。城墙顶宽三丈二尺，约 10 米，地平宽度能容两辆辎重车通行。

大同城墙上筑有起防卫作用的垛堞。梁思成在《〈营造法式〉注释》中引用《说文》《释名》来解释"堞"，堞是指城上的女垣，垛堞又称"睥睨""睥"或"女墙"②，与高大的城墙相比，堞是其上低矮的墙体。垛口是在城墙外檐女墙砌至常人胸部高时留的，口宽通常为垛堞长的三分之一，为射击所用。垛堞作为掩体，其长一般以可以并排遮掩两人为宜，大同城墙雁塔段修复后的数据基本与此一致，外檐女墙高 1.4 米，垛口高、宽均为 0.6 米，堞墙通高 2 米，垛堞长 1.9 米，下面还留有宽 0.2 米、高 0.3 米的瞭望孔。③ 据说大同主城城周垛堞共有 583.5 个，意喻代表当时大同镇所辖的村庄数量，其中 0.5 个是指南部有一村大同与怀仁各管一半。④ 此外，城角四角各建有角楼一座，镇楼是古城西北角的角楼，是一座四层八角重檐楼，因西北角方位属乾，故又称为"乾楼"，楼上有匾额"镇楼秋爽"，也是云中八景之一。正德《大同府志》中有"西北角楼，制模宏敞，往来缙绅，多留题咏"的记载。⑤ 城上筑有 54 座敌台楼，在城墙防御中发挥敌情侦察、掩蔽攻击和军事指挥等作用。同时，大同城上还筑有 96 座窝铺，虽然窝铺的具体形制难以考证，但联系其名称与大同城墙建筑的军事用途，不难推测其应是供守城士兵临时休息和存放

---

① 张呈富：《大同古城与民居》，中国炎黄文化出版社 2009 年版，第 7 页。
② 梁思成：《〈营造法式〉注释》，生活·读书·新知三联书店 2013 年版，第 36 页。
③ 张呈富：《大同古城与民居》，中国炎黄文化出版社 2009 年版，第 8 页。
④ 张呈富：《大同古城与民居》，中国炎黄文化出版社 2009 年版，第 8 页。
⑤ 正德《大同府志》卷 2《城池》，《四库全书存目丛书》史部，第 186 册，明正德刻嘉靖增修本，齐鲁书社 1996 年版，第 222 页。

物资之所。该建筑也是为适应明前期蒙古势力反复南下侵扰的局势而建，为了让守城将士能够有快速机动的反应能力，窝铺就成为城墙上的居所，该建筑并未直接暴露在军事对抗中，因此其修建材质应为木质，这也就导致现今无法找到其物质遗存。

从空间层次看大同城墙外轮廓的形状像齿轮一样，凸凹相间排列有序，其突出的部分为马面，俗称城墙垛子。马面的修筑不但能够增加城墙的强度，使其从结构上更加稳定，而且在攻城战役发生时有利于守军从侧面观察、策应和攻击敌人，从而大大提升城防能力，实现建筑结构措施与战时功能的完美融合。明大同府城墙马面规制大小不一，其突出城墙部分为深 13—15 米、面宽 17—25 米，城墙正身以城门为中心每面设有 12 个马面，每个马面之间间隔 96—115 米，四面共设有 48 个马面。在城墙四个转角处，也设有城角垛子。城角垛子较城墙正身垛子略大，顶面突出 17—19 米，面宽 19—21 米。与众不同的是大同城角马面 6—7 米处各建有一座宽近 17 米、高 15 米的控军台，控军台的四面俱由砖体包成、强度较高，高度通常与城墙同高并架设有木桥与城墙相连，上面可以放置火炮等武器，从而与城墙策应发挥更强的御敌能力。这种离而不断的设防结构，尚属罕见，就是明代南京城、北京城都不曾设置，仅大同城墙独有，这是大同城墙设险防卫的一种特殊造型。①

在四面环护的城墙设防中，尤以城门最为重要，故唐代以降城门外增筑月城（瓮城）作为城门的屏障，而且在月城外增筑翼城（小城）或罗城，已成为城墙建设的典型模式。大同城四座城门上各建有九级歇山顶三层重楼一座，城门楼平面布局呈前窄后宽的形制，纵向由三层构成，上层较下层较为收缩，屋顶为传统的歇山顶。②大同城四门各有登城马道（斜坡可通车马），并且四门都设有瓮城，瓮城城墙里外均包以砖，且两面砌筑垛堞，表明瓮城既可临战屯兵出击，又可诱敌入瓮，成"瓮中捉鳖"之势（如表 5-2 所示）。瓮城设重门，

---

① 张呈富：《大同古城与民居》，中国炎黄文化出版社 2009 年版，第 9 页。
② 梁思成：《中国建筑史》，生活·读书·新知三联书店 2011 年版，第 246 页。

拐旋出入，瓮城门洞进深约 30 米。出东门需右拐左旋；北门，右拐左旋；西门左拐右旋；南门左拐右旋；其城门朝向以"迎山接水"和防御为主。瓮城各门之上建有"箭楼"或者"匾楼"。瓮城内建有小型神庙：东瓮城内建有岳王庙、五岳庙；西瓮城内建有姥爷庙、地藏寺；南瓮城内建有药王庙、财神庙、三皇庙；北瓮城内建有眼光寺、关帝庙。[①]

表 5 - 2　　　　　　　　　　明大同府城瓮城规格

瓮城	宽（米）	深（米）	面积（平方米）
东瓮城	112	78	8736
南瓮城	106	78	8268
西瓮城	194	110	21340
北瓮城	136	86	11696

（二）三面小城的修建

明朝中期，边备渐趋败坏，蒙古诸部经常南下侵扰。山西首当其冲，尤其是以大同为中心的北部地区，成为蒙古诸部的骚扰重点。正统十四年（1449）的"土木堡之变"使军事冲突达到了顶峰，也先率大军攻打大同，明英宗仓促亲征被俘，明军死伤过半，时局紧张，以至于大同藩王宗亲都欲逃离大同，如山阴王逊煁"欲同宫眷迁居内地"[②]，而宣宁王逊烊也"欲偕怀仁、隰川二王奉母往居河南"[③]，但不论是对二王还是代王移居汝宁府的想法，明廷都以固守边藩为由予以明确回绝。书复代王仕壐曰："得奏，以大同地邻虏寇，欲移居汝宁府，具悉。今正选将练兵，图灭虏寇之

---

① 道光《大同县志》卷5《营建》，《中国地方志集成·山西府县志辑》第5册，凤凰出版社2005年版，第70、71页。
② 《明英宗实录》卷184，"中央研究院"历史语言研究所1962年校印本，第3636页。
③ 《明英宗实录》卷185，"中央研究院"历史语言研究所1962年校印本，第3682页。

日，叔当固守藩屏，不可轻动，叔其亮之。"①

大同边镇局势及处境的困难程度，从代王府的境遇也可窥知一二。大同地区经年累月地进行战争，蒙古铁骑不断南下侵扰、掠夺，致使民众颗粒无收、人财被剽，从而无法保证向代王纳粮，致使代王府缺粮不得不于正统十四年（1449）十一月请求户部拨粮，最终户部允许从大同府关暂时支给。②之后，大同的财政就更为窘迫，据景泰元年（1450）六月参谋大同军事、左都御史沈固的奏折可知，大同财政困窘，连各府州县的儒生也没办法供养，只好将学生遣送回乡，而将学印送官府封存，教员与学校官吏重新他用，待"税粮有征之日复设"③。

作为边防重镇的大同不但缺乏粮草还缺乏军马，《明实录》对大同征调他处官兵的记载颇多。比如景泰元年正月初七，因蒙古多次侵扰大同，但大同本地兵马不足以出城迎战，故参将都督方善奏请兵部支援，兵部调集五千兵马"直抵大同，会总兵官郭登、方善等计议剿杀"④。同年正月十六，山西右都御史朱鉴等再次向皇帝讨要从大同调往雁门关的兵马。⑤为了解决当时驻守官军的粮草问题，明廷也是煞费苦心，正月二十六日，明确规定当民众给大同、宣化等官府捐助一定数量的粮食、谷草或鞍马，便可以"赐冠带以荣其身"⑥。闰正月初二，大同出台了通过缴纳粮食赎减罪行的具体办法，比如"杂犯死罪纳米豆四十石"等⑦，而且连官员选拔或者升降都与输草多寡挂钩，当时批准的户部奏折中有明确记载，大同粮草缺乏，经年累战民间供应不及，请求主管官员选拔的吏部将输粮草情况与官员选用、奖惩相挂钩，明确规定只要听选官和办事官输草 1500 束、2000 束就能选用，本应降职的官员只要输草 500 束就能官复原职等⑧。同年五月

---

① 《明英宗实录》卷 186，"中央研究院"历史语言研究所 1962 年校印本，第 3744 页。
② 《明英宗实录》卷 185，"中央研究院"历史语言研究所 1962 年校印本，第 3696 页。
③ 《明英宗实录》卷 193，"中央研究院"历史语言研究所 1962 年校印本，第 4040 页。
④ 《明英宗实录》卷 187，"中央研究院"历史语言研究所 1962 年校印本，第 3776 页。
⑤ 《明英宗实录》卷 187，"中央研究院"历史语言研究所 1962 年校印本，第 3784 页。
⑥ 《明英宗实录》卷 187，"中央研究院"历史语言研究所 1962 年校印本，第 3801 页。
⑦ 《明英宗实录》卷 188，"中央研究院"历史语言研究所 1962 年校印本，第 3816 页。
⑧ 《明英宗实录》卷 188，"中央研究院"历史语言研究所 1962 年校印本，第 3836 页。

十五日的户部奏折更是迫切说明当时大同粮草供应之艰难，其载大同为了解决粮草缺乏问题曾尝试过用银布买粮、通过开中制以食盐吸引社会资本纳粮、招募富家子弟通过授予荣誉换取输粮、通过授予官职或免过而获得上粮等办法，但依旧粮草不足、粮路不通。① 景泰二年（1451）为进一步解决大同粮草问题，继续实施开中制和纳粮授官制，并在开中比例和纳米数量上进一步降低要求，明确规定除文臣外其他官员都可循此例。② 同年四月十一日又补充"命官舍军余各运米六百石赴大同，授以试百户，子孙世袭"，"锦衣卫校尉有愿增运米一百石如例升授者"③。通过以上史料可知，大同作为京城的门户，在蒙古军事侵扰下城防压力较大，但大同城池加固工作却因其长期处于兵马不足、粮草匮乏等困境中而进展缓慢。土木堡之变后，在各种矛盾相对缓和时，为了进一步增强大同城的防御能力，大同官员拓展了北、东、南三座关城。

1. 北小城的拓建

正统初年，瓦剌部统一蒙古诸部并使蒙古势力再次壮大，在明廷内外涣散的形势下，大有趁机南下之意。此时明廷为了加强长城沿线防御力量，开始积极屯军储粮，修边筑堡。正统九年（1444），宣大巡抚上奏明廷提到大同城墙的包砖工程已经进行了四年而未完工，奏请"以河南操备军夫协助从之"④。此则史料说明正统六年（1441）时，大同城墙仍有相当大的部分是土墙，并未完全包砖，而且此时兵力严重不足，修筑工程进展缓慢。正统十二年（1447），大同左参将石亨请求"以原调山西、河南官军及各卫军余"⑤ 修筑大同城也可说明此点。

正统十四年（1449），明英宗亲征大败，于土木堡被瓦剌俘虏，史称"土木堡之变"。此后，景帝即位，采纳于谦建议，命郭登为大

① 《明英宗实录》卷 192，"中央研究院"历史语言研究所 1962 年校印本，第 4008 页。
② 《明英宗实录》卷 200，"中央研究院"历史语言研究所 1962 年校印本，第 4248 页。
③ 《明英宗实录》卷 203，"中央研究院"历史语言研究所 1962 年校印本，第 4341 页。
④ 《明英宗实录》卷 120，"中央研究院"历史语言研究所 1962 年校印本，第 2424 页。
⑤ 《明英宗实录》卷 161，"中央研究院"历史语言研究所 1962 年校印本，第 3131 页。

同总兵，同时加紧军事防务与防御工事的建设。史料载景泰元年（1450）四月蒙古军再次临城，郭登通过诱敌深入之计将其众引至"土城，伏兵起截之"①，可知此处所指土城即是城门瓮城，其一般是城池修筑的重点，应当会先用砖包砌，但此时仍为土城。十二月，代王仕壜奏曰："登令于四门外造木榨，近城设陷阱，伏军守瞭……又于南门外修战场，周围为陷沟七百余丈……又于四土城门置陷阱，阔三丈深半之，起浮桥……"②可见在战争频发时，为集中兵力应对敌军，主要于战前添建一些可以伏击敌人的军事工事，并不会对防御作用较强的城墙或城楼进行大规模的修筑。

大同从正统十四年（1449）以来遭到严重破坏，内外交困，是明廷北援的重点，虽然后来战事缓解，但由于其地理位置的重要性，此地的防务一直未有松懈。虽然蒙古各部通过与明朝建立朝贡关系而恢复正常往来活动，但由于其兵马仍离大同不远，明廷严令山西各处总兵协同镇守大同，"务在大同各卫并各屯堡粮储充足，军民不致劳扰激变，庶副朕之委托，先将计议可行之法明白具奏，毋或稽违"③。另外，对镇守大同的军官也严加考察并及时做出相应调整，景泰二年（1451）三月二十五日，大同总兵郭登上奏反映左都御史沈固贪腐渎职的情况并推荐合适人选④，同年其所荐之人年富即接任大同左都御史⑤。据正德《大同府志》记载，正是在景泰年间，年富于府城北别筑北小城（翼城）。自土木堡之变后，边将无敢与敌战者，大同城闭门坚守，正是在这种情况下，年富在到任大同后即着手整饬大同城，修筑北小城即为边防之要事。北小城的基本规格为北城墙长 1012 米，南城墙长 985 米，东城墙长 812 米，西城墙长 813 米，高约 20 米，形状为梯形的"方城"⑥。开设长春、延秋、大夏三门，没有北门。

① 《明英宗实录》卷191，"中央研究院"历史语言研究所1962年校印本，第3979页。
② 《明英宗实录》卷199，"中央研究院"历史语言研究所1962年校印本，第4224页。
③ 《明英宗实录》卷198，"中央研究院"历史语言研究所1962年校印本，第4217页。
④ 《明英宗实录》卷202，"中央研究院"历史语言研究所1962年校印本，第4333页。
⑤ 《明英宗实录》卷204，"中央研究院"历史语言研究所1962年校印本，第4376页。
⑥ 张呈富：《大同古城与民居》，中国炎黄文化出版社2009年版，第6页。

"北建玉虚观及钟鼓楼，后层台上建玄帝庙，廊迤东立马神庙，每年冬初将士致祭于此。"

城门是沟通城内外交通的主要通道，在方便居民出入的同时，也是城池防御的薄弱点，因此，北小城在修筑之初只开了东、西、南三个城门，不开北门主要是出于防守上的需要。南门大夏门位于南墙正中，和主城北武定门相对。东门长春门和西门延秋门并未设置在两墙的中间，均设置在南墙南端近角50米处，与主城相距约200米。因为离主城近，处在主城火力覆盖范围之内，如果东、西城门受到攻击，进攻之敌不仅正面受到来自小城的打击，侧翼又受到来自主城方向的炮火打击，主辅之间又形成交叉火力网，这样不仅构成了防御的整体性，还弥补了小城自身防御的不足。这种防御布局方式在后来天顺年间巡抚韩雍续筑的东、南小城上也得到应用，如东小城的南园门和北园门、南小城的迎晖门与永丰门均贴近主城，与之呼应。可以看出，位于军事要冲的大同城，在长期的战争中为适应不同的需要，其关城的规划思想及其城门布局在遵循礼制的前提下更趋于实用。

关于北小城城门的变动，正德《大同府志》记载北小城有三个城门，即东长春，西延秋，南大夏。顺治《云中郡志》也记载有三个城门，但未提及城门的名称。清乾隆《大同府志》记载北小城"门凡三，东曰长春，南曰大夏，北曰元冬①"，在此版方志中，北门玄冬门首次出现，此处说明北门已经开启。小城修筑之初，因军事威胁不开北门，既然开启一定是威胁解除了。从"土木堡之变"后至隆庆初年，蒙古军对大同侵扰不断，仅嘉靖年间蒙古俺答部南下侵扰大同的次数高达四十五次，平均每年都要发生一次以上的军事对抗。②直到隆庆和议后，马市的开放才使大同恢复自汉唐以来少有的安定局势，大同成为对蒙古商贸交易的集散地，官市、民市繁荣。由此推测，北小城北门的开启时间应该在"隆庆和议"之后，此时，明蒙军事紧张局势已大幅缓解，为方便交通与贸易往来才开通了北门。据

---

① 元冬，本作玄冬，避康熙玄烨讳，改玄为元。
② 姚斌等：《大同史略》（下），北岳文艺出版社2013年版，第432页。

2014 年 6 月 4 日《大同日报》的报道，在北小城北门外道路施工中发现砖砌双涵洞桥梁，经考古发掘，确定为明代北小城护城河建筑遗存，同时还出土一块阴刻楷书"玄冬门"的匾额石，从纹饰及字体判定匾额石当属明代无疑，此桥梁与匾额石的发现印证了北门的开启时间是在明代。

据清乾隆《大同府志》记载，明万历年间，在草厂城外西南建普渡桥。普渡桥的修建，应为方便西门延秋门的出入，也就是说在万历年间西门还在正常使用，加上"隆庆和议"后开通的北门，此时北小城是四门建制的城池。至于北小城的西门是何时封堵的，史料没有明确记载，可能与当时的地震有很大关系。据《明熹宗实录》记载，天启六年（1626）六月初五日寅时"京师地震"，当日"天津三卫、宣、大俱连震数十次，倒压死伤更惨"[1]。清乾隆《大同府志》也对此次地震进行了详细记录，其中大同"地震数十，死伤惨甚"，但由于当时"边备难缓，帑匮民穷"，极有可能没有及时修葺，导致荒废。清光绪《灵丘县补志》中也有记载灵丘城的一座城门即因此次地震而毁坏，因无钱修缮而荒废。

由上述史料推测，隆庆五年（1571）至天启六年间，北小城是四门建制，其西门在天启六年六月发生的大地震中塌毁，之后未能修葺。关于城门的命名，东曰长春，南曰大夏，西曰延秋，北曰玄冬，应是受到道教堪舆术"北斗"文化的影响，按照初昏北斗七星斗柄所指方位代表的季节命名，而斗柄所指东、南、西、北分别对应春、夏、秋、冬。[2]因此，在修建北小城时应该规划有四门，但由于战争的影响，北门是在战事稳定之后才开的，而西门震毁是受不可抗力导致的。

2. 东、南小城拓建

在景泰年间修筑北小城后，大同城的外部形制一直未变，直到天顺年间佥都御史韩雍巡抚大同时，续筑了东小城、南小城，大同城的外部形制才又发生变化。关于具体的修筑时间，应该在天顺四年至天

---

①　《明熹宗实录》卷 72，"中央研究院"历史语言研究所 1962 年校印本，第 3477 页。
②　江伟伟：《明代大同城墙之北小城城门考》，《文物世界》2020 年第 3 期。

顺七年（1460—1463）之间，据记载天顺四年十一月十八日韩雍巡抚宣府、大同，"命金都御史韩雍巡抚大同、宣府"①。考虑到大同的寒冷气候，当年应该没有动工，但从天顺六年（1462）十二月十八日锦衣卫指挥佥事吕贵以"巡历不周"奏请"另选大臣分巡宣府"②可知，韩雍在之前巡抚宣府、大同期间，偏重大同，忽视宣府，其间应该就有韩雍组织修筑东、南小城，所以在天顺六年十二月时，命韩雍专门巡抚大同。直到天顺七年，韩雍调离大同，"议事入觐，帝壮其貌，留为兵部右侍郎"③，具体应该是当年闰七月初二"命右副都御史陈价巡抚宁夏，王越巡抚大同"④之前，而此时，大同东、南小城应该已经完工，正德《大同府志》也记载，"天顺年间都御史韩雍续筑东小城、南小城"⑤。考虑到大同寒冷的气候条件以及韩雍到任、离任的时间，大同东、南小城主要修筑于天顺五年（1461）和六年。

正德《大同府志》对东、南小城的形制进行了记载，即"各周围五里，壕深一丈五尺，东西南三门"⑥。对此，雍正《山西通志》卷八《城池》也有记载，并明确指出此二小城由韩雍于天顺年间修筑。东小城最初设有东、西、南三门，没有北门，其西门连接吊桥与主城相通，清中后期逐渐开设了北门，东、南、北三门分别为迎恩门、北园门、南园门，其上都建有楼阁。东小城为北城墙长 520 米，南城墙长 490 米，东西城墙长均为 410 米的等腰梯形"方城"⑦。南小城平面呈"Y"字形，三门分别为东迎晖、南永和、西永丰，北门与大同城南月城门合而为一。南小城修筑加固的次数较多，巡抚李文进将南小城城墙增筑八尺，之后巡抚刘应箕在其基础上将城墙加高一丈、增厚八尺并包

---

① 《明英宗实录》卷 321，"中央研究院"历史语言研究所 1962 年校印本，第 6671 页。

② 《明英宗实录》卷 347，"中央研究院"历史语言研究所 1962 年校印本，第 6998 页。

③ 《明史》卷 178《韩雍传》，中华书局 1974 年版，第 4732 页。

④ 《明英宗实录》卷 355，"中央研究院"历史语言研究所 1962 年校印本，第 7092 页。

⑤ 正德《大同府志》卷 2《城池》，《四库全书存目丛书》史部，第 186 册，明正德刻嘉靖增修本，齐鲁书社 1996 年版，第 222 页。

⑥ 正德《大同府志》卷 2《城池》，《四库全书存目丛书》史部，第 186 册，明正德刻嘉靖增修本，齐鲁书社 1996 年版，第 222 页。

⑦ 张呈富：《大同古城与民居》，中国炎黄文化出版社 2009 年版，第 6 页。

砖，另外还修建了四个城门楼。万历二十年（1592），北门楼改为文昌阁，其后东、西门楼改称四仙阁和三星阁。①

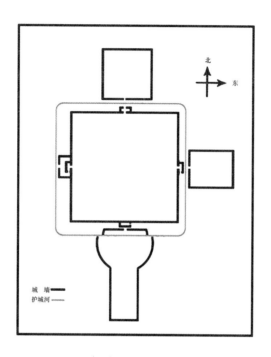

图 5 - 1 明代大同府城外部形制

明大同城从洪武四年（1371）着手筑主城开始，至隆庆年间南小城的完工止，前后约 200 年，至此大同城的形制成为"定式"。北、东、南三小城环列大同主城三面，没有西关小城，其形被赋予"凤凰单展翅"的寓意，民间传说大同城是神鸟凤凰受伤后坐化而成，南关为凤头、北关为凤尾、东关为凤之左翅，之所以没有西关，是因为凤之右翅受伤没有展开。其实大同城是典型的军事防御性城市，为了加强城门的防御，不仅在城门外增筑瓮城（月城），而且在瓮城外增筑翼城（小城或罗城），大同北、东、南都筑有小城，西面虽然没有筑

① 高平：《明代大同镇》，山西人民出版社 2004 年版，第 13 页。

小城，但因其防备守备的重要性，在瓮城外还有一道罗城。此后大同城曾先后经巡抚李文进、刘应箕，总兵郭琥，巡抚房守士等多次局部重修。① 但大同城"凤凰单展翅"的形制一直没有改变（如图 5 - 1 所示）。明崇祯十七年（1644）三月初，李自成起义军进抵大同城，大同总兵姜瓖射杀镇守西门的代王宗室，开城门投降。之后，义军将指挥部设在代王府，在大同城屯兵六天，尽杀代王宗室，明大同城自此衰落。

（三）城池防卫的巩固

嘉靖以来，是明蒙双方关系最为紧张的历史阶段，大同地区不断遭到蒙古军队的侵扰，正如《三云筹俎考》中所叙："自世朝五年以至三十有二年，朔、应、蔚、浑及广灵、灵丘、马邑、怀仁、山阴等州县，井坪、宏赐、威远、玉林、左卫等城堡，无岁不被蹂躏，盖虏一战场也。"② 嘉靖年间，蒙古首领俺答多次遣使奉书向明廷表示愿意臣服，并请求每年通贡互市，但都遭到明廷拒绝，于是其对边疆地区的掠夺便更加猖獗。其间，俺答入侵大同多达四十多次，真可谓岁无宁日，寝食难安。直至嘉靖三十九年（1560）后，其侵略势态才稍微有所缓和，而到隆庆五年（1571）明蒙双方议和后才通贡互市，长城沿线军镇城堡的战火终于得到平息，大同城的第三次大规模修筑也正是在这之后开始的。此次修筑主要是对小南城的增固③，对原有城墙进行加高加固以及增建城楼等，并没有再拓展城池范围，而大同城的整体城市布局与建筑空间序列也就此定格。

大同城作方形，每面辟门一，各建城楼于其上。城门上建造重楼高阁，不仅增加了镇城的磅礴气势，而且突出城楼居中为尊，俯视威慑镇城以及远眺勘测敌情的防卫功能。据梁思成在《大同东南西三门

---

① 雍正《山西通志》卷 8《城池》，《钦定四库全书》第 542 册，文渊阁《四库全书》本。
② 王士琦：《三云筹俎考》卷 2《封贡考》，据明万历刻本影印本。
③ 胡文烨撰，大同地方志办公室点校：《云中郡志》卷 2《方舆志》，山西省新闻出版局 1988 年版，第 78 页。

城楼》的调查①可知，城楼系明初所筑，细部结构既保存辽金旧法，也有元代遗风。大同城楼上的门楼平面，俱为凸字形，外观结构基本一致。"楼之平面配置，墙以内者，后部面阔五间，进深六架椽。其前突出部分，面阔三间，进深四架椽。周围以砖墙联前后为一，其外绕以走廊，略似宋之龟头殿。"与清北京城诸门楼相似。诸门楼外观分上中下三层，檐三层。"下层之檐，系覆于周围走廊上。檐之上端，紧接中层诸窗之下口。中层之壁体与腰檐，俱较下层收进。系于下层檐柱与墙内柱之上，施梁一重，梁上再施柱，与阑额普拍枋，其间以砖填砌。"屋顶前后两卷相连，均为九脊顶。

此外，在南城墙的东部还修建了一座瞭望塔，名雁塔。该塔西北距现大同府文庙约 200 米，东距城墙东南角楼约 180 米。关于雁塔的建筑年代，史料中没有明确记载，一般认为是明天启年间建造的。关于这一说法清乾隆《大同府志》也有相关记载："天启四年，知府陈元卿修云路，建雁塔"②，同时考古发现的雁塔"题名塔"碑也佐证了这一说法。第六层西北面假券洞内镶嵌的明代"题名塔"碑，上款为"皇明天启□□□□甲子□□□"，下款为"□极殿左柱□□□士少师兼太子太师吏部尚书韩爌书"③，通过查证史料可知，天启年间韩爌具有"少师"任官资格的时间为天启三年至五年（1623—1625），与乾隆《大同府志》中载天启四年（1624）建成雁塔的记述基本一致。成书于正德八年（1513）的《大同府志》中没有任何关于雁塔的记载，顺治《云中郡志》中载"雁塔遴英坊"是"嘉靖戊子温景蔡"④建，从名称来看，雁塔当在该坊之前修筑，所以雁塔可能建于正德末嘉靖初的这一段时间内。雁塔高约 17 米，为八角七级砖构宝塔，将城墙上的瞭望塔设计成佛塔形制，在我国

① 《大同东南西三门城楼》，梁思成：《梁思成全集》（第2卷），中国建筑工业出版社2001年版，第170—174页。
② 乾隆《大同府志》卷14《学校》，《中国地方志集成·山西府县志辑》第4册，凤凰出版社2005年版，第269页。
③ 尹刚、张海蛟：《山西大同雁塔测绘报告》，《文物春秋》2012年第2期。
④ 胡文烨撰，大同地方志办公室点校：《云中郡志》卷3《建置志·坊表》，山西省新闻出版局1988年版，第102页。

城墙建设史上也是绝无仅有的。

雁塔一层假券洞镶嵌明代碑碣4通、清代碑碣2通，其中明碑刻录了自明洪武至天启年间一百五十七位举人的出身、任职情况，清碑记载了乾隆至光绪时期七十三位举人情况等。大同雁塔又名文峰塔，其所在方位为大同东南，这与古代社会文庙所在位置寓意相同，无非是占据文脉所在寄望能够多举名士而已。但其为何修筑于城墙之上，主要有三方面原因：一是与大同所处周边地势有关。明代大同府城内部地势平坦，而雁塔常取地势之高地，这在城内无法实现；二是与大同的军事形势有关。大同城西北虽有高地适合建塔，但由于大同局势不定，经年备战，雁塔若置于城北，容易毁于战争；三是与大同的财力以及城南居民区有关。明大同军镇民不聊生，而雁塔之修建要取其高意，要想在城内实现塔身在众多建筑中最高，恐怕需要大笔花销，而大同财力无从支撑。故将雁塔建于南城墙之上，接近城南居民区，有利于文化教化；塔身叠加城墙共高近30米，实现了高塔之目的，同时也有利于登塔瞭望观察敌情，可谓一举多得。

三　大同镇外围防卫圈景观

"大同所处的地理位置，决定了它的军事地位"[①]，西北与天然屏障阴山及人造障塞长城相接，加之黄河阻隔故成为南北交通的重要通道；南部虽地势平坦一马平川，但直面内三关之险；东部有延绵恒山之阻和"北方锁钥"外三关之佑。四面独特的自然地理条件形成了大同独一无二的区域环境，历史上曾发生有影响的战役不下百次。特殊的战略地位，决定了大同历代"武备"的特殊政策。明朝建立以后，为抵抗北元南下侵犯，一直十分重视北边军事防务的建设，并且在明蒙双方军事实力的对比与形势变化中逐步建立起了一套管理严密、体系完备的长城军事聚落防御系统。大同东连上谷，西北迫虏，且为京师陵寝右翼，战略地位十分重要。因此，有明一代，大同的城市建设一直与北部边防态势的变化及军事政策的调整与实施密切相关。

---

① 大同市地方志编纂委员会编：《大同市志》（上册），中华书局2000年版，第6页。

　　洪武四年（1371）明廷设置大同都卫，八年（1375）更名为山西行都指挥使司，隶属后军都督府。二十五年（1392），代王朱桂就藩大同，参与管理地方军政事务，此时形成了都司卫所与藩王镇守制度相结合的管理方式，以加强中央集权的管控和区域防御的整体性。其中都司卫所制度的基本组织方式为"都司—卫—所"构成的三级制，洪武七年（1374）该制度基本稳定，形成每卫 5600 人、每千户所 1120 人、每百户所 112 人的基本建制。① 整个明朝发展过程中该项制度虽有变化，但始终是贯穿明朝的基本军事制度。永乐元年（1403），为了进一步加强防御力量，任命吴高镇守大同②，并于七年（1409）正式将其任命为镇守总兵官，此时大同名列明"九边重镇"之一。据《明史·职官志》记载，总兵挂印者仅有十人，而大同总兵就是其中一个，曰征西前将军。③ 后期，明廷又在总兵之上设置了总督以加强宣、大、山西镇军事防务管理的协调性与整体性。

　　在都司卫所与镇守总兵两种制度并行的双重管理体制下，明廷于北部边疆沿线逐步建立起了以长城为防御界限，以军事聚落为屯兵力量的多层次的纵深防御体系。其中军事聚落作为管理制度的具体实践表现，对应地形成了自上而下的等级层次结构，即镇城—路城—卫城—所城—堡城。明代大同则是这一层级顶端的镇城，不但是最高军事驻扎单位，同时也具有较强的政治、经济中心职能。大同作为明代北方防御体系的核心聚落，其建设与形成不是一蹴而就的，而是受到边防态势与战争情况的影响分阶段逐步修筑完成的，其大规模的修筑活动发生在明蒙关系紧张以及战争发生集中而频繁的时间段前后。

　　明大同城是边疆战略防御政策下的产物。大同镇因其地理位置重要且"川原平衍，无险可依"，故在明前期整体北部边疆较为稳定的局势下，依然无法摆脱来自北元残余势力的侵扰，不仅民众的生活、耕作无法恢复正常，而且还要积极地备战，这一形势一直持续到俺答

---

① 《明史》卷 76《职官志》，中华书局 1974 年版，第 1874、1875 页。
② 《明太宗实录》卷 18，"中央研究院"历史语言研究所 1962 年校印本，第 319 页。
③ 《明史》卷 76《职官志》，中华书局 1974 年版，第 1866 页。

封贡以后。宣、大、山西三镇北部正面蒙古军事核心，"惟我国家奠鼎燕京，肘掖晋朔，所恃为内蔽者，独宣、大、山西三镇耳"①，大同为三镇中的防卫核心。隆庆之前，三镇始终是北方区域防御负荷重心，隆庆后期才逐渐转向蓟、辽二镇。

明大同城在外观上宏伟壮观，固若金汤，被公认为中国军事防御体系的杰出范例。其在内部格局和空间分配上也非常富有特色，体现了时代留在城市形态中的印迹，同样可以作为明代边塞城市的典型。大同镇的防御体系建立在坚固的城墙防御和辽阔的边墙修筑上，二者相互依存共同承担守卫明朝北部边疆的重任。从城市总体布局来看，边墙与大同城已经融合为一个有机整体，其既是城市的外围防卫圈，也是城市景观的组成部分。根据明廷的九边政策部署，九个军事前沿重镇需要以军镇为中心修筑一段边墙，"墩台关口，联以重墙"从而各自相连形成一个防御网络，"犹长城之遗而讳其名耳"②，因此，大同的防御是大同军镇和边墙的结合。

明朝初期，大同北部边墙与军事建筑不断修建，在大同城以北90里修筑二边，180里修筑大边。嘉靖十八年（1539），又在二边内距大同城50里的地方修建了弘赐等五堡。这最初的大、小二道边墙和后来的五堡连成的防线，与大同城坚固的城墙防御体系是一体的，没有它们的拱卫，大同将"一城孤悬天外"，无险可言，也失去了最壮观的外围城市景观。鉴于此，大同外围的边墙以及城堡、墩台等从广义上来说都是九边重镇大同的重要组成部分。外围整个防区"西起丫角山，逶迤而北，东历中北路，抵东路之东阳河镇口台，实六百四十七里"③。洪武二十六年（1393）先后于大同周边共设置15个卫所，按照每个卫所有士兵5600人算，15个卫所共有84000人，在卫所北面还有长城扞蔽，形成以大同为中心的较为完善的防御体系。此时，云内、丰州都

① 杨时宁：《宣大山西三镇图说》，《玄览堂丛书》（初辑第4册），"国立中央"图书馆出版1981年影印万历癸卯刊本，第1页。

② 王士性撰，吕景琳点校：《广志绎》卷1《方舆崖略》，中华书局1981年版，第8页。

③ 《明史》卷91《兵志》，中华书局1974年版，2240页。

被纳入大同的防区，边境较为安定。①

天顺以来，大同先后设置了分巡按察司，粮储户部仓场，游击、神机等营，其中神机营为京师三大营中专门操持火器作战的部队，神机营官兵驻扎在大同镇城，这体现了当时明廷对大同的重视程度。嘉靖十八年（1539）修筑边堡五座；嘉靖二十三年（1544），恢复镇羌堡等五座堡垒，而后又新修靖房、灭胡、新平等堡垒；万历八年（1580），总督郑洛修建边墙560余里，修建三屯、马营、桦门等堡垒。② 经过明朝数代人的积极经营，大同的边防体系至万历朝时堪称完备。大同城郊外的卫星城堡系统，以大同镇城为中心，北侧是得胜堡城及其两侧的"边墙五堡"，东侧是左云城和西侧的右玉城及杀虎堡为主的城堡群体，在大同城外之三面形成半月形卫星城式的防御布局体系。③

四　清代大同城的修复

清统一长城内外后，长城已失去防御作用，不再是一条军事界限，但在清初规定边墙外五十里为禁留地，是汉蒙的分界线。康熙年间，去长城口外垦地的汉民人数依旧受到户部限制。但随着人口的增加，雍正以后，山西无地贫民大多出杀虎口至河套归化（今呼和浩特市）一带垦地，一开始每年流动垦荒，之后大多全家移居口外，人数极为庞大。乾隆二十五年（1760），在土默特左右旗地区设置了"归绥六厅"，属山西省管辖，在制度上反映了游牧地进一步向农耕地转化的趋势。光绪年间清政府在河套一带推行"开放蒙荒""移民实边"等政策，使河套地区几乎全被开垦。由于自然环境和人类活动的共同作用，清代的农牧交错带发生了重大变化，北

---

① 顾祖禹撰，贺次君、施和金点校：《读史方舆纪要》卷44《山西六》，中华书局2005年版，第1993页。

② 易弘扬：《〈宣大山西三镇图说〉与明朝万历年间三镇边防》，《文津学志》2018年第1期。

③ 郑孝燮：《长城沿线几个重镇城市论述——山海关、宣府、大同》，中国长城学会：《长城国际学术研讨会论文集》，吉林人民出版社1994年版，第213—224页。

部农牧分界线由外长城一线向北推进到阴山山脉南麓一带。而外长城以南的桑干河上游地区作为漠北游牧民族向中原发展的必经之地，一直以农牧文明并存的双重色彩出现在历史舞台上。明清以来北方农牧交错带始终都在外长城以北地区摇摆波动并不断向北延伸，随着清王朝的统一，外长城内外统一在一个政权之下，大同的军事地位逐渐下降，区域中心地位坐实，清代大同的城市景观即是在这种大背景下逐渐塑造起来的。

顺治元年（1644）六月大同纳入清朝版图。[①] 清初仍袭明制，大同府治大同县，领州四、县七，隶属山西布政司。明末经过李自成起义军抢掠后的大同城已经破败不堪，据顺治元年八月初六日《姜瓖启清查山西大同明宗室产业事本》[②] 记载，大同在战火中被"劫掠焚毁，备极惨毒"，其中名声显赫的代王一脉 4000 余口也被屠戮将尽，繁华一世的代王府也毁于一旦。顺治五年（1648），总兵姜瓖据城叛乱，清军围城九月仍未攻下，后姜瓖部将刘宝和总兵官杨振威叛变刺杀姜瓖，开门降清，清军才得以进城。经此一役，大同城毁坏严重，尽管当时清廷规定"城楼房舍，不得禁毁"，但清军却迁怒于大同兵民，除投诚的杨振威及其族人兵丁外，其他人全部被诛杀，同时大同城城墙也被"自垛彻去五尺"[③]，同年，"大同废，不立官"。顺治六年（1649），大同府县分治，移府治于阳和，移县治于西安。"镇城之建置，昔所谓壮丽雄观。至今日而异残于闯变，再圮于姜逆，不复睹畴昔之盛矣。"[④] 代王府残存的建筑也被拆除运至京师，"至于云镇代藩府第，前已拆运解京，及修改喇嘛寺用讫。存外面墙垣角楼业已坍塌烂损，难以估变"[⑤]。

① 《清史稿》卷4《世祖本纪》，中华书局1976年版，第86页。
② 故宫博物院明清档案部编：《清代档案史料丛编》（第4辑），中华书局1978年版，第149、150页。
③ 《世祖章皇帝实录》卷46，中华书局1985年版，第365页。
④ 胡文烨撰，大同地方志办公室点校：《云中郡志》卷3《建置志·城池》，山西省新闻出版局1988年版，第78页。
⑤ 《白如梅题山西明藩房屋拆变情形本》，故宫博物院明清档案部编：《清代档案史料丛编》（第4辑），中华书局1978年版，第245、246页。

直到顺治八年（1651），总督佟养量、巡抚薛陈伟合疏陈请复还，大同城才再次成为府县治所。究其原因，顺治十年（1653）陈协在《大同边备疏》① 中明确提及大同的重要性，认为"大同、宣府控扼西北，乃神京右臂，最为吃紧"，以至于后来大同"因姜贼之乱，辄废其城，移其官吏，而使为空虚之地"，这在他看来"在当时亦属过计"，而边备应该防患于未然，认为"前宣大按臣薛陈伟，曾详具修复大同一疏，实从封疆起见"，对此他持肯定态度，并且指出"沿边设险，莫如大同"。顺治九年（1652）大同府县治所复还故治大同城，"嗣是随时补给"。顺治十三年（1656）前后，对大同城进行了大规模的修葺。《重修大同镇城碑记》② 对该次重修进行了详细的记载，大同总镇彭有德认为修筑城池也是屯兵驻守的重要任务，于是"身先士卒、露宿城巅"，不到半年时间将城池重新修复。此外，这通碑刻还记录了在大同府县治复归大同城以及在此之后修葺大同城池中出力的官员，提到复城的动议"始于薛陈伟，成于马鸣佩"。碑刻中记载的大规模修葺大同城则"直指会稽翁公讳祖望"，顺治十二年（1655）六月，巡按广西中书科中书舍人翁祖望巡按宣大③，其"捐输清俸"修筑大同城，与其"共襄厥事者"还有"备兵三韩刘公讳兴汉"，刘兴汉时任山西阳和道副使④。

顺治十三年（1656）前后的这次修葺，是"戊子之变"之后规模较大的一次，主要修复了城池、城墙；整修了鼓楼、大同府学、大同县学以及关帝庙、太宁观、三元宫等；还新建了开化寺、皇城戏台等。康熙年间，府学、县学依旧是修缮的重点，而原在旧代王府内的一些礼制建筑如社稷坛、风云雷电山川坛等则改建到南门外。此外，还新建了一些城内建筑，如康熙二年（1663）修建的佛寺"圆通寺"，是朝廷为了超度姜瓖叛乱中死难的军民亡魂而下旨建造的。此

---

① 《皇朝经世文编》卷80《兵政·塞防上》。

② 此碑刻于顺治十三年，原在大同城清远街钟楼墙上镶嵌，现收藏在大同博物馆内。

③ 《世祖章皇帝实录》卷92，中华书局1985年版，第721页。

④ 《世祖章皇帝实录》卷75，中华书局1985年版，第590页；《世祖章皇帝实录》卷103，中华书局1985年版，第806页。

后，大同城池也进行了多次修葺，如乾隆十二年（1747）重修城门、大城女墙等；乾隆三十九年（1774）重修八角楼、洪字楼及诸城门等。之后还有一些修葺工程，如修整小东门门洞、大城女墙、东南门瓮城、南北门吊桥等。

及至道光九年（1829），大同城墙破坏严重，"墙根臌裂，砖石亏烂"，县志对道光九年九月二十九日秋雨过大造成的城池坍塌情况有详细记载，"大城里外二面并周围女墙土胎以及东关、草厂城、瓮城等多处臌裂坍塌"，其中四面大城罗城坍塌35段，约227余丈，大城里面女墙坍塌110段，约1120余丈，周围的土坯也多处坍塌。东关土城紧邻御河，东北角被北面来的山水冲塌37丈余；南面两段土墙塌落，长约10.5丈。南关砖城周围塌落4段约63丈余，垛口塌落31丈，东小门门洞塌落。草厂城周围塌落5段长约78丈，女墙塌落1100丈，其周围的根脚、护城台塌落59丈。[1] 而城垣上的建筑，也是破败不堪，乾隆年间"城垣上存角楼四、望楼十、城楼二十有一、窝铺八"[2]。面对城池的险情，不及时修理，后果会很严重，但鉴于当时大同灾荒严重，如此浩大的修城工程恐难施行，只是对个别严重毁坏的地方进行小修小补，直到清末再没有对大同城池进行大规模的修葺。

总之，清代大同城是在明代基础上修复起来的，外部形制不变，依然呈现"凤凰单展翅"的形态。清代大同城在遭到明末李自成农民军的侵扰、清初姜瓖叛变后的屠城两次重创之后，再也没有恢复到昔日的繁华，曾经"堂堂的十万府城，至民国初也仅有七万余人"[3]。

第三节　明清大同城的内部布局

根据史料及大同古城内街道命名及分布情况看（如图 5 – 2 所

---

① 道光《大同县志》卷 5《营建》，《中国地方志集成·山西府县志辑》第 5 册，凤凰出版社 2005 年版，第 57 页。

② 道光《大同县志》卷 5《营建》，《中国地方志集成·山西府县志辑》第 5 册，凤凰出版社 2005 年版，第 57 页。

③ 马斌编著：《大同史话》，北岳文艺出版社 2015 年版，第 301 页。

示），明清大同城内基本维持北方为尊的格局，如果将其按照遗存的
里坊格局以两条主要大街十字交叉把全城分四大区域，则西北隅以官
府等政府机构驻地为主，东北隅主要为王侯贵族、官员居住区为主，
西南主要以宗教庙宇为主，东南以平民居住为主。古城当中独具特色
的当属代王府，其位于府城东北隅靠近城中心位置的城中城。代王府
是以辽金国子监为基础进行修建的，从明洪武二十五年至二十九年
（1392—1396）历时四年完成，直至明末被李自成起义军付之一炬，
其历史贯通于整个明朝，是前后十一位代王的居所和办公场所。清代
大同的布局基本沿袭明代。明清大同城的街道结构依然呈现出"里坊
式"的棋盘布局，城市功能分区明显，多元文化层垒叠加的信仰空间
在城内基本定格。

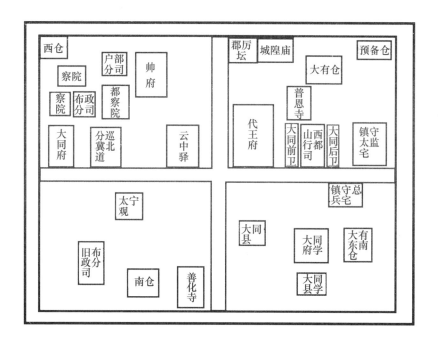

图 5 - 2　明代大同府城（底图来源：正德《大同府志》）

一　明代大同城内的代王府城

代王府系明代藩王的府第，代王府城与大同镇城构成了内外双城的格局，推动明代大同城区内部空间格局发生第一次重大变化。

（一）代王府的选址与新建

鉴于元亡的教训和明初朝廷的军事困境，朱元璋试图通过封王建藩的形式镇守边疆重镇，达成"上卫国家，下安生民"[1] 之目的。至永乐六年（1408）前，共有二十三位亲王，分驻太原、北平、大同、宣府等地。[2] 明朝首位代王朱桂系朱元璋第十三个儿子，洪武二十五年（1392）改封代王后至大同[3]，遂开始修建代王府第。

关于藩王府城城址的选址，首先遵循的原则是利用旧城内原有的大型建筑基址。洪武三年（1370），朱元璋即确定了修建王府选址的基本原则，即"诸王宫城宜各因其国择地"[4]，也就是各王府宫城要根据已有建筑情况因地制宜确定。另外，要选择城区内空间最广、风水俱佳的区域。《涌幢小品》卷五《王府》中提及当时亲王王府的选址情况，涉及秦王、晋王、燕王、楚王、齐王、潭王之选址，当时代王还未得封，但太祖对后续亲王官邸选址作出了方向性指示，即"必取郡地之最广与风气最适中者用之"[5]，因此，洪武二十五年代王就藩大同时，代王府的城址选择至少遵循了以上两条原则。

代王府位于辽金国子监基址上，其修建遵循基本的封建等级制度。正德《大同府志》明确指出代王府位于大同城东，系在原辽金国子监基础上改建而成。明成化《山西通志》对辽金国子监的变迁过程进行了记述，先后为元大同县学、明初大同府学，后于洪

---

①　《明太祖实录》卷51，"中央研究院"历史语言研究所1962年校印本，第999页。

②　张德信：《明代诸王分封制度述论》，《历史研究》1998年第5期。

③　正德《大同府志》卷3《宗藩》，《四库全书存目丛书》史部，第186册，明正德刻嘉靖增修本，齐鲁书社1996年版，第238页。

④　《明太祖实录》卷54，"中央研究院"历史语言研究所1962年校印本，第1060页。

⑤　朱国祯：《涌幢小品》卷5《王府》，中华书局1959年版，第102、103页。

武二十九年（1396）改为代王府。① 由此可知，代王府基本位置在大同府治东，而大同府治在城内，是在原大同县治的基础上改建而成的。② 清代史料也有相关记载，与前述一致。③《皇明祖训·营缮》对藩王的王府建筑有明确的等级规定，要求所有王宫必须按照既定的规格修建，并明令不得建离宫别殿及其他供游玩的场所，可见明代藩王府虽是王权的化身，但依旧不能逾越规则。

由上可知，代王府是在明初大同府学的基础上修建的，而大同府学的前身是元代的大同县学、辽金的国子监。乾隆《大同府志》对其具体位置和变迁过程进行了明确的记载，即"辽西京国子监在府城和阳街"，并记载了其毁于明末战争、仅存九龙壁。④ 所谓九龙壁是代王府端门前的照壁，位于和阳街（今大同市平城区东街路南），高8米，厚2.02米，长45.5米，由426块特制的五彩琉璃构件拼砌而成，它既是封建礼制的象征⑤，也是代王府的地标建筑。结合正德《大同府志·大同府城图》（如图5-2所示）可知，代王府在大同城中心的东北方。

关于代王府的修建时间，一般认为是从明洪武二十五年（1392）代王桂就藩大同开始的。但据王世贞的《弇山堂别集》记载，明洪武二十四年（1391）四月十三日朱桂即封为代王，而其到任时间为洪武二十五年十月二十五日⑥，推测可能早在代王受封时便着手进行王宫选址和营建工作，至于前面史料中提及的洪武二十五年以辽金西京国子监改建和二十九年以府学为代藩府第，笔者认为，规模宏大的

---

① 成化《山西通志》，《四库全书存目丛书》史部，第174册，明成化十一年刻本，齐鲁书社1996年版，第92页。

② 成化《山西通志》，《四库全书存目丛书》史部，第174册，明成化十一年刻本，齐鲁书社1996年版，第86页。

③ 胡文烨撰，大同地方志办公室点校：《云中郡志》卷3《建置志·学校》，山西省新闻出版局1988年版，第112页。

④ 乾隆《大同府志》卷6《古迹》，《中国地方志集成·山西府县志辑》第4册，凤凰出版社2005年版，第113页。

⑤ 卜正民：《挣扎的帝国：元与明》，潘玮琳译，中信出版社2016年版，第9页。

⑥ 王世贞：《弇山堂别集》，中华书局1985年版，第571、572页。

代王府的营建不是一蹴而就的，就现存九龙照壁的五彩琉璃技术和工艺而言，其在一年内也很难完成。因此，代王府的营建应该是从明洪武二十四年（1391）四月十三日朱桂改封代王时即着手营建，直到洪武二十九年（1396）才逐渐完成的。由于代王府是在府学基址上改建的，所以在府学改建新址之前，其应该与代王府共存过一段时间，直到洪武二十九年改云中驿为府学止。

（二）代王府的形态与规模

镇守地方的藩王虽然掌握一定的兵权和行政权，但是明廷明确规定藩王不得干预地方政治，但代王的特殊身世背景使其成为名副其实的大同王，这为代王府的持续修建奠定了基础。代王朱桂是朱元璋第十三子，其王妃为徐达之女、仁孝文皇后之妹，由于其与皇室及重臣间拥有特殊的亲缘关系，从而使代王整个家族掌握了实质性权力。在整个明朝期间代王及其宗室虽然经历跌宕起伏，但始终兴旺发达、位高权重，前后得封郡王者有二十三人。正是代王家族的经久不衰，才使得代王府的建设、使用经历了一个长期的过程，从而形成一座形制完整、建置规范、殿堂丰富的城中之城，为王城布局研究提供了典型样本。

明代代王府城在与大同城构成重城形态的同时，本身也是内外重城结构，按照明代亲藩府宅的统一规定，藩王府城池均为重城结构，内城为王府城的宫城，其外皆有周垣。关于王府建置，明朝廷颁布了严格的制度，"凡诸王宫室并依已定格式起盖，不许犯分"，但具体到各藩王府第，则有所差异。朱国祯在《涌幢小品·亲王府制》中就提及王城具有明确的修筑规格，但是宫殿的尺寸却不一致，秦王府远高于韩王府。他在解释原因时说道："岂秦、晋、燕、周乃高皇后亲生，故优之，诸子不得与并耶？余见吉府、荣府，城高仅二丈余，城外并无河，想即以本府长沙、常德之城池为据，而内城特作子城。其余可类推矣。"[①] 由此可知，在封建礼制约束下的藩王城建置，既体现出等级森严的法度，又呈现藩王本身的实力，代王府也不例外。

---

① 朱国祯：《涌幢小品》卷5《王府》，中华书局1959年版，第102页。

1. 王城及主要建筑规格

古代社会的建筑特别是官员府邸是权力和身份的象征，具有森严的等级体系，明代对王城的规格也在洪武四年（1371）、洪武十一年（1378）、洪武十二年（1379）和弘治八年（1495）逐渐完善。如对王城高宽、女墙、城河、正殿、月台、正门、廊房、宫城广阔、房屋数量、功能用途等都形成详细规定（参见表 5-3 和表 5-4①）。

表 5-3　　　　　　　　　　　　　王城建筑规格

年份	规定
洪武四年	王城高二丈九尺五寸，下阔六丈，上阔二丈，女墙高五尺五寸，城河阔十五丈，深三丈。正殿基高六尺九寸五分，月台高五尺九寸五分，正门台高四尺九寸五分，廊房地高二尺八寸，王宫门地高三尺二寸五分，后宫地高三尺二寸五分②
洪武十一年	工部奏诸王宫城纵广未有定制，请以晋王府为准，周围三里三百九步五寸，东西一百五十丈二寸五分，南北一百九十七丈二寸五分制
洪武十二年	诸王府告成。其制，中曰承运殿十一间，后为圜殿，次曰存心殿各九间。承运殿两庑为左右二殿，自存心、承运，周回两庑，至承运门，为屋百三十八间。殿后为前、中、后三宫，各九间。宫门两厢等室九十九间。王城之外，周垣、四门、堂库等室在其间，凡为宫殿室屋八百间有奇
弘治八年	亲王府制……凡为宫殿室屋八百间有奇。弘治八年更定王府之制，颇有所增损

此外，还对重要礼制建筑的规格进行了规定，如家庙的基本形制按照传统设置为前庙后寝布局，并实行五庙制，即"二昭、二穆与始祖之庙为五，以始封之王为始祖"③。

---

① 表 5-3 和表 5-4 主要依据《明史》《明太祖实录》《明神宗实录》《明会典》等史料中关于王城规制的相关记载汇录而成。

② 《明太祖实录》卷 60，"中央研究院"历史语言研究所 1962 年校印本，第 1169 页。

③ 《明太祖实录》卷 103，"中央研究院"历史语言研究所 1962 年校印本，第 1737 页。

表 5 - 4   王府内部建筑规制

建筑	房屋数量规格
王府	前门五间，门房十间，廊房一十八间。端礼门五间，门房六间。承运门五间。前殿七间，周围廊房八十二间，穿堂五间。后殿七间
家庙一所	正房五间，厢房六间，门三间
书堂一所	正房五间，厢房六间，门三间，左右盝顶房六门。宫门三间，厢房一十间。前寝宫五间，穿堂七间。后寝宫五间，周围廊房六十间。宫后门三间，盝盈顶房一间
东、西各三所	每所正房三间，后房五间，厢房六间。多人房六连，共四十二间。浆糯房六间。净房六间。库十间
山川坛一所	正房三间，厢房六间
社稷坛一所	正房三间，厢房六间。宰牲亭一座，宰牲房五间
仪仗库	正房三间，厢房六间
退殿	门三间，正房五间，厢房十二间，茶房二间，净房一间
世子府一所	正房三间，后房五间，厢房十六间
典膳所	正房五间，穿堂二间，后房五间，厢房二十四间，库房三连一十五间
马房三十二间	盝顶房三间，后房五间，厢房六间，养马房一十八间
承奉司	正房三间，厢房六间。承奉歇房二所，每所正房三间，厨房三间，厢房六间
六局	共房一百二间。每局正房三间，后房五间，厢房六间，厨房三间
东、西、北三门	每门三间，门房六间。大小门楼四十六座。墙门七十八处
井	一十六口
砖径墙	通长一千八十九丈。里外娱蛤木筑土墙共长一千三百一十五丈
周垣之内堂库等	室一百三十八间

2. 王城布局与装饰

明代有关王城的规制也逐步形成，洪武四年（1371）定"社稷山川坛于王城内之西南，宗庙于王城内之东南"①，并诏告各王遵照执行。后其制又得到不断完善，基本形成左宗庙、右社稷，往西依次设置神坛、旗纛庙，外城东南立先农坛等规定。② 其后为使各藩王能够心系社稷，对王城宫殿及城门名称也进行了规定，比如东西南北四城门分别叫体仁门、遵义门、端礼门、广智门③，而有关亲王府门的相关记载也莫不如是。

古代社会的建筑装饰、颜色都有不同的政治意涵，而王城作为王权的派出机构，其装饰自然也被纳入规制范围。洪武九年（1376）规定亲王的"宫殿、门庑及城门楼，皆覆以青色琉璃瓦"④，而只有亲王才可以在装饰时使用朱红、大青绿，这充分说明明廷对亲王皇家特权的认同。此外，金涂、蟠螭等专用装饰也一定程度在王城装饰中使用，足以显现王城的显贵。

3. 代王府内部布局

代王府因在辽金国子监、元代大同县学基础上改建，并受明朝亲王府制约束，总体呈现坐北朝南的纵向长方形形态（如图 5－3 所示），王府四界都以围墙圈筑，四门分别为仁和美街南的北广智门，大东街以北的端礼门，大西街以东的遵义门，大有仓街以西的体仁门。2008 年，在代王府原址上的"玄真观"建筑台基北侧门洞上发现一幅宽1.98 米，高1.18 米砖雕门额内刻有"广智门"三字⑤，据此基本可以确定代王府北门的位置。据测量，代王府东西宽265 米，南北长635 米，面积约16.9 万平方米。⑥ 虽然今代王府遗址上仅存九龙壁、新发现的广智门和北墙东段部分墙体（萧墙），但其遗址范围内依旧保留原来的街道命名，如正殿街、东华门街、钱局巷、广盛巷

① 《明太祖实录》卷60，"中央研究院"历史语言研究所1962 年校印本，第1169、1170 页。

② 《明太祖实录》卷103，"中央研究院"历史语言研究所1962 年校印本，第1737 页。

③ 《明史》卷68《舆服志·宫室制度》，中华书局1974 年版，第1670 页。

④ 《明史》卷68《舆服志·宫室制度》，中华书局1974 年版，第1670 页。

⑤ 马晓堃：《从"广智门"的发现考证明朝代王府格局》，《文物世界》2011 年第1 期。

⑥ 尹刚：《明代王府建筑基址考古发掘报告》（内部资料）。

等。而现今东华门、西华门、皇城口即是代王府四门遗址。[①]

图 5 - 3　代王府范围及遗迹位置

"凡诸王宫室并依已定格式起盖，不许犯分。凡诸王宫室并不许有离宫、别殿及台榭游玩去处。故王府营建规制，悉如国初所定，后以宗庶日蕃，始议给价自造，不领于有司。"[②] 代王府是在利用原来

---

①　丰驰:《明代大同代王府考析》，《文物世界》2010 年第 3 期。

②　申时行等修:《明会典》卷 181《工部·王府》，中华书局 1989 年版，第 918 页。

府学建筑的基础上，按照明廷对亲王府的规制营建的，依据《明史》
《明实录》等史料，结合明正德《代王府图》（如图 5－4 所示）可推
测，代王府内部建筑主要围绕由南向北的三条轴线排列，中轴以九龙
壁排首位，由南至北纵向排列的主要宫殿为承运殿、存心殿、长春
宫。按照明廷对亲王府制的规定，藩王府第要遵循亲王礼制，尽管没
有直接的史料说明其具体的空间大小，但依然能从其他藩王府的建置
中窥探一二，如《明太祖实录》卷一二七"洪武十一年"条记载，
燕王府中有共有殿室 811 间，可见其规模之大。

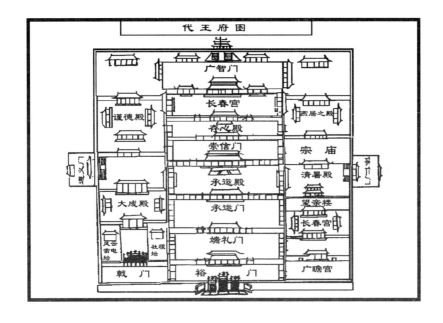

图 5－4　代王府

灵星门是王城的外垣即萧墙的南门，正对九龙壁。正统五年
（1440）皇帝在致书代王桂并谕宣宁王逊焴、怀仁王逊焴时曰："先
帝宣德五年命世孙代祖裁决府事，王府文武官每清晨至府门候见，尔
二人随父或步行或骑马出灵星门外，拦打本府官不容入府见世孙，是

陷父于不慈也……”[①]由此可知，灵星门，是进入代王府前首先要通过的一道门，“王城之外，周垣，四门，其南曰灵星，余三门同王城门名”[②]，具体到各地王城，稍有差异。代王府萧墙的四座门正好与大同东北隅的四条交通要道相对，考古发现原广智门位置不远处有长五十米、高六米的东西走向土墙，从其夯土层成分基本可以判定为代王府北萧墙。[③]“王城之外，周垣、四门、堂库等室在其间”[④]，从功能上说，萧墙只是分隔王府与外界的标志性建筑，不像宫城的城墙具有很强的防御性质。

承运殿在王府中的建筑等级最高，其地位之于王府相当于太和殿之于紫禁城。据《明史·舆服志》记载，从对亲王前中后三殿的命名及其用意来看，承运当为主殿。至于代王府宫殿，大小史料虽无具体记载，但通过大同总兵上书为代王造坟时所言：“代王生前所居宫殿地不过二顷，饰惟以黑瓦。今已薨逝，坟地反广而瓦用琉璃，使王有知，亦不忍困军民以自奉也。乞敕该部将原定坟茔地亩、房屋减半，饰用黑瓦，庶工易完而人不困。”[⑤]据此可知，如果按照腹里亲王之制，代王的坟地不仅比起生前居住的“宫殿地不过二顷”还要广，而且比起代王宫殿“惟以黑瓦”，其坟反而“瓦用琉璃”，鉴于边镇大同的实际情况，大同军民无力承担，请求原定坟亩、房屋减半，并且饰用黑瓦。最后，不仅代王坟，连代王世孙、妃坟亦减省。当然，通过造坟用地可知代王府的宫殿比腹里的亲王宫殿要小。

代王府东部轴线首排建筑为广赡仓，其后自南向北依次为长春宫、望亲楼、清署殿、宗庙等，广赡仓即代王府粮仓专供王府，郡王、镇国将军等的禄米俱是由大同府大有仓供给。西部轴线首道门为戟门，门左为社稷坛，门右为神坛，向北依次为大成殿、谨德殿及后殿等。代王府的坛庙，基本是按照上文提及的亲王礼制布局的，但对

---

① 《明英宗实录》卷67，“中央研究院”历史语言研究所1962年校印本，第1290页。
② 《明太祖实录》卷127，“中央研究院”历史语言研究所1962年校印本，第2025页。
③ 马晓堃：《从“广智门”的发现考证明朝代王府格局》，《文物世界》2011年第1期。
④ 张廷玉：《明史》卷68《舆服志·宫室制度》，中华书局1974年版，第1670页。
⑤ 《明英宗实录》卷152，“中央研究院”历史语言研究所1962年校印本，第2978页。

比亲王府制，发现"代王府图"与其有所不同，如大成殿和戟门的标识。代王府城是在明大同府学的基础上建成的，其前身是辽金的国子监、元代的大同县学，因此其原有的建筑对王府的规划有深刻影响。元代大同县学内部建筑主要有殿堂、斋庐、厨库等屋室70多间，殿堂内供有圣贤像，旁边建有储量上万卷的崇文堂。这些殿堂距明初修建后使用时间并不长，故在代王府修建时可能直接续用，同样还有如大成殿更是直接用为王府祭祀场所。①

代王府内还设有专门打理王府事务的官署。长史是明洪武十三年（1380）罢王府相之后升迁起来的官职，据史料记载，王府内设有左、右长史各一名，下属典薄一名，长史总领王府庶事，包括王府内部事务和协助朝廷处理皇室宗族事务。但实际上长史的职责是多元化的，除帮助打理王府事务外，主要负责亲王与皇帝的联络事宜和承担皇帝对亲王的监视之责，对王之过有连带责任。此外，长史还辖审理、典膳等多个机构以及伴读、引礼舍人等多种人员。

此外，数量较多的王府附属人口也在王府居住，如官属，亲王官属正负官属56位；奴婢数量也不在少数，如姬妾、宫人、侍婢、奴仆、内使、乐户等。王府的乐户，按照诸亲王赐乐规格，本应该"授二十七户"，但代王府仅在籍人数就达2000人②，这些乐户也多居住在代王府城。还有军户，最初藩王守边时都握有重兵，尽管代王受晋王节制，但代王府初时也有五护卫，永乐元年（1403），"削其三护卫，止给校尉三十人随从"③。另外，代王府还有专门蓄养马匹的养马房④，由于大同地处边界，战事紧张，代王的马匹数量应该不在少数。

总的来说，代王府占据大同府城的中心，规模宏大、建筑较多，按照政治、礼制礼仪功能分区，俨然遵循皇城模式。但代王府的建设，破坏了原有的城市格局，其所处府址虽为旧府学，但其在扩建过程中将北魏以降形成的里坊制街道布局阻断，使东北隅部分街巷横纵

① 马晓堃：《从"广智门"的发现考证明朝代王府格局》，《文物世界》2011年第1期。
② 沈德符：《万历野获编》卷24《畿辅·口外四绝》，中华书局1959年版，第612页。
③ 《明太宗实录》卷21，"中央研究院"历史语言研究所1962年校印本，第378页。
④ 《明英宗实录》卷297，"中央研究院"历史语言研究所1962年校印本，第6371页。

难以贯通，从而使得明以前的城市布局格局没能续存。不过，代王府在大同城市布局中的出现正好反映同一城址不同时期建筑层叠的历史现象，也使得大同城市布局的内涵更加丰富。

二 代王宗室府宅

从朱桂受封为首任代王至崇祯十七年（1644）的 252 年中代王府续传了十一代，其中除了世袭代王有固定的亲王府外，其余子孙按照明朝礼制都有各自相应的府宅。按照礼制，"郡王十岁受封，必待十五出阁方与禄米"，并且要另建府宅。① 大同代王宗室人口增加迅速，天顺三年（1459）之前，这些代王宗室俱在大城城内居住，代王府长史司左长史李滋在奏折中就曾提到"本府郡王俱在大同一城居住"②，都察院左佥都御史王俭在奏折中明确提及天顺三年大同城内有代府 13 府，将军、司仪司宾等宅 30 多处，其他各级府宅不计其数。③ 由此可见，宗室府宅对明大同城的规划布局和城市景观有较大影响。

（一）宗室府宅对城市用地的挤压

尽管大同府城中宗室府宅遍布，但鉴于史料的限制，今人对它们在大同城中的分布情况知之甚少，现就史料记载的郡王府分布情况作一说明。据成化《山西通志》卷四《宗藩》、万历《山西通志》卷一一《皇明藩封》、正德《大同府志》以及《明实录》等的记载，从代王封藩大同后至万历年间，大同城中先后有亲王府、郡王府宅 25 座（如表 5 – 5 所示），其中包括天顺四年（1460）迁出的六王和成化二年（1466）迁出的安定王、嘉靖三十三年（1554）迁出的乐昌王，以及因无子嗣后被除国的郡王。

---

① 《明武宗实录》卷 24 "正德二年三月丙寅"条："鲁府辅国将军当涎奏，旧例，郡王十岁受封，必待十五出阁方与禄米，今各处亲王之子请封时率称于某年月日出阁，暂居本府，他室以合出阁之例，其实十岁即得滥支禄米二千石，诚为妄费，今宗支繁衍，地方灾伤，边陲多事，请遵。"

② 《明英宗实录》卷 306，"中央研究院"历史语言研究所 1962 年校印本，第 6452 页。

③ 《明英宗实录》卷 308，"中央研究院"历史语言研究所 1962 年校印本，第 6479 页。

表 5 - 5　　　　　　　　　　大同亲郡王府宅分布

序号	王府名	亲王	位置
1	代王府	朱桂	大同府治东
2	广灵王府	代简王第二子	大同府城内东南
3	潞城王府	代简王第三子	代王府南，府治东南
4	山阴王府	代简王第四子	大同府城西
5	襄垣王府	代简王第五子	大同府城东南
6	灵丘王府	代简王第六子	大同府城西北
7	宣宁王府	代简王第七子	大同府城西北
8	怀仁王府	代简王第八子	大同府城西北
9	隰川王府	代简王第十子	大同府城内
10	昌化王府	代简王第二王孙	大同府城西北，府治东北
11	定安王府	代隐王第二子	大同府城内
12	博野王府	代隐王第三子	大同府城内西北
13	和川王府	代隐王第五子	大同府城内东北，府治东北
14	宁津王府	代隐王第六子	大同府城内东北隅
15	枣强王府	代隐王第七子	大同府城内西北隅
16	饶阳王府	代隐王第八子	大同府城内西北隅
17	乐昌王府	代惠王第二子	大同府城治东北
18	吉阳王府	代惠王第三子	大同府治东北
19	溧阳王府	代惠王第四子	大同府治东北
20	进贤王府	代思王庶二子	大同府治西北
21	河内王府	代懿王庶四子	在府治西北
22	富川王府	代懿王庶五子	在府治北
23	宝丰王府	代懿王庶十一子	在府治东北
24	砀山王府	代懿王庶十二子	在府治东北
25	永庆王府	代恭王庶三子	在府治东南

由上面的论述可知，郡王府宅主要分布在大同城的西北、东北，以及代王府的周围，其规模应与天顺三年（1459）为迁出郡王规定的

府第式样"地东西二十丈，南北三十丈，俾勿过制"① 相差不大。大同是军事重镇，除传统的行政公署外，还驻扎有大量的军队，城市用地极为紧张，代王宗室府宅对城内空间挤压严重。《明英宗实录》中有较多关于大同用地紧张的实例，正统七年（1442）七月，怀仁王要求将府第四周的郡民外迁以防盗贼。② 正统九年（1444），大同总兵官武进伯朱冕奏称："大同城中军民繁伙，亭舍稠密，新调操军皆无寓止，臣请于城外除地数顷，筑墙列屋以居军士，庶无流离失所之叹。"从之。③ 景泰六年（1455）九月，扩建博野王府。④ 天顺元年（1457）九月，潞城王四子仕均占大同县预备仓为其宅。⑤ 天顺二年（1458）正月，"以山西大同城中草场地为镇国将军仕毂第宅，从灵丘王逊烶奏请也"⑥。天顺二年四月，明英宗分别下书与宣宁王，要求其将霸占的民房归还，书与昌化王要求其将霸占的营房退还，又书与代王仕壃，令其诫勉宣宁、昌化二王安分守法，今后但系己事，不许径自具奏，务先闵白府中，度其可否，斟酌施行。⑦ 天顺三年（1459）十月，因博野王占巡抚衙门为府第，而巡抚官无处居所。⑧ 争夺更为严重的是霸占他人房屋，如宣宁王逊炓霸占指挥史瓛房屋，昌化王仕坛霸占军人营房。天顺四年（1460）因"代府郡王数多，大同城中窄隘"⑨，"上命山西布、按二司于代、蒲、霍、忻、绛诸州造代府各郡王府第"，以备分移诸郡王。次年（1461）即将山阴王、襄垣王、宣宁王、隰川王迁出。⑩

　　大同城空间狭小，天顺四年六王迁出大同城只是暂时缓解了大同

① 《明英宗实录》卷314，"中央研究院"历史语言研究所1962年校印本，第6577页。
② 《明英宗实录》卷94，"中央研究院"历史语言研究所1962年校印本，第1897页。
③ 《明英宗实录》卷117，"中央研究院"历史语言研究所1962年校印本，第2362页。
④ 《明英宗实录》卷258，"中央研究院"历史语言研究所1962年校印本，第5549页。
⑤ 《明英宗实录》卷282，"中央研究院"历史语言研究所1962年校印本，第6053页。
⑥ 《明英宗实录》卷286，"中央研究院"历史语言研究所1962年校印本，第6131页。
⑦ 《明英宗实录》卷290，"中央研究院"历史语言研究所1962年校印本，第6169页。
⑧ 《明英宗实录》卷308，"中央研究院"历史语言研究所1962年校印本，第6480页。
⑨ 《明英宗实录》卷316，"中央研究院"历史语言研究所1962年校印本，第6599页。
⑩ 《明英宗实录》卷324，"中央研究院"历史语言研究所1962年校印本，第6708页。

城的压力，并没有从实质上解决问题。成化十年（1474）二月，代王府仪宾孙琰强占官房，山西都司奏行巡按御史鞫之，赎杖还职。①及至弘治年间，代王宗室府宅挤压大同城的空间用地，其程度又越来越严重，弘治十三年（1500），督军务都御史史琳陈备边八事就曾提到此时大同城的拥挤以及解决办法："一、大同城周围止十三里有奇，内有王府宫室并司、府、卫、县公署，军民稠密，刍粟浩穰无地可容，请于城东南、西南各展筑新城为地方久远之计……"②弘治十五年（1502）礼部王盖同样提到大同"郡王、将军、仪宾等府殆居其半"③，导致军民无处容身、粮仓殆尽等情况。虽然展拓大同城池得到朝廷允诺，但这依然没有解决宗室府宅对大同城的压力。清初，姜瓖在统计大同宗室财产时，除去已经作为军功奖赏给将士的住房外，还查出"故宗空房共一千六十所，地一千三百七十余顷，大小庄窝，五十八处"④。尽管其中可能有大同城外围的房屋，但绝大多数是在城区内，由此可见代王宗室府宅对大同城市空间挤压的严重程度。

（二）宗室用度对城市财政的挑战

代王宗室人数庞大，不仅严重挤压了大同城内部的空间用地，而且给大同镇乃至明廷造成较大的经济压力。尽管明初即规定"有明诸藩，分封而不锡土，列爵而不临民，食禄而不治事"，永乐后期，明廷为了防范藩王势力扩张，更是制定了"藩禁政策"，限制宗室生活、婚姻、行动范围等，《涌幢小品·宗禁》中就提到宗王不能随意离开王城，"凡迁居省墓，必奉旨方行。当事者不察本末，因之推及郡王、将军、中尉以及庶宗。而条例中又有无故出城之语，牢守不动。此是何说？今其禁已开，有登贤书者，亦其势不得不开也"⑤。但事实上诸藩宗室依然是特权阶层，在诸多方面拥有特权，代王府也不例外。都察

---

①　《明宪宗实录》卷125，"中央研究院"历史语言研究所1962年校印本，第2384页。

②　《明孝宗实录》卷168，"中央研究院"历史语言研究所1962年校印本，第3049页。

③　《明孝宗实录》卷188，"中央研究院"历史语言研究所1962年校印本，第3468页。

④　《姜瓖启清查山西大同明宗室产业事本》，故宫博物院明清档案部编：《清代档案史料丛编》（第4辑），中华书局1978年版，第149、150页。

⑤　朱国祯：《涌幢小品》卷5《宗禁》，中华书局1959年版，第118页。

院左佥都御史王俭等官在奏折中①明确提到，一是丧葬动劳军民，如正统十二年（1447）代王简薨，按照礼制，为代王造坟如腹里亲王之制，后因大同总兵官武进伯朱冕上书称大同镇无力承担，才将原定坟茔地亩、房屋减半。二是宗室府宅，尽管"各王府造作多出己赀"，但军工、物资消耗较大。宣德二年（1427），代王桂就曾为子女增造府宅上奏："男女长成，成婚期已近，皆无居室，乞为增修命行在工部从宜增造。"② 三是大同王府校尉及一县两卫等人俱从大同城军户中拨给，大同财政压力极大。四是王府都要挑选民户供给蔬菜、燃煤，通过压榨民众而使民间普遍贫瘠。天顺元年（1457）"给昌化王仕坛菜、煤户各一户"③，"给……隰州王逊㵲、宣宁王逊烊、襄垣王逊㷋菜户、煤户，从所奏也"④，"灵丘王逊焌……奏求菜户、煤户，上命如例赐之"⑤，天顺二年（1458）"赐……怀仁王逊焴煤户、菜户各二户"⑥。这些上等的菜户、煤户被王府剥削甚重。

随着宗室人口的增加，大同镇的经济负担越来越重。尽管为了限制宗室人口的增加，明廷也采取了限制宗室成员妻妾数量的措施⑦，但难以奏效，至弘治八年（1495）山西宗室给财政造成严重负担，岁禄高达 77 万、修建费用数万、用粮百万⑧。而临边的大同情况最为糟糕，天顺四年（1460）就因大同城中窄隘以及财政问题将代王府郡王迁出，但此法未从实质上解决问题。早在迁移之前，各王利益博弈已显露端倪，据《明英宗实录》记载，天顺四年（1460）六月，怀仁王逊焴上奏欲居绛州⑨，同年十月，广灵王长子仕墭听闻朝廷欲

---

① 《明英宗实录》卷 308，"中央研究院"历史语言研究所 1962 年校印本，第 6479、6480 页。
② 《明宣宗实录》卷 25，"中央研究院"历史语言研究所 1962 年校印本，第 669 页。
③ 《明英宗实录》卷 283，"中央研究院"历史语言研究所 1962 年校印本，第 6075 页。
④ 《明英宗实录》卷 284，"中央研究院"历史语言研究所 1962 年校印本，第 6092 页。
⑤ 《明英宗实录》卷 285，"中央研究院"历史语言研究所 1962 年校印本，第 6109 页。
⑥ 《明英宗实录》卷 287，"中央研究院"历史语言研究所 1962 年校印本，第 6152 页。
⑦ 王毓铨：《莱芜集》，中华书局 1983 年版，第 100 页。
⑧ 《明孝宗实录》卷 1，"中央研究院"历史语言研究所 1962 年校印本，第 7、8 页。
⑨ 《明英宗实录》卷 316，"中央研究院"历史语言研究所 1962 年校印本，第 6599 页。

将其迁出大同，找多方面借口乞求仍居大同，明英宗知道后非常不高兴，敕其曰："各徇私情，先事纷扰"①，后由于"诸王各择便利，奏请纷然"，于是命代王仕壥审其愿迁者以闻。据代王所奏，"其子定安王成鏻、博野王成鐭愿迁，广灵王长子仕㙇、昌化王仕坛亦愿迁。既而广灵王长子及昌化王复自陈不愿迁，定安王亦言不忍远违，乞留侍滕下"。在这件事上，明英宗认为代王"诘所奏不实，且好恶偏私，故处事不当"②。代王欲迁定安、博野二王，"原王之心，只是憎恶二子，欲其远离不相见也"③，认为诸王迁移的原则是"若安土重迁者，亦必临期奏达为宜"④"除亲子皆留侍左右，其诸郡王务从其情。愿者明白开奏"，后又以书谕代王子博野王"不允迁移，其仍旧居"⑤。

各府造备之后，六郡王从大同城迁出，山阴王和襄垣王迁至蒲州，宣宁王、隰川王迁至泽州，灵丘王迁至绛州，怀仁王迁至霍州。从迁移的地方来看，朝廷并没有按照诸王的意愿来执行，而诸王就藩后，非请命不得岁时定省。因此，迁移后的诸王依然多有纷争，如灵丘王以各种理由"欲回大同或迁居代州"。宣宁王逊炓、隰川王逊熮"称迁居泽州不宜水土，多染疾病，欲求改迁"⑥。襄垣王逊燂到蒲州之后上奏，蒲州知府徐孚及千户孙伦等违法，与当地官员产生间隙⑦，继任的襄垣王仕壿与其弟镇国将军仕墅不睦，累相讦奏，后仕墅被送回大同居住。⑧即使后来仕壿事发被遣送凤阳守祖坟，国废，明宪宗依然以"仕墅尝谋害其兄"不许其复居蒲州⑨，不仅襄垣王府内部不

　　①　《明英宗实录》卷 320，"中央研究院"历史语言研究所 1962 年校印本，第 6665、6666 页。

　　②　《明英宗实录》卷 323，"中央研究院"历史语言研究所 1962 年校印本，第 6696 页。
　　③　《明英宗实录》卷 328，"中央研究院"历史语言研究所 1962 年校印本，第 6756 页。
　　④　《明英宗实录》卷 320，"中央研究院"历史语言研究所 1962 年校印本，第 6666 页。
　　⑤　《明英宗实录》卷 323，"中央研究院"历史语言研究所 1962 年校印本，第 6696 页。
　　⑥　《明英宗实录》卷 329，"中央研究院"历史语言研究所 1962 年校印本，第 6765 页。
　　⑦　《明英宗实录》卷 321，"中央研究院"历史语言研究所 1962 年校印本，第 6808 页。
　　⑧　《明宪宗实录》卷 134，"中央研究院"历史语言研究所 1962 年校印本，第 2526 页。
　　⑨　《明宪宗实录》卷 163，"中央研究院"历史语言研究所 1962 年校印本，第 2967 页。

睦，同封于蒲城的山阴王府与襄垣王府诸宗之间亦互相告讦①。"大同苦宗室甚于苦虏，晋、沈两亲王所辖，如靖安、沁水、西河诸王皆号称贤王，惟蒲州、山阴、襄垣之交恶不解，绛州俊未、充鱥等骨肉相残，霍州、怀仁之宗民交构，泽州朱玉桃之殴死人命，皆出代藩分支，岂其性与人殊哉"②。

对明廷而言，代王府郡王的迁移只是把财政负担从一地转移到另外一地，依然是劳民伤财。③ 因此，在正德十二年（1517）八月初八日明廷再次讨论迁移代王府宗室时，大学士梁储等人即提出反对意见，其主要依据为代王府已经过十年休养生息，人口太众，而其所居之殿室至迁入地还需要耗费大量人财修筑，搬迁过程也耗费不小，因此提出反对意见。④ 尽管道理如大学士梁储分析的那样，但随着代王宗室人口的增加，在大同府城内的宗室境况越来越艰难，"至隆庆、万历之间，宗室繁衍，可谓极也"⑤，共有王 18、将军 1279、中尉 1340、郡县主君 1330、庶人 150⑥，造成的困境是"大同宗支繁衍，大同一府常赋不足以供藩禄，诸室往往告匮"⑦，昌化王等府宗室"以禄粮缺乏，共聚谋赴京请乞"⑧。就当时而言，迁移大同宗室依然是解决大同城压力的最有效方式，如嘉靖二十四年（1545），受和川奉国将军充灼和襄垣中尉充燧通敌事件影响，请移和川、昌化诸郡王的建议被采纳。⑨ 嘉靖三十三年（1554）再次移乐昌王于朔州，并且要求宫室第宅皆自为营建。⑩ 嘉靖三十九年（1560），礼部覆总督宣

---

① 《明穆宗实录》卷 29，"中央研究院"历史语言研究所 1962 年校印本，第 777 页。

② 《明神宗实录》卷 464，"中央研究院"历史语言研究所 1962 年校印本，第 8764 页。

③ 《明宪宗实录》卷 210，"中央研究院"历史语言研究所 1962 年校印本，第 3667—3669 页。

④ 《明武宗实录》卷 152，"中央研究院"历史语言研究所 1962 年校印本，第 2942 页。

⑤ 王世贞：《弇山堂别集》，中华书局 1985 年版，第 6 页。

⑥ 王世贞：《弇山堂别集》，中华书局 1985 年版，第 7 页。

⑦ 《明世宗实录》卷 6，"中央研究院"历史语言研究所 1962 年校印本，第 245 页。

⑧ 《明世宗实录》卷 15，"中央研究院"历史语言研究所 1962 年校印本，第 493 页。

⑨ 《明世宗实录》卷 304，"中央研究院"历史语言研究所 1962 年校印本，第 5753、5754 页。

⑩ 《明神宗实录》卷 109，"中央研究院"历史语言研究所 1962 年校印本，第 2103 页。

大都御史张松疏议宗室二事，其中一事便是建议各郡王府移于"代、辽、蔚、浑等州，以绝祸本"①。但直到万历九年（1581）乐昌王宗室依然有在大同城居住的，而其俸禄等的支给依然在大同关支，当时巡抚大同贾应元、巡按直隶茹宗舜疏称："乐昌王自嘉靖三十三年奉旨迁移朔州，而本府奉国将军廷墭、廷雕、廷塘、廷址故违明旨，延住镇城"②，朝廷对此事的处理结果是"廷墭等各罚禄米一年，廷塘等半年，各宗都免迁移，着代府钤束，其名封等项应否，亦听代府类奏"③。再如，襄垣王之弟镇国将军仕堲因与襄垣王不睦，累相讦奏，后被送回大同居住，在大同城内建有府宅。"定安王成鳞长子聪潓先因有过发大同守坟，以居止无所，欲暂借公馆居之。事下，工部以为先已得旨于大同城内空地造屋公馆不宜假借，上是其言，命亟造完俾居之。"④

总之，"自简至懿，封郡王者凡二十有三，而外徙者十王"，分别是山阴王、襄垣王、宣宁王、隰川王、灵丘王、怀仁王、定安悼隐王、和川王、昌化王、乐昌王，但由于大同宗室繁衍迅速，外迁郡王也没有解决代王宗室府宅对大同城的用地压力，后由于明廷无力负担庞大的代王宗室群，大同宗室的困境日益严峻。据大同总兵官姜瓖统计，在李自成农民军进驻大同之前，代王宗室人数大约4000人，"云之宗姓约计四千余，闯贼盘踞六日，屠戮将尽"⑤，就数量而言，这一特权群体对大同镇城的影响较大，最主要原因是大同作为边镇，财力有限而致"宗人缺禄者半岁"⑥。

三　明清大同城内的功能分区

明清大同城是在原旧土城的基础上发展起来的，其城区经历过漫

---

① 《明世宗实录》卷481，"中央研究院"历史语言研究所1962年校印本，第8040页。

② 《明神宗实录》卷109，"中央研究院"历史语言研究所1962年校印本，第2103页。

③ 《明神宗实录》卷109，"中央研究院"历史语言研究所1962年校印本，第2104页。

④ 《明宪宗实录》卷113，"中央研究院"历史语言研究所1962年校印本，第2204页。

⑤ 《姜瓖启清查山西大同明宗室产业事本》，故宫博物院明清档案部编：《清代档案史料丛编》（第4辑），中华书局1978年版，第149—150页。

⑥ 《崇祯长编》卷15，上海书店1982年版，第24页。

长的历史积淀而保留了相对稳定的空间结构（如图5-5所示），城市的中轴线未发生过变化，特定功能性建筑也有迹可循。从四大街八小巷和里坊十字街巷划分来看明清大同城的功能布局，发现其保持了传统的"北宫南市"[①] 的布局特色，其中行政建署绝大多数分布在城北一侧，而居民区则集中分布在城南。

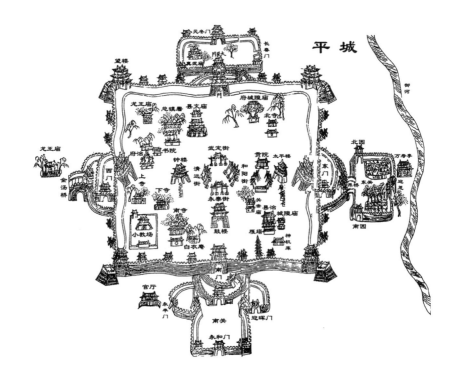

图5-5　道光大同城池[②]

（一）北部官衙府邸分布区

洪武年间，在大同主城工程建设的同时，城内的主要功能性建筑也确定下来，后随着大同镇官职的完善，城内其他衙署也陆续建成。

①　贺业钜：《中国古代城市规划史》，中国建筑工业出版社1996年版，第669页。
②　底图来源：道光《大同县志》"大同县城池图"。

史料记载"大同、辽东、陕西三边，镇守、协守、分守、游击等官，其制尤为缜密，但近来添设尤多"①，由此可推测当时大同城内的官员府邸众多。即使在英宗复辟明蒙关系缓和时，大同的防备依然严密。"大同士马甲天下"② 正是对这时期大同驻军的描绘，其中城内驻军应不在少数。早在洪武年间，大同就有藩王驻边在此，并筑有代王府，代王府及代王宗室府第对明代大同城的空间用地有重要影响，因前面有专门的论述，兹不赘述。明末清初，大同城受李自成大军和姜瓖之变的影响，原来繁华胜似江南的大同城被毁坏，"大同废，不立官"，直到顺治八年（1651），大同镇才再次成为府县治所。但明代原有的空间格局已经被破坏，如明代城北影响较大的代王府消失，清初大同城内原有的五座守备衙门被掘地为坑。总之，清代在城北建立起来的衙署建筑虽有变动，但仍旧在府城的北面。

府署，在镇城正西，明洪武九年（1377）同知陈则创建。③ 此说与明代府志图考标志位置相符。然而由于清代府治废而复还，乾隆《大同府志》又载"府署在城内西北隅"④，两者说法稍有差异。根据府衙建筑遗存的位置来看，其所在的大同一中学校旧址在明代图考中被标识为督查院。由此说明清改朝换代后府治的位置可能并不相同，清代府衙署位置，西临西箭道，东临大皮巷，南侧师校街构成府署门前丁字道路布局。

县署，在镇城东南隅，洪武九年县丞张友仁建，其对应现在具体位置即是原城区公安局大院。南侧所临街道名为县隍庙街，与"正堂东为城隍庙"⑤ 的记载相符，城隍庙在解放初还尚存泥塑神像。县署

---

① 陆容：《菽园杂记》，中华书局 1985 年版，第 54 页。

② 顾祖禹撰，贺次君、施和金点校：《读史方舆纪要》卷 44《山西六》，中华书局 2005 年版，第 1993 页。

③ 胡文烨撰，大同地方志办公室点校：《云中郡志》卷 3《建置志·公署》，山西省新闻出版局 1988 年版，第 87 页。

④ 乾隆《大同府志》卷 12《建置》，《中国地方志集成·山西府县志辑》第 4 册，凤凰出版社 2005 年版，第 213 页。

⑤ 胡文烨撰，大同地方志办公室点校：《云中郡志》卷 3《建置志·公署》，山西省新闻出版局 1988 年版，第 89 页。

东侧毗邻东岳庙。

分巡道，洪武九年（1377）设置，在府治东。

山西行都司，在代王府东，洪武年间建，大同前卫、大同后卫在其东西设置。据明代图考具体位置应当在现都司街对面原雁北党校旧址，清代这里被设为提督学政行署。

帅府，建于明永乐七年（1408），到清代设为总镇署，相沿不辍，至今仍为大同军分区司令部。其在北大街之西①，旧有志书中东北之说应当有误。其现有位置南临司令部街，东临马营街，北临大墙后街。

巡抚都御史台，永乐六年（1407），在府治东总兵府，永乐七年（1408），在府治东北。

巡按察院，宣德元年（1426）建，在代王府东，专巡两镇。②

总的来说，大同城北部是城内最高统治者的领地，也是重要机构所在地，这一布局特征一直延续至民国时期（如图 5-6 所示）。再具体一些，城内西北隅主要为官衙府邸占据，是府城和作为镇城的衙门所在地，主要是帅府（总镇署）、府衙、都察院、察院、分巡冀北道等。其中东北隅为贵族和官吏聚居区。明代大同城东北部的绝大部分空间，被代王及其后代郡王府所占据，其余还有大同后卫、山西行都司和大同前卫衙署和镇守太监宅，清代这一格局被打破，但占据此地的依然是政府机构建筑。直到清末民初，大同城内的布局依然延续这种格局，如晋北镇守使和雁门道尹衙门依然在城北的西北隅。大同城内的府治衙署、帅府以及象征皇权的代王府，都是大同城内政治地位最高的建筑，按照"京都以朝殿为正穴，州郡以公厅为正穴"之说，其建筑选择一般会择城中心的高地吉地，俯瞰全城。大同城内的地形西北最高，官衙府邸在选择时往往选择

---

① 道光《大同县志》卷5《营建·衙署》，《中国地方志集成·山西府县志辑》第5册，凤凰出版社2005年版，第58页。

② 胡文烨撰，大同地方志办公室点校：《云中郡志》卷3《建置志·公署》，山西省新闻出版局1988年版，第88页。

城内的高地，北部就成为首选。① 如位于城内西北部占地面积较广的帅府建于明永乐七年（1409），清代在此设总镇署，后改为都督府，民国时期改为大同司令部，至今仍是大同军分区司令部。象征皇权的代王府占据了城中的要地辽金时期西京的国子监，以展示其"王者居中"的神圣意义。

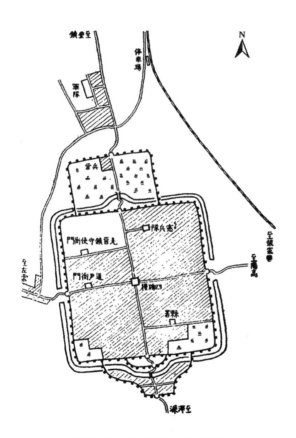

图 5 - 6　清末民初大同府城②

① 大同县治在城区东南隅，其与西北隅的府治之间有隶属关系。
② 地图引自《支那省别全志》第 17 卷《山西省》第 2 编《都会·大同府城》，东亚同文会编纂发行 1920 年版，第 112 页。

（二）南部居民区及其管理

大同城内南部与北部布局差异较大，街巷密集，有类似里坊的结构，这里主要是普通民众住宅区。如果按街道门牌号码统计，四大街有 892 家商肆铺面，小街巷中有 3753 座四合院民宅或作坊，合计城内共有 4656 座挂牌大院，加上二进、三进、跨院等城内可能有 5000 多处四合院。① 在这些四合院中，明清时期的居民院落基本位于城区南部。在古城南部又以居民的活动为中心，形成一些公共区域，如西南部的寺观区等，如华严寺、普化寺、关帝庙、白衣庵、太宁观、文昌庙等；文教区，府学和县学也在城区的东南隅，最初府学与县学共用一区，县学在前，府学在后，嘉靖十四年（1535）重建后，县学与府学合并，左府右县，后由于空间狭隘，县学于万历三年（1575）迁到城西北。② 大同府儒科设在城内东南角，由于府、县两所儒学的规模极其狭小，学额非常有限，例额为文武附学、廪、增生员 144 名。作为常平仓的大有东仓也在城区的东南隅，大有南仓在城区的西南隅。此外，还需要注意的是城内的大教场和小教场的位置，大教场位于府城北门外，今操场城内，明清时期北关驻扎军队，北关的大教场历来是军队操练的地方，直到民国时期北关依然有军营。小教场位于城区西南郊，这说明城南驻扎有大量的普通士兵，此地就是为了加强其日常训练而开设的。从《明英宗实录》正统九年（1444）的一则史料即可知当时大同城内军户较多，当时大同总兵官武进伯朱冕进言："大同城中军民繁伙，亭舍稠密，新调操军皆无寓止。臣请于城外除地数顷，筑墙列屋以居军士，庶无流离失所之叹"③，从之。

明代大同城内的居民绝大多数是军户，鉴于大同边镇的重要性，官府对军人的控制较严格。弘治时，马文升言："我之所恃以捍御北虏

---

① 张呈富：《大同古城与民居》，中国炎黄文化出版社 2010 年版，第 206 页。

② 《云中府学碑记》，胡文烨撰，大同地方志办公室点校：《云中郡志》，山西省新闻出版局 1988 年版，第 517 页。

③ 《明英宗实录》卷 117，"中央研究院"历史语言研究所 1962 年校印本，第 2363 页。

者，惟大同、宣府二镇以藩篱，但各镇军马通不过六万"①，"一镇之军，原额十四万余，二百年来逃亡过半，现在食粮之数仅八万余"②。大同"土地碱薄，若雨旸顺时，人工修治，仅得十之三四"③，"每遇旱潦，间阎坐困"④，自然条件的不利，已经使得军民困苦不堪，"宣府、大同等处官军远离乡土，来备边方，敝衣菲食，仅可聊生；柴门土室，不堪安体；病则无医，殁则无棺，往往委诸沟壑而为鸟鸢虎狼所食"⑤。又如孝宗时刑科给事中所奏，其赴任大同后看到的景象，大同军士妻儿不但吃不饱饭，连衣服都不够穿，而原因是军人既要服兵役，还要服杂役，微薄的收入既要养家，还要向军队纳粮。⑥

在大同这种军事重镇中，掌军权者权重，普通士兵身上还承受着强权的欺压。"（大同）守边将帅及都司等官皆有庄田，私役军人播种。"⑦ 大同镇参将曹俭占地令军士百人私自耕种⑧，山西都指挥同知田增役军人，盗官物，治私第⑨。而边外膏腴地都被镇守参将占据，并私役军士耕种，致使兵士"无近便田地可耕"⑩。在明大同，"有司不能自立，多守将迫胁，以坏法废事而罹刑者比比有之"⑪。军官克扣军饷，中饱私囊已是常事。"官吏大肆奸贪，以灰土插和米麦，军士啼饥号寒，无所投诉"，"甚至有贪婪之徒克减军士月粮冬衣布花"⑫ 者。

---

① 陈子龙：《明经世文编》卷 64《马文升·为大修武备以预防虏患事疏》，中华书局 1962 年版，第 540 页。

② 陈子龙：《明经世文编》卷 320《方逢时·备察边情敷陈臆见疏》，中华书局 1962 年版，第 3414 页。

③ 《明宣宗实录》卷 95，"中央研究院"历史语言研究所 1962 年校印本，第 2148 页。

④ 《明神宗实录》卷 279，"中央研究院"历史语言研究所 1962 年校印本，第 5153 页。

⑤ 《明英宗实录》卷 243，"中央研究院"历史语言研究所 1962 年校印本，第 5287 页。

⑥ 《明孝宗实录》卷 145，"中央研究院"历史语言研究所 1962 年校印本，第 2534 页。

⑦ 《明英宗实录》卷 7，"中央研究院"历史语言研究所 1962 年校印本，第 137 页。

⑧ 《明宣宗实录》卷 108，"中央研究院"历史语言研究所 1962 年校印本，第 2433 页。

⑨ 《明英宗实录》卷 120，"中央研究院"历史语言研究所 1962 年校印本，第 2424 页。

⑩ 陈子龙：《明经世文编》卷 38《商文毅公文集》，中华书局 1962 年版，第 288—289 页。

⑪ 《明太祖实录》卷 83，"中央研究院"历史语言研究所 1962 年校印本，第 1491 页。

⑫ 《明英宗实录》卷 7，"中央研究院"历史语言研究所 1962 年校印本，第 137 页。

在这样的环境下，大同屡次出现兵变，主要和官兵贫瘠及军官残暴有关。为了解决暴乱频发的问题，明廷于大同充分利用里坊街道布局，设立坊门，"于大小街衢各设门房栅门，晨昏启闭，坚其键，委官不时督核，以消夜聚之奸"，为了严格控制城内兵民，还"立十家牌法，挨门鳞次编为保甲"①，实施保甲连坐制度。由此可见，为了大同边镇的安全，明代官府对居住在大同城内的居民实行严格的管控制度，虽然不利于城市经济的发展，但客观上保留了大同城市南部较为完整的里坊街巷和民居。

（三）大同的商业及城内商贸区

大同城因其特殊的地理位置与战略地位，不仅成为明朝北边军事防御体系中的重要支点之一，而且还是中原农耕文明与北方游牧文明相互碰撞融合的民族文化交流地带。随着大同军镇地位的提升，其军镇经济规模不断扩大，为了满足庞大的军镇消费市场，明廷最先在大同实行了"开中制"，这为晋商的崛起提供了契机。大同位于外长城与塞外之间，其特殊的地理位置决定了大同是蒙汉民族进行经济贸易往来的市场中心。明代大同城内的经济即是在这种背景下逐渐繁荣起来的。

以明隆庆五年（1571）明蒙双方议和通贡互市为开端，突出表现为长城沿线"华夷兼利"的民族贸易的兴起与发展。② 此后，明廷分别在九边各镇开设了市场十一处，在大同的有三处，即新平堡、得胜堡、守口堡。所开之市有大小市之分，"大市"岁开一次，参与的主要是各部族的首领和贵族，其后亦夹杂有民间交易的"私市"；之后又开设了"小市"，是贫困牧民与汉人交易的市场，属于纯粹的民市。万历年间，边地的贸易市场繁盛空前，"新平等堡当五路进贡之秋，德胜市口属万虏易马之会"③，杀胡堡的贸易更是"汉夷贸迁，蚁聚城市，日不下五六百骑"④。由于和平

---

① 《明世宗实录》卷163，"中央研究院"历史语言研究所1962年校印本，第516页。
② 余同元：《明代长城文化带的形成与演变》，《烟台大学学报》1990年第3期。
③ 《明神宗实录》卷439，"中央研究院"历史语言研究所1962年校印本，第8309页。
④ 《明神宗实录》卷558，"中央研究院"历史语言研究所1962年校印本，第10522页。

互市的贸易往来逐步成为边镇城市广大军民谋生的重要方式，大同城的经济职能也渐渐扩大并成为城市的主要功能，而这也为之后大同镇城商路的开辟延伸与民族贸易关系的维护发展创造了良好的基础条件。

清初姜瓖之变，导致大同城镇经济荡然无存。清代北部边疆地区行政格局的改变，使大同镇周围军事堡寨被大量裁减，大同地区原有的庞大军事消费群体也随之迅速缩减，消费市场进而转变为民众间的普通交易。再加上边境线的北移，导致内地汉人与少数民族互市贸易的中心随之也向北推移到归绥一带，张鹏翮著《奉使俄罗斯日记》中对康熙年间归化城的商贸盛况有这样一番描述："外番贸易者，络绎于此，而中外之货亦毕集，乃扼要之地也"①，甚至是蒙古与俄罗斯之间的"恰克图"。此时的大同不再是边境民族贸易的通商口岸，而是逐渐演变为商务流通的贸易集散地与中转站。"大同虽涉边徼，商旅辐辏，以浮靡相炫耀"② 又有"邑之懋迁者太原、忻州之人固多，而邑民之为商者亦不少"③。与此类似，大同辖左云城商人多来自代州、崞县，本地从商者大都到归化城寻找商机。④ 由此可见，当时大同城内商贸集聚呈现出一片繁华景象，但是在大同经营的职业商人大多数都是由晋中一带迁移来的客商，而大同籍的商人为寻求更多机会，一般都是出走口外蒙古归绥一带，成为做边贸生意的旅蒙商或雁行族。⑤ 另外，大同城内的宅院，有不少大户宅院的主人就属于典型的旅蒙商人，唐市角 8 号院的董子乾，棋盘街 10 号院的崔寿臣，正府巷 5 号院的李林就是其中的代表。

---

① 张鹏翮：《奉使俄罗斯日记》，《中国边疆研究文库·初编》第 1 卷《北部边疆》，黑龙江教育出版社 2014 年版，第 32 页。
② 乾隆《大同府志》卷 7《风土》，《中国地方志集成·山西府县志辑》第 4 册，凤凰出版社 2005 年版，第 131、132 页。
③ 道光《大同县志》卷 8《风土》，《中国地方志集成·山西府县志辑》第 5 册，凤凰出版社 2005 年版，第 94、95 页。
④ 光绪《左云县志》卷 1《风俗》，《中国地方志集成·山西府县志辑》第 10 册，凤凰出版社 2005 年版，第 137 页。
⑤ 纳兰常安：《受宜堂宦游笔记》，乾隆年间刻本。

至清末民初，大同已成为雁北最大的商业中心区，其大小商号约在 14500 家以上①，大同的商业区主要集中在城内四大街。城内的商铺在平绥铁路开通之前，经营的一般都是绸缎、花布和茶糖等国货，商店中主要买卖的货物除了少量的京广杂货外，大多是花布、绸缎、干菜、纸张，即使是从平津贩运来的洋货也仅仅是市布、粗洋布、洋绸缎、纹布等。② 由于大同是周围商品的集散地，商业往来较多，因此在大同的商铺中，钱铺较多。"城区大街各种商店鳞次栉比，尤以钱铺最多，竟达三百四十余家。"③ 大同城内西街的东胜客栈、九龙巷的久胜楼以及接待江南商人的苏家大院等都是重要的馆驿。

明清以来，大同城内也形成了一些特色的商业街，如大同城内的铜器生意，当时有"五台山拜佛，大同城里买铜"之说，并且有铜匠街院巷一说。④ 南关皮革作坊较多，"南关（南门外）住户、商店鳞次栉比，有很多制革作坊"⑤。"南门外有城一，亦周五里，砖墙尚完整，商户较东西外为多，皮坊麇集于此，又为往应朔等县必由之路。"⑥ 大同城内主要以羔毛、春毛为著，运往天津出口，大同城年收羊绒约 2 万斤。⑦

东关的商贸发展较早，明代大同是北方蒙古部落朝贡贡道入口，也是西域各国贡使进京入贡的必经之地，贡使和贡品要在大同"候旨入京"作短暂的停留。在这个过程中，一部分人允许进入大同城等候，在大同东关的大同驿留住并和当地军民进行商品交易。

① 大同市档案馆编：《大同解放》，中国档案出版社 2010 年版，第 3—10 页。
② 大同市档案局等：《大同县志（民国稿）》，三晋出版社 2017 年版，第 288 页。
③ 山西省史志研究院：《山西旧志二种》，中华书局 2006 年版，第 262—263 页。
④ 山西省政协《晋商史料全览》编辑委员会等：《晋商史料全览》（大同卷），山西人民出版社 2006 年版，第 67 页。
⑤ 山西省史志研究院：《山西旧志二种》，中华书局 2006 年版，第 262—263 页。
⑥ 《大同之经济状况》，《中外经济周刊》1926 年第 150 期。
⑦ 山西省政协《晋商史料全览》编辑委员会等：《晋商史料全览》（大同卷），山西人民出版社 2006 年版，第 68 页。

明代至民国，北关主要是军队驻扎地，后逐渐荒废，在铁路开通之前，北关外甚为荒凉。火车开通后商贸才逐渐繁荣起来。北关以转运公私粮栈、木栈、煤栈为主，从事客栈、饭店经营的也有不少。①当时人们还对北关的繁荣程度做了调查，"上午十时在据认为行人车马往来最为频繁的北门外测算表明，十分钟内通过行人三十五人，车马二十五辆次"②。

此外，从民国时期大同城内街道名称也可窥知明清时期大同城内的商贸情况，如城内街巷的名字东马市角，西马市角、南马市角、北马市角，其所在的区域在明代的马区。此外，唐市角以及西面的段市角、东面的羊市巷都是明代大同城内的重要商贸区，直至清末。③

第四节　明清大同城区的街巷结构

明代大同城作为北部边防的重要城市，其整体规划布局与形态构成都与长城沿线不同等级的军事堡寨聚落具有相似的同构关系。总体看来，都是方形城池，四辟城门，城内中央布置十字大街。但不同于一般军事城堡的是，大同城内部在主要十字大街布局的层级之下，城内东南隅与西南隅的街道布置中亦有多层级十字街重重划分的现象。清代，虽然大同所处地区的政治环境和军事格局发生了改变，但其一直是边关贸易的重要节点城市，其城市内部的格局基本沿袭明代。至民国时期，大同城内依然保存着明清时期街道格局，《大同县志（民国稿）》中关于街道的记载即是佐证资料（参见表5－6）。④

---

① 《大同之经济状况》，《中外经济周刊》1926年第150期。
② 山西省史志研究院：《山西旧志二种》，中华书局2006年版，第262—263页。
③ 山西省政协《晋商史料全览》编辑委员会等：《晋商史料全览》（大同卷），山西人民出版社2006年版，第66页。
④ 大同市档案局等：《大同县志（民国稿）》，三晋出版社2017年版，第62—73页。

表5-6   民国时期大同街巷分布及驻地机构

街区	街巷	驻地机构
西北隅	新营街、头道营坊、二道营坊、三道营坊、天主庙街、大墙后街、奎星楼、马营街巷、龙王庙街、火神庙街、帅府街、小皮巷、大皮巷、兰池街、乱衙门街、户部角街、猫儿围子街、油沙钵洞、石头巷、宏济寺街、大十字街、蒋家巷、西坡街、二府巷、西箭道、崔家巷、姑姑庵巷、张进士巷、府户道、西门大巷、朝阳寺街、朝阳寺后街、朝阳寺前街、大井街、油房巷、库道巷、笔管巷、乌眼井街、大场面、西黉门街、龙王庙巷、兴教寺、清远街、豆芽菜巷、六福巷	公安第一分驻所、关岳庙及宪兵队、骑兵司令部、邮电局、西北隅公立小学、矿务局保晋公司、大同工艺小学校、理门广善堂、西北隅街公所调解委员会学董会、第三师范学校，第四小林区署、图书馆工艺补习学校、营业部、公安局
东北隅	清泉寺巷、武庙街、塔寺街、东柴市角、西柴市角、十府街、马家巷、九仙庙街、鹌鹑巷、四眼井、安东营、姑姑庵、大场面、焦家巷、诸将衙门口、曹家巷、神曲巷、更道街、后庙巷、北寺门、田家巷、大夏家巷、小夏家巷、北仓巷、羊沟沿、二道巷、头道巷、正殿街、皇城街、钱局、广盛店巷、同义栈巷、仁和美街、白回回巷、草帽巷、油房巷、城隍庙街、城隍庙前街、城隍庙后街、井巷、马家巷、普兴寺、窨子巷、聚宝巷、武定街	东耶稣堂、育贞女学校、东北隅公立小学校、杀虎关税局、公安局、马路消除队、东北隅街公所、调解委员会学董会、山西省银行、十字毛织工厂、私立育英堂
西南隅	元通寺巷、牛角巷、八鸟兔角、青龙阁前街、大夫巷、西财神庙街、西娘娘庙前街、西娘娘庙后街、棋盘街、一间房巷、蔡明玉巷、杨天成巷、邱家角街、姚家角街、温家巷、王家小堡、赐福庵巷、小巷、胡家圪坨、一万贯庙街、张铁匠巷、下寺巷、上寺巷、海会殿、三王府巷、唐市角、段市角、小教场、赵大豆圐圙、楼房巷、太宁观、马市角街、贵儿寺街、欢乐街、西羊市巷、南寺街、南仓巷、南寺巷、县角西街、鼓楼西街、院巷、西史宅门、南籽巷、北籽巷、庙巷子、倒门殿、九楼巷、冰窖巷、段市角街、张家圪坨、铜铮子巷、钱道角街、下寺坡、马道巷、葫芦峪巷、永泰街	西南隅街公所、调解委员会学董会、西耶稣堂、崇宝小学校、西南隅公立小学校、商会、山西省立大同女子中学校、女子小学校、中华圣公会、设立之普育小学校、救世军、回教俱进会、红十字会、大同县立义教育实验区小学校、公安第三分驻所

续表

街区	街巷	驻地机构
东南隅	风神庙巷、七佛寺巷、风神庙街、鲁班庙巷、西油店巷、南油店巷、东油店巷、云路街、学府街、南马王庙街、小角、东羊市巷、猪圈巷、县角东街、县楼南街、县楼北街、县楼东街、狮子街、帝君庙街、东仓门街、李王庙街、柴家园街、缸角街、朱衣阁街、李怀角街、广府角街、石人街、三元宫、东黉门南、东门大巷、正府巷、太平楼南、都市街、鼓楼东街、翠花宫巷、稍竹巷、金泊仓、大庙街、后眼井、东史宅门、东仓巷、五福巷、如意巷、马道巷、集成巷、仁花巷子、和阳街	乡村师范学校，教育会、文献委员会、弹药库、纺织传习所、建设局、通顺街、大同县政府、平城小学校、第三监狱署、联合征收局、东南隅公立小学校、东耶稣教堂、天主教堂、育英小学校、亚纳女学校、青年会、新生活运动会、东南隅街公所、调解委员会、财政局、粮服分库、公安第二分驻所、第二高等法院、大同地方法院

　　明清大同城是在前代大同城的基础上建立起来的，其城内的街巷基本也是延续原来的格局发展起来的。据明清方志资料与现存古城城区街道对比发现，现在的大同古城整体街道结构基本沿用明清大同府城。考察今大同旧城区即明清大同城，会发现今古城区南半部棋盘式街坊格局比较明显，其中尤以云路街和狮子街的"田"字街道保存最为完整。宿白、傅熹年、丁晓雷等人都认为大同旧城区的这种街道格局是在唐云州城里坊制的基础上延续下来的。①

　　大同古城内主要有四条主街，街道对应四座城门，并以城门命名，西面清远街，东面和阳街，北面武定街，南面永泰街，每街中段建有楼阁，分别为钟楼、太平楼、魁星楼和鼓楼，四座楼阁与四门对望。四牌楼是古城的中心，四条主街成为古城的主干道与交通枢纽。四条大街宽阔笔直，一般宽度为 15 米到 16 米，最窄的东西部分路段也有 14 米，最宽的大南街部分路段达 25 米。②四条主街将古城自然划分为东南、西南、西北、东北四隅。各隅内又由纵横街道划分为若干"坊"，这些"坊"再以小巷纵横分割，而且在古城南半城的街巷

---

　　① 丁晓雷：《大同旧城的形制布局及其所反映的时代特征》，中国社会科学院考古研究所等编：《汉唐与边疆考古研究》（第 1 辑），科学出版社 1994 年版，第 184—187 页。
　　② 田静：《大同古城街巷》，《大同今古》2017 年第 6 期。

中也有小街阁楼，如凌云阁（建在县城隍庙街东口的十字街中心俗称县楼）、朱衣阁（在朱衣阁街中段的丁字街心）、青龙阁（青龙阁前街和财神庙街交会口的丁字街心）、赐福庵阁（建在赐福庵街的十字中心），形成所谓"四大街，八小巷，七十二条绵绵巷"之棋盘格状布局。据清道光十年（1830）修纂的《大同县志》记载，城内大街小巷已有136条。至大同解放初期，城内街巷总数已经增加至188条。但城内四隅边角至城墙根部尚有菜地、空地。①

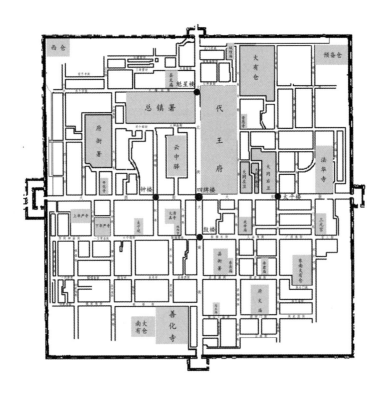

图 5-7　1937 年大同市旧城街道布局

大同古城中的众多街巷保存了从北魏平城到唐、辽、金、元以来的"里坊式"格局，形成了棋盘式布局。据专家统计大同古城内有

---

① 张呈福：《大同古城与民居》，中国炎黄文化出版社 2009 年版，第 57 页。

225 片街坊，加上东、南、北小城共有 282 片街坊。① 古城街道之规划十分整齐，以十字形居多，丁字形次之，下面以四隅分区来分析其布局特点及影响要素，鉴于明清城区至民国前期大同城内的街巷变化较小以及资料的限制，下面主要以 1937 年的大同城区街道布局图进行分析，为便于分析特征，图 5 - 7 标记了明代建置。

一 古城西北隅区街道

西北隅区主要的街道是"两纵一横"，如图 5 - 8 所示，从东至西

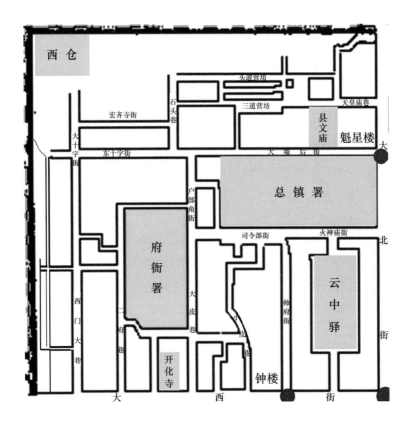

图 5 - 8 古城西北隅街道布局

① 张呈福：《大同古城与民居》，中国炎黄文化出版社 2009 年版，第 17 页。

两条经线分别为："石头巷—户部角街—大皮巷"，其中石头巷略偏西；"大十字南街—西门大巷"线，两条经线总体笔直，南北通达。一条纬线为"大墙后街—东十字西街"，东接北大街，西抵府城西墙。受西北角地势较高所限，西北角的城墙比古城东南角城墙高14.3 米，大同西北隅街道布局并不十分工整。这一特点也直接影响了城内建筑布局，古代官府选址通常选择中心高地，通过建筑高度彰显权力地位，因此，明朝的大同府治衙署、帅府、都察院、户部分司、布政分司、分巡冀北道等官府，都建在古城西北隅。如大同府衙门前的师校街呈丁字形，总镇署（帅府）门前正对的帅府街与帅府门前向东的火神庙街、向西的司令部街也呈丁字形。

二　古城东北隅区街道

东北隅的街巷布局在明清时期不断发生变化，较为明显的特征是由"两横三纵"向"三横三纵"转变。影响东北隅布局的主要建筑是代王府和大有粮仓，两建筑区占地面积较大从而直接影响了此区域的布局。由于代王府的影响，东柴市角、西柴市角之西无法贯通，此条纬线只有半截，直到清代王府变成居民区后，以代王府东华门、西华门为两端的街道得以开放通行，才形成了由"东柴市角—西柴市角—东华门—西华门"构成的贯通东北隅的一条横街。同样，明代大有仓占地面积较大，阻挡了东十府街、西十府街向西与仁和美街连接的道路，使之不得不南绕大有仓南街而形成一条拐弯的横街。总而言之，代王府被毁后街区进一步打通，东北隅街巷才形成了"三纵三横"的格局。

如图 5-9 所示，三纵由东向西分别是：一纵"神曲巷—焦家巷—观音街—南十府街—北十府街"；二纵"太平街—南柴市角—北柴市角—四眼井—九仙庙街"；三纵"仓巷—大有仓"。三横由北向南分别是：一横"佛殿庙街—城隍庙前街"；二横"东十府街—西十府街—大有仓南街—仁和美街"；三横"东柴市角—西柴市角—东华门—西华门"。总之，城东北隅属于介于西北隅与东南隅、西南隅的中间状态，其虽然受官府建筑的影响在逐渐变小，但受王府和其他机构的影响依然较大，代王府、山西行都司、大同后卫、大同前卫、镇守太监宅、粮仓（大有仓）均建在古城东北隅，使街道的连通性受到局限，尽管如此，这一区域"里坊"的布局结构已经总体显现。此外，北小城南北通道操场城街，与东、西通道操场城东街、操场城西街，也呈十字相交，构成标准的"田"字形格局。

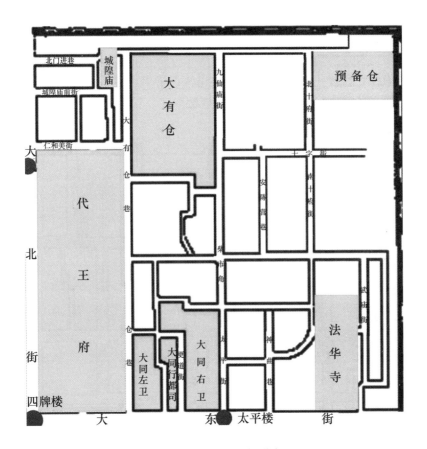

图 5-9　古城东北隅街道布局

三　古城西南隅区街道

西南隅街道布局由于较少受到官方要素的影响而更显规整，总体呈现"三横三纵"下的内部纵横交错格局。如图 5-10 所示，贯通东西的"三横"分别是：一横"鼓楼西街—太宁观街——万贯庙街—财神庙街"；二横"县角西街—东马市角—西马市角—赐福庵巷——间房巷"；三横"西羊市巷—教场街—姚家角东街—姚家角西街—邱家角西街"。西南隅的三条纵线虽然不像横街那样顺直，但基本也能形成三条贯通南北的经线，具体为：一纵"圆通寺—八乌图井巷—青龙阁后街—娘娘庙后街—复兴街"；二纵"下寺坡—唐市角街—段市角街"；三纵"院巷—欢乐街—贵儿寺街—南仓街"。此外，西南隅基本保留旧有里坊街道结构，内部呈现出多个"十字"型街道结构，但受华严寺和善化寺两处大型宗教建筑群影响，部分十字并未贯通。同时部分新建街道也使原有里坊特征被削弱。

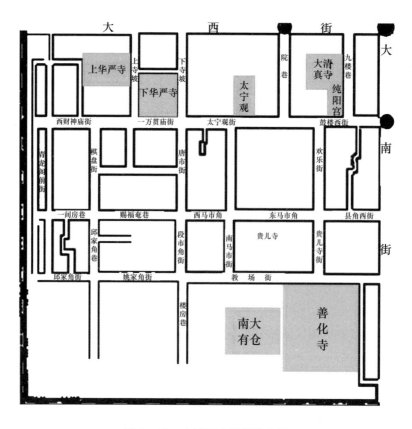

图 5 - 10　古城西南隅街道布局

四　古城东南隅区街道

东南隅的街道布局保留最为完整，整体破坏较小，从而较为规整地呈现"三横三纵"的分布结构。如图 5－11 所示，"三横"具体为：第一横"鼓楼东街—大庙角街—广府角街—石人街"；第二横"县隍庙街—帝君庙街—仓门街"；第三横"马王庙街—府学门街—柴家园街"。"三纵"具体为：第一纵"东门大巷—东史宅街—雁塔后街"；第二纵"李怀角街—朱衣阁街—缸角街"；第三纵"稍竹巷—县楼北街—县楼南街—东油店巷"。以上十条较大街巷构成从和阳街到南城墙三条南北方向的纵线。从东南隅的街道内部形态划分看又存在多种布局，如小十字结构，四隅都有存在；"田"字形态，如狮子街、云路街；"目"字形态，如蔡家巷、正府巷；"日"字形态，如李王庙街等。[①] 但总体而言，大同府城的里坊结构特征依旧明显，街道与建筑之间呈现出"棋盘"式排列。

在四大街中段和街心的楼阁分别为鼓楼、钟楼、魁星楼、太平楼、四牌楼。鼓楼又叫"更鼓楼"，建在南北主轴线上，是一座高 20 米的三层木构楼阁，坐北朝南，平面呈正方形。该楼始建于明代，之后屡有修葺，至今仍有明代建筑遗存留世。钟楼位于清远街东段，楼分上下两层，上层另附腰檐，平面为正方形，楼内曾有重达万斤的铁钟，具有报时、警讯等作用，据梁思成考证其为明初建筑[②]，1952 年被拆除。魁星楼位于武定街中段，建于明万历三十四年（1606），明清时期曾多次修葺，后毁于战火。太平楼位于和阳街中段，为木结构建筑，1934 年被大同镇守张汉杰以妨碍战时交通为由拆除。四牌楼位于古城正中心，系由四个牌坊汇聚一体的牌楼，其与大同古城内"十字"型里坊街区结构相匹配，形成独特的"五楼对望"景观。

---

① 张杰：《明清大同城合院民居建筑与街坊空间形态构成机制研究》，硕士学位论文，湖南大学，2019 年。
② 梁思成：《梁思成全集》第 2 卷，中国建筑工业出版社 2001 年版，第 175 页。

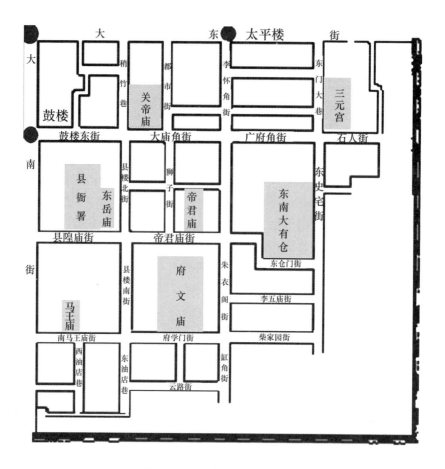

图 5-11　古城东南隅街道布局

此外，明清以来，固定在街道里巷内的民居也形成了固定的布局特点。明清以来东南隅的民居保存较好，大多数都是单层方形阔院，这除了受到传统因袭的生活方式与营造文化体系的影响之外，自然因素也不容忽视，大同属于气候较为寒冷，全年风速较大的地区，所以住宅院落的防风保暖就显得十分重要。清华大学林波荣团队对传统四合院民居风环境的研究表明①，大同城内合院房屋仅建成单层对于防

---

① 林波荣、王鹏等：《传统四合院民居风环境的数值模拟研究》，《建筑学报》2002年5期。

风御寒来说是很有利的，而且与窄院相比，较大的院落空间也可避免更多地方出现风速较大的情况。因此，单层阔院的形式对于应对恶劣的自然气候特别是防风保暖是很有必要的，毋庸置疑，其在很大程度上是自然气候环境影响下的结果。

再者，至于为何大同城内民居普遍都是阔院而不是窄院，笔者认为除了上面提及的气候因素外，人口因素也是一个特别重要的方面。明清时期大同地区的人口数量远少于人口稠密商业繁荣的晋中南地区，以致其一般不需要缩小住宅用地面积来增加建筑密度，所以并未大量出现类似晋中南地区的窄院甚至楼院的住宅形式。实际上，这一点也可在对晋中南地区民居的对比研究中得到反向印证，"在人口密度大的时期和地域内的风土院落愈是倾向于往纵深方向发展，内院长宽比比值增大是其中一个重要标志，同时应还伴随着进数的增加以适应用地范围的'狭长化'"①。与此类似，大同城内有些可建造单进阔院的基地范围中却也强行挤占了两个狭长窄院。这也说明人口密度对于宅院形态的构成与改变是至关重要的影响因素。

在大同城内合院住宅中，由于每处院落临街界面位置的不同而导致其大门开设的方向也随之改变，这使得宅院入口处空间要素的位置关系和形态都发生着不同的调整与变换，进而直接影响了人进入宅院内部的运动方式和空间体验，同时也间接影响着入口空间对于内部居住环境的遮蔽性与围护感。入口空间作为整个宅院中与外部环境连通的重要关口，其不仅控制着人的来往出入，而且还起到阻挡外界干扰、保护内部居住空间的作用。因此，朝南开设大门的宅院在功能上具有很大的优越性。在大同民居当中，住宅的西南角通常是设置杂屋的地方，这主要是受到了北派风水学说的影响，其认为西南位置是白虎星所在凶方，不宜建卧室，只有用污秽之物才能镇住凶煞。② 由此，大同民居中的厕所都布置在西南角，有时单

---

① 张启龙：《晋系风土建筑区划及风土合院环境因应特征初探》，硕士学位论文，同济大学，2013年。

② 刘敦祯：《中国住宅概说》，建筑工程出版社1957年版，第41页。

进院落中也会将碾房一同布置在此，而对于多进合院，同样是将厕所布置在堂屋所在院落的西南角，以满足内院与外院的人共同使用的需求。此外，在民居装饰和内部机构布局等方面，依然有多元文化的印记。

第五节　明清大同城信仰空间的变迁

大同地处农牧交错地带，千百年来是汉民族和少数民族争夺的要地，胡汉政权更替频繁，民生艰难。民众寻求精神慰藉的需要，使得多元文化信仰及相应建筑在此生根发芽，故明清以来，大同城内及周边寺庙林立，庵堂相望。

一　明清大同城内寺庙的类型

明清大同城内及周边的寺庙类型主要分为佛寺、道观、民间庙宇、清真寺、官方祭坛、名人祠庙等。下面关于寺庙类型的 3 个统计表，主要依据正德《大同府志》卷四《神祠》和《寺观》、乾隆《大同府志》卷一五《祠祀》和卷二九《寺观》、顺治《云中郡志》卷三《建置志》、道光《大同县志》卷五《营建》中的《祠祀》和《寺庙》、成化《山西通志》卷五《坛墠》、康熙《山西通志》卷九《祠祀》等明清时期地方志中的记载汇录而成。

（一）佛教寺庙

明政权在建立之初就一改元代支持喇嘛教一家独大的做法，转而支持汉族显教及各宗派，进而将民众意识的引导权进一步掌握在手中。在此大背景下，大同佛教也是如此。明洪武三年（1370）华严寺被充为官产，原大雄宝殿被改为储存粮食的大有仓，直到洪武二十四年（1391）才重新恢复。大同的清代佛教遗迹主要继承自明代，仿造或者修补汉族佛教寺庙。但在信仰上，清代同元代情况类似，主要信奉喇嘛教。帝王即位前先受佛戒等。明清时期大同城内主要的佛寺参见表 5 - 7。

表 5 - 7　　　　　　　　　明清大同城内及城郊主要佛寺

寺名	创建时期	位置
南堂寺（永宁寺）	北魏天安元年建	明在府城东南。 清在旧府治东南。名永宁寺，……今废
华严寺（上寺）	辽清宁八年建	明在府治东南，明成化元年，代王府修。 清华严寺有二：一在旧府治西南，一在府治东南①
华严寺（下寺）	辽重熙七年建	明在华严寺东南，明洪武三年，改殿为大有仓。二十四年，即教藏置僧纲司，复立寺。 清下寺，清雍正六年重修
善化寺（南寺）	一说金皇统大定年间修，一说明建	明改外善化寺，在府治东南。正统十年成为官吏习仪所，又设僧纲司于寺内。 清在南红门西。清初姜瓖之变被毁，乾隆五年，知府重修
北寺	汉明帝时建	明在城东北。 清国朝雍正六年后殿毁，乾隆二十一年重建前殿，道光八年重修
朝阳寺	明弘治十八年铸铁佛像，或云掘土得之建寺	明在西红门北，中有铁佛像。 清在西红门北
开化寺	原为佟公祠，顺治十年建	清在府治东南，原为佟公祠，顺治十年建，十五年知府蔡永华移佟公像于后楼，其前殿别塑文昌像，更今名
赐福庵	无考	明在棋盘街，嘉庆十五年重修
慈云庵	明	明在塔寺街西，嘉庆二十一年重修
准提庵	无考	清在西红门东，康熙三十五年重修有碑记。一在城东北隅
宁福寺	无考	明在府城西门外
柳巷寺	正统年间修	明在府城东门外，御河桥南。内有木塔 清废

---

①　据乾隆《大同府志·寺庙》记载："华严寺，在城东关南园，明万历间代府修，碑存。国朝乾隆三年，二十一年屡修。"

寺名	创建时期	位置
七佛寺	明万历年间代王府建	明在南红门东。 清在南红门东，清乾隆十五年重修
圆通寺	康熙二年建	清在西红门南
极乐寺	明万历二十九年，太谷县仁张月创建	明在南关，明万历二十九年。 清国朝顺治六年寺毁。康熙年间僧照宝、成理相继修葺。乾隆二十七年重修
龙福寺	无考	清在南郭外，本名千佛寺。国朝康熙三十二年修，更名。乾隆三十一年重修
兴国寺	明万历乙未年建	在南郊外。 清国朝康熙六年，总兵彭有德、兵备道曹溶、知府高光拱重修。乾隆三十年又修
石窟十寺	北魏建	府治西三十里。 清代：一、同升，二、灵光，三、镇国，四、护国，五、崇福，六、童子，七、能仁，八、华严，九、天宫，十、兜率。内有无载所修石佛二十六龛。壁立千仞，面面如来。总督佟于顺治八年率属捐赀，大为修葺。俾殿阁楼台、香积禅林金碧莹煌
观音堂	金重熙年间建	明在城西十五里，明宣德三年修。兵燹之后，荡然拆毁。 清顺治八年，总督佟过而参礼，率属修葺荒烟，睹圣像矣
悬空寺	无考	清在城西四十里，焦山东

（二）官方祠祀

我国古代形成了完备的官方祭祀礼制，国家祭祀、皇家祭祀、官府祭祀已经成为政治礼仪和社会民俗的重要组成部分，由此，祭祀建筑也就成为传统城市建设必不可少的组成部分，与城内其他建筑共同形成城市景观。明清大同城内的祠祀建筑虽多有损坏，但可考数量依旧不少，可见明清对祭祀礼制的重视，这些官方祠祀在城内有固定的祭祀地点，具体参见表5－8。

表 5-8　　　　　　　　　　明清大同官方祠祀地点①

官方祭祀	创建时期	位置
社稷坛	洪武二十六年建	明在大同府城外西南隅，二十八年徙建代王府城内西南隅。代王主祭。 清社稷坛，旧在废代王府城内西南隅。康熙十三年，知县王业昇改建南门外，每岁春秋上戊日致祭
风云雷电山川坛	无考	明在大同府城外西南隅，洪武二十八年徙建于代王府社稷坛东，内祀大河、封内群山诸水之神。亲王主祭。 清旧在废代府城内，社稷坛之东，康熙十三年改建北门外迤东
历坛	无考	明在府城北。 清历坛在北门外迤西，即古天王寺废址
城隍庙	无考	明在府治东北
先农坛	国朝雍正五年知府许惟讷，知县万承苓奉文建	清在城南门外迤东
文庙	北魏时期	明县儒学与府学共为一区，共祀文庙。 清在府城东南隅
旗纛庙	无考	
关帝庙	无考	明在鼓楼东街。 清在鼓楼东街，国朝康熙三十二年重修
文昌祠	明万历十一年巡抚贾应元建	明在府学北狮子街。 清在府学北狮子街
府城隍庙	具体无考，至少在明洪武三年就存在	明在城东北，有前洪武三年定称府州县城隍神诏碑。嘉靖三十三年代王府修，潞城王充爃撰文。 清在城东北，清代多次修葺
五岳行祠	元至正七年建	明在大同县城内东北隅。国朝洪武九年都指挥房昭修，天顺七年都指挥毕英修
雷公庙	元魏间建，金元间修	明在大同府城西十里雷公山，明代有司岁以五月择日祭
县城隍庙	清代建	清在县治东，乾隆六年知县李柏馥重建
龙王庙	无考	清在镇署西，雍正五年奉文建

---

① 成化《山西通志》卷5《坛壝》，《四库全书存目丛书》史部，第174册，明成化十一年刻本，齐鲁书社1996年版，第113页。

续表

官方祭祀	创建时期	位置
风神庙	无考	清在龙王庙西
河神庙	乾隆四十六年，知县傅修建	清在东门外河岸
马王庙	无考	明代旧在北关。 清康熙八年，总兵彭有德改建猪市口。四十二年修

（三）道教寺观和民间信仰庙宇

明清政府对民间信仰采取因道设教的政策，即对祭祀活动和对象都有具体的规制。明初朱元璋令中书省遍寻各地应祀神祇，功勋较大者著立祀典，例行祭祀；有功德于民者，禁止他人毁撤宗祠；确定诸神封号，划定应祀庙宇范围。明清政府对民间信仰的态度取决于其价值观念是否有利于政府对民众的控制，价值观念一致即被承认并被纳入官方祭祀体系；价值观念相违背，便会成为政府打击、摧毁的对象。此外，还有一种介于两者之间的，政府会允许其存在，但会对其加强监控。庙宇具体情况参见表 5 - 9。

表 5 - 9　　　　　　　　　　**明清大同城内庙宇分布**

寺观	创建时间	位置
关帝庙[1]	明万历二十四年建	明在鼓楼东街，都司街，享祠祀；一在县角名勒马关帝庙，崇祯末毁于兵燹。 康熙十八年，知县费恒增添建抱厦。一在府署西南。一在西箭道。一在帽铺胡同。 一在南红门东，名倒坐关帝庙，道光四年重修。一在东红门外，嘉庆二十四年重修。在北瓮城内、南关小西门外、城东七里茶坊、城西黄草梁、郝家寺、城北孤山湾也有关帝庙

---

[1]　张志仁《重修关帝庙碑记》（道光九年，即 1829 年）记载："郡城设庙以崇祀关帝，各坊皆有之。惟鼓楼以东，庙貌最古。有司奉行令典，岁举太牢在是焉。"转引自道光《大同县志》，《中国地方志集成·山西府县志辑》第 5 册，凤凰出版社 2005 年版，第 335 页。

续表

寺观	创建时间	位置
观音殿	无考	明在县治东，明季代王府建。国朝康熙八年，知县郝文启修。 乾隆三十八年重修。在和阳街。一在鼓楼东街。一在西箭道
金箔庵	无考	在九龙壁西。道光七年重修。《省志》载，县治东有龙翔宫，今未审所在，疑庙即其故基也
东岳庙	无考	明在县治东，明季代王府建。 清康熙八年，知县郝文启修。乾隆三十八年重修
三皇庙	无考	清在府东南
玉帝庙	无考	清在府治东北
文昌庙	明万历十一年巡抚贾应元建，有碑记	明文昌庙，在府学北狮子街。 清在东南隅，国朝康熙二十三年知府周梦熊，知县朱作霖修，乾隆三十八年又修，其在府治东南者曰开化寺
武庙	无考	清在府治东北
关王庙二	无考	清一在府治东，一在府治东南
龙王庙	无考	顺治年间，龙王庙有二，一东关外，一南关外。雍正五年奉文在镇署西建龙王庙，享祀典。龙王庙，一在北园，一在南园，一在下河，一在南关小小西门，一在下关，一在西关
三元庙	建始无考，顺治十七年道士贺太宁建	明代一在东关北园。明天启五年道士桑常慧重修。乐府镇国中尉朱萧铣撰记，附郭中尉鼎淦篆额，代王府镇国中尉镌刻。 清代康熙五十五年，雍正九年，乾隆七年，三十年屡修。一在广府街，顺治十七年道士贺太宁建，即明广府楼旧基也，内有铁佛三尊
真武庙	无考	明一在城东一里东塘坡，创始无考，明洪武二十九年，代王府修，成化十三年重修，巡抚李敏记，弘治八年又修，巡抚侯恂记，嘉靖间兵毁，二十六年重建，长史高璧撰文，三十三年修，郡人蒋应奎记，万历十三年重修，碑俱存。一在北关，明嘉靖三十一年，代王府修葺，长史高比记，殿前有落星石。 清康熙十年，总督马之先，知府蔡永华重修

续表

寺观	创建时间	位置
武成王庙	无考	清在城东北祀周师尚父以历代名将配也，康熙二十二年总兵张乃义相继修葺
玉帝庙（亦名玉皇阁）	无考	明在镇署东偏，明代王府建。 清在玉皇阁
火神庙	无考	清在玉帝庙西
土地庙	无考	清在府治内
圣母庙	无考	清在府治西南
李王庙	无考	清在府治东北隅
三官庙	无考	清在东关内
岳武穆庙	无考	清在东瓮城，康熙二十七年郡人高鼎重修
酂侯庙	康熙初年建	清在府治东南，康熙四十一年，知府叶九思建，乾隆三十四年重修。 财神庙，在三皇庙旁，秀水朱彝尊有记
三皇庙	无考	清在南瓮城内。前代祀为医师，元元贞初命郡县通祀三皇。有司于春秋二季行事而以医师主之
财神庙	康熙初年建	清在三皇庙旁，康熙初建。秀水朱彝尊有记
五岳庙	建始无考	明在东门瓮城内，明万历四十四年，代王府增修，郡人张尔基记。 清顺治十六年重修，乾隆八年，三十二年继修
三灵侯庙	无考	明在城西南棋盘街，本三教寺。 乾隆十二年改建
太宁观	辽时建	明旧名湛然坛、九真堂，明初改为大同县治。洪武十三年复为三清宫，更太宁观。置道纪司。 清顺治十八年，道士许和太募修，教授冯云骧记。嘉庆五年重修，知县张储记。太极宫在太宁观南
郎神庙	无考	清在太宁观东

寺观	创建时间	位置
圣母庙	明万历四年代王府创建	明在城西南（府治西南）。 康熙三十七年重修。一在阳和街，一在太宁观东
太极宫	无考	清在太宁观南
鲁班庙	无考	清在南红门东
吴道子庙	无考	清在鲁班庙东
乡贤祠	无考	明在县学戟门右，祀毕士安诸贤
名宦祠	无考	明在府学内，巡抚都御史石玠立祀，前代云中太守孟舒、李广、魏尚、廉范、李广弼诸贤，及我朝吏部尚书李秉，户部尚书年富、李敏，兵部尚书余子俊
劝忠祠	顺治间总督佟养量建	明在府东。 清改外太平寺：在和阳街太平楼东，或云即劝忠祠遗址。道光六年重修。祀戊子之变一时死事诸臣
安辑祠	无考	明在府治东。祀明巡抚蔡天佑。 清废
吕公祠	无考	明于南关新建
史公祠	无考	明在南门外，祀先巡抚史道
傅公祠	道光八年，知府崔允昭建	清在东关河神庙院内。傅公名修，广东海阳人
北岳行宫	无考	清府城南五里
雷公庙	建始无考	清在城西十里雷公山。润济侯祠，城西十五里，雷公山，祷雨辄应
泰山庙	无考	清南关外
晏公庙	无考	清南关外

二　明清大同城内寺庙的特征

（一）祠庙时空分布特征

大同城内的祠庙是千百年来多元文化及建筑层垒叠加的结果，带有民族融合的印记。就祠庙本身而言，很难分层呈现其分布特征。在这里主要探讨明清以来城内祠庙的典型特征。

1. 大同府城南部庙宇分布较多

大同城内的庙宇主要集中在大同城南，如华严寺、普化寺、关帝庙、白衣庵、太宁观、文昌庙等，尤以西南隅最为显著，大同城内四大寺院有三个（上寺、下寺、南寺）在西南隅，而且他们所在的地势高低差距较大，古人有言"高不过上寺，低不过下寺，火烧北寺，水淹南寺"即城内四大寺院。上寺高出大同城墙，下寺比较低，北寺通光寺曾被火烧过，南寺善化寺地基低，下雨天城内的水常聚在南寺。[①] 这也间接说明民众对城内庙宇的认知程度。多数庙宇分布在城南，这与南部是主要的居民区有很大关系，并且从北魏以来此地就一直是城内民众的主要聚集地，战乱纷扰之地民众对诸神的诉求较高，这也是多元文化信仰在此地存在的主要原因。

2. 国家祠祀的位置由东北隅向四周变化

明代，大同府城内的国家祠祀主要集中在代王府东北隅，其中社稷坛、风云雷电山川坛等分布在代王府内部的西南隅，城隍庙、历坛都在东北隅代王府的北面。清初代王府废弃，迁社稷坛于南门外，祭祀与南门外的先农坛一致；迁风云雷电山川坛于北门外，祭祀与社稷坛相同。其他祠祀位置不变。与明代不同的是，清代增加了三座祠祀：在镇署西的龙王庙，在龙王庙西面又增建的风神庙，以及位于东门外河岸的河神庙。这三座国祠的建造，与城内的自然环境有关。龙王庙与当时大同干旱的气候有关，大同十年九旱，旱灾十分频繁，明清以来随着当地生态环境的恶化，旱灾更加严重，而清中期以来的人口压力，使得受灾的民众只能寻求龙神的庇佑。明清时期的屯田，大同城外的烧荒，使得大同北关外一片荒凉，大同风沙肆虐，严重影响民众的生产和生活，在府署周围建造风神庙，并且给予国祠祭祀的地位，可见当时大同风灾的严重性。明代大同东关城东园地，常受御河水害，故铸造一大铁牛，形同活牛，名曰镇河牛，清代在此建河神

---

① 大同市档案馆编：《大同解放》，中国档案出版社 2010 年版，第 20 页。

庙，后人于每年农历六月六日举办庙会，市民游览园地，甚为热闹。

3. 城北、城东真武庙

明代代王府修建了城北、城东两座真武庙，其中北真武庙在城北操场城，其所在地势较高，"日出早，日落晚"，故有"真武大殿北极照日"① 一说。城东的真武庙，曾多次修葺，代王多次到城东真武庙祭祀，其对藩王来说意义重大。明代所有的藩王都居住在城市中，代王也不例外，由于藩镇政策，他们活动的空间仅限于城内，但可以在朝廷恩准之下去真武庙进香。一般来说，"禁藩政策使得明代高级别的藩王成为政府监控对象"，而且对围绕庙宇举办的宗教集会持有一种敌视的态度。低级别的宗藩成员相对自由一些，可以直接或者间接参与宗教活动并与宗教社会组织和宗教网络保持联系，以得到精神和道德的自由。②

（二）祭祀的功利主义倾向

明清以来，大同祠庙遍布城内外，据清末的统计，大同城内有103座寺庙庵观，包含官祠、佛寺、道观、清真寺、淫祠等等，其种类繁多功能强大。1900年大同义和团组成的东西南北四团按方位分别驻扎在东关北园龙王庙、西箭道关帝庙、南街东岳庙、北街天竺庙等城内四隅的寺庙中。其中各团均有三五百人。从中不难看出，大同城内庙宇之多，面积之大，其对民众的日常生活影响之深。祠庙的功利性较强，如明代大同镇战争较多，官方倡导祭祀当地治境有功的能臣，并要求世人恪守忠孝节义，如建有劝忠祠、安辑祠、吕公祠、史公祠等，但在清朝政局稳定后，逐渐荒废。

关公既是忠义的化身，又是财富的象征，因此关帝庙是明清国祠，也是民间各商会祭祀之地。明清时期关帝信仰在大同城内比较盛行，"关羽的忠义仁勇为全民所敬仰，为儒释道三教所供奉，为世人钦仰，

---

① 大同市档案馆编：《大同解放》，中国档案出版社2010年版，第21页。

② 王岗：《明代藩王与道教：王朝精英的制度化护教》，秦国帅译，上海古籍出版社2019年版，第163页。

各商行借此庙会，祈望国泰民安，市场繁荣，仁中取财，义中取利"①。

龙神信仰较为普遍，这与明清时期大同干旱少雨有直接的关系，其关乎民众的生计。如史料记载，光绪二十六年（1900）春大同久旱无雨，全城祈雨。

第六节　近代大同城市宗教空间形态变迁与秩序构建

清末，大同城内的原有宗教基本形成固定的场所空间格局，近代西方宗教是鸦片战争后，在西方殖民者的强权庇护下进入大同的。在清末民初的政局动荡中，大同城市内部原有的宗教场所空间形态遭到破坏。

一　西教东渐：清末大同城市宗教场所空间早期形态

（一）佛教在传统城市空间中的渐进融入

佛教早在汉代就已传入大同，兴盛于北魏、辽、金并逐步形成稳定空间占位。平城时期拓跋鲜卑信奉佛教并于城内建立塔寺，明元帝时期佛教盛行，在平城四方建立佛寺并会沙门开导民俗。太武帝时期因排斥佛教要求五十以下的僧人还俗充兵役，禁止官民私养沙门并发生灭佛事件，城内佛寺被毁严重。魏文成帝即位后重振佛教，令各州县建寺恢复塔像，兴安二年（453）于平城武周山开凿石窟镌建佛像，皇兴元年（467）建永宁寺，留下佛教文化遗产云冈石窟。当时平城既是弘扬佛法的重要场所，也是本土僧侣与西方僧众交流的重要空间，大同石窟寺昙曜和尚与西域僧吉迦夜合译的《付法藏因缘传》《大吉文殊神咒经》等佛教著作曾对佛教内传产生重要影响。

北魏迁都虽对大同佛教发展产生一定影响，但并未根本改变其发展势头。隋唐后寺庙建筑有记录者不多，金兵攻陷大同毁坏更甚，"存者

---

① 山西省政协《晋商史料全览》编辑委员会等：《晋商史料全览》（大同卷），山西人民出版社2006年版，第59页。

十之三四"①。辽圣宗、兴宗、道宗时期大同佛教兴盛，清宁二年（1056）建华严寺，辽末虽遭破坏，但于金天眷三年（1140）重修。元代藏传佛教传入五台山后，大同成为蒙藏信众朝拜五台山的必经之路，佛教僧俗讲经说法使佛教活动盛行，影响极大。元、明、清三代受国家政策影响大同佛教寺庙大修大建较少，佛教场所受严格管控。清初清军屠城使大同佛教寺庙遭到严重毁坏。现仅存石窟寺（北魏）、口泉华严寺（北魏）、上华严寺（辽）、下华严寺（辽）、观音堂（辽）、禅房寺塔（辽金）、善化寺（唐）、雁塔（明）、佛字湾（清）、法华塔（清）等遗迹。至民国初期，佛教在大同的传播不仅使寺庙成为城市景观的重要组成部分，而且为城市社会发展保留了重要的文化遗产。

（二）道教的世俗化与场所空间收缩

道教属中国本土宗教，其价值取向是中国传统文化的重要组成部分。北魏太武帝时期道士寇谦之于大同创立北天师道，并于城东建立道场修建坛庙，成为北天师道正式的宗教活动场所。太武帝十分重视道教，甚至用"太平真君"作为年号达二十年之久，可见当时北天师道在平城发展的盛况。太和十五年（491），孝文帝下诏移平城内道教寺观于郊外，"夫至道无形，虚寂为主。自有汉以后，置立坛祠，先朝以其至顺可归，用立寺宇。昔京城之内，居舍尚希。今者里宅栉比，人神猥凑。非所以祇崇至法，清敬神道。可移于都南桑乾之阴，岳山之阳，永置其所。给户五十，以供齐祀之用，仍名为崇虚寺。可召诸州隐士，员满九十人"②。至此，盛极一时的道教在大同逐渐开始走下坡路。北魏迁都洛阳后，平城道教基本沿袭之前的规模、格局，道坛仍设在都城南郊，北齐天保六年（555），齐文宣帝高洋废道教，道教遭到毁灭式打击。

隋唐时期是道教受到统治者推崇而繁盛的时期，辽金大同道教建有太宁观、吕祖观（纯阳宫）等建筑。元代道士丘处机被封国师后道教影响极大，大同道士居城东凉山泰玄观。明清先后建立玄真观，

① 大同市文史资料研究委员会：《大同文史资料（第17辑）》，大同报印刷厂1990年版，第8页。
② 魏收：《魏书》卷114《释老志》，中华书局1974年版，第3055页。

城东门外的真武庙，城内的清泉寺和城南南庙。[1] 清末虽有道教活动，但其规模远不如佛教，并且道教信仰已逐渐转为民俗。目前可考的道教建筑有十余处，有城东门外的真武庙、城西五十里口泉的玉龙洞、城内太宁观街的辽代太宁观、城内东门附近已转民用的清泉寺、城内皇城街北的玄真观、城内朝阳寺街明清所造朝阳寺等。道教建筑在大同城内虽有遗迹，但道士及宗教活动并不多见，真正意义上的道教信仰空间极其有限，而道士与城市社会的联系也多体现在节日民俗、阴阳宅选址、亡灵超度等仪式方面。如每年正月初八日俗唤八仙日"是日顺禳星辰。先是前腊各庙僧道，与相识者送迎祥疏一道。至期，家家布施各庙，僧道有回以果饼者，有留之吃斋者，则视布施之多少为差"[2]。可见，道教在城市中空有其所而其信仰仅在社会关系弥合、心理慰藉方面发挥作用。

（三）伊斯兰教的传入与场所空间聚拢

关于伊斯兰教传入大同的时间史学界争议较大，说法众多。但至迟在元代，伊斯兰教在大同已经立足，史料主要是两则，一是《元史》卷九《世祖本纪六》载："（元世祖至元十三年六月）庚午，敕西京僧、道、也里可温、答失蛮等有室家者，与民一体输赋。"二是《元史》卷二九《泰定帝纪一》载："（元泰定元年六月）癸亥，作礼拜寺于上都及大同路，给钞四万锭。"同时也有史料记载元代已有不少伊斯兰教宗师居住于大同。[3] 尤其是礼拜寺即清真寺的建立，足以说明当时大同伊斯兰教的发展情况。目前可见，其最早的重建记载是明天启二年（1622）的《重修礼拜寺碑记》，至清末共历十二次修葺。明永乐中重修大同清真寺时，将其位置移至大同府城的西南隅，此即为今大同清真寺的前身。

清末大同城内伊斯兰教活动逐渐增多，并从甘肃聘请阿衡海旺在城内西南隅九楼巷建有第一座礼拜堂，就是现在的清真寺，时全县回

---

① 大同市文史资料研究委员会：《大同文史资料（第17辑）》，大同报印刷厂1990年版，第50页。

② 黎中辅纂：《道光大同县志》卷8《风土》，山西人民出版社1992年版，第166页。

③ 白寿彝：《回族人物志》，宁夏人民出版社2000年版，第5页。

民约四百余户。① 大同回民主要聚居在城内九楼巷和火车站东大街周围，据民国《大同市志》记载，全市回民人口约 6049 人。大同城内主要有三座清真寺，大寺位于九楼巷内，女寺在大寺西院内，车站清真寺在东站，回民围寺而居。此外，大同城郊还有专门的穆斯林墓地，据记载，明嘉靖十六年（1537）有二十四贤人在大同传教被害，当时大同穆斯林集资在西门外购置了 5 亩田地建立陵园表示纪念②，后称"大人坟"。大同辖区内也有不少回民聚居村落，如右玉县、大同县马家会和阳高县袁家皂等。据史料记载，清乾隆十九年（1754）以前，右玉县回民就已有 50 多户约 300 人，清末右玉县尚有回民约 180 人，大同回民约 2000 人。③

另据记载，民国大同存在五座清真寺，大寺在城内九楼巷、女寺在大寺西院内、车站清真寺在东站、口泉清真寺在口泉镇、田村清真寺在田村。④

（四）西教的嵌入与场所空间扩张

大同早在元代即有基督教徒活动，《元史》卷九《世祖本纪六》载："（元至元十三年六月）庚午，敕西京僧、道、也里可温、答失蛮等有室家者，与民一体输赋。"其中，"也里可温"即是对基督教（景教）徒的称呼，但之后随元朝灭亡而中断。近代西方宗教是鸦片战争后，在英法强权庇护下进入大同的。《大同县志（民国稿）》载："清康熙年间，太原江主教派司铎阎在雁北一带布道，大同之有天主教，即自此始。"⑤ 道光三年（1823），常氏中国神父到大同办教，当时教堂设于东街广府角⑥，在西方强权的支撑

---

① 大同市档案局、大同市地方志办公室：《大同县志（民国稿）》（第 3 册），三晋出版社 2017 年版，第 128 页。

② 山西省史志研究院：《山西通志·民族宗教志》，中华书局 1997 年版，第 333 页。

③ 山西省史志研究院：《山西通志·民族宗教志》，中华书局 1997 年版，第 74 页。

④ 大同市文史资料研究委员会：《大同文史资料（第 17 辑）》，大同报印刷厂 1990 年版，第 75—76 页。

⑤ 大同市档案局、大同市地方志办公室：《大同县志（民国稿）》（第 3 册），三晋出版社 2017 年版，第 126 页。

⑥ 山西省地方志编纂委员会：《山西通志》（第 46 卷），中华书局 1997 年版，第 408 页。

下天主教传教士于大同四处吸引教徒入教，并主要在大同、天镇及阳高三处活动。1860 年《北京条约》中承认"任法国传教士在各省租田地建造自便"使天主教活动场所大为扩张，清咸丰十一年（1861）于天镇县马家皂建教堂 1 座传教①，1891 年在阳高县莫家堡建立教堂②。清光绪十六年（1890），传教士购到太平楼南住院两所，接连都司街地址建筑西式礼拜堂一所，后建支堂五处，信徒发展到四千余人。③ 1890 年山西教区划分成南北两块，晋北教区主教艾士杰不定期来大同视察教务并进行传教活动。同时基督教也进入大同，1886 年英国宣道会传教士安威尔，租用大同城内东北隅田家巷（屠牛场街）民房传教。翌年，英国马根西、纪长生相继于大同城内东北隅东柴市角和西南隅胡家圪坨（购建城内焦家巷耶稣教堂）正式建立教堂。

至 1900 年，大同城内已经形成由佛教、道教、伊斯兰教、天主教和基督教组成的多元宗教空间体系，并且在城市空间中呈现出不同的发展势头，总体呈现"西教东渐"的"嵌入"形态。佛教虽属外传但经过千年传承已经本土化，避世的价值取向使其在空间形态上保持相对稳定状态，而道教虽为本土宗教，但在佛教影响和自身"道不可言"的主张下逐渐没落，更多地内化为民间信仰的一部分。伊斯兰教虽然也是外传宗教，但在大同境内也有其固定的场所清真寺。在此形势下，西方宗教借助国家保护强势嵌入，空间上表现为西教建筑场所的购置和传教活动范围的扩张。

二 民教冲突：义和团运动中大同城市宗教场所空间形态嬗变

（一）空间张力：民教冲突爆发的土地诱因

由于城市土地的稀缺性，西方宗教进入大同要解决的首要问题就是宗教场所占地问题。基督教"一八八六年，有英人安威尔者，来同

---

① 山西省天镇县县志办公室：《天镇县志》，山西教育出版社 1997 年版，第 913 页。

② 郭海：《阳高县志》，中国工人出版社 1993 年版，第 608 页。

③ 大同市档案局、大同市地方志办公室：《大同县志（民国稿）》（第 3 册），三晋出版社 2017 年版，第 126 页—127 页。

布道，租用屠牛场街民房为教堂"①，而清康熙年间，天主教"教堂公所先购在县城内广府角，嗣因信徒日多，于清光绪十六年，购到太平楼南住院两所，接连都市街地址，建筑西式礼堂一所"②。可见，两教进入大同首要解决的就是购置土地，建立宗教场所的问题。中国传统城市选址大多选取地势平坦的开阔地，但对于晋西北黄土高原而言，平坦地带极为稀缺，导致城市土地资源十分珍贵。因宗教用地大同地区曾发生多起民教纠纷，如"1894 年大同府所辖丰镇厅教徒杨世望强占农民土地，将农民刘守功逼死"，"1896 年教堂拆毁民房，拷打农民，霸占农民宝地"③，围绕土地所有权形成的城市秩序张力是影响宗教空间分布的重要因素之一，也是宗教信仰及社会关系建构的重要基础。

　　西传宗教与传统宗教在信仰内容、传播方式上的差异最终表现为空间上的冲突。传统宗教以佛道为主，虽然佛教也是由国外传入但已历经上千年的本土化过程，基本融入中国社会并形成较为稳定的活动场所。佛道关系也经过磨合基本稳定，甚至在民间信仰中相互融合，一些信仰对象被列为佛道同修，而部分庙宇中也出现佛道人物同堂的现象。佛道场所在城市空间的基本形态建构于城市社会秩序中功能发挥的基础上，佛教主要体现在道德示范、心理调适、文化承载及社会关怀等方面，而道教已经成为民众对美好生活向往的倾诉对象。以佛道为主的传统宗教与西传宗教在宗教传播上具有明显区别，佛道传播以内修为信仰扩散机制，即信众通过修炼内心"悟"通教义，有"坐禅"和"悟道"之说法。同样，城市中的寺观也是通过这种内心引领机制发挥影响力，宗教传播活动基本在其场所范围内进行。而西传宗教具有明显的主动传播特点，在空间形

---

①　大同市档案局、大同市地方志办公室：《大同县志（民国稿）》（第 3 册），三晋出版社 2017 年版，第 122 页。

②　大同市档案局、大同市地方志办公室：《大同县志（民国稿）》（第 3 册），三晋出版社 2017 年版，第 126 页。

③　姚武：《大同历史文化丛书》（第 4 辑）《大同义和团和辛亥革命》，山西人民出版社 2006 年版，第 5 页。

态上表现为不断扩张活动场所，在信仰传播方面有传教士专门进行传教工作，并且通过生活帮扶、资金支助、纠纷解忧等策略形成了发展教徒的一整套体系。传统宗教的"保守传播、积极信奉"和西传宗教"积极传播、消极信奉"的鲜明对比，其虽未导致宗教间的直接冲突，但传教方式、信仰内容的差异在信众、大众心中形成强烈的冲突。这种内心的冲突在列强入侵的时代背景下逐渐积聚，城市场域内的教民土地纠纷成为引发冲突的微观诱因之一，山西教案的发生就与教会干涉地方诉讼、强购民地兴建教堂有关系。

（二）空间重构：民教冲突的潜在目标追求

19世纪五六十年代后，西方宗教对中国城市空间的强势嵌入，对传统宗教城市格局形成强烈冲击。佛、道二教基本已经实现了宗教的世俗化，即分化为寺观中的信仰和寺观外的信仰两大部分，而两部分又在城市社会生活中互为补充，相互融合。西教进入中国后，由于城市并不具备培育西方宗教信仰的社会土壤，只能通过大力传教进行扩张。如1844年瑞典牧师到浑源传教，为了刺激教务发展为首批教徒购置宅院一处，引诱许多教外群众入教①；英籍牧师通过施舍金钱、赠送米面引诱入教②；还有通过赈灾布道吸引灾民入教等情况③。西教的强势扩散，不仅在宗教信仰、民间风俗和价值观上对传统城市社会形成冲击，而且宗教场所的大量扩张使原有城市空间秩序失衡，最终酿成民教冲突。

义和团运动使大同西教发展受到重创，西教宗教场所受损严重。《大同县志（民国稿）》"宗教志"卷首记载，"我国历代君主虽亦间有崇拜释道者，然大多数仍守孔教，为社会伦理之中心。大同地处边陲，人民智识较浅薄，对于孔教为社会伦理之中心更茫然莫晓。见有木石狐鬼辄引起自身幻想错觉而诧为神奇。故所崇拜者多神仙、狐鬼之庙宇，以表示迷信、并无宗教之可言。即日常诵经

---

① 熊存福：《浑源县志》，方志出版社1999年版。
② 王云亭：《襄垣县志》，海潮出版社1998年版。
③ 顾长声：《传教士与近代中国》，海潮出版社1998年版。

拜斗，超度亡魂之僧道亦非真有信仰，仅视为具文而已。自天主耶教流入我县设立教会，每星期必集会诵祷又时时分途布道、朝夕讲说、终于入心，然势力相差孔教甚远，综计全县人民不及百分之一二"①，可见西教东渐对传统宗教信仰的冲击并不大，而义和团的兴起是在民族情感、统治阶级引导和教民信仰、价值、利益冲突共同作用下的结果。

义和团运动在大同对西教的破坏极大，基本阻断19世纪后半叶西教东渐的发展势头。《大同县志（民国稿）》系民国时撰写的前期手稿，由于抗日战争爆发而未完稿，后经档案部门整理原迹出版。其虽尚未完成，但其非正式性、原创性恰好能够体现更多的客观性。《大同县志（民国稿）》中载《追思庚子年义和拳祸教记》（以下简称《追》）一文对大同义和团运动始末进行了记述，同时也描述了天主教在义和团运动前的盛况以及义和团运动时的破坏情况。《追》文先讲述了大同天主教由清初传入时"信教者虽属寥寥，然相继未绝"到庚子时覆盖大同十三县的发展过程，接着介绍了大同天主教的宗教场所和下设机构，"教堂内附设男女公学院二所，不分民教子第，任意入学不索分文束修。为愿培养人材，正风修德、又设育婴室一所，邀请贞洁修女教育儿童，专收无依养婴孩，救助生命每年雇乳母及衣被等费数百两。婴孩成丁教授中西文字，或贞修或婚姻，自择为益。又设音乐会，若遇时节闲暇，同聚一室，学习道理乐器，以免青年游逛，城南十里河村，分堂一所，西榆林村支堂一所，左云县公口村曹家山前铺等村，均有支堂，年经一年，日复一日"②。据统计，1900年大同所在的北教区③教徒达到17000余名，教堂200余座④。总之，受不平等条约保护的西方宗教发展速度较快，逐渐影响到原有的社会

① 大同市档案局、大同市地方志办公室：《大同县志（民国稿）》（第3册），三晋出版社2017年版，第121页。
② 大同市档案局、大同市地方志办公室：《大同县志（民国稿）》（第3册），三晋出版社2017年版，第634页。
③ 1890年山西天主教划分为南北两教区，大同属于北教区。
④ 姚斌：《大同义和团和辛亥革命》，山西人民出版社2006年版，第4页。

秩序。张之洞认为，教徒"恃其护符，无理生衅，该教包揽袒庇，动辄径向巡抚衙门投递信函，时来恩扰，教堂日横，民怨日深"①。在这种形势下民教冲突一触即发。

《追》文对清光绪二十六年（1900）义和团运动始末之叙述，将西太后和山西抚台毓贤对洋人的仇视作为义和团运动发生的重要原因。大同义和团是新形势下对大同地区白莲教的继承和发展，又在官府授意和民众支持下对洋教的怨恨逐渐白热化。1900年农历五月二十一日，大同城内举行大祈雨，民众积极参与，唯独各教堂闭门不出，引起义和团不满并发生冲突，成为民教冲突的导火索。② 之后义和团在大同开始"灭西教"，过程基本分三个阶段：第一个阶段是制造舆论，伺机行动。大同总镇和知府奉令于街市张贴标语"杀灭洋人，焚毁教堂"，使义和团趁势而起分作四团："东关刘伯文驻关变圈，西关八千岁信龙王庙，北街马正太住天主庙。非常暴恶，南街黄忠住立马庙，四党团结恶气日甚。团总贾升、李六王爷等，经理供给拳匪衣食。"第二个阶段是占领教堂等场所，文中详细记叙了大同天主教被毁及代理司铎杨某被杀害的过程，后情况日渐失控，"六月二十四日拳匪拥集天主堂，呼喊杀人放火，即入堂院抢掠财物，焚毁教堂"，西教场所皆尽毁坏。第三个阶段是清理信徒阶段。文中讲述在教民失去警署保护后，义和团开始全面清理行动，首先将会长、管押等杀害，又"沿门"搜获信众进行杀害。后义和团在八国联军入侵北京后逐渐平息，文后还对西太后谕令各地缉拿义和团的文本进行了原文转述。

义和团运动使西教场所及财物受损严重，教会人员被侵害致死，但这并未阻止西教扩散。相反，八国联军重压下的清政府全面绞杀义和团，使西教获得重返城市空间的机会。西太后诏谕明确指出，"教士传教，本是开辟守教劝人，去假存真，为善学道，敬真主而救己灵，实为万有真原之性理，莫不尊亲之大道"，而对于民众信教不再

---

① 中国第一历史档案馆、福建师范大学历史系编：《清末教案》第2册，中华书局1998年版，第371页。
② 姚斌：《大同义和团和辛亥革命》，山西人民出版社2006年版，第10页。

管束"尔军民人等，愿奉教修道者，听由自便，毫不禁拘，从此晓谕，以垂永远，民教相安"，并明确对于民教冲突的处置原则"从此民教和睦，为此示仰，各处乡甲军民人等，一概知悉，不准视教阳奉阴违造谣惑教，暗生事端，如尔等故违者，照前究办"。庚子赔款也为西教大规模修复被毁坏的宗教场所提供了经济支持。此外，义和团运动也给西教带来深刻的反思，空间扩张的显性优势并不能真正转化为社会影响力，只有在充分融入当地社会的基础上发挥宗教的社会功能和影响，才能促使其成为城市空间的有机组成部分。因此，鸦片战争以来西教侵略者强行进入的姿态在义和团运动后发生了转变，虽然西教东渐还离不开政治、军事依赖，但其融入策略发生了根本性转变。

三　民教互嵌：民国大同城市宗教场所空间新形态

义和团运动使民教冲突转化为国家冲击，并最终在政治、军事层面进行解决，一是清政府对义和团运动造成的损失进行赔偿，二是清廷发布政策保证西教中传的极大自由。表面看战争与谈判解决了民教冲突问题，但实际西教融入中国城市社会的根本性问题并未解决。义和团运动后的西方宗教面临两项紧迫任务，一是重新建立被义和团扰乱的教会组织，并修建被毁坏的宗教活动场所，在庚子赔款的支持下该任务完成较为容易；二是破解教会融入地方社会的问题，在义和团运动的教训下，天主教、基督教改变了之前强行扩张的策略，转而通过介入社会事业而获取民众认同，表现为宗教场所支撑下的教育、医疗、养老、幼抚机构的设立和场所扩张。

（一）义和团运动后大同西教发展状况

义和团运动被镇压后，天主教晋北教会利用赔款于1906年重建都司街教堂。太原教会派来意大利傅神父开展教务，其后相继有王、马、雷、任、彭、穆等方济各会神父在大同及所属地方发展教务①，先后于天镇②、

---

① 大同市地方志编纂委员会：《大同市志》，中华书局2000年版，第1838页。
② 山西省天镇县县志办公室：《天镇县志》，山西教育出版社1997年版，第913页。

广灵①、浑源②建立教堂。从 1903 年晋北代牧区的教徒人数 14658 人，增加到 1917 年的 33900 人，1922 年成立大同教区，所属教堂多达十余座。③ 1932 年大同教区由监牧区改为代牧区，1946 年大同教区升为主教区。"教区办有初级小学 18 处，高级小学 1 处，婴儿院 1 处，养老院 1 处，诊疗所 1 处。"④

表 5 - 10   民国大同主要西教及其创办机构场所分布情况⑤

宗教	分支	场所	地点及时间	人数	创设机构
基督教	内地会	耶稣教堂	城内焦家巷（1887）	541	育贞女子学校 崇实高级小学 私立平民小学
		东堂	柴市角街（1901）		
		西堂	棋盘街（1901）		
		东堂支堂	柴市角街外堂（1934）、团堡村（1913）、大王村（1915）、东关（1928）、聚乐堡（1930）、安乐庄（1932）、大北街（1932）、镇川堡（1932）		
		西堂支堂	大西街（1908）、南关（1909）、马家村（1911）、口泉镇（1926）、上泉村（1931）、落阵营（1931）		
	中华圣公会	租用民房	大北街路东民房（1922）		教务部 医务部 学务部
		教堂	西羊市街（1925）		
	信心会	会址	柴家园（1917）		——
	安息日会	会址	大同东街（1933）		——
	救世军	会址	鼓楼西街（1919）		——
		支会	平旺村（1923）		
			火神庙街（1925）		

---

① 山西省广灵县县志编纂委员会：《广灵县志》，人民出版社 1993 年版，第 610 页。
② 山西省浑源县县志编纂委员会：《浑源县志》，方志出版社 1999 年版，第 737 页。
③ 山西地方志编纂委员会：《山西通志》，第 46 卷，中华书局 1997 年版，第 372 页。
④ 山西地方志编纂委员会：《山西通志》，第 46 卷，中华书局 1997 年版，第 372 页。
⑤ 数据根据《大同县志（民国稿）》《大同文史》等史料辑录。

续表

宗教	分支	场所	地点及时间	人数	创设机构
天主教		教堂	广府角（康熙年间）	4000	私立育英两级小学校 亚纳女子小学校 修道大学院 婴儿院 养老院 诊疗所 牛奶社 女保赤会 医疗所 各支堂办有小学校 教公所
		礼拜堂	太平楼南都司街（1890）		
		支堂	莫家堡（1891）、灵丘（1920）、西加斗（1922）、天镇（1922）、西河河（1922）、浑源（1922）、马家皂（1922）、榆林村（1922）、西册田（1923）、千千村（1927）、马庄子（1928）、东辛庄（1930）、南村（1930）、许堡（1931）、张官屯（1934）、涧村（1935）		

　　大同教区天主教会除直接传教外还积极兴办教育、医疗、慈善事业，进行救济、赈灾等活动，成为天主教融入城市社会新的突破口。教会先后创办大同育英小学①、亚纳女子小学校、修道大学院、大同西册田天主堂小学②、大同育英中学③等学校，至1939年大同教区内11座教堂共办有男女两级小学各3所、初级小学8所、女初等小学6所，共有学生1418名④。1930年在榆林教堂成立婴孩院，将全区各堂口收养的弃婴集中养育，由数名贞女负责。后又在广灵县南村成立婴孩院1处。民国二十四年（1935）比籍教士田种德在大同县许堡创办养老院，收养老无所养的老人十几名。大同人将天主教称为"吃米教"或"大洋教"，1929年和1939年，浑源县遭受严重水旱灾，神父不同程度拿出粮、款救济贫穷教友。⑤ 1947年比利时教士魏光熙请大夫李普和集宁献堂会修女曹毅勇、裴玉贞等7人，在大同教堂内创

---

① 山西地方志编纂委员会：《山西通志》，第46卷，中华书局1997年版，第390页。
② 山西地方志编纂委员会：《山西通志》，第46卷，中华书局1997年版，第391页。
③ 大同市地方志编纂委员会：《大同市志》，中华书局2000年版，第1425页。
④ 山西地方志编纂委员会：《山西通志》，第46卷，中华书局1997年版，第390页。
⑤ 山西省浑源县县志编纂委员会：《浑源县志》，方志出版社1999年版，第737页。

办大同新仁诊疗所进行义诊。[1] 可见，庚子后天主教在大同的传播过程就是一个本地化的过程。[2]

1900 年英国传教士建立起的大同基督教组织被义和团全数破坏，东西教堂被烧毁。1901 年瑞典人从英国宣道会手中接管雁北教区，通过购置教产先后于大同及雁北十二县开办 12 所教堂，最多时传教士达 40 人。1925 年大同基督教形成完整体系，在宗教场所上，先后于大同城北柴市角 8 号设置东堂总会，城内棋盘街 15 号购地建西堂分会。至 1933 年两堂独立，西堂设口泉、上泉、大西街、马家村、落阵营、南关 6 处分堂，共有信徒 120 人，绝大多数是农民。东堂设团堡、大王、聚乐、镇川、东关、柴市角 6 处分堂，共有信徒 200 余人。同时还存在其他派别如内地会、神召会、自立会、救世军、圣公会、安息日会、青年会等。大同基督教也大力开展社会事业，创办了育贞女校、民德小学、外侨学校、崇实高级小学、私立平民小学校、护士学校等，同时还建有教会医院首善医院以及戒烟所。

此外，伊斯兰教也围绕回民开展公益活动，如 1930 年成立中国回教促进会大同支会，成立大同清真小学校为回民举办公益教育，成立回民青年学校 1 所，小学校 1 所，善邻女校 1 所。另外，还成立裕民黄花公司、牛羊肉组合等，积极从事社会经济活动。[3]

（二）民国大同宗教场所空间布局特征

根据资料记载，对民国期间大同城内主要宗教及其创办机构场所分布情况进行标注（见图 5 - 12），可见如下分布特征：

第一，土地占位是城市宗教空间格局架构的基础要素。佛教和道教场所选址都有其自身特点和要求，佛教"避世"追求和道教"道法自然"价值追求使两教在城市外选址多位于名山之巅。城市场域

---

① 山西地方志编纂委员会：《山西通志》，第 46 卷，《民族宗教志》，中华书局 1997 年版，第 392 页。

② 唐逸：《中国基督信仰本土化之类型》，《世界宗教研究》1999 年第 2 期。

③ 大同市文史资料研究委员会：《大同文史资料（第 17 辑）》，大同报印刷厂 1990 年版，第 75—76 页。

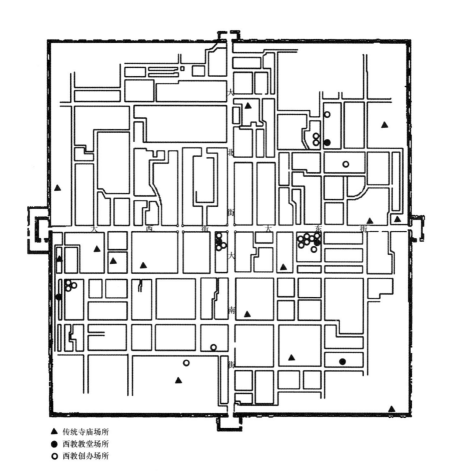

▲ 传统寺庙场所
● 西教教堂场所
○ 西教创办场所

图 5 - 12 民国大同城市宗教场所平面布局①

内的传统宗教是建立在城市秩序构建和功能担负的基础之上的，与城外选址具有明显不同的考量，除一般考虑外，主要是要解决好以下两方面问题：一是空间上城市寺庙用地问题；二是秩序上宗教活动与社会关系的融洽问题。古代社会佛道寺观用地基本与城市统治者或皇权有直接关联，多为在政权控制下进行，既表现在政权支持时的大力兴

———————

① 本图根据 1937 年大同县公安局大同市要图改绘，数据主要来源于《大同县志》（民国稿）。

建、重修，也表现在不支持时的严格管控甚至拆除。在与社会关系的融洽方面，经过长时期的磨合，佛道已经形成"对内封闭，对外开放"的关系模式，即佛道信众以寺观为活动场所，寺观以外的宗教活动严格限制，但寺观对公众开放。而西传宗教由于缺乏信仰基础，这两个问题解决起来较为困难，在教堂用地方面，义和团运动前主要依靠教会经费的资助购置土地，而这种方式很难选址在城市核心地带，虽大多从城外、城内市场周边的民居开始切入，但依然因为土地问题与当地民众产生不少纠纷。义和团运动后，被义和团毁掉的教堂虽然得到修复，但西方教会并未在清廷的支持下继续在宗教场所上进行扩张，而是转而向农村场域的延伸，这与城市土地的稀缺性和社会关系的复杂性不无关联。在与社会关系的融洽方面，西教缺乏传统宗教的信仰根基，同时其传教任务使建构社会关系方面充满挑战，在严格的教义限制下形成了"对内开放，对外封闭"的关系模式，即教堂是信众的主要活动场所，传教士可以外出进行积极的传教活动，但对异教徒或非信众存在区别对待。可以说，不同教义支持下的社会关系建构模式与城市土地占位间存在紧密关联，宗教用地受既有信仰基础的支撑，同时也影响了宗教的进一步传播。

第二，功能补偿是城市宗教空间秩序形成的稳定机制。传统宗教的"教会保守—信众积极"与西教的"教会积极—信众保守"关系模式的区别使西教面临社会关系建构危机，从而引发了义和团运动中针对西教的暴力行动。虽然西教购置了土地建立了教堂，但如何将空间的融入深化为关系的融合，显然问题的解决并非用钱或用权那么简单。义和团运动后西教在大同的发展表现出新的策略：一是在教务方面由瑞士、比利时等国接替英国为管理方；二是在发展空间上由城市为主向农村为主进行重心转移；三是在城市空间内基督教、天主教大力兴建学校、医疗所、养老所等公益性社会事业机构。教务管理方的变化可以有效地化解民族情绪，使西教更容易接近公众，而在农村地区大量建教堂可以有效回避城市土地压力，同时有利于在广大农村地区发展信徒。在城市内由教会兴建的社会机构可以很好地缓和西教与民众的关系，资料显示，教会采取义诊、免费教育等方式可以取得民众特别是生活困难群众的认同，使宗教活动更易融入城市社会。从城市社会的整体功能上看，西方教会主动承担起救贫、扶弱、教愚等社会功能，对其在空间上的生硬嵌入形成了缓冲，使宗教活动获得认同。

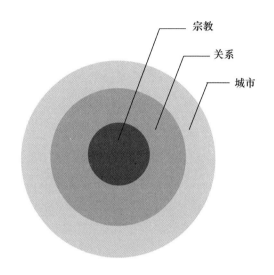

图 5 - 13　城市宗教空间缓冲机制模型

第三，圈层秩序：西方宗教融入中国城市空间的缓冲机制。城市空间布局是城市功能分布和社会关系秩序的外在体现，近代大同佛、道二教寺观的分布是长期以来佛、道二教与地方社会互动关系建构的结果。同时，严格意义的佛、道二教传播在城市并不多见，庙宇供奉多已转变为民间信仰，正如《大同县志（民国稿）》宗教志开篇所言："大同地处边陲，人民智识较浅薄，对于孔教为社会伦理之中心更茫然莫晓。见有木石狐鬼辄引起自身幻想错觉而诧为神奇。故所崇拜者多神仙、狐鬼之庙宇，以表示迷信、并无宗教之可言。"[1] 对于西方宗教而言，除伊斯兰教在大同有长期缓慢发展外，天主教、基督

———————————

① 大同市档案局、大同市地方志办公室：《大同县志（民国稿）》（第3册），三晋出版社2017年版，第121页。

教并无信仰根基，宗教场所建立后如何融入城市总体空间布局中，并以此为中心发挥其传教布道的功能是西教生存和发展的关键。尤其当城市社会沉浸在儒家伦理和佛道传统宗教伦理体系之中，而西教通常具有较强的排异性，入教后往往要求信徒严格遵守教会伦理，其中部分要求与民间信仰、佛道信仰有较大出入。因此，西方宗教很难在城市社会中扎根。鉴于此，基督教、天主教于义和团运动后，尤其是在民国时期教会通常在教堂周围或内部积极建立教会学校、教会医院、教会慈善等机构，通过开展社会事业获取公众的信任并大量发展信众，由此而形成西方宗教与城市社会的关系缓冲圈，巧妙地在教堂的宗教活动核心圈和城市社会的传统秩序圈之间设置了缓冲地带，形成一种对宗教活动的保护机制（如图 5 - 13 所示）。同时，在纵向结构方面，形成了城市设置总教堂、农村设置支堂的办法，大力发展农村地区宗教事务，使西方教会进入快速发展时期。虽然农村地区远离城市，却是城市宗教事务发展的重要基础，由此形成城市与农村、信仰与社会的圈层结构体系。

四　基本结论

城市宗教空间布局是宗教与社会关系秩序的外在形态，西方宗教在国家强权干预基础上对中国城市空间的嵌入打破了传统城市空间的稳定秩序，引发民教冲突。义和团运动后西方宗教虽然获得官方政策性保护，但社会关系构建的内源性使其不得不通过社会公益的缓冲机制以融入城市空间，由此构建起民国大同城市宗教空间的新形态。可见，外在的空间形态与内在的社会秩序间存在紧密的逻辑关联。

第六章　大同城内部空间建筑要素研究

第一节　善化寺

大同善化寺，当地俗称南寺，该寺是我国现存辽金佛教建筑布局中，保存最完整、规模最大的一座寺院。据梁思成先生考证，善化寺内的大雄宝殿、普贤阁、三圣殿、山门四处为辽金时代遗物。善化寺亦在1961年被列为第一批全国重点文物保护单位。关于善化寺的历史，尽管《辽史》和《金史》中没有明确的文字记载，但从寺院现存的碑刻资料以及光绪《山西通志》、道光《大同县志》等资料中依然可以窥见该寺庙的建置沿革。

一　善化寺的历史沿革

（一）善化寺始建年代

关于善化寺的修建年代，现在主要的观点认为是唐开元年间。这种观点主要依据为南宋朱弁所撰《大金西京大普恩寺重修大殿记》，其中指出该寺建于唐明皇时期，明清史料记载大多沿用此说。首先是善化寺内的重修碑文持此观点。如万历十一年（1583）《重修善化寺记》以及万历四十四年（1616）、乾隆五年（1740）《重修善化寺碑记》都明确提到善化寺建于唐开元年间。再者，史志古籍多持此观点。如光绪《山西通志》不仅指出其建于唐开元年间，还历数了其在石晋初改为大普恩寺，金重建，明改为善化寺的变迁过程。① 道光《大同县志》的记载与前者基本一致，并指出寺内有"铜钟，后唐清泰三年（936）丙申铸，明易今名……筑俗名南寺"②。

20世纪30年代，梁思成通过考察善化寺内的建筑式样，并结合碑刻资料，认为该寺主要建筑为辽金遗物，对朱弁碑提及的该寺创建于唐开元年间的说法提出疑问。③ 不可否认的是，现存的善化寺主体建筑为辽金建筑，现在的善化寺是明清至今在其基础上修葺而来的。至于善化寺始建于唐开元还是辽金时期，笔者认同唐代说。《大金西京大普恩寺重修大殿记》对善化寺重修的情况进行了记录，其明确记载始建于唐明皇时期，并获赐开元的名称。而《唐会要》对开元二十六年（738）六月唐玄宗敕令各州对寺庙进行修葺并"改以开元为额"④，且对唐长安城内开元观的更名情况作了说明，天宝元年（742）"天下诸州开元观，并加天宝字"⑤。据此可知，当时改"开元"名称的寺观是在原有寺观的基础上进行的，此后又在此基础上加了天宝的年号。依此例，大同开元寺应在改名之前即存在，而且是城内"定形胜观寺"，唐代云州城是在原北魏平城的基础上修建的，故该寺可能是唐开元改名前已是一座在原北魏平城寺庙遗址基础上建成的布局规整且形制宏伟的寺庙。

与文献记载相对应的是实物资料的印证，20世纪50年代重修善化寺中的普贤阁时，在其梁头上发现有"贞元二年一行造"的题记。历史上使用贞元年号的有两个时期，分别是唐德宗贞元时期（785—805）和金贞元时期（1153—1156）。金贞元二年（1154）距圆满和

① 光绪《山西通志》卷57《古迹》，据光绪十八年刻本点校，中华书局1990年版，第4149页。

② 道光《大同县志》卷5《营建》，《中国地方志集成·山西府县志辑》第5册，凤凰出版社2005年版，第70页。

③ 梁思成、刘敦桢：《大同古建筑调查报告》，《中国营造学社汇刊》1933年第4卷第3、4期合刊。

④ 《唐会要》卷50《杂记》，中华书局1955年版，第879页。

⑤ 《唐会要》卷50《杂记》，中华书局1955年版，第879页。

尚 1143 年重建①相差仅 11 年，至今这些建筑除了文殊阁、大门、左右斜廊被毁外，其他仍保留金代原貌，所以当时重建普贤阁的可能性不大，故可能是唐贞元二年（786）修建的，至于一行并不是唐代著名的僧人一行（683—727），只是同名的匠人而已。此外，善化寺还有一口"清泰三年岁在丙申铸"的铜钟。据此，基本上可以佐证善化寺的建造年代为唐代，在开元二十六年（738）改名之前就是大同城内规模形制俱佳的寺庙。

（二）善化寺的修建过程

善化寺在开元二十六年更名为开元寺前已经是"定形胜观寺"，作为皇帝赐名的国立寺院，其地位十分显赫。唐贞元二年开元寺进行了扩建，普贤阁就是在这一过程中修建起来的，后唐清泰三年（936）在开元寺修葺过程中，铸造了新铜钟悬挂于钟楼。经唐代的营建，开元寺已经形成宏阔端严的规制。

在后唐亡以后或后晋初，开元寺改名为普恩寺②，至于更名的原因，可能与当时"地北多学慈恩宗"有关③，取"普化慈恩"之意。慈恩宗是玄奘所创的一个佛教宗派，因发源于长安大慈恩寺而称为慈恩宗，因其比较抽象，与主流观点相抵触，故很快便衰落了。但随着应县木塔辽代秘藏的发现，证明慈恩宗在燕云一带一直比较活跃，无碍大师诠明是其代表学僧，其所著的《法华经玄赞会古通今钞》是以慈恩宗义沟通《法华经》。④ 据朱弁碑记载，辽金仍名普恩寺。元代，该寺沿用普恩寺之名。⑤ 辽占据大同之后，在原唐代的规制上重修普恩寺。辽金战火烧到大同，使普恩寺毁坏严重，百分之六七十的建筑不复存在，寺中原有的唐代建筑毁于一旦，辽代新增建筑也所剩无几，并一度沦为金兵"掠藏俘获"之地。金天会六年（1128）圆

---

① 《大金西京大普恩寺重修大殿记》记载："经始于天会之戊申，落成于皇统之癸亥。"

② 据《大金西京大普恩寺重修大殿记》的记载。

③ 山西省文物局、中国历史博物馆：《应县木塔辽代秘藏·前言》，文物出版社 1991 年版，第 21 页。

④ 山西省文物局、中国历史博物馆：《应县木塔辽代秘藏·前言》，文物出版社 1991 年版，第 21 页。

⑤ 《元史》卷 13《世祖本纪》，中华书局 1976 年版，第 281 页。

满和尚主持了对普恩寺的重建工作，工程持续将近 15 年，新寺庙落成后成为拥有大小殿阁八十余楹的金代巨刹。此后该寺院的修葺主要是在这次重建基础上完成的，《元史》首次将普恩寺宏大的规模直观地呈现出来，其载元世祖曾敕令各路僧侣约 4 万人汇聚到普恩寺举行为期 7 天的资戒会。① 从该条记载可知，作为能够吸收 4 万僧众进行持续 7 天活动的寺院，无论其建制规模，还是住宿供应能力都十分可观。这也解释了其被称为"大兰若""大招提"的原因。

明正统十年（1445），明英宗赐名善化寺，寺名一直沿用至今。据明万历十一年（1583）《重修善化寺记》记载，明宣德三年（1428），大用和尚在前代的基础上重修善化寺。因寺名由明英宗所赐，故其在全城寺院中威望最高，寺内不仅建有"僧纲司"管理全城僧众，还是官吏"习仪之所"。明末清初，大同经历了李自成农民起义军的清洗和姜瓖反叛导致的清军屠城，善化寺再一次被摧毁，"台基尽废，廊庑具颓"。清康熙四十七年至五十五年（1708—1716）之间源庆和尚曾对该寺有过一次大的修缮②，此次重修，是在原来破败不堪、几乎废弃的寺庙旧址上进行的。重修之后的善化寺整体继承了辽金元以来该寺庙的特征和平面布局结构，但也有很明显的变化，主要分两个方面，一是寺庙的局部布局发生了变化，有了较为合理的功能分区。如把之前位于廊内的僧房移到廊外，既保证了殿宇的清净，也使僧侣有了独立的私人空间。二是寺庙外部、内部的建筑用材和内部佛像、壁画彩绘等的变化。民国年间，寺内左右斜廊、东楼（文殊阁）被毁坏。中华人民共和国成立以来，善化寺经过多次重修，才呈现出今天的风貌。

二　善化寺的平面布局

善化寺位于大同古城永泰门南端西侧，坐北面南，占地面积约 14000 平方米。辽金元时期善化寺位于大同城南。善化寺现存总体布局较为完整，中轴线上从南至北分布着山门、东西配殿、三圣殿、大雄

---

① 《元史》卷 13《世祖本纪》，中华书局 1976 年版，第 281 页。
② 据立于清乾隆五年（1740）《重修善化寺碑记》的记载。

宝殿、东西楼，主体建筑三大殿呈层层增高之势。① 平面布局颇似"伽蓝七堂"②。据梁思成先生考证，善化寺内的大雄宝殿、普贤阁、三圣殿、山门四处为辽金二代遗物。寺内还有明代建筑、匾额以及清代壁画等。辽金时期是我国古代建筑史上的一个重要阶段，其上承唐宋古朴雄浑的建筑风格，又独具北方游牧民族粗犷豪放的特点，明代在辽金大普恩寺的基础上修缮形成善化寺的基本格局（如图 6-1 所示）。

（一）山门

山门为善化寺的正门，始建于金天会至皇统年间，因殿内两侧置四大天王彩像，故亦被称为天王殿。山门面阔五间（29.1 米），进深二间（11.3 米），平面为狭长的长方形，当心间南北辟门，正中为出入孔道，殿顶为单檐五脊。山门建于高不足一米的砖砌阶基之上，阶基之前的月台较阶基低一级，月台之上左右立石狮各一。天门前后的中间各悬额一方，前为"善化古寺"，后为"威德护世"。

1980 年在拆除明清大同古城南城门城基时，在城墙夯土中发现《观音院故敬公塔记》（金大定二年，即 1162 年），《普恩寺高僧院英师幢铭》（金大定十七年，即 1177 年），《佛日圆明海云佑圣国师舍利塔》（元天历二年，即 1329 年）等"和尚灵塔"和"经幢"③，说明这一片区域在辽金元时期此地曾是瘗地。此外，2002 年 6 月在天王殿（山门）西侧围墙地基中发掘出《善护大师灵塔》（大定七年，即 1167 年）。④ 这进一步证明辽金时期的普恩寺南面有大片的瘗地存在，并一直延续至普恩寺内部。明代大同府城南城墙即是在这片瘗地上修建的。据《魏书·释老志》记载，北魏平城时期，城内曾有寺院瘗地。惠始太延中临终于八角寺，并由于呈现异象而瘗于寺内，后因太平真君六年（445）"城内不得留瘗"而迁葬于南郊之外。当然也有例外，如"天安元年（466），皇宫内侍曹天度为亡父颖宁、亡

---

① 张明远等：《善化寺大雄宝殿彩塑艺术研究》，人民美术出版社 2011 年版，第 3 页。
② 梁思成、刘敦桢：《大同古建筑调查报告》，《中国营造学社汇刊》1933 年第 4 卷第 3、4 期合刊。
③ 赵一德：《大同善化寺史话》，山西人民出版社 2004 年版，第 11 页。
④ 赵一德：《大同善化寺史话》，山西人民出版社 2004 年版，第 11 页。

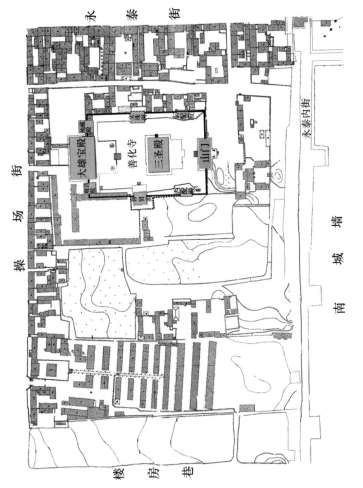

图6-1 善化寺平面布局①

① 底图为大同市城建局勘测队《大同市旧城地形图(1958—1959)》,1977年2月。

子玄明造九重塔于平城"①。因此，建在北魏平城原有寺庙遗迹基础上的唐代开元寺继承了庙内有僧人瘗地的传统，一直到元代，依然盛行。当然这些僧人必是德高望重的得道高僧，其与普通僧众不同。

（二）三圣殿

三圣殿位于山门之后大雄宝殿之前，是善化寺的中殿，建于砖砌阶基之上，平面呈长方形，面阔五间（32.68 米），进深四间（25.72 米），单檐庑殿顶。殿前月台较阶基低一级。其殿南北面当心间设门，南面次间辟窗，北面未设，其余墙柱间皆砌砖墙。殿内共有主辅柱各四，立柱较为特殊。②殿内奉毗卢遮那佛、文殊菩萨、普贤菩萨，称为"华严三圣"，殿东北供关帝并侍像四。三圣殿因供奉"华严三圣"而得名，其与寺之山门同是金在辽代基础上重建的。殿内保存有金代的两通石碑，一为《大金西京大普恩寺重修释迦如来成道碑铭并序》，一为朱弁所撰的《大金西京大普恩寺重修大殿记》。③

三圣殿即朱弁碑中的前殿，其结构式样与大雄宝殿及普贤阁有显著差别，而且三圣殿与大雄宝殿之间的距离远远超过山门的距离。朱弁碑明确提及金代普恩寺是在辽代毁坏的庙宇基础上建成的，其寺庙布局基本按照原辽代的样式。辽代寺院平面布局多以塔或高阁为中心，蓟县的独乐寺和应县的佛宫寺就是其中的典型代表，前者以观音阁为中心，后者以释迦塔为中心。辽代佛殿的内部空间采用移柱或者减柱的做法，如五台山佛光寺文殊殿，该做法未曾出现在宋代营造记载和实践中，可推测为辽金独有。寺院中轴线两侧的楼阁规模较小，其通常为钟楼、藏经阁及其他佛阁等非礼制性建筑，而反之主要的礼制性建筑非但位于中轴线上，而且都以宽阔的月台山为基底，前部建有小亭与之对称。据现存的为数众多的仍以塔为中心的寺院建筑推

---

① 徐清：《北魏曹天度造石塔铭》，《中国书法》2014 年第 4 期。
② 梁思成、刘敦桢：《大同古建筑调查报告》，《中国营造学社汇刊》1933 年第 4 卷第 3、4 期合刊。
③ 《大同市志》编纂委员会编：《大同市志（1993—2013）》，中华书局 2019 年版，第 2195 页。

测，辽代三圣殿基址可能存在一座恢宏的楼阁。[1]

（三）大雄宝殿

大雄宝殿在三圣殿北面，是善化寺内的正殿，平面呈长方形，面阔七间（40.7米），进深五间（25.5米），通高23.5米，单檐庑殿顶，殿的主要架构为辽代遗存。殿内中央巨大的长方形台上端坐的五尊金身如来佛像是辽代原作，从左到右依次为阿閦佛、宝生佛、法身佛、阿弥陀佛、不空成就佛。五佛两侧是弟子迦叶、阿难像，长者慈祥，少者虔诚。殿内东西两侧有二十四诸天王像，立像高3米多，形象生动，形态各异，为金代之作。西壁和次间保存有清代壁画190平方米，余壁壁画为2010年异地补绘后悬挂。

大雄宝殿前广场宽阔但月台高不足三米[2]，可能与辽华严寺不是同一时期建筑，在具体规格上差异不小。月台平面呈长方形，面阔约等于大殿的中央五间（29米），进深约为17.4米，正面设石级二十步，级尽有木牌坊三间，左右各有一六角亭，左面为钟楼，如今钟楼内悬挂的钟已经不是朱弁碑中提及的清泰三年筑的铜钟了，而是明代天顺五年（1461）所铸的钟；右面为鼓楼，但已无大鼓；稍后一点的位置中央放置有一具明万历二十二年（1594）的铁焚炉。

普贤阁在大雄宝殿右前方，坐西朝东，为重檐九脊顶，二层三间方形阁楼式建筑，阁内有梯可登至二层，总高18米，平面形制为正方形，面阔进深均为三间（10.4米），外侧两檐之间有平座、栏杆。从其外形构造上看，应属于辽代建筑风格，但根据1953年重修时梁下发现的"贞元二年一行造"题记，可以初步推测其为唐代遗存建筑，但应在辽金时期经过大修。

山门、三圣殿、大雄宝殿、普贤阁对应朱弁碑所说的"山门""前殿""大殿""普贤阁"，其余如左右斜廊、罗汉洞、文殊阁现已不存。对照20世纪30年代的遗迹以及梁思成的考证可知，大雄宝殿

① 温静：《辽金佛教寺院建筑特色》，《法音》2009年第1期。
② 梁思成、刘敦桢：《大同古建筑调查报告》，《中国营造学社汇刊》1933年第4卷第3、4期合刊。

左右两侧为东西朵殿，西朵殿以斜廊与普贤阁相连，东朵殿以斜廊与文殊阁相连。罗汉殿可能在两侧或者大雄宝殿迤北。今大雄宝殿迤北及西北一带，有平房多所，或即源庆所建之僧房。[①]

金代的佛教文化是在继承辽代的基础上并不断吸收汉文化而形成，佛教建筑显著地体现了这一特征，如建于金代的朔州崇福寺，其中轴线上的两座大殿弥陀殿、观音殿即建在高大的月台上。在南宋之地兴盛的禅宗，逐渐渗入金管辖的北地，随着佛教禅宗主流地位的确立，与之相伴出现的禅宗寺院格局——禅宗七堂对辽金时期北地的寺院格局产生了较大影响。禅宗七堂使佛教寺院的建筑空间结构更加倾向于世俗化和实用化，佛教院落通常要具备山门、佛殿、法堂、僧堂、厨库、浴室、西净等单独的空间，既使传统的宗教寺院内部管理更加规范化，同时也使寺院布局更加倾向于院落化、世俗化。而辽金以后禅宗七堂逐步扩散为一般寺院修建的基本模式，普恩寺是难得一见的辽金时期独具豪迈气势而又具有浓郁宗教气息的寺院。

第二节　华严寺

华严寺位于大同古城内西南隅，亦称"大华严寺"，是辽金巨刹，至明时始分为上下二寺。现存华严寺由上下二寺组成，其建筑空间分别以大雄宝殿和薄伽教藏殿为中心。华严寺主体建筑建于辽代，其充分体现了辽统治者契丹族崇拜太阳的特点，寺院布局和主要礼制建筑都为东向。

一　北魏、唐代建造说

关于华严寺的建造年代主要有两种说法，一是辽代说，《辽史·地理志》载："清宁八年建华严寺。"[②] 1987 年薄伽教藏殿落架大修时，在

---

① 梁思成、刘敦桢：《大同古建筑调查报告》，《中国营造学社汇刊》1933 年第 4 卷第 3、4 期合刊。

② 《辽史》卷 41《地理志·西京道》，中华书局 1974 年版，第 506 页。

一椽伏底部发现"维重熙七年岁次"时建的题字，这既佐证了华严寺建于辽代的说法，也说明在清宁八年（1062）建华严寺之前，薄伽教藏殿已经建成，这次是在原有基础上增建成华严寺的。海会殿在薄伽教藏殿的东北方向，梁思成认为其与薄伽教藏殿一样同为辽代建筑。另一说为唐代及以前。寺内现存的碑刻多持该种说法，明代两通碑刻都认为是"李唐"时修，而清代的碑记认为唐代亦为重修，而其可能建于北魏时期。清初茅世膺《重修上华严寺碑记》认为，上华严寺建于北魏，"历来与府城并峙而不迁"①，唐贞观时重修。从上述碑记记载可知，至少在清前期，存在一通记载李唐时修建华严寺的石碑，如果此碑内容如明清碑刻中所说记载了贞观年间重修华严寺，那么鉴于大同城古今重叠，故庙宇建设也不排除有前后叠建的现象，北魏始建也有可能。

据《金史·斡鲁传》记载，在保大二年（1122）辽金西京争夺战中，城西的一座浮图成为两军争夺的战略制高点，即"敌据城西浮图，下射攻城者"②，据史料记载该浮图所在方位为城西，其高度应远高于辽西京城墙，极有可能是辽华严寺"宝塔"，据《大金国西京大华严寺重修薄伽藏教殿记》记载，华严寺宝塔得以在此役中保存。现在的华严寺大雄宝殿建在丈二的高台上，是建于旧址上，而宝塔配高台是隋唐以前的式样，故认为该高台应该是宝塔的塔基，宝塔可能在战争中毁坏无法修复或者因其对城防不利而被拆除。据道光《大同县志·营建》记载，华严寺所在地"旧名舍利坊"③。汉魏时期的坊指围墙及围墙包围的特定区域，汉魏至南北朝时期，有表示空间与建筑的"某某坊"④。北魏平城时城南"悉数为坊"，至唐代云州城时，城内依然以坊为单位进行管理。

舍利坊，可能是北魏平城以来的坊，因其内有舍利塔故名。北魏

---

① 道光《大同县志》卷19《艺文志上》，《中国地方志集成·山西府县志辑》第5册，凤凰出版社2005年版，第312页。
② 《金史》卷71《斡鲁传》，中华书局1975年版，第1634页。
③ 道光《大同县志》卷5《营建》，《中国地方志集成·山西府县志辑》第5册，凤凰出版社2005年版，第69页。
④ 刘莹：《北魏平城中的坊》，《中华文史论丛》2018年第2辑。

天兴元年（398）开始于平城内修建居所①，同时修建了以五层宝塔为标志的佛寺，虽然太武帝时期大量佛寺被毁，僧人被逐，但文成帝即位以后形势迅速逆转，放开对佛教寺庙修建的管控，"任其财用，不制会限"②。同时以皇帝的形象凿刻佛像，并进一步于兴光元年（454）秋敕令有司在石窟寺"为太祖已下五帝，铸释迦立像五"③。北魏对佛教的态度转变使其统治更加稳固，而时任道人统④的师贤必然厥功至伟，在和平初其卒后，可能在五级大寺内为其建造舍利塔，后因塔名而命名了坊名。因五级佛寺是京都平城佛寺的翘楚，又供奉北魏历代皇帝金像，故无论从政治还是经济角度，其都是兵变中攻取的对象，寺庙因此在战火中被毁坏，今云冈石窟第三十九窟中有五级方塔，疑为当时五级大寺的写真。唐代大同军城在平城旧址上建成，沿袭平城原有建置是完全有可能的，并在毁灭的原五级大寺基址上重修寺庙（可能是佛塔），其与开元寺（善化寺前身）为同一时期的寺庙，之所以没有被选为"定形胜观寺"，可能是因为在诸多方面逊色于开元寺，比如佛寺的规制异于汉制等。

二 辽金元时期大华严寺的布局

华严寺是辽代皇室在原大同城内旧佛教寺院的基础上扩建而成的，其集供奉佛陀与祭祀祖先的功能于一体，寺内最早的辽代建筑是重熙七年（1038）所建的薄伽教藏殿。金代在辽代残存庙宇的基础上重新修建了华严寺，元代延续了金代华严寺的建筑与布局。

后唐清泰三年（936），辽割占燕云十六州后，云州始划归契丹，初为大同军节度使。之后随着边疆局势的变动，云州城上升为辽西京，政治军事地位显著提高，"辽既建都，用为重地，非亲王不得主之"。辽圣宗以来皆崇信佛教，辽兴宗、道宗更是沉溺其中，西京华严寺就是在此期间修建起来的。重熙七年（1038），大同军节度使杨

---

① 《魏书》卷114《释老志》，中华书局1974年版，第3030页。
② 《魏书》卷114《释老志》，中华书局1974年版，第3036页。
③ 《魏书》卷114《释老志》，中华书局1974年版，第3036页。
④ 北魏主持佛教僧务的最高僧官，文成帝时改为沙门统，昙曜曾任沙门统。

又玄在西京城内原有寺院中，主持修建了储存经书的薄伽教藏殿①，清宁八年（1062），辽代皇室在此基础上扩建寺庙，将其建成辽皇室祖庙华严寺。崇信佛教的辽道宗先后于清宁八年、咸雍九年（1073）、大康五年（1079）巡幸西京，华严寺是其必到之处。辽末，华严寺遭战火焚烧，绝大多数建筑被焚毁，"唯斋堂、厨库、宝塔、经藏、洎守司徒大师影堂存也"②。

金代大同仍为五京之西京。天眷三年（1140）僧录通悟大师、慈济广达大师等在辽末被毁坏的华严寺旧址上重建大小殿堂及慈氏、观音诸阁，但也因财物匮乏，辽寺旧时有的左右洞房、四面廊庑等建筑都没有修复。后来僧录通悟大师门人省学继续对寺院进行修整，"基之缺者完其缺；地之不平者治其平。四植花木，中置栏槛"，其中最大的功绩是僧人们历时三年，遍访城乡，收集补齐了薄伽教藏殿在战乱中散失的经书，"卷轴式样，新旧不殊；字号诠题，后先如一"③。现结合碑记及考古遗迹推测，金时修建的九间殿为今上华严寺的主殿大雄宝殿，七间殿约在今上寺后院山门附近或更东的地方，慈氏和观音阁约在大雄宝殿与后院山门之间两侧向外的地点。④

成吉思汗建立蒙古政权后，于1211年开始发动南征金国的战争，大同及其周围便逐渐沦为战场，至金室南渡之后，北方地区落入蒙古政权的控制之下，大同再次受到动荡时局的波及。金元交接之际，华严寺受战乱影响而进一步破败，勉强维持。此时的华严寺尽管落魄，但布局依然保持着金代的格局，甚至在华严寺内北阁下仍存放着辽代铜祖像。⑤ 直到1250年慧明法师主持华严寺时，才得到修整。据元代《西京大华严寺佛日圆照明公和尚碑》记载，慧明，蔚州灵丘人，少即出家修行，师从海云法师，学成之后"隐灵丘之曲回寺"。1250年，受

---

① 曹臣明：《大同华严寺的历史变迁》，《山西大同大学学报》2012年第2期。
② 《大金国西京大华严寺重修薄伽藏教殿记》，碑现存于下寺薄伽教藏殿内。
③ 《大金国西京大华严寺重修薄伽藏教殿记》，碑现存于下寺薄伽教藏殿内。
④ 曹臣明：《大同华严寺的历史变迁》，《山西大同大学学报》2012年第2期。
⑤ 光绪《山西通志》卷57《古迹》，据光绪十八年刻本点校，中华书局1990年版，第4167页。

蒙古可汗之封的海云法师受邀主持大华严寺时，偕慧明同去，慧明遂被推荐为大华严寺住持，开启修缮工程。具体是先将佛寺内的闲杂人等迁出寺外，再将各主要建筑进行修葺、再建，还进一步丰富了经书收藏。重修后的华严寺面貌重焕、钟鼓一新，同时在慧明主持下还在临街修筑了浴室、药局等经营之所近百间，通过寺院经济解决了经费保障问题，这也是有元一代的一大特征。

1252 年，忽必烈特旨令慧明"升堂开法，永住大华严也"。1253年，慧明被睿宗拖雷之女独谟干公主加赏"佛日圆照"称号。1255年，慧明受燕京官僚以及海云的推荐，出任庆寿寺住持，其社交网络遍布僧俗两界高层，并延展至国家权力核心。元世祖至元七年（1270），慧明在华严寺圆寂，门人建塔两处来存放其骨灰舍利，"一窆于华严寺之坟，一窆于灵丘曲回寺"。其师海云法师于 1257 年在华严寺圆寂，其门人在华严寺曾建塔葬其骨灰舍利。① 据此可知，华严寺内有高僧的舍利塔，这也为明清大华严寺所在之地为舍利坊提供了依据，同时也说明舍利坊在明清之前就已存在。此外，海云法师是金元之际禅宗高僧之一，也是正宗的临济宗传人，海云与慧明入主华严寺，也意味着华严寺已发展成禅门临济宗的寺院。② 元末，华严寺遭到了较大的破坏。"元末屡经兵燹，倾圮特甚，惟正殿岿然独存。"③

总的来说，辽金元时期，华严寺的布局是在前代基础上继承而来的。华严寺所在的舍利坊西至明清大同府城墙，东至下寺坡街，北至大西街，南至一万贯庙街、财神庙街，其寺即在此范围内建设与变动。

三　明代华严寺的建设与分寺

明洪武二年（1369），大同归入明朝版图后，随着边疆局势的发展，其逐渐成为明朝北疆防御体系中的军事重镇。此时，大同城市的

---

① 《大蒙古国燕京大庆寿寺西堂海云大师碑》，北京辽金城垣博物馆编：《北京元代史迹图志》，北京燕山出版社 2009 年版，第 185 页。

② 刘翔宇：《大同华严寺及薄伽教藏殿建筑研究》，博士学位论文，天津大学，2015 年。

③ 明成化元年（1465）《重修大华严禅寺感应碑记》，碑现存于华严寺内。

军事功能几乎占据其城市功能的全部，为顺应战时的需要，明修建的大同府城是在辽金土城之南半增筑而成的。与此同时，城内的建筑也多为军事服务，洪武三年（1370），辽金巨刹华严寺仅存的正殿被改为大有仓，这标志着华严寺在明初曾因战事需要一度被废止。洪武二十四年（1391），大同设立僧纲司，地点在今薄伽教藏殿，以"薄伽教藏殿"为主的华严寺（后称为下寺）逐步恢复。

据《重修大华严禅寺感应碑记》记载，宣德年间高僧了然禅师对华严寺进行了初步的修葺。宣德元年（1426），了然来华严寺说法，"延纳缁众"，修葺破败的华严寺。至宣德二年（1427），了然又将化缘募捐于北京造的三尊金佛"毗卢三像"运至华严寺大雄宝殿。与此同时，在边将武安侯郑亨、太监郭敬、都督曹鉴、参谋沈固等人的支持下，大殿两旁的配殿以及僧室、厨房、浴室、库房等设施都在此时建成，寺庙面貌焕然一新。正统十三年（1448）左右，住持资宝又增塑两尊佛像于大殿，共为五如来像。之后正贤、喜敬也进行了修补。此时华严寺仍用旧名，"题额则因其旧而名"①。"下寺"至迟自天顺六年（1462），独立成寺②，"上寺"之称最迟于万历九年（1581）始有出现，但"大华严寺"终明一世一直沿用，清代复寺后才正式称其为"上华严寺"③。

据万历年间的两通碑刻《上华严寺重修碑记》和《重修大华严寺增建禅堂记》④记载，万历八年（1580），大同总兵都督郭琥曾发动大同士人，"富者输财，贫者输力，匠者输工"对上华严寺进行了修缮。在修葺庙宇残损的基础上，增加了一些设施，寺内用砖砌制环行甬道；在台基上增加石围栏，立"梵宫"小坊；在大殿北面空地"建禅堂三间、厨室一间"；在大殿左铸造洪钟（今在大殿月台上）；在寺巷之东立木牌坊，题曰"万善丛林"，并在坊下修建小石拱桥；

---

① 《重修大华严禅寺感应碑记》碑。
② 薄伽教藏殿月台之上铸于天顺六年的铁钟铭文曰："下华严寺主持澄定，前主持禧因。"
③ 刘翔宇：《大同华严寺及薄伽教藏殿建筑研究》，博士学位论文，天津大学，2015年。
④ 《上华严寺重修碑记》碑位于上寺大雄宝殿内，《重修大华严寺增建禅堂记》碑位于上寺老山门南侧碑廊内。

等等。此次修葺对象主要是上寺院内的建筑物，其时上寺东部寺巷可能为梁思成等人在调查报告中提及的上寺东巷，与之前的华严寺相比，其东北范围缩小。另据清代碑文载，上华严寺主体建筑基本延续明代后期格局。

据《重修大华严寺碑记》《重修海会殿记》二通碑记记载，在居士庞应选的资助及推动下，于万历三十九年至四十三年（1611—1615）之间修葺了上下华严寺，下华严寺建韦驮殿 1 座、禅房 1 所，"整饰墙垣，包修殿基，翻灿鼎新，增厨库、房□、□□、井泉，……"四十三年还重修了海会殿。崇祯四年至五年（1631—1632），庞应选居士又出资修葺下华严寺，"更饰金像，焕然增新"①。今薄伽教藏殿内槽阑额上有两块"明崇祯五年牌"，分别为饶阳王府镇国中尉廷禊施金用于殿内北正尊毗卢遮那佛、南正尊释迦牟尼佛贴金。此外，殿内还有两块有明崇祯五年题记的公德碑。华严寺万历、崇祯间的修缮，基本上只是对原有建筑的翻新，小规模添置附属建筑，对原有建筑的布局影响不大。

总之，元末明初之际，华严寺遭大面积毁坏，明初一度改为仓库。宣德年间修缮起来的华严寺，在天顺年间逐渐被分割为上寺、下寺两部分，但其间上寺与"大华严寺"或"华严寺"之名在较长时期内都是通用的，此时期华严寺东北部收缩严重。明后期两寺分别形成由东向西分布于中轴线的山门、天王殿、大殿等建筑布局，而慈氏阁也已经被天王殿所取代，其余各殿堂阁室随着佛教发展情况也进行了大的改变，但大殿两侧的伽蓝殿、祖师殿依旧反映出当时禅宗的流行。②

四　清代以来华严寺的建设与变化

清顺治五年（1648），受姜瓖叛清的影响，清兵屠城，"大同城

---

① 明崇祯五年（1632）立《重修下华严寺碑记》碑，现位于薄伽教藏殿月台。
② 曹臣明：《大同华严寺的历史变迁》，《山西大同大学学报》2012 年第 2 期。

垣自垛彻去五尺"①，遂沦为荒城，"市井丘墟，宅舍瓦铄，绀宇琳宫，鞠为茂草"②，上、下华严寺也不能幸免。顺治九年（1652），县址才复还大同城旧址。清代上下华严寺的修葺工程即是在一度荒废的旧址上开始的。

（一）上华严寺的修建

明末清初兵燹之后，上华严寺"寺之正殿"独存。顺治九年大同城重建时，僧人化愚至华严寺，清理了荒废已久的寺院，历经十年"认旧基仍归版籍"。化愚之弟成禄在其基础上又历时十年"遍募十方宰官檀越"，大同及其周边的文武官员等都曾出资，"遂兴土木之工，缺漏者补葺完固，剥落者垩饰庄严"③。主要建设工程为在大殿月台前建三楹小坊，而月台下伽蓝配殿旁边南北新建禅堂、斋室5间，在东西的空地上盖了仓库。经过二十多年的修葺，上华严寺"自山门、天王殿以至雄殿"的整齐规模又得以恢复，寺院面貌朱碧辉煌，宛然化乐宫宇。④此间新修的建筑未提及伽蓝殿，其可能是明代的旧有建筑，一般在寺院布局中大雄宝殿的配殿中伽蓝殿与祖师殿（或称影堂）相对应。碑文中所谓的"寺之正殿"独存，可能是其相对比较完整，其他翻修的建筑未有提及。

清乾隆五十九年（1794）对年久失修的上华严寺进行重修，碑刻载"大殿右脊旁崩坠，台壁不完"⑤，可见寺庙损坏严重。寺僧湛大师募资先后于乾隆四十年（1775）修建金刚殿，五十年（1785）将原山门、天王殿的旧基址降至与地平，之后在原址上起天王殿，并在其前后添建暖阁和抱厦，殿内正面安置了关圣帝君，对大殿进行了重

① 《世祖章皇帝实录》卷46，中华书局1985年版，第365页。
② 茅世膺：《重修上华严寺碑记》，道光《大同县志》卷19《艺文志》，《中国地方志集成·山西府县志辑》第5册，凤凰出版社2005年版，第311—312页。此碑与《重修大同府上华严寺大殿暨造造禅堂廊庑记》碑（今位于上华严寺内）实为同一通碑。
③ 茅世膺：《重修上华严寺碑记》，道光《大同县志》卷19《艺文志》，《中国地方志集成·山西府县志辑》第5册，凤凰出版社2005年版，第311—312页。
④ 茅世膺：《重修上华严寺碑记》，道光《大同县志》卷19《艺文志》，《中国地方志集成·山西府县志辑》第5册，凤凰出版社2005年版，第311—312页。
⑤ 石碑位于上华严寺老山门北侧碑廊内。

修和重绘，修建工程直至五十九年（1794）才全部完工。

光绪年间上华严寺又倾圮甚，寺内住持空明等人从光绪四年（1878）开始历时八年逐步兴修华严寺。关于此次翻修也有《上华严寺开光碑记》进行记载，其主要工作是两项，一是增建了式廊和南北两殿楼，两楼主位分别供奉地藏王、十殿阎罗君和观世音、十八罗汉；二是对佛像修整装金、楼殿绘画重新着色。光绪十一年（1885）又用华严寺开光之日所得香资将中院铺砖硬化，对楼殿堂室进行油漆彩画，至光绪十二年（1886）才完成全部工程。（光绪十六年《重修上华严寺碑记》）这是清灭亡之前对大华严寺的最后一次修缮活动，寺内的建筑配置与平面布局基本上是梁思成等人调查时所见的寺貌。

清代上华严寺虽经三次修葺，但总体规模并未发生较大变化，仅新建了部分小楼及拆除个别牌坊，而其主要变化在于随着佛教的发展变化和教义更新，殿内供奉对象发生了变化，比如天王殿内安奉了关帝神像等。总之，寺院总体布局未发生较大变化，但建筑内涵一直与时俱进。

（二）下华严寺的修建

清初，下华严寺受战火冲击严重，复兴于何时不得而知，现在寺内所存的最早记录是康熙二十七年（1688）薄伽教藏殿"薄伽教藏"额匾，由当时僧纲司重修时所立。雍正元年（1723），应州知州章宏捐赀重修下华严寺，从《重修下华严寺序》匾"不踰月间，而金碧辉煌"① 的记载可知，这次修葺只是工期较短的装饰性施工。现在下寺正殿北次间外檐下还悬挂着雍正元年的"古刹重修"匾。

此外，嘉庆二十二年（1817）至道光七年（1827）也曾对下华严寺进行了修葺，据《重修下华严寺碑记》记载，当时的重要工程为"补葺大殿南北厢房，钟、碑楼，牌坊，□□南北禅房，外院过殿天王、南北观音、地藏□□□□"②。清代道光年间修葺后的下华严

---

① 清雍正元年（1723）立《重修下华严寺序》匾，悬挂于薄伽教藏殿正面南次间外檐下。

② 道光十一年（1831）立《重修下华严寺碑记》碑，存薄伽教藏殿月台北侧。

寺的布局，基本上沿袭了明代的格局，从西到东分别是以大殿、天王殿、山门等主要建筑形成的主轴线。大殿的南北及月台两侧均设有厢房、钟楼、碑楼、禅房等殿室。近代以来，还曾在下寺内设立雨坛以期甘露。① 近代以来，华严寺（上寺和下寺）受战争和时局影响，庙宇毁坏较多，今华严寺是中华人民共和国成立后在明清格局上修缮起来的。

　　总之，清代华严寺与明代相比，整体规模基本没有大的变化（如图6－2），但上寺、下寺的区分更加明确，寺内单个建筑规格总体趋小，观音、地藏配殿地位上升，而传统关帝信仰等民俗已融入佛教信仰空间。华严寺作为传统的佛教寺院，在清代受到喇嘛教的冲击以及大同城市发展等综合因素的影响，规模势力略呈收缩态势，佛教主题教义内容逐渐减弱，佛道俗融合之态增强。

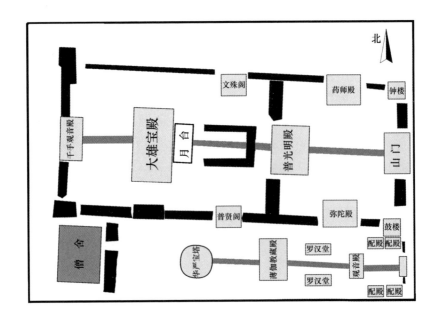

图6－2　华严寺平面布局

① 民国十六年（1927）立，位于薄伽教藏殿北次间下。

　　另外，大同市辖区存 5 座清真寺①，其中有 3 座分布在大同古城内。九龙巷清真寺是其中最大的，此寺初建于明代永乐中，之后在清代、民国时期都有重修和扩建。但史书中对其记载较少，仅大同清真寺内留存部分碑刻资料②可供参考。

---

　　① 大同市文史资料研究委员会：《大同文史资料》（第 17 辑），大同报印刷厂 1990 年版，第 75—76 页。

　　② 如天启二年（1622）《重修礼拜寺碑记》，乾隆七年（1742）《清真寺重修碑记》，嘉庆五年（1800）《重修清真寺碑记》等，其碑刻俱在今大同清真寺内。

结　　论

一　大同城市发展演变的长时段特征

经过分析自秦汉平城至明清大同城 2200 多年的城市发展演变过程，发现在大同城市历史地理变迁过程中既有一般城市的发展变迁特点，又有其自身特征，下面主要对其特殊之处进行总结分析。

（一）以北魏平城"外城"为中心的城市空间发展形态

大同在先秦时期为少数民族居住地，后为代国所辖，赵武灵王灭代后始有相关记载，秦汉时期平城的军事战略地位已经在民族融合和冲突之中逐渐上升，今可考汉平城的位置在明清大同城北的操场城一带。北魏迁都至平城，在故平城的基础上经过大力营建，形成由宫城、外城、郭城层层外扩的都城形态及景观。受自身所处地理位置的限制，即城西、北为高地，西南有自西向东的十里河，正东为御河，北魏平城基本形成以汉平城为北界向南拓展的空间形态，这一城市总体形态为后世城市建设与发展奠定了最为广阔的蓝本。

北魏平城以后，无论是唐代大同云州军城，还是辽金元时期的西京大同、元时的大同路，以及之后明代徐达新修的大同城，在城市形制和规模上都没有达到北魏平城的水平。与此同时，大同城的发展变化也始终以北魏外城的空间范围为界，并没有过多的突破。可以说北魏平城时期对大同城的规划与建设已经达到历史时期的一个巅峰，其时平城是北魏的都城，是北魏政权的政治、经济、文化各层面中心，而都城的营建同样综合考虑各项功能的发展，因此，北魏平城时期是古代大同城市功能最为完善的时期，其城市空间规划也做到了极致。

北魏之后，平城的历史地位逐渐下降，即便在辽金时期依然是陪都，但其从城市功能布局的意义上来讲，更多的是突出大同的军事防御功能，与平城相比已经丧失了城市功能的完整性。明清以前大同城除军事防御功能外，其他功能已经能够满足区域社会的基本要求，随着军事地位的上升，城墙不断得到加固、防御性建筑不断得到修筑，因此，在城市空间发展方面没有很大变化。即使到明清以后，随着人口的大量增长，人口居住的需要突破了城池空间的限制，城市居民开始在大同城外围安扎帐篷或者定居，但也只能是顺着大同城向南发展，这一形态在大同被日军占领时因其在城西南开矿及建立矿务局而改变。新中国成立后，随着城市稳定发展时机的到来，大同才不断向各个方向拓展，形成今天的繁荣格局。

（二）以"军事重镇"为主线的功能型城市设定

功能性城市是指城市在建设发展过程中体现出某一方面或几个方面功能侧重或优先发展的局面，与一般城市各项功能均衡发展的情况相比，功能型城市某些方面的功能占主导地位。古代大同是一座典型的功能性城市，战国时期，大同所在地区为少数民族政权代国辖地，后赵武灵王北上抗击北方游牧民族，收复云中地区，同时在河套地区黄河以南修筑长城，实现了历史上首次将游牧民族北拒阴山之外的目的，此时由于北部防线的北移，大同成为防守游牧民族南下的重要战略后方。

秦代创造性地通过广筑长城的办法试图人为设置障塞而阻止北方游牧民族对大一统国家北部边疆的侵扰，虽然取得了显著的成效，但由于多方面原因导致内乱爆发至二世而亡。秦汉相争之际，北方游牧民族匈奴等逐渐强盛，借机南下侵占了山西北部及西北北部边疆地区，并在与韩王的同盟下突破大同盆地直达太原，汉高祖刘邦亲领大军出征虽然获胜，但在追击匈奴至大同时被困白登险遭灭顶之灾。此时，大同在军事防御中的战略地位已经凸显。汉高祖为了休养生息恢复国力而选择通过与匈奴"和亲"的政策维护边疆稳定，但成效并不明显，失去河套防线同时大同又未建立有效防御的情况下，匈奴随时可以进入晋北地区直至雁门关。汉武帝刘彻决心解决匈奴问题，在"马邑之谋"失败后转变对匈奴的温和策略，开始着手彻底解决北部边疆安全问题。历经三次大战和无数次军事冲突，汉武帝再次将北方游牧民族赶回到阴山以北，与此同时，西汉不断加强西北、北部、东北边疆防御体系建设，而此时的平城已经成为游牧民族与农耕民族冲突中的重要边塞城池。西汉王莽改变了少数民族政策引发了北部边疆的不稳定，西汉末年大同所在地区已经基本处于各北方游牧民族的实质控制之下，而西汉政权也因无力顾及北方问题而主动放弃晋北地区，将中原地区与北方游牧民族的交接线直接南移到雁门关。防线的南移使大量游牧民族人口突破平城进入大同盆地，从此，大同盆地成为中原政权与游牧民族政权军事争夺拉锯的重要地带。

北魏拓跋鲜卑不仅大量移民到大同盆地以谋求自身发展，而且在通过不断的积累使自身实力强盛后，充分认识到平城对于南下入主中原以及坚守北方草原经济大后方的战略价值，于是策略性地将都城迁往平城，直接推动了平城的军事、经济、政治中心位置的形成。可以说，北魏迁都洛阳之后，虽然政权进一步南移，但是明显已经失去了以平城为都城时"进可攻，退可守"的优势。自此以后，大同作为军城的城市定位没有发生变化，而唯一变化的是其处于哪一方政权的掌握之下。唐时专门将大同建设成为北部云州军城，以加强北部边防，而辽金更是将大同再次上升到陪都的地位，其主要目的就是发挥大同在连续防御中的军事战略作用。这一局面一直持续到清代，满洲军事集团入主中原并建立了统一的多民族政权，始解决了大同所在地的边疆安全问题，与此同时，大同的军事地位逐渐回落，而经济功能才逐渐兴起。综上可知，历史时期历代大同的城市建设中均以发挥其军事防御功能为主，而其他经济、文化等功能相对弱化，因此，古代大同城是典型的军事型功能城市，其城池形制、规模、防御建筑都是最好的见证。

（三）以"里坊结构"为基础的城市街道布局

城市街道布局在一定程度上反映了当时城市建设者的管理思想和

城市居民的社会生活状况，而城市街道布局的变化情况能够更为直观地反映出城市管理思想转变和城市社会生活变迁的过程。大同在北魏平城时期就已经形成典型的里坊制街道结构，即使生活在城外住在帐篷里的游牧居民也按照城内坊的规则，排列有序。里坊制是北魏统治者对大量人口涌入城市的一种智慧选择，北魏迁都平城前已经在盛乐积攒了丰富的城市管理经验，根据史料可知，迁都平城时大规模的都城营建活动有条不紊地展开，说明其提前进行了周密的规划。另外，迁都平城的同时伴随着大量的人口迁移，据李凭先生《北魏平城时代》一书对平城时期人口的研究，仅道武帝时期就迁民达 150 万之众，可见当时平城地区是整个北魏的人口聚居地，而平城内的人口密集情况也可想而知。同时，这些人口情况又十分复杂，除了本地居住的汉人，随拓跋鲜卑迁徙的族人外，还有从历次战争中强制迁移的俘虏、工匠、艺人等，如果对城市人口做不到有序管理，则将成为城市的灾难。

北魏平城以"划大十字"的方式将城区分为四个大坊区，以"划小十字"的形式细分为十六个小坊区，而有没有继续划分为更小的六十四坊区尚无定论，但每坊仅设一个坊门，通过鸣鼓的方式有序地开合各层坊门而实现对城内居民的精准化管理。可见，里坊制至少可以实现以下几方面目的：一是有效地限制了人口的无序流动，实现对城市居民的精准化管理；二是定时开闭坊门有利于控制夜间人口的串联活动，消除不利于国家统治和城市管理的不稳定因素；三是有利于保证城市居民的夜间防卫与居住安全。可见，虽然坊的街道布局结构在一定程度上影响了居民的出行效率，限制了城市居民甚至工商业的自由发展，但其着实对城市的稳定与发展做出了突出贡献。通过对大同的长时段分析发现，从平城时期的外城到唐云州城、辽金元西京及明清大同城，其城区内的街道布局一直维持着北魏平城里坊制的基本形态，虽然在明清时期坊门的设置发生了变化，但城市街道依然呈现出明显的"十字"布局。

与同样曾采用里坊制但其街道布局发生了很大变化的城市相比，大同城变化较小，仅北部部分街道由于历代衙署的不断废、建而使局部十字被破坏，其他区域依然格局清晰。究其原因，一方面在于大同在历史时期多处于少数民族政权的统治之下，其中除北魏外大规模的修建工程较少，对城市原貌的建设性毁坏较小；另一方面是自北魏后大同再未容纳过与其同等规模的人口，北魏平城的城市布局已经能够满足后世的基本需求；还有就是大同地处边塞，其以军事功能为主的城市发展脉络使得军事建设是城市建设的首要内容，因此经济活动并未像其他城市一样对城市布局产生重要冲击。

（四）以多元融合为格调的城市居民结构

大同自古是一个多民族、多元文化的融合之地。大同地区在秦朝归雁门郡管辖，汉魏称为"平城"，隋置"大同城"，唐开元时，在今朔县东置大同军，后迁至大同城。后唐同光三年（925）以云州为大同军节度使治所，辽重熙十七年（1048）改云中县为大同县。从此，"大同"之名沿用至今。1277年意大利旅行家马可·波罗来到大同，盛赞大同是一座雄伟而美丽的城市。

大同是民族融合之地。据考古发现，早在10万年前大同地区就有先民活动，大同小站、贾家窑等多处旧石器时代遗址及化石，以及广泛分布于御河、桑干河两岸等地的新石器时代出土遗物充分证明了该地区文明的源远流长。由于地理位置特殊，大同地区先后成为多个少数民族的栖息地，最终在不断的民族冲突与交融中成为特色鲜明的多民族聚居地。大同地区历史上发生的大大小小上千次军事冲突，客观上打破了民族的边界、加强了民族融合，成就了大同城在历史中的跌宕起伏和多元融合的特色。先有赵武灵王效仿匈奴胡服骑射，建立强大的汉人军队巩固北疆，继有拓跋鲜卑定都平城汇聚各族英才，使西域、汉族文化与北方游牧民族文化充分融合，后有辽金元的善于学习，主动由游牧到定居，由本土信仰向佛教信仰转型，到最终清军入关一统中原，从长时段看少数民族具有十分可贵的学习精神和优秀品质。

正是多元融合使大同整合了多个少数民族的优秀品质、多元文化的精华，从而在整个历史时期都欣欣向荣。早在两千五百多年前的春秋晚期，大同先民们就掌握了熟练的青铜铸造技术，北魏平城时期白登山银矿所产白银品质上乘，元代芦子沟铁矿是元初八大铁矿之一，明代大同手工业作坊一应俱全，清末仅缸房有 103 家，制陶业在北方享有盛名。大同的手工业、商贸发展过多地被其军事影响而掩盖，直至清代，大同获得相对稳定的发展环境后，便迅速转型成为经济重镇，其拥有的各方面发展潜力与其多元融合的积淀不无关系。

二　影响大同城市发展演变的关键要素

前面分析了大同长时段发展过程中表现的基本历史地理特征，那么，究竟是哪些要素影响了大同这座城市的发展，哪些要素在大同的发展史中发挥了关键性作用，下面将从宏观、中观、微观三个方面进行总结。

（一）"民族关系"：影响大同城市发展的宏观政治要素

由于大同所处地区在历史时期多为中原政权与北方少数民族政权的交接带，同时也是南方农耕文明与北方草原游牧文明的交融带，民族交融的同时必然也伴随着冲突，而大同城就处于民族交融与冲突的最前沿。

大同处于民族交融与冲突地带，民族关系是影响大同城市发展与稳定的宏观政治要素。通过对历史时期大同城市发展变迁史的分析可以发现，大同城是历代中原政权与少数民族政权关系缓和时期的战略防御后方，关系冲突时期的战略争夺前沿。大同受民族关系的影响，呈现出"因战而盛，因战而衰"的特点，即其因特殊的军事战略地位，被北魏建为国都，被辽金建设为陪都，在元明清时也都为军事重镇，因军事地位而被各代重视；但同时其因军事地位重要而经常处于各民族、各政权的拉锯争夺之中，城池经过历代的战火毁坏而又经过无数次重建，虽然城市格局变化不大，但城市内的文化层堆积明显，人民饱受战火侵扰。

通过大同城市的兴衰也可以形成对民族关系的新认知。在漫长的历史时期，北方少数民族形成了以游牧业为主的产业形态，而中原汉民族形成了以农耕种植业为主的产业经济结构，这一特点决定了少数民族和汉族在北方形成了一个界限明确的"内陆边疆"，这成为少数民族与汉族的天然分割线。由于南北双方的力量变化以及客观因素的变动常常引起双方的"越界"行为，这些因素主要是由北方游牧民族引起的：一是当北方出现大规模且严重的灾荒时，游牧业无法满足少数民族的经济需求而使其不得不南下进行侵扰与掠夺；二是游牧经济的季节性使得北方游牧民族更愿意在旺季掠夺其他少数民族，或在淡季南下掠夺汉地；三是任何民族都有由弱到强的发展倾向，当北方游牧民族发展壮大时，游牧经济已经很难支撑起巨大的人口需求，从而使其产生南下的动机。而对于北方游牧民族是否能够成功南下也有几方面因素：一是北方少数民族是否已经具备强大的军事实力和经济积累；二是北方少数民族面对的中原政权是何种情况，是汉武帝时期的强大对手还是南宋的无力回天；三是少数民族政权是否掌握了控制中原政权地区的经济技术基础和中原文化实力，事实证明，能够占据大同城的各少数民族都在积极学习中原文化和发展农耕经济，只有足够的中原政权基础和文化影响力才能确保其在占领地区的"长治久安"。

（二）"一带一地"：决定大同城市功能定位的中观地理要素

纵观历史可知，大同并非不具备发展工商业的条件和基础，相反，其在边关贸易、工商业、农业、牧业等方面都曾发挥过重要的作用，但是相较其军事地位而言，在其他方面发挥的功能则逊色很多，而这一点是由其特殊的区域地理条件决定的。这一区域地理条件可以概括为两大特征：一是农牧交错带腹地，二是大同盆地入口。大同所处地区处于农耕文明和游牧文明的交错地带，其地形地貌、土壤气候条件、植被覆盖情况等既符合发展农耕的条件，也符合发展牧业的条件，因此，成为南北双方的争夺之地，特别是在北方气候逐渐变冷、自然灾害频繁发生的历史条件下，北方游牧民族加大了南下侵扰的力度，从而使河套地区的南北分割线直接推到大同盆地北线。大同盆地是一个由西南向东北延伸的平行四边形盆地，大同位于其西北边角，而由北方南下的重要通道就位于大同所在区域。因此，一旦突破大同城北方游牧民族就会直接进入大同盆地地区，并且可以长驱直下到达大同盆地南边出口马邑城（今朔州），而马邑并不具有同大同一样的防守优势。因此，突破大同，往往可以直达雁门关地区或到太原城下。

通过上述分析可知，大同处于南北争夺的农牧交错带，而同时大同又是晋北锁钥之地，在这样的地理区位下，军事功能位居历代大同城市建设的首位，而其他城市建设活动也因军事战争频繁而受到很大程度的影响，但其军事功能逐渐完备，比如城墙越筑越坚固，城墙上的马面、敌楼等军事建筑修备愈加完善，明代加修三座小城以强化防御等。因此，可以说历史时期大同城是一座以军事功能为主而其他功能兼具的功能型城市。

（三）"边防重镇"：造就大同城市建设格局的微观军事要素

在民族关系的宏观影响下和"一带一地"的区位自然环境下，历史时期大同城基本发展成为一座军城。而其军城的角色定位对其城市内部的建设及其街道布局形成了深远的影响：

一是从城址变化来看，大同城作为一座军城其必然要守住大同盆地的西北入口，同时，受西北高地和东御河的影响，其城址历来变化不大，城市保持稳定说明其能够满足军事型城市建设的基本需求；二是从城市内的街道布局来看，直到民国时期北魏平城的坊的结构依然清晰，表明以军事边防为中心的城市建设主要将注意力放到城池的防御功能建设方面，对城内经济、商贸发展的建设力度和需求并不大，经济对街道布局的影响甚微；三是从坊的结构在历史时期能够长时间保存下来可知，城市对人口控制的需要相比其他同时代城市要强，而在宋代其他城市的坊基本被打通，但大同的坊一直延续下来；四是从城市内部的功能分区看，根据历史文物的陈列情况可知，大同城内除居民区、官署区外，占地最多的是宗教区，而宗教建筑也是各时代官方信仰的直接产物，由此从功能布局上很难看出商贸空间的踪迹。因此，"边防重镇"的城市定位对其城内格局的最大影响就是使大同城能够在2200多年的历史长河中保持更强的稳定性。

参考文献

一 历史资料

（一）古籍

《明实录》，"中央研究院"历史语言研究所 1962 年校印本。

《清实录》，中华书局 1985 年版。

班固：《汉书》，中华书局 1962 年版。

孛兰肸等撰，赵万里校辑：《元一统志》，中华书局 1966 年版。

陈寿：《三国志》，中华书局 1964 年版。

陈子龙辑：《明经世文编》，中华书局 1962 年版。

范晔：《后汉书》，中华书局 1965 年版。

房玄龄等：《晋书》，中华书局 1974 版。

刚毅修、安颐等纂：《晋政辑要（光绪版）》，三晋出版社 2015 年版。

谷应泰：《明史纪事本末》，中华书局 1977 年版。

顾炎武撰，黄坤等校点：《天下郡国利病书》，上海古籍出版社 2012
年版。

顾祖禹撰，贺次君、施和金点校：《读史方舆纪要》，中华书局 2005
年版。

贺长龄、魏源辑：《皇朝经世文编》，台湾大学 1989 年版。

康基田：《晋乘搜略》，山西古籍出版社 2006 年版。

乐史撰，王文楚等点校：《太平寰宇记》，中华书局 2007 年版。

李吉甫撰，贺次君点校：《元和郡县图志》，中华书局 1983 年版。

李贤等：《大明一统志》，三秦出版社 1990 年版。

李延寿：《北史》，中华书局 1974 年版。

郦道元著，陈桥驿校证：《水经注校证》，中华书局 2007 年版。

刘昫等：《旧唐书》，中华书局 1975 年版。

陆容：《菽园杂记》，中华书局 1985 年版，

穆彰阿、潘锡恩等纂修：《大清一统志》，上海古籍出版社 2008
　　年版。

欧阳修、宋祁：《新唐书》，中华书局 1975 年版。

欧阳修撰，徐无党注：《新五代史》，中华书局 1974 年版。

瞿九思撰，薄音湖点校：《万历武功录》，《明代蒙古汉籍史料汇编》
　　第 4 辑，内蒙古大学出版社 2007 年版。

申时行等修，赵用贤等纂：《明会典》，中华书局 1989 年版。

沈德符：《万历野获编》，中华书局 1959 年版。

沈约：《宋书》，中华书局 1974 年版。

司马光编著，胡三省音注，"标点资治通鉴小组"校点：《资治通
　　鉴》，中华书局 1956 年版。

司马迁：《史记》，中华书局 1959 年版。

宋濂：《元史》，中华书局 1976 年版。

孙星衍等辑，周天游点校：《汉官六种》，中华书局 1990 年版。

脱脱等：《金史》，中华书局 1975 年版。

脱脱等：《辽史》，中华书局 1974 年版。

脱脱等：《宋史》，中华书局 1977 年版。

万表：《皇明经济文录》，全国图书馆文献缩微复制中心 1994 年版。

王谟：《汉唐地理书钞》，中华书局 1961 年版。

王溥：《唐会要》，上海古籍出版社 2006 年版。

王士琦：《三云筹俎考》，据明万历刻本影印本。

王士性撰，吕景琳点校：《广志绎》，中华书局 1981 年版。

王世贞：《弇山堂别集》，中华书局 1985 年版。

魏焕：《皇明九边考》，嘉靖年间刻本，华文书局 1968 年版。

魏收：《魏书》，中华书局 1974 年版。

魏征等：《隋书》，中华书局 1982 年版。

萧子显：《南齐书》，中华书局 1974 年版。

徐梦莘：《三朝北盟会编》，上海古籍出版社 2008 年版。

薛居正等：《旧五代史》，中华书局 1976 年版。

严从简著，余思黎点校：《殊域周咨录》，中华书局 2000 年版。

扬时宁：《宣大山西三镇图说》，《玄览堂丛书（初辑第 4 册）》，"国
　　立中央"图书馆 1981 年版。

杨衒之撰，周祖谟校释：《洛阳伽蓝记校释》，中华书局 2010 年版。

耶律楚材著，向达校注：《西游录》，中华书局 1981 年版。

尹耕纂修：嘉靖《两镇三关通志》，嘉靖年间刻本，美国国会图书
　　馆藏。

宇文懋昭撰，崔文印校证：《大金国志校证》，中华书局 1986 年版。

元好问编，萧和陶点校：《中州集》，华东师范大学出版社 2014
　　年版。

张金吾：《金文最》，中华书局 1990 年版。

张廷玉等：《明史》，中华书局 1974 年版。

赵尔巽等：《清史稿》，中华书局 1977 年版。

朱国祯：《涌幢小品》，中华书局 1959 年版。

左丘明撰，杨伯峻编著：《春秋左传注》（修订本），中华书局 2009
　　年版。

左丘明：《国语》，上海古籍出版社 1978 年版。

（二）地方志、档案、碑刻资料

《大同市志》编纂委员会编：《大同市志（1993—2013）》，中华书局
　　2019 年版。

《支那省别全志》第 17 卷《山西省》，东亚同文会 1920 年编纂发行。

白眉初：《中华民国省区全志》第 3 册《鲁豫晋三省志》，北京师范
　　大学史地系 1925 年版。

曾国荃等修，王轩等纂：光绪《山西通志》一百八十四卷首一卷，
　　据光绪十八年刻本点校，中华书局 1990 年版。

陈廷章修，霍殿鳌纂：民国《马邑县志》四卷，民国七年铅印本，

《中国地方志集成·山西府县志辑》第 10 册，凤凰出版社 2005 年版。

大同市档案馆编：《大同解放》，中国档案出版社 2010 年版。

大同市档案局、大同市地方志办公室编：《大同县志（民国稿）》，三 晋出版社 2017 年版。

大同市地方志编纂委员会编：《大同市志》，中华书局 2000 年版。

大同市地名办公室编：《山西省大同市地名志》（内部资料），大同日 报社印刷厂 1987 年版。

大同市南郊区人民政府编：《山西省大同市南郊区地名录》（内部资 料），1984 年。

大同市南郊区志编纂委员会编：《大同市南郊区志》，中华书局 2001 年版。

大同市文史资料研究委员会：《大同文史资料》（第 17 辑），大同报 印刷厂 1990 年版。

房裔兰修，苏之芬纂：雍正《阳高县志》六卷，民国铅印本，《中国 地方志集成·山西府县志辑》第 7 册，凤凰出版社 2005 年版。

故宫博物院明清档案部编：《清代档案史料丛编》（第 4 辑），中华书 局 1978 年版。

桂敬顺纂修：乾隆《浑源州志》十卷，乾隆二十八年刻本，《中国地 方志集成·山西府县志辑》第 7 册，凤凰出版社 2005 年版。

郭磊等纂修：乾隆《广灵县志》十卷首一卷尾一卷，乾隆十九年刻 本，《中国地方志集成·山西府县志辑》第 8 册，凤凰出版社 2005 年版。

贺澍恩纂修：光绪《浑源州续志》十卷，光绪七年刻本，《中国地方 志集成·山西府县志辑》第 7 册，凤凰出版社 2005 年版。

洪汝霖、鲁彦光修，杨笃纂：光绪《天镇县志》四卷首一卷，民国 二十四年铅印本，《中国地方志集成·山西府县志辑》第 5 册，凤 凰出版社 2005 年版。

胡聘之：《山右石刻丛编》，山西人民出版社 1988 年版。

胡文烨撰，大同地方志办公室点校：顺治《云中郡志》十二卷，据顺治九年刻本重印点校本，山西省新闻出版局 1988 年版。

觉罗石麟修，储大文纂：雍正《山西通志》二百三十卷，文渊阁
《四库全书》本，《钦定四库全书》第 543 册，商务印书馆 1983
年版。

雷棣荣、严润林修，陆泰元纂：光绪《灵丘县补志》十卷，光绪七
年刻本，《中国地方志集成·山西府县志辑》第 6 册，凤凰出版社，
2005 年版。

黎中辅纂修：道光《大同县志》二十卷首一卷尾一卷，道光十年刻本，
《中国地方志集成·山西府县志辑》第 5 册，凤凰出版社 2005 年版。

李侃修，胡谧纂：成化《山西通志》十七卷，明成化十一年刻本，
《四库全书存目丛书》史部，第 174 册，齐鲁书社 1996 年版。

李维祯纂修：万历《山西通志》三十卷，崇祯二年刻本，《稀见中国
地方志汇刊》第 4 册，中国书店 2012 年版。

李长华修：光绪《怀仁县新志》十二卷首一卷续刻一卷，光绪三十
一年刻本，《中国地方志集成·山西府县志辑》第 6 册，凤凰出版
社 2005 年版。

梁斌龙主编：《三晋石刻大全·大同市大同县卷》，三晋出版社 2014
年版。

刘士铭修，王霭纂：雍正《朔平府志》十二卷，雍正十三年刻本，《中国
地方志集成·山西府县志辑》第 9 册，凤凰出版社 2005 年版。

刘以守纂修：崇祯《山阴县志》六卷，崇祯二年钞本，《中国地方志
集成·山西府县志辑》第 6 册，凤凰出版社 2005 年版。

穆尔赛等修、刘梅等纂：康熙《山西通志》三十二卷，康熙二十一
年刻本。

山西省史志研究院：《山西旧志二种》，中华书局，据民国稿本 2005
年点校本。

山西省史志研究院编：《山西通志：交通志·公路水运篇》，中华书
局 1999 年版。

山西省史志研究院编：《山西通志》第 2 卷《地理志》，中华书局
1996 年版。

山西省史志研究院编:《山西通志》第 46 卷《民族宗教志》,中华书局 1997 年版。

山西省史志研究院编:《山西通志》第 44 卷《文物志》,中华书局 1999 年版。

山西省政协《晋商史料全览》编辑委员会等:《晋商史料全览》(大同卷),山西人民出版社 2006 年版。

宋起凤纂修,岳宏誉增订:康熙《灵丘县志》四卷,康熙二十三年刻本,《中国地方志集成·山西府县志辑》第 6 册,凤凰出版社 2005 年版。

绥远通志馆编纂:《绥远通志稿》,内蒙古人民出版社 2007 年版。

孙世芳修,乐尚约辑:《宣府镇志》,嘉靖四十年刊本,《中国方志丛书·塞北地方》第 19 号,成文出版社 1970 年版。

汪嗣圣修,王霭纂:雍正《朔州志》十二卷,雍正十三年刻本,《中国地方志集成·山西府县志辑》第 10 册,凤凰出版社 2005 年版。

吴辅宏纂修:乾隆《大同府志》三十卷,乾隆四十七年重校刻本,《中国地方志集成·山西府县志辑》第 4 册,凤凰出版社 2005 年版。

向南:《辽代石刻文编》,河北教育出版社 1995 年版。

许德合主编:《三晋石刻大全·大同市南郊区卷》,三晋出版社 2014 年版。

雅德修,汪本直纂:《山西志辑要》,乾隆四十五年刊本,日本早稻田大学图书馆藏。

杨亦铭纂修:光绪《广灵县补志》十卷首一卷末一卷,光绪七年刻本,《中国地方志集成·山西府县志辑》第 8 册,凤凰出版社 2005 年版。

殷宪:《大同新出唐辽金元志石新解》,三晋出版社 2012 年版。

余卜颐修:光绪《左云县志》十卷,光绪七年增修嘉庆版本,《中国地方志集成·山西府县志辑》第 10 册,凤凰出版社 2005 年版。

张崇德纂修:顺治《浑源州志》二卷,顺治十八年刻本,《中国地方志集成·山西府县志辑》第 7 册,凤凰出版社 2005 年版。

张钦纂修：正德《大同府志》十八卷，明正德刻嘉靖增修本，《四库全书存目丛书》史部，第 186 册，齐鲁书社出版 1996 年版。

赵佃玺：《大同城区志——云中旧梦》，吉林文史出版社 2006 年版。

（三）考古报告

安孝文、李丽娟：《山西怀仁北魏丹扬王墓及花纹砖》，《文物》2010 年第 5 期。

安志敏：《大同云冈附近的新石器时代遗存》，《文物参考资料》1953 年第 Z1 期。

北京辽金城垣博物馆编：《西京印迹：大同辽金文物》，北京联合出版公司 2016 年版。

边成修等：《山西大同郊区五座辽壁画墓》，《考古》1960 年第 10 期。

边成修等：《山西大同市西南郊唐、辽、金墓清理简报》，《考古通讯》1958 年第 6 期。

陈哲英：《大同狼道沟的石制品》，大同市考古研究所：《大同考古资料汇编》（一），文物出版社 2018 年版。

陈哲英：《山西广灵县洗马庄石器遗存》，《文物季刊》1992 年第 3 期。

大同市博物馆：《大同东郊北魏元淑墓》，《文物》1989 年第 8 期。

大同市博物馆编著：《熠彩千年——大同地区墓葬壁画》，科学出版社 2019 年版。

大同市考古研究所编：《大同考古资料汇编》（全 4 册），文物出版社 2018 年版。

大同市文物陈列馆等：《山西省大同市元代冯道真、王青墓清理简报》，《文物》1962 第 10 期。

高峰、高松等：《山西大同市大同县陈庄北魏墓发掘简报》，《文物》2011 年第 12 期。

高峰、李晔等：《山西大同沙岭北魏壁画墓发掘简报》，《文物》2006 年第 10 期。

高峰：《大同湖东北魏一号墓》，《文物》2004 年第 12 期。

高雅敏、陈杰：《泥河湾盆地大同境内考古有新发现——大同县阳高县等地发现 50 余处旧石器时代及动物化石地点》，《大同日报》2016 年 6 月 22 日，第 1 版。

海金乐：《山西大同马家小村新石器时代遗址》，《文物季刊》1992 年第 3 期。

韩生存等：《大同城南金属镁厂北魏墓群》，《北朝研究》1996 年第 1 期。

贾兰坡、卫奇、李超荣：《许家窑旧石器时代文化遗址 1976 年发掘报告》，《古脊椎动物与古人类》1979 年第 4 期。

解廷琦：《大同方山北魏永固陵》，《文物》1978 年第 7 期。

解廷琦等：《大同金代阎德源墓发掘简报》，《文物》1978 年第 4 期。

李超荣、谢廷琦、胡平：《大同市小站的旧石器》，《人类学学报》1986 年第 4 期。

李超荣、谢廷琦、唐云俊：《大同青磁窑旧石器遗址的发掘》，《人类学学报》1983 年第 3 期。

李树云编著：《大同馆藏文物》，北岳文艺出版社 2015 年版。

梁思成、刘敦桢：《大同古建筑调查报告》，《中国营造学社汇刊》1933 年第 4 卷第 3、4 期合刊。

刘俊喜、高峰：《大同智家堡北魏墓棺板画》，《文物》2004 年第 12 期。

刘俊喜、高峰等：《山西大同文瀛路北魏壁画墓发掘简报》，《文物》2011 年第 12 期。

刘俊喜、高峰等：《山西大同云波里路北魏壁画墓发掘简报》，《文物》2011 年第 12 期。

刘俊喜、尹刚等：《山西大同阳高北魏尉迟定州墓发掘简报》，《文物》2011 年第 12 期。

刘俊喜、张志忠：《北魏明堂辟雍遗址南门发掘简报》，山西省考古学会等编：《山西省考古学会论文集》（三），山西古籍出版社 2000 年版，第 106—112 页。

刘俊喜、张志忠等：《山西大同沙岭新村北魏墓地发掘简报》，《文物》2014 年第 4 期。

刘俊喜、张志忠等：《山西大同迎宾大道北魏墓群》，《文物》2006 年第 10 期。

刘俊喜：《平城考古再现辉煌——雁北师院发现一批北魏墓葬》，《文物世界》2001 年第 1 期。

刘俊喜主编：《大同雁北师院北魏墓群》，文物出版社 2008 年版。

马玉基：《大同市小站村花圪塔台北魏墓清理简报》，《文物》1983 年第 8 期。

裴文中：《大同高山镇之细石器文化遗址》，中央人民政府文化部文物局：《雁北文物勘察团报告》，中央人民政府文化部文物局 1951年版。

山西大同市博物馆、山西省文物工作委员会：《山西大同石家寨北魏司马金龙墓》，《文物》1972 年第 3 期。

山西大学历史文化学院、山西省考古研究所、大同市博物馆编著：《大同南郊北魏墓群》，科学出版社 2006 年版。

山西省考古研究所等：《大同操场城北魏建筑遗址发掘报告》，《考古学报》2005 年第 4 期。

王银田、曹臣明、韩生存：《山西大同市北魏平城明堂遗址 1995 年的发掘》，《考古》2001 年第 3 期。

王银田、刘俊喜：《大同智家堡北魏墓石椁壁画》，《文物》2001 年第 7 期。

尹刚：《明代王府建筑基址考古发掘报告》（内部资料）。

尹刚：《山西大同下深井北魏墓发掘简报》，《文物》2004 年第 6 期。

张秉仁：《山西大同卧虎湾四座辽代壁画墓》，《考古》1963 年第 8 期。

张海燕、员新华等：《山西大同七里村北魏墓群发掘简报》，《文物》2006 年第 10 期。

张庆捷、吕金才等：《山西大同操场城北魏二号遗址发掘简报》，《文物》2016 年第 4 期。

张庆捷、吕金才等：《山西大同县湖东北魏墓（M11）发掘简报》，《文物》2014 年第 1 期。

张庆捷、张焯等:《云冈石窟窟顶西区北魏佛教寺院遗址》,《考古学报》2016 年第 4 期。

张志忠、古顺芳:《大同考古》,北岳文艺出版社 2015 年版。

张志忠、尹刚等:《山西大同南郊区田村北魏墓发掘简报》,《文物》2010 年第 5 期。

二 今人著作

阿兰·R. H. 贝克:《地理学与历史学——跨越楚河汉界》,阙维民译,商务印书馆 2008 年版。

安大钧、力高才:《古都大同》,杭州出版社 2011 年版。

安大钧、叶骁军等:《大同——中华民族团结融合之都》,山西人民出版社 2015 年版。

安介生:《历史民族地理》,山东教育出版社 2006 年版。

安介生:《山西移民史》,山西人民出版社 1999 年版。

白翠琴:《魏晋南北朝民族史》,四川民族出版社 1996 年版。

包伟民:《宋代城市研究》,中华书局 2014 年版。

陈寅恪:《隋唐制度渊源略论稿》,生活·读书·新知三联书店 2011 年版。

成一农:《古代城市形态研究方法新探》,社会科学文献出版社 2009 年版。

成一农:《空间与形态——三至七世纪中国历史城市地理研究》,兰州大学出版社 2012 年版。

大同古城保护和修复研究会编:《佛都大同》,山西人民出版社 2015 年版。

大同古城保护和修复研究会编:《丝路起点——北魏平城(大同)》,山西人民出版社 2016 年版。

段智钧等:《天下大同:北魏平城辽金西京城市建筑史纲》,中国建筑工业出版社 2011 年版。

戈登·威利:《聚落与历史重建:秘鲁维鲁河谷的史前聚落形态》,

谢银玲等译，上海古籍出版社 2018 年版。

葛剑雄：《中国人口史》（第 1 卷），复旦大学出版社 2002 年版。

顾朝林：《中国城镇体系——历史·现状·展望》，商务印书馆 1992 年版。

顾颉刚、史念海：《中国疆域沿革史》，商务印书馆 1999 年版。

国家文物局主编：《中国文物地图集·山西分册》，中国地图出版社 2006 年版。

韩光辉：《宋辽金元建制城市研究》，北京大学出版社 2011 年版。

韩茂莉：《辽金农业地理》，社会科学文献出版社 1999 年版。

亨利·赛瑞斯：《明蒙关系 Ⅲ——贸易关系：马市（1400—1600）》，王苗苗译，中央民族大学出版社 2011 年版。

侯仁之：《北平历史地理》，邓辉等译，外语教学与研究出版社 2014 年版。

侯仁之：《历史地理学的理论与实践》，上海人民出版社 1979 年版。

菊地利夫：《历史地理学的理论与方法》，辛德勇译，陕西师范大学出版社有限公司 2014 年版。

康乐：《从西郊到南郊——国家祭典与北魏政治》，稻禾出版社 1995 年版。

康泽恩：《城镇平面格局分析》，中国建筑工业出版社 2011 年版。

拉铁摩尔：《中国的亚洲内陆边疆》，唐晓峰译，江苏人民出版社 2010 年版。

李嘎：《旱域水潦：水患语境下山陕黄土高原城市环境史研究（1368—1979）》，商务印书馆 2019 年版。

李海林：《明代大同镇边防体系研究》，三晋出版社 2013 年版。

李凭：《北魏平城时代》，社会科学文献出版社 2000 年版。

李孝聪：《历史城市地理》，山东教育出版社 2007 年版。

李孝聪：《中国城市的历史空间》，北京大学出版社 2015 年版。

李英明、潘军峰主编：《山西河流》，科学出版社 2004 年版。

理查德·P. 格林、詹姆斯·B. 皮克著，中国地理学会城市地理专业委员会译校：《城市地理学》，商务印书馆 2011 年版。

梁思成：《中国建筑史》，生活·读书·新知三联书店2011年版。

刘景纯：《清代黄土高原地区城镇地理研究》，中华书局2005年版。

逯耀东：《从平城到洛阳——拓跋魏文化转变的历程》，中华书局 2006年版。

马骏华等：《太原、大同的城市历史意向再造》，东南大学出版社 2013年版。

马正林：《中国城市历史地理》，山东教育出版社1998年版。

前田正名：《平城历史地理学研究》，李凭等译，书目文献出版社 1994年版。

瞿大风：《元朝时期的山西地区：文化·教育·宗教篇》，辽宁民族 出版社2006年版。

瞿大风：《元朝时期的山西地区：政治·军事·经济篇》，辽宁民族 出版社2005年版。

三上次男：《金代女真研究》，金启琮译，黑龙江人民出版社1984 年版。

山西省地图集编纂委员会：《山西省自然地图集》（内部资料），上海 中华印刷厂1984年版。

山西省政协《晋商史料全览》编辑委员会等：《晋商史料全览》（大 同卷），山西人民出版社2006年版。

施坚雅：《中华帝国晚期的城市》，叶光庭等译，中华书局2002 年版。

史念海：《中国古都和文化》，中华书局1998年版。

寺田隆信：《山西商人研究》，张正明等译，山西古籍出版社1982 年版。

孙靖国：《桑干河流域历史城市地理研究》，中国社会科学出版社 2015年版。

谭其骧主编：《中国历史地图集》，中国地图出版社1982年版。

田余庆：《拓跋史探》，生活·读书·新知三联书店2011年版。

同济大学城市规划教研室：《中国城市建设史》，中国建筑工业出版 社1982年版。

王明珂：《游牧者的抉择——面对汉帝国的北亚游牧部族》，上海人民出版社 2018 年版。

王尚义：《晋商商贸活动的历史地理研究》，科学出版社 2004 年版。

毋有江：《北魏政治地理研究》，科学出版社 2018 年版。

吴松弟：《中国人口史》（第 3 卷），复旦大学出版社 2000 年版。

项春松：《辽代历史与考古》，内蒙古人民出版社 1996 年版；

宿白：《中国石窟寺研究》，文物出版社 1996 年版。

许宏：《先秦城市考古学研究》，北京燕山出版社 2000 年版。

严耕望：《魏晋南北朝佛教地理稿》，上海古籍出版社 2007 年版。

杨宽：《中国古代都城制度史》，上海人民出版社 2006 年版。

殷宪：《平城史稿》，科学出版社 2012 年版。

张焯等：《云冈石窟全集》，青岛出版社 2016 年版。

张呈富：《大同古城与民居》，中国炎黄文化出版社 2009 年版。

张金龙：《北魏政治史》，甘肃教育出版社 2011 年版。

张庆捷、李书吉：《4—6 世纪的北中国与欧亚大陆》，科学出版社 2006 年版。

张庆捷：《民族汇聚与文明互动——北朝社会的考古学观察》，商务印书馆 2010 年版。

张伟然等：《历史与现代的对接：中国历史地理学最新研究进展》，商务印书馆 2016 年版。

长广敏雄：《云冈日记：战争时期的佛教石窟调查》，王雁卿译，文物出版社 2009 年版。

周振鹤、李晓杰、张莉：《中国行政区划通史·秦汉卷》，复旦大学出版社 2015 年版。

三　期刊论文

包慕萍：《殖民地时期的城市规划与技术人员的流动——呼和浩特、长春、大同的城市规划比较》，张复合主编：《中国近代建筑与保护》（6），清华大学出版社 2008 年版，第 561—570 页。

曹臣明、韩生存：《汉代平城县遗址初步调查》，石金鸣主编：《山西省考古学会论文集》，山西人民出版社 2000 年版，第 72—78 页。

曹臣明：《大同华严寺的历史变迁》，《山西大同大学学报》2012 年第 2 期。

曹臣明：《平城附近鲜卑及北魏墓葬分布规律考》，《文物》2016 年第 5 期。

曹臣明：《平城考古若干调查材料的研究和探讨》，《文物世界》2004 年第 4 期。

程妮娜：《金代京、都制度探析》，《社会科学辑刊》2000 年第 3 期。

丁晓雷：《大同旧城的形制布局及其所反映的时代特征》，中国社会科学院考古研究所等编：《汉唐与边疆考古研究》第 1 辑，科学出版社 1994 年版，第 184—187 页。

丰驰：《明代大同代王府考析》，《文物世界》2010 年第 3 期。

葛剑雄，华林甫：《二十世纪的中国历史地理研究》，《历史研究》2002 年第 3 期。

古敏：《北魏时期的云冈石窟——根据考古材料对〈水经注〉关于云冈石窟记载的探讨》，《文物》2017 年第 2 期。

韩茂莉：《简述明清时期北京城市地理研究》，中村圭尔、辛德勇编：《中日古代城市研究》，中国社会科学出版社 2004 年版，第 215—229 页。

韩生存、马志强：《论西京大同在辽宋贸易中的地位》，《中国古都研究》1994 年第 12 辑。

侯仁之：《明代宣大山西三镇马市考》，《燕京学报》1937 年第 23 期。

侯甬坚：《“西安城市史”系列著作的构思和追求》，《长安大学学报》2010 年第 4 期。

卡罗拉·海因：《从几个殖民地城市看日本城市规划思想的演变》，张复合主编：《中国近代建筑研究与保护》（一），清华大学出版社 1999 年版，第 282—287 页。

堀内明博：《北魏平城》，于德源译，《中国古都研究》1992 年第 10 辑。

李百浩：《日本侵占时期的大同城市规划（1938—1945）》，张复合主编：《中国近代建筑研究与保护》（一），清华大学出版社 1999 年版，第 271—281 页。

李海林、马志强：《明大同镇内五堡探讨》，《晋阳学刊》2012 年第 1 期。

李丽娜：《京绥铁路与大同城市近代化进程：1914—1937》，《山西师大学报》2006 年第 4 期。

李兴华、李大钧、李大宏：《大同伊斯兰教研究》，《回族研究》2006 年第 3 期。

刘景纯：《明代前中期九边区域防御形态的演变》，《中国边疆史地研究》2010 年第 4 期。

刘溢海：《平城考古——北魏平城与大同地名》，《中国地名》2003 年第 4 期。

刘莹：《北魏平城中的坊》，《中华文史论丛》2018 年第 2 辑。

卢继文：《北魏太武帝时期平城"西宫"和"东宫"》，《文物世界》2008 年第 2 期。

鲁西奇：《人地关系理论与历史地理研究》，《史学理论研究》2001 年第 2 期。

马志强：《略论辽代西京的文化教育》，《社会科学战线》2006 年第 3 期。

毛曦：《中国城市史研究的地理取向——兼论聚落地理学视阈中的城市史研究》，《中华文化论坛》2020 年第 3 期。

任重：《平城居民规模与平城时代的经济模式》，《史学月刊》2002 年第 3 期。

史红帅：《近 70 年来中国历史城市地理研究进展》，《中国历史地理论丛》2020 年第 1 辑。

史念海：《中国古都概说》，《中国古都研究》1990 年第 8 辑。

谭其骧：《山西在国史上的地位》，《晋阳学刊》1981 年第 3 期。

唐统天、刘竞：《辽代的西京》，《中国古都研究》1992 年第 10 辑。

汪桂平：《金代西京玉虚观宗主阎德源考》，《中国道教》2020 年第 2 期。

王德忠：《论辽朝五京的城市功能》，《北方文物》2002 年第 1 期。

王继光、孙建军：《明代"九边"宣大军事防务区的形成》，《中国边疆史地研究》2009 年第 2 期。

王杰瑜、王尚义:《明代大同镇建设与生态环境变迁》,《地理研究》2012 年第 11 期。

王社教:《明清时期山西地区城镇的发展》,《西北大学学报》2007 年第 2 期。

王银田:《北魏平城明堂遗址研究》,《中国史研究》2000 年第 1 期。

王银田:《丝绸之路与北魏平城》,《暨南学报》2014 年第 1 期。

温静:《辽金佛教寺院建筑特色》,《法音》2009 年第 1 期。

萧正洪:《相对边界:古都的空间特征——兼论古都学的学术空间问题中提出》,《中国古都研究》2013 年第 24 辑。

阎慧:《山西大同东真武庙考》,《中北大学学报》2020 年第 5 期。

姚斌:《代王府、九龙壁、皇城戏台考》,《大同今古》1995 年第 4 期。

要子瑾:《魏都平城遗址试探》,《中国历史地理论丛》1992 年第 3 辑。

殷宪:《北魏平城营建孔庙本事考》,《学习与探索》2012 年第 4 期。

张冰:《金代西京留守述论》,《江西社会科学》2017 年第 1 期。

张庆捷、赵曙光、曾昭东:《从西域到平城——北魏平城的外来文明艺术》,云冈石窟研究院编:《2005 年云冈国际学术研讨会论文集(研究卷)》,文物出版社 2006 年版,第 143—152 页。

张庆捷:《大同操场城北魏太官粮储遗址初探》,《文物》2010 年第 2 期。

张庆捷:《山西在北朝的历史地位——兼谈丝绸之路与北朝平城晋阳》,《史志学刊》2015 年第 1 期。

张志忠:《大同古城的历史变迁》,《晋阳学刊》2008 年第 2 期。

赵立人、李海:《明代大同鼓楼与〈大同鼓楼记〉——兼论明代前期大同城的建设》,《山西大同大学学报》2011 年第 1 期。

赵世瑜、周尚意:《明清北京城市社会空间结构概说》,《史学月刊》2001 年第 2 期。

郑孝燮:《长城沿线几个重镇城市论述》,《长城国际学术研讨会论文集》,1994 年。

朱士光:《中国历史城市地理学理论建设刍议》,《西北大学学报》2009 年第 2 期。

竺可桢：《中国近五千年来气候变迁的初步研究》，《考古学报》1972年第1期。

佐川英治：《游牧与农耕之间——北魏平城鹿苑的机能及其变迁》，《中国中古史研究》编委会编：《中国中古史研究：中国中古史青年学者联谊会会刊（第二卷）》，中华书局2011年版，第102—136页。

四　学位论文

曹象明：《山西省明长城沿线军事堡寨的演化及其保护与利用模式》，博士学位论文，西安建筑科技大学，2014年。

陈福来：《辽金西京》，硕士学位论文，东北师范大学，2007年。

菅佩芬：《明清时期大同城镇发展轨迹——从军事重镇向商业城镇的转型》，硕士学位论文，内蒙古大学，2013年。

靳梁丽：《北朝时期平城与晋阳的关系》，硕士学位论文，山西大学，2010年。

李严：《明长城"九边"重镇军事防御性聚落研究》，博士学位论文，天津大学，2007年。

王旭东：《辽代五京留守的研究》，博士学位论文，吉林大学，2014年。

张冰：《金代诸京留守研究》，博士学位论文，吉林大学，2018年。

张瑞：《石头上的回民社会——大同清真大寺碑刻的民族学》，硕士学位论文，湖北民族学院，2016年。

赵现海：《明代九边军镇体制研究》，博士学位论文，东北师范大学，2005年。

赵玉珍：《明清时期长城沿线回民聚落的变迁：以大同为中心》，硕士学位论文，中央民族大学，2011年。